Das kostenlose periodische Druckwerk

Studien zum deutschen und europäischen Medienrecht

Herausgegeben von
Dieter Dörr und Udo Fink
mit Unterstützung der Dr. Feldbausch Stiftung

Band 61

Zur Qualitätssicherung und Peer Review der vorliegenden Publikation

Die Qualität der in dieser Reihe erscheinenden Arbeiten wird vor der Publikation durch Herausgeber der Reihe geprüft.

Notes on the quality assurance and peer review of this publication

Prior to publication, the quality of the work published in this series is reviewed by editors of the series.

Liane Vollmer-Gärtner

Das kostenlose periodische Druckwerk

Struktur, presse- und wettbewerbsrechtliche Problematik von Anzeigenblättern

PL ACADEMIC RESEARCH

Bibliografische Information der Deutschen Nationalbibliothek
Die Deutsche Nationalbibliothek verzeichnet diese Publikation in der Deutschen Nationalbibliografie; detaillierte bibliografische Daten sind im Internet über http://dnb.d-nb.de abrufbar.

Zugl.: Mainz, Univ., Diss., 2015

D 77
ISSN 1438-4981
ISBN 978-3-631-66851-1 (Print)
E-ISBN 978-3-653-06084-3 (E-Book)
DOI 10.3726/978-3-653-06084-3

PL Academic Research ist ein Imprint der Peter Lang GmbH.

Peter Lang – Frankfurt am Main · Bern · Bruxelles · New York · Oxford · Warszawa · Wien

Diese Publikation wurde begutachtet.

www.peterlang.com

Für meine Eltern

Vorwort

Von den vollwertigen Anzeigenblättern bzw. Gratiszeitungen, die um die Jahrtausendwende auf den deutschen Markt kamen, besteht heute keine mehr. Das bedeutet jedoch nicht, dass diese Arbeit an Aktualität verloren hat. Im Gegenteil – Medienschaffende stehen heute mehr denn je unter wirtschaftlichem Druck im Kampf um Aufmerksamkeit, Entgelte und Werbeeinnahmen, da Zeitbudget und Werbekuchen begrenzt sind und die Anzahl neuer Medienprodukte ständig zunimmt. Der Grund: Die Digitalisierung als neue technische Produktionsbedingung hat die Anforderungen an Finanzen und Ausstattung für einen Markteintritt deutlich gesenkt. Mit steigendem Wettbewerb nimmt nun die Bedeutung der Rentabilität zu. Wie wirkt es sich auf die redaktionelle Qualität aus, wenn Medienprodukte, wie Gratiszeitungen, hauptsächlich wirtschaftliche Interessen verfolgen? Können Qualitätsprodukte durch publizistisch minderwertige Angebote verdrängt werden, weil sie sich ohne klare redaktionelle Linie möglichst stark am Massengeschmack ausrichten und sich ausschließlich aus Werbeeinnahmen finanzieren? Und falls ja, muss der Staat dann zugunsten einer vielfältigen Medienlandschaft schützend eingreifen, damit die „öffentliche Aufgabe“ der Medien in einer Demokratie hinreichend gewährleistet wird?

Auf diese publizistischen, rechtlichen und demokratietheoretischen Fragen gibt diese Arbeit Antworten für den Pressemarkt. Sie haben medienübergreifende Bedeutung und können etwa im Hinblick auf Online-Angebote und Presseerzeugnisse angewandt werden. Als aktuelles Beispiel sei der Streit zwischen Zeitungsverlegern und den öffentlich-rechtlichen Rundfunkanstalten bezüglich ihrer umfangreichen Websites genannt.

Die vorliegende Arbeit wurde im Wintersemester 2011/2012 vom Fachbereich 02 – Sozialwissenschaften, Medien und Sport der Johannes Gutenberg-Universität in Mainz als Dissertation angenommen.

An dieser Stelle danke ich an erster Stelle sehr herzlich Prof. Gregor Daschmann, der das Erstgutachten dieser medienrechtlichen Arbeit übernommen hatte. Mein besonderer Dank gilt auch Prof. Dieter Dörr, der in Rekordzeit das Zweitgutachten erstellt hatte.

Für seinen fachlichen Rat und sein hilfreiches Feedback, seine emotionale Unterstützung und fürs zahlreiche Babysitten unserer Kinder am Wochenende möchte ich mich außerdem bei meinem Ehemann, Dr. Sebastian Gärtner, ganz besonders bedanken. Ohne ihn hätte ich es sehr viel schwerer gehabt!

Für das gründliche Korrekturlesen sei weiterhin Alexandra Müller und Stefan Gärtner vielmals gedankt sowie meinen Eltern, die mich immer unterstützt und an mich geglaubt haben.

Schwalbach am Taunus, September 2015 Liane Vollmer-Gärtner

Inhaltsverzeichnis

Abkürzungen

a. A.	andere Auffassung
a. a. O.	am angegebenen Ort
Abs.	Absatz
AcP	Archiv für civilistische Praxis (Zeitschrift)
ADA	Auflagenkontrolle der Anzeigenblätter
AdZ	Arbeitsgruppe Anzeigenblätter der Zeitungen
a. F.	alte Fassung
AfP	Archiv für Presserecht (Zeitschrift)
AK-GG	Alternativkommentar zum Grundgesetz
Anm.	Anmerkung
AöR	Archiv des öffentlichen Rechts (Zeitschrift)
Art.	Artikel
AT	Allgemeiner Teil
Aufl.	Auflage
AWA	Allensbacher Werbeträger Analyse
BAG	Bundesarbeitsgericht
BAGE	Entscheidungen des Bundesarbeitsgerichts
Bd.	Band
BDZV	Bundesverband Deutscher Zeitungsverleger
bearb.	bearbeitet
Begr.	Begründung
BGB	Bürgerliches Gesetzbuch
BGH	Bundesgerichtshof
BGHSt	Entscheidungen des Bundesgerichtshofs in Strafsachen
BGHZ	Entscheidungen des Bundesgerichtshofs in Zivilsachen
BK	Bonner Kommentar
BSE	Bovine Spongiforme Enzephalopathie („Rinderwahnsinn“)
BSHG	Bundessozialhilfegesetz
BT-Drucks.	Bundestags-Drucksache
BVDA	Bundesverband Deutscher Anzeigenblätter
BVerfG	Bundesverfassungsgericht
BVerfGE	Entscheidungen des Bundesverfassungsgerichts
BVerwG	Bundesverwaltungsgericht
BVerwGE	Entscheidungen des Bundesverwaltungsgerichts
d.h.	das heißt

ders.	derselbe
Diss.	Dissertation
DJT	Deutscher Juristentag
DÖV	Die Öffentliche Verwaltung (Zeitschrift)
durchges.	durchgesehen(e)
DVBl.	Deutsches Verwaltungsblatt
DZWir	Deutsche Zeitschrift für Wirtschafts- und Insolvenzrecht
erw.	erweitert
EU	Europäische Union
EWiR	Entscheidungen zum Wirtschaftsrecht (Zeitschrift)
Expl.	Exemplare
f.	folgende (Seite, Randnummer usw.)
ff.	fortfolgende (Seiten, Randnummern usw.)
Fn.	Fußnote
FRAG	Freie Rundfunk AG
FS	Festschrift
FWB	Freiburger Wochenbericht
GG	Grundgesetz
GRUR	Gewerblicher Rechtsschutz und Urheberrecht (Zeitschrift)
GRUR Int.	Gewerblicher Rechtsschutz und Urheberrecht Internationaler Teil (Zeitschrift)
GWB	Gesetz gegen Wettbewerbsbeschränkungen
Habil.	Habilitationsschrift
HbdStR	Handbuch des Staatsrechts
Hrsg.	Herausgeber
i. d. R.	in der Regel
IfD	Institut für Demoskopie Allensbach
i. S. v.	im Sinne von
IVW	Informationsgemeinschaft zur Feststellung der Verbreitung von Werbeträgern
JuS	Juristische Schulung (Zeitschrift)
JMM	The International Journal on Media Management
JZ	Juristenzeitung
Kap.	Kapitel
KG	Kammergericht
K & R	Kommunikation & Recht (Zeitschrift)
Lfg.	Lieferung
LG	Landgericht

LMG	Landesmediengesetz
LPG	Landespressegesetz
MMR	Multimedia und Recht (Zeitschrift)
MP	Media Perspektiven (Zeitschrift)
m. w. N.	mit weiteren Nachweisen
Mio.	Million(en)
Mrd.	Milliarde(n)
NJW	Neue Juristische Wochenschrift (Zeitschrift)
NJWE-WettbR	Neue Juristische Wochenzeitschrift-Entscheidungsdienst – Wettbewerbsrecht (Zeitschrift)
NJW-RR	Neue Juristische Wochenschrift – Rechtsprechungs-Report (Zeitschrift)
Nr.	Nummer
NRW	Nordrhein-Westfalen
NS	nationalsozialistisch(e)
OLG	Oberlandesgericht
o. V.	ohne Verfasser
OVG	Oberverwaltungsgericht
OVGE	Entscheidungen des Oberverwaltungsgerichts
PostG	Postgesetz
PostZtgO	Postzeitungsordnung
PR	Public Relations
PrOVG	Preußisches Oberverwaltungsgericht
RdA	Recht der Arbeit (Zeitschrift)
Rdnr.	Randnummer
Rdz.	Randzeichen
RegE	Regierungsentwurf
RfStV	Rundfunkstaatsvertrag
S.	Seite(n)
Sp.	Spalte(n)
StGB	Strafgesetzbuch
SWB	Stuttgarter Wochenblatt
u. ä.	und ähnliche(s)
UGP-Richtlinie	Richtlinie 2005/29/EG über unlautere Praktiken
UrhG	Urhebergesetz
UWG	Gesetz gegen den unlauteren Wettbewerb
VerfGHE	Entscheidungen des (Bayerischen) Verfassungsgerichtshofs
vgl.	vergleiche

VVDA	Verleger-Verband Deutscher Anzeigenblätter
VVDStRL	Veröffentlichungen der Vereinigung der Deutschen Staatsrechtslehrer
WRP	Wettbewerb in Recht und Praxis (Zeitschrift)
w&v	werben & verkaufen (Zeitschrift)
WuW	Wirtschaft und Wettbewerb (Zeitschrift)
WuW/E	WuW-Entscheidungssammlung zum Kartellrecht
ZAW	Zentralverband der Deutschen Werbewirtschaft
z.B.	zum Beispiel
ZHR	Zeitschrift für das gesamte Handelsrecht und Wirtschaftsrecht
ZMG	Zeitungs-Marketing Gesellschaft
ZRP	Zeitschrift für Rechtspolitik
ZUM	Zeitschrift für Urheber- und Medienrecht
ZUM-RD	Zeitschrift für Urheber- und Medienrecht Rechtsprechungsdienst

Einleitung

In der Bundesrepublik Deutschland kommen heute auf jede redaktionelle Zeitungsausgabe vier Anzeigenblätter.[1] Diese gratis vertriebenen Presseerzeugnisse haben als eigenständiger, periodisch erscheinender Pressetyp hohe Titel- und Auflagensteigerungen auf dem deutschen Pressemarkt nach dem 2. Weltkrieg erzielt und das allein auf der Grundlage des Anzeigengeschäfts. Bis auf wenige Ausnahmen beschränkte sich bis Mitte der 90er-Jahre des vorherigen Jahrhunderts die Berichterstattung der Anzeigenblätter noch allein auf eine Ratgeber-, Service- und Veranstaltungskalenderfunktion und die Verbreitung lokaler Nachrichten. In den letzten Jahren hat sich aber auch – insbesondere mit der Einführung von Sonntagsanzeigenblättern – der Anteil von Anzeigenblättern erhöht, die ihre Berichterstattung auf überregionale und bundesweite Themen ausgeweitet haben. Endpunkt dieser Entwicklung bildete die Ende der 90er-Jahre herausgegebene Freiburger „Zeitung zum Sonntag", die selbst inhaltlich einer entgeltlichen Sonntagszeitung glich. Darauffolgten weitere vollwertige Anzeigenblätter bzw. Gratiszeitungen, die nicht nur das Niveau entgeltlicher Straßenverkaufszeitungen hatten, sondern auch mehrmals wöchentlich erschienen.

Anzeigenblätter sind bis heute eine feste Institution auf dem deutschen Pressemarkt, die sich gegen die reguläre, entgeltliche (Tages-)Presse behauptet hat. Zurzeit werden in Deutschland zwar keine vollwertigen Anzeigenblätter vertrieben, es ist aber nicht zu erkennen, dass das Konzept als solches gescheitert wäre. Der Vertrieb von Gratiszeitungen kann weiterhin als Hebel dienen, um die hohen Markteintrittshürden, die auf dem deutschen Pressemarkt bestehen, zu überwinden. Der Konflikt zwischen den Anzeigenblättern und entgeltlichen Presseerzeugnissen wurde und wird dabei nicht nur auf wirtschaftlichem Gebiet ausgefochten, indem die etablierten Presseunternehmen immer wieder die Idee des Gratisvertriebs kopiert und eigene Anzeigenblätter als „Abwehrblätter" herausgegeben haben, sondern wurde auch vor Gericht verhandelt. Die traditionellen Zeitungsverlage versuchten gegen die unentgeltliche Presseverteilung auf Unterlassung zu klagen. Das Verschenken geldwerter Leistung sei, so argumentierten die Zeitungsverleger, eine unlautere und damit unzulässige geschäftliche Handlung. Sie verstoße dabei gegen die verfassungsrechtlich gewährleistete Institution der freien Presse und sei damit eine Gefahr für die Pressefreiheit schlechthin.

1 Vgl. BVDA (2014) und BDZV (2014).

Mit der vorliegenden Arbeit soll das Anzeigenblatt als kostenloses periodisches Druckwerk untersucht werden. Es ist dabei sowohl als publizistisches Phänomen zu beleuchten als auch als Geschäftsmodell, das als unlautere Wettbewerbshandlung vermeintlich die Pressefreiheit untergräbt. Dieser doppelte Ansatz ist notwendig, weil eine juristische Bewertung ohne die publizistische nicht auskommen kann. Im ersten Kapitel soll zunächst der Begriff „Anzeigenblatt" definiert, die verschiedenen Typen bzw. Ausformungen präsentiert und den (regulären) entgeltlichen Zeitungen gegenübergestellt werden. Es ist dabei zwischen reinen, klassischen und vollwertigen Anzeigenblättern zu unterscheiden. Diese Trennung zwischen den verschiedenen Formen von Anzeigenblättern soll in der gesamten Arbeit berücksichtigt werden. Es wird zudem auf die Auflagen und Umsätze von Anzeigenblättern eingegangen, um dabei auch die Gründe herauszuarbeiten, die für ihren Erfolg auf dem deutschen Pressemarkt (mit-) verantwortlich sind. Dazu gehört ebenfalls die Beantwortung der Frage, welche publizistische Leistung Anzeigenblätter tatsächlich erbringen und welche Resonanz sie beim Publikum gerade auch im Unterschied zur regulär-entgeltlichen Presse erzielen. Das zweite Kapitel beschäftigt sich mit der historischen Entwicklung von Anzeigenblättern und den Konflikten, die zwischen den Anzeigenblättern und der Kaufpresse aufgetreten sind, wobei der Schwerpunkt auf der Zeit nach 1945 liegt.

Im dritten Kapitel wird die rechtliche Seite der Auseinandersetzung zwischen Anzeigenblättern und entgeltlicher Presse in den Blick genommen. Dabei wird zunächst die Rechtsprechung des BGH zu Anzeigenblättern (und verwandten Vertriebsformen) dargestellt, um einen ersten Anknüpfungspunkt an die rechtliche Bewertung von Anzeigenblättern zu gewinnen. Vor diesem Hintergrund soll die Frage beantwortet werden, unter welchen Voraussetzungen der Gratisvertrieb von Anzeigenblättern tatsächlich rechtlich unzulässig sein kann. Diese Prüfung wird aus einer verfassungsrechtlichen Perspektive erfolgen: Es ist dabei zunächst zu untersuchen, durch welche Grundrechte die Tätigkeit des Anzeigenblattverlegers geschützt ist. In einem zweiten Schritt ist zu klären, ob das Verbot eines Anzeigenblattes einen Eingriff in die grundrechtlich geschützte Tätigkeit des Anzeigenblattverlegers darstellt und drittens, inwieweit dieser Eingriff zu rechtfertigen ist. Dabei ist in den Blick zu nehmen, inwieweit der Gratisvertrieb von Anzeigenblättern gegen das hier einschlägige Gesetz gegen den unlauteren Wettbewerb (UWG) verstößt. Unter dem neuen (seit 2004 bzw. 2008) geltenden UWG sind die vorher durch die Rechtsprechung entwickelten Fallgruppen zur Unlauterkeit von Wettbewerbshandlungen kodifiziert worden.

Das Verfassungsrecht strahlt dabei aber wiederum auf das einfache Recht aus. Es muss deshalb bedingt durch die sogenannte Wechselwirkungslehre in einem vierten Schritt durch eine umfassende Abwägung ein verfassungsrechtlicher Ausgleich zwischen den widerstreitenden Interessen gefunden werden. Dabei sind vor allem die objektiv-rechtliche Dimension der Pressefreiheit und ihre Strukturprinzipien (Schutz der Qualität von Presseerzeugnissen, Auswahl- und Entscheidungsfreiheit der Leser, Pressevielfalt, redaktionelle Unabhängigkeit) in die Abwägung einzustellen. Im Ergebnis soll die Frage nach der rechtlichen Zulässigkeit von Anzeigenblättern in ihren verschiedenen Ausge-staltungsformen umfassend beantwortet werden können.

Die Auseinandersetzung um die rechtliche Zulässigkeit des Gratisvertriebs von Anzeigenblättern war bereits Gegenstand akademischer Untersuchungen. Die zu dem Thema „Gratisvertrieb von Anzeigenblättern/Gratiszeitungen" vorliegenden Untersuchungen haben aber bislang nicht konsequent zwischen den verschiedenen Erscheinungsformen von Anzeigenblättern – reine, klassische und vollwertige Anzeigenblätter – unterschieden, obwohl das Thema nur über diese Differenzierung sauber zu fassen ist. Zudem beantwortet erst die vorliegende Arbeit die rechtliche Zulässigkeit des Gratisvertriebs von Anzeigenblättern nach dem neuen (seit 2004 bzw. 2008 gültigen) UWG. Dabei ist die Frage zu beantworten, ob die vermeintlich mindere Qualität von Anzeigenblättern ihre rechtliche Unzulässigkeit begründen kann. Soweit erkennbar ist dieser Aspekt – wie misst man redaktionelle Qualität, welche Qualität haben Anzeigenblätter, in welchem Verhältnis stehen Fürsorge für den Erhalt höherwertiger Presseerzeugnisse und die institutionelle Garantie der Pressefreiheit zueinander und wie muss unter dem Gesichtspunkt „Qualität von Anzeigenblättern" unter dem UWG bzw. GWB eine abstrakte bzw. konkrete Gefährdung der Pressefreiheit bewiesen werden – bislang nicht mit der notwendigen Prüfungstiefe behandelt worden. Gleiches gilt auch für die übrigen Strukturprinzipien der objektiv-rechtlichen Dimension der Pressefreiheit. Im Übrigen scheint die Rechtsprechung zum Gratisvertrieb publizistischer Leistung mit der BGH-Entscheidung „Stumme Verkäufer II" aus dem Jahr 2009 einen zumindest vorläufigen Abschluss gefunden zu haben, in dem die bereits seit 2003 für Anzeigenblätter bestehende Judikatur („Zeitung zum Sonntag", „20 Minuten Köln") auf den faktischen Gratisvertrieb entgeltlicher Zeitungen übertragen wurde. Diese Entwicklung konnte durch die bereits als Dissertationen vorliegenden Untersuchungen noch nicht dargestellt und kommentiert werden. Auch diese Lücke soll durch die vorliegende Arbeit geschlossen werden.

Kapitel 1: Das Anzeigenblatt als periodisches Druckwerk

A) Definition und Abgrenzung zur Zeitung

I. Das Anzeigenblatt – Anzeigenfinanzierung und kostenlose Verteilung

Der Begriff Anzeigenblatt lässt mehrere Auslegungen zu. Er bezeichnet sowohl Blätter, die sich ausschließlich aus Anzeigen finanzieren, als auch Publikationen, die mehrheitlich aus Anzeigen bestehen.[2] Im Alltagsgebrauch werden Anzeigenblätter häufig mit kostenlosen Presseerzeugnissen mit einem geringen publizistischen Niveau assoziiert[3] – im Gegensatz zu den Pressetypen „Zeitung" oder „Zeitschrift". Nach der Definition von *Dovifat/Wilke* sind Anzeigenblätter „periodisch überwiegend einmal wöchentlich erscheinende Druckwerke, die sich ausschließlich aus Anzeigeneinnahmen finanzieren und kostenlos und unbestellt an die Haushalte verteilt werden."[4] Diese Beschreibung setzt den Schwerpunkt auf die ökonomischen und organisatorischen Bedingungen dieser Druckwerke.[5] Unter den Begriff „Anzeigenblatt" fallen dann sowohl *reine* Anzeigenblätter, die ausschließlich aus Anzeigen bestehen, als auch normale oder besser *klassische* Anzeigenblätter, die sich zu etwa einem Drittel aus redaktionellem Text mit hohem lokalem Bezug und zu zwei Dritteln aus Anzeigen zusammensetzen.[6] Die beiden für ein Anzeigenblatt konstitutiven Merkmale – Anzeigenfinanzierung und kostenlose Verteilung – treffen außerdem auf die *vollwertigen* Anzeigenblätter zu.

Unterscheiden lassen sich die Anzeigenblätter relativ genau über ihren Inhalt. Der Inhalt von *reinen* Anzeigenblättern ist eindeutig zu bestimmen: Er besteht

---

2 Vgl. *Löffler*, Presserecht, BT Anz Rdnr. 279.

3 Vgl. *Sjurts*, Strukturen und Strategien im Markt für Anzeigenblätter, S. 2.

4 *Dovifat/Wilke*, Zeitungslehre I, S. 31.

5 Vgl. *Uenk/Laarmann*, Pressemedien: Definitionen, Abgrenzungen und ihre kommunikationspolitische Notwendigkeit, in: *Presse- und Informationsamt der Bundesregierung*, Kommunikationspolitische und kommunikationswissenschaftliche Forschungsprojekte der Bundesregierung (1974–1978), S. 383.

6 Vgl. *Heinrich*, Medienökonomie, S. 369.

vollständig aus Anzeigen.[7] Das *klassische* Anzeigenblatt besteht dagegen im Durchschnitt aus 15,8 Seiten, davon 5,3 Seiten Text und 10,5 Seiten Anzeigen,[8] wobei sich der redaktionelle Teil aus Lokalberichterstattung zusammensetzt. Service- und Ratgeberthemen, Veranstaltungs- sowie kommunalpolitische und kulturelle Meldungen und Nachrichten stehen im Vordergrund.[9] Im Vergleich dazu hat eine Tageszeitung mit einem Textanteil von etwa zwei Dritteln und einem Anzeigenteil von einem Drittel ein genau umgekehrtes Text-Anzeigen-Verhältnis.[10] Die klassischen Anzeigenblätter lassen sich in vier Kategorien unterteilen, und zwar in Blätter ohne Lokalredaktion, deren redaktioneller Inhalt überwiegend aus PR-Beiträgen bestückt wird, in Stadtteilblätter mit einem starken Akzent auf sublokale Themen sowie in im Boulevardstil gehaltene Anzeigenblätter mit hohem Bild- und Farbanteil.[11] Diese unterschiedlichen Ausprägungsformen der klassischen Anzeigenblätter gibt es (bis auf die PR-Blätter) jeweils mit publizistischem und ohne publizistisches Niveau. Als vierter Typus des klassischen Anzeigenblatts existiert das Anzeigenblatt mit zeitungsähnlichen Inhalten und hohem redaktionellen Anspruch.[12] Zu diesen anspruchsvolleren, zeitungsähnlichen klassischen Anzeigenblättern gehören vor allem die Sonntagsanzeigenblätter, die in den letzten zehn Jahren den redaktionellen Teil durch die Inanspruchnahme von Nachrichtenagenturdiensten mit überregionalen politischen und vor allem Sportthemen ausgebaut haben.[13] Die Stadtteil- und Boulevardblätter mit publizistischem Niveau sowie die klassischen Anzeigenblätter mit zeitungsähnlichem Inhalt können insgesamt als klassische Anzeigenblätter mit publizistischem Anspruch bezeichnet werden. Sie nähern sich als solche dem vollwertigen Anzeigenblatt zumindest an.

Die *vollwertigen Anzeigenblätter* zeichnen sich durch ein höheres redaktionelles Niveau, größeren Textumfang und ein breiteres Themenspektrum als die klassischen Anzeigenblätter aus.[14] Das Verhältnis von redaktionellem Text zu Anzeigen

---

7 Vgl. BGHZ 19, S. 395 – FWB; *Ricker*, in: *Löffler/Ricker*, Handbuch des Presserechts, 81. Kap. Rdnr. 15 („Anzeigenblätter ohne redaktionellen Teil“).

8 Vgl. *Heinrich*, Medienökonomie, S. 369.

9 Vgl. *Kopper*, Anzeigenblätter als Wettbewerbsmedien, S. 178 ff.

10 Vgl. *Heinrich*, Medienökonomie, S. 369.

11 Vgl. *Koschnick*, FOCUS-Lexikon, S. 183.

12 Vgl. *Koschnick*, FOCUS-Lexikon, S. 183.

13 Vgl. *Presse- und Informationsamt der Bundesregierung*, Medienbericht ’98, S. 72; *Röper/Pätzold*, Medienanbieter und Medienangebote, S. 103.

14 Vgl. *Haas*, MP 2006, S. 510.

beträgt wie bei traditionellen Kaufzeitungen zwei zu eins.[15] Die vollwertigen Anzeigenblätter werden wegen ihrer höheren Qualität häufig als Anzeigenzeitungen oder Gratiszeitungen bezeichnet;[16] aufgrund ihrer kostenlosen Verteilung auch als Verteilzeitungen.[17] Ein Beispiel für ein vollwertiges Anzeigenblatt war die vierzigseitige Freiburger „Zeitung zum Sonntag", die redaktionelle Beiträge zu regionalen und überregionalen Themen anbot, eine umfangreiche Sportberichterstattung sowie einen ausführlichen Veranstaltungskalender und damit das Niveau einer herkömmlichen Leserzeitung erreichte.[18] Auch die etwas später erstmals erschienenen Gratiszeitungen „20 Minuten Köln" des norwegischen Zeitungskonzerns Schibsted und „15 Uhr aktuell" der HBV Beteiligungsgruppe (einem Unternehmen der Hypovereinsbank) glichen einer „normalen" (Boulevard-) Tageszeitung hinsichtlich Inhalt, Aufmachung und des die Anzeigen überwiegenden redaktionellen Teils.[19] Der Übergang vom klassischen Anzeigenblatt zum vollwertigen Anzeigenblatt oder zur Gratiszeitung ist fließend.[20] Alle drei Anzeigenblatt-Typen – reine, klassische und vollwertige Anzeigenblätter – erfüllen also die Kriterien der hundertprozentigen Anzeigenfinanzierung, der kostenlosen und unbestellten Verteilung an die Haushalte sowie der überwiegend wöchentlichen Erscheinungsweise und sind deswegen ausnahmslos als Anzeigenblatt zu qualifizieren.

II. Die Zeitung

Zeitungen sind periodische Druckwerke, die der breiten Öffentlichkeit in tagebuchartiger Weise fortlaufend über aktuelle Vorgänge in allen oder bestimmten Lebensbereichen in Schrift und Bild berichten.[21] Sie verbinden dabei vier Merkmale: 1. Publizität, also Öffentlichkeit, allgemeine Zugänglichkeit; 2. Aktualität, also auf die Gegenwart bezogen, neu und gegenwärtig von Bedeutung; 3. Universalität, also ein unbegrenztes Themenspektrum und 4. Periodizität, also eine

15 Vgl. BGH, NJW 2004, S. 2083–20 Minuten Köln; WRP 2004, S. 746 – Zeitung zum Sonntag; LG Berlin, AfP 2000, S. 304–15 Uhr aktuell.

16 Vgl. *Schulze*, Verteilzeitungen, in: *Schiwy/Schütz/Dörr*, S. 598.

17 Vgl. *Schütz*, Pressewirtschaft, in: *Noelle-Neumann/Schulz/Wilke*, Fischer Lexikon Publizistik, S. 544.

18 Vgl. BGH, WRP 2004, S. 746.

19 Vgl. BGH, NJW 2004, S. 2084; LG Berlin, AfP 2000, S. 304.

20 Vgl. LG Heilbronn, AfP 2000, S. 305; *Köhler*, GRUR 1980, S. 199 f.

21 Vgl. *Dovifat/Wilke*, Zeitungslehre I, S. 16; *Brand/Schulze*, Medienkundliches Handbuch, S. 13.

in regelmäßigen Abständen immer wiederkehrende Erscheinungsweise.[22] Im Einzelfall sind diese Merkmale unterschiedlich ausgeprägt. Entscheidend ist bei der Zeitungsdefinition, dass sie den Schwerpunkt auf die publizistische (Informations-)Leistung legt.[23] Zeitungen können dabei in formeller und inhaltlicher Weise kategorisiert werden. Formal sind Zeitungen etwa nach den Strukturmerkmalen Erscheinungszeit (Morgen-, Mittags- und Abendzeitungen) und Erscheinungshäufigkeit (Tages- und Wochenzeitungen) zu unterscheiden, können aber auch nach Verbreitungsgebiet und Vertriebsform kategorisiert werden.[24] „Als Tageszeitungen werden alle Periodika bezeichnet, die mindestens zweimal wöchentlich erscheinen und einen aktuellen politischen Teil mit inhaltlich unbegrenzter (universeller) Nachrichtenvermittlung enthalten."[25] Wochenzeitungen ähneln dagegen zwar dem äußeren Erscheinungsbild von Zeitungen sehr, sind aber nach ihren publizistischen Merkmalen eher den Zeitschriften zuzurechnen.[26] Sie erscheinen weniger häufig, sind daher nicht so aktuell wie die Tageszeitung, legen dafür aber mehr Wert auf die Hintergrundberichterstattung. Nach dem Verbreitungsgebiet lassen sich Zeitungen in lokale, regionale, überregionale/nationale und internationale Zeitungen unterscheiden.[27] Spezifiziert nach der Vertriebsform, ergeben sich wiederum drei Zeitungstypen: die Kauf-, Abonnement- und Gratiszeitungen.

Kategorisiert nach dem Inhalt, existiert eine Nachrichten-, Meinungs- und Geschäftspresse.[28] Die Nachrichtenpresse entwirft ein möglichst aktuelles und genaues Bild der Ereignisse, während die Meinungspresse die Berichterstattung aus einem festen Blickwinkel vornimmt und eindeutig politisch gefärbt ist. Die Geschäftspresse zielt mit Form und Inhalt ihrer Presseerzeugnisse direkt auf den Markt und zeichnet sich durch eine Art „Service-Journalismus" aus, der sich konsequent an den Leserbedürfnissen orientiert. Zwar existieren durchaus Reinformen, aber häufig werden die verschiedenen Strukturmerkmale auf unterschiedliche Art und Weise miteinander kombiniert, wodurch die Übergänge

---

22 Vgl. *Wilke*, Pressegeschichte, in: *Noelle-Neumann/Schulz/Wilke*, Fischer Lexikon Publizistik, S. 501; *Haas*, Die geschenkte Zeitung, S. 19.

23 Vgl. *Schütz*, MP 2001, S. 602.

24 Vgl. *Haas*, Die geschenkte Zeitung, S. 19.

25 Vgl. *Schütz*, MP 2001, S. 602.

26 Vgl. *Wilke*, Presse, in: *Noelle-Neumann/Schulz/Wilke*, Fischer Lexikon Publizistik, S. 481.

27 Vgl. *ZAW*, Werbung in Deutschland 2006, S. 234.

28 Vgl. *Nussberger*, Die Mechanik der Pressekonzentration, S. 46 ff.

nicht zu scharf sind.[29] Aufgrund der täglichen bzw. wöchentlichen Erscheinungsweise von Anzeigenblättern und ihrem starken Bezug auf lokale Themen könnten sich zumindest auch die Anzeigenblätter mit einem höheren Textanteil unter dem Begriff „Zeitung" in die Unterkategorie der lokalen Tages- oder Wochenzeitung subsumieren lassen.[30] Ob dies tatsächlich der Fall ist, soll im nächsten Schritt untersucht werden.

III. Anzeigenblätter als Zeitungen

In der Regel lassen sich Zeitungen und Anzeigenblätter kaum miteinander vergleichen. Das trifft insbesondere auf die *reinen* Anzeigenblätter zu, die gar keinen oder kaum redaktionellen Inhalt haben. Sie fallen grundsätzlich nicht unter die Definition von Zeitungen, da sie weder eine „tagebuchartige" Berichterstattung noch eine publizistische Leistung im Sinne einer redaktionellen Bearbeitung unterschiedlicher Themen und Inhalte enthalten. Ihnen fehlen zwar nicht die Merkmale Publizität und Periodizität, aber die Merkmale Aktualität und Universalität. Selbst die klassischen Anzeigenblätter erfüllen diesen Anspruch, um als Zeitung zu gelten, nicht.[31] Das durchschnittliche, *klassische* Anzeigenblatt besteht aus 15,8 Seiten, davon sind 5,3 Seiten Text und 10,5 Seiten Anzeigen.[32] Bei Tageszeitungen liegt bereits der Textumfang alleine bei deutlich über 15 Seiten.[33] Darüber hinaus ist das Verhältnis Text zu Anzeigen genau umgekehrt, nämlich zwei zu eins.[34] Ein *Schwerpunkt* auf der publizistischen Leistung kann somit nicht festgestellt werden.

Die *vollwertigen* Anzeigenblätter entsprechen dagegen hinsichtlich Periodizität, Aktualität und Universalität den herkömmlichen, entgeltlichen Tages-, Wochen- oder Sonntagszeitungen und könnten sich deshalb unter den Begriff „Zeitung" subsumieren lassen,[35] und zwar unter dem Genre der lokalen und regionalen Tagespresse. Die vollwertigen Anzeigenblätter können also auch eine publizistische Leistung für sich reklamieren. Ihr Inhalt besteht aus einer kurzen

---

29 Vgl. *Haas*, Die „geschenkte" Zeitung, S. 20.

30 Bei einer strengen publizistischen Prüfung würden – wie bereits erwähnt – die entgeltlichen Wochenzeitungen und demnach auch die wöchentlich erscheinenden vollwertigen Anzeigenblätter zu den Zeitschriften und nicht zu den Zeitungen zählen.

31 Vgl. *Ricker*, in: *Löffler/Ricker*, Handbuch des Presserechts, 1. Kap. Rdnr. 16.

32 Vgl. *Heinrich*, Medienökonomie, S. 369.

33 Vgl. *Kurp*, Lokale Medien und kommunale Eliten, S. 188 (Zeitungen in NRW haben durchschnittlich 45,5 Seiten.).

34 Vgl. *Heinrich*, Medienökonomie, S. 369.

35 Vgl. *Haas*, MP 2006, S. 510.

Darstellung der wichtigsten Welt-, Deutschland-, Regional- und Lokalnachrichten sowie redaktionellen Beiträge aus den Bereichen Lokales, Sport, Wirtschaft und Kultur.[36] Der Anzeigenteil steht dabei deutlich hinter dem redaktionellen Teil zurück. Das Verhältnis von redaktionellem Teil zu Anzeigenteil beträgt zwei zu eins, womit eindeutig ein Schwerpunkt auf der publizistischen Leistung liegt.[37] Von der Aufmachung her gleichen sie den entgeltlichen Straßenverkaufszeitungen.[38] Auf Hintergrundberichte und Kommentare wird fast gänzlich verzichtet,[39] wobei diese Vorgehensweise durchaus repräsentativ ist. So ist es für die weltweit am weitesten verbreitete Gratiszeitung „Metro" etwa auch charakteristisch, dass dort keine eigene Meinung bzw. keine journalistischen Darstellungsformen wie Kommentare publiziert werden.[40] Das redaktionelle Konzept der Gratiszeitungen zielt schließlich darauf ab, dass der flüchtige Leser „in quantitativ ansprechend portionierten und überschaubaren ‚Häppchen' über die wichtigsten Fakten auf einprägsame Art informiert" wird.[41] Für die Tatbestandsvoraussetzung publizistische Leistung ist aber nicht das Vorliegen von Kommentaren ausschlaggebend, sondern die tagebuchartige Berichterstattung über aktuelle Vorgänge – und diese wird von den vollwertigen Anzeigenblättern angeboten.

Auch das Merkmal der Publizität liegt vor. Die bisher erschienenen kostenlosen Tageszeitungen in Deutschland, wie „20 Minuten Köln" oder „15 Uhr aktuell" in Berlin, Hamburg und München, wurden zwar nicht an alle Haushalte eines Verbreitungsgebiets verteilt, sondern täglich an Knotenpunkten des öffentlichen Nahverkehrs in Ballungsräumen verteilt oder ausgelegt.[42] Allein damit kann aber das Element der Publizität nicht verneint werden, schließlich verlangt Publizität nur eine öffentliche Verbreitung der Publikation.[43] Als Ergebnis bleibt festzuhalten, dass allein die vollwertigen Anzeigenblätter, die wöchentlich oder mehrmals wöchentlich erscheinen, in der Schnittmenge zwischen Zeitungen und Anzeigenblättern liegen, indem sie einerseits die wirtschaftlich-organisatorischen

---

36 Vgl. BGH, WRP 2004, S. 746 – Zeitung zum Sonntag; KG, AfP 2000, S. 292–20 Minuten Köln.

37 Vgl. *Holznagel*, MP 2006, S. 529.

38 Vgl. *Machill/Zenker*, Anzeigenblätter und Gratiszeitungen, S. 7.

39 Vgl. KG, AfP 2000, S. 292–20 Minuten Köln; *v. Wallenberg*, MMR 2001, S. 512.

40 Vgl. *Haas*, MP 2006, S. 511 f.

41 Vgl. *v. Wallenberg*, MMR 2001, S. 512.

42 Vgl. *Bauer*, Kostenlose Zeitungen – neue Produkte auf einem umkämpften Markt, in: *BDZV*, Zeitungen '99, S. 115.

43 Vgl. *Dovifat/Wilke*: Zeitungslehre II, S. 178 f.

Bedingungen der Anzeigenblätter, andererseits aber auch die publizistische Leistung von Zeitungen erbringen.

IV. Die Abgrenzung von Anzeigenblättern zu anderen Publikationen

Anzeigenblätter können schließlich noch von den Kundenzeitschriften, Offerten- und Amtsblättern abgegrenzt werden. Kundenzeitschriften nutzen nur zum Teil die Erlöse durch Inserate als Finanzierungsquelle, schon weil die Insertionsmöglichkeit in diesen Blättern beschränkt ist.[44] Außerdem unterscheiden sie sich in ihrer Verbreitung von klassischen oder vollwertigen Anzeigenblättern. Sie werden entweder dem Verbraucher per Post zugestellt oder im Einzelhandel dem Käufer direkt übergeben.[45] In reinen Offertenblättern wiederum, zum Beispiel dem „Sperrmüll", können in der Regel die Inserenten ihre Anzeigen gratis veröffentlichen. Diese Publikationen finanzieren sich dann auch – im Gegensatz zu den Anzeigenblättern – über die Erlöse aus dem Lesermarkt.[46] Das wesentliche Abgrenzungskriterium von klassischen Anzeigenblättern zu Amtsblättern stellt dagegen der Verteilungszweck dar. Bei den Amtsblättern steht die Verbreitung institutionsspezifischer Informationen im Zentrum,[47] während es bei den Anzeigenblättern primär um die Verbreitung von Werbebotschaften geht.[48] Amtsblätter finanzieren sich außerdem nicht immer ausschließlich aus Anzeigenerlösen.[49]

B) Anzeigenblätter auf dem deutschen Pressemarkt (1945 bis heute)

Anzeigenblätter entwickelten sich nach dem zweiten Weltkrieg zu einem Pressetyp, der sich als wirtschaftlich sehr erfolgreich entpuppte und mit einer hohen Gesamtauflage nahezu jeden Haushalt in Deutschland regelmäßig erreicht.[50] In

---

44 Vgl. *Dense*, Die rechtliche Problematik der Anzeigenblätter, S. 5.

45 Vgl. *Weichler/Endrös*, Die Kundenzeitschrift, S. 206.

46 Vgl. *Wilke*, in: Presse, in: *Noelle-Neumann/Schulz/Wilke,* Fischer Lexikon Publizistik, S. 481; *Ricker*, in: *Löffler/Ricker*, Handbuch des Presserechts, 1. Kap. Rdnr. 16.

47 Vgl. *Dorsch-Jungsberger*, Amtsblatt, in: *Schiwy/Schütz*, Medienrecht, S. 1 ff.

48 Vgl. *Machill/Zenker*, Anzeigenblätter und Gratiszeitungen, S. 3.

49 Vgl. *Dorsch-Jungsberger*, Amtsblatt, in: *Schiwy/Schütz*, Medienrecht, S. 5 (Die Gemeinden finanzieren die Amtsblätter auch aus eigenen Mitteln.).

50 Vgl. *o. V.*, w&v 19/2009, S. 48; *ZAW*, Werbung in Deutschland 2011, S. 267, S. 281 (Für 2010: Gesamtauflage Zeitungen: 24,8 Mio. Expl.; Gesamtauflage Anzeigenblätter: 91,2 Mio. Expl.); *Koschnick*, FOCUS-Lexikon, S. 184 (Reichweite von über 90 %).

welcher Form die unterschiedlichen Typen von Anzeigenblättern auf dem Pressemarkt in Erscheinung getreten sind bzw. treten, soll dabei im ersten Schritt dargestellt werden. Anschließend sind die Entwicklung nachzuzeichnen, die Anzeigenblätter genommen haben, und die Ursachen hervorzuheben, die für die hohen Auflagensteigerungen und die wirtschaftliche Blüte des Anzeigenblattwesens verantwortlich sind. Abschließend soll die publizistische Leistung von Anzeigenblättern und ihre Bewertung durch die Leserschaft untersucht werden. Den Unterschieden zwischen reinen, klassischen und vollwertigen Anzeigenblättern soll dabei – soweit möglich und nötig – weiterhin Rechnung getragen werden.

I. Das Erscheinungsbild von Anzeigenblättern

Anzeigenblätter lassen sich, wie bereits geklärt, in reine, klassische und vollwertige Anzeigenblätter unterteilen. Der Anteil der reinen Anzeigenblätter auf dem Anzeigenblattmarkt ist dabei gering.[51] Die überwältigende Mehrheit bilden die klassischen Anzeigenblätter, die zu etwa einem Drittel aus redaktionellem Text bestehen und schon deshalb für die Leser eine interessantere Lektüre darstellen als die bloße Aneinanderreihung von Anzeigen.[52] An Publikationen, die zu den vollwertigen Anzeigenblättern oder Gratiszeitungen zählen, war bis Juni 2007 nur ein Blatt auf dem Markt: die Gratiswirtschaftszeitung „BusinessNews" aus dem Holtzbrinck-Verlag.[53] Seither ist keine Gratiszeitung mehr in Deutschland erschienen. Das Erscheinungsbild von Anzeigenblättern ist dabei selbst innerhalb der drei Kategorien sehr uneinheitlich. Das einzige charakteristische Merkmal ist der Titelkopf, der in zwei von drei Fällen zeitungsähnlich gestaltet ist.[54] Davon abgesehen, reicht das Erscheinungsspektrum von Anzeigenblättern sehr weit: „Die benutzten Formate reichen von DIN A5 bis zum großen Rheinischen Format, die Seiten sind teils geheftet, teils geklebt oder lose ineinandergelegt; der Druck reicht vom technisch aufwendigen Vierfarbdruck bis zu sehr konventionellen Schwarz-Weiß-Verfahren; der Umfang variiert zwischen nur wenigen Seiten bis zu Umfängen, die an die Wochenendausgaben größerer Tageszeitungen erinnern."[55] Am populärsten sind aber – wie bei Tageszeitungen auch – das

51 Vgl. *Wilke*, Anzeigenblätter, in: *Noelle-Neumann/Schulz/Wilke,* Fischer Lexikon Publizistik, S. 479.

52 Vgl. BGHZ 19, S. 395 – FWB; 51, S. 239 – SWB I.

53 Vgl. *Schütz*, MP 2007, S. 561; *o. V.*, dpa-Medien 24/2007 13. Juni 2007, S. 6.

54 Vgl. *Kopper*, Anzeigenblätter als Wettbewerbsmedien, S. 179.

55 *Röper/Pätzold*, Medienanbieter und Medienangebote, S. 102.

Berliner Format, das Rheinische und Nordische Format.[56] Nur 11 Prozent oder 156 Titel erscheinen im kleineren Tabloidformat.[57] Die vollwertigen Anzeigenblätter, insbesondere die Gratistageszeitungen, die bisher in Deutschland erschienen waren, orientierten sich in ihrer Gestaltung und Aufmachung an den entgeltlichen Straßenverkaufszeitungen.[58]

II. Die Auflagen und Umsätze – das Geschäft mit Anzeigenblättern

1950 erschienen in der Bundesrepublik Deutschland die ersten lokalen und gratis verteilten reinen und klassischen Anzeigenblätter.[59] Die gewaltige Expansion der Anzeigenblätter in Deutschland setzte aber erst Mitte der 70er-Jahre ein und wurde von selbst-ständigen, das heißt von zeitungsverlagsunabhängigen Anzeigenblattverlagen ausgelöst. Die Gründe für diese verspätete Ausbreitung der Gratisblätter waren weniger im Medium Anzeigenblatt selbst zu finden, als in den Veränderungen in Wirtschaft und Werbung. Dazu haben drei Entwicklungen beigetragen:[60] Die Konsumgüter wurden erstens immer ähnlicher und austauschbarer, sodass durch verstärkte Werbung verschiedene Images geschaffen werden mussten. Die Werbewirtschaft benötigte zweitens unterschiedliche Werbeträger, um zur stärkeren Markenbildung und -bindung von Produkten beizutragen, und drittens führten veränderte Insertionsmöglichkeiten in den Zeitungen aufgrund der Pressekonzentration zu einer Ausbreitung von Anzeigenblättern.[61] Im Zeitraum von 1954 bis 1979 verringerte sich die Anzahl der publizistischen Einheiten dramatisch. Die Anzahl der Zeitungen mit dem gleichen aktuellen politischen Teil, dem sogenannten Zeitungsmantel,[62] nahm von 225 auf 122 ab.[63] Die Folge war, dass Anzeigen häufig nur noch für das ganze Verbreitungsgebiet und die gesamte Auflage geschaltet werden konnten. Die reinen und klassischen Anzeigenblätter boten sich als alternativer und kostengünstigerer Werbeträger an, um kleinere lokale Gebiete vollständig und ohne

56 Vgl. *Koschnick*, FOCUS-Lexikon, S. 183.

57 Vgl. *ZAW*, Werbung in Deutschland 2007, S. 247.

58 Vgl. *Machill/Zenker*, Anzeigenblätter und Gratiszeitungen, S. 7.

59 Vgl. *Stamm*, Der Leitfaden für Presse und Werbung, 1951, Teil 4, Gruppe 17 „Verordnungs-, Gesetz-, halbamtliche und amtliche Blätter, Veranstaltungsanzeiger", S. 368–375.

60 *Wöste*, MP 1982, S. 375 f.

61 Vgl. *Wörste*, MP 1982, S. 376.

62 Vgl. *Wilke*, Presse, in: *Noelle-Neumann/Schulz/Wilke*, Fischer Lexikon Publizistik, S. 462.

63 Vgl. *Schütz*, MP 1979, S. 601.

große Streuverluste abzudecken.[64] Auch heute noch sind die Verbreitungsgebiete von lokalen Abonnementzeitungen und Anzeigenblättern nahezu vollständig identisch.[65] Das wachsende Marktpotential außerhalb der Städte wirkte sich als zusätzlicher Faktor positiv auf die Entwicklung von Anzeigenblättern aus. Die Kaufkraftunterschiede zwischen Land und Stadt glichen sich in den 60er- und 70er-Jahren zunehmend an, sodass auch Landgebiete oder Trabantenstädte als Märkte immer interessanter wurden.[66]

Neben den günstigen wirtschaftlichen Rahmenbedingungen sorgte Anfang der 80er-Jahre der Einstieg der Zeitungsverleger in das Anzeigenblattgeschäft dafür, dass dieser Pressetyp exorbitant expandierte. Sie gaben insbesondere klassische Anzeigenblätter als Komplementärmedien neben ihren Zeitungen heraus, nachdem sie gegen die neue lokale Konkurrenz auf dem Rechtsweg gescheitert waren.[67] Zeitungsverlage, die keine reinen oder klassischen Anzeigenblätter herausgaben, waren Ende der 80er-Jahre in Deutschland sogar in der Minderheit.[68] Nach Branchenschätzungen sind etwa 70 bis 80 Prozent der Anzeigenblätter in irgendeiner Form mit Tageszeitungs-Verlagen verbunden.[69] Da diese aber Anzeigenblätter aus image- und kartellrechtlichen Gründen häufig unter einem anderen Namen herausgeben, sind die Eigentumsverhältnisse und das Ausmaß ihrer Beteiligungen an Anzeigenblattverlagen nach wie vor undurchsichtig.[70] Die Anzeigenblattverlage weisen insgesamt aber immer noch eine heterogene Struktur auf, die von großen Unternehmen wie der Verlagsgruppe WAZ in Essen mit einer Auflage von über vier Mio. bis hin zu Kleinverlagen reicht, die weniger als zehntausend Exemplare herausgeben.[71] Nach der Statistik des Bundesverbands Deutscher Anzeigenblätter (BVDA) gab es 2011 insgesamt 485 Anzeigenblattverlage in Deutschland, wovon 221 dem BVDA als Mitglied angehörten.[72] Auf dem Anzeigenblattmarkt sind

---

64 Vgl. *BDZV*, Zeitungen '87, S. 79.

65 Vgl. *Ridder-Aab*, MP 1985, S. 638.

66 Vgl. *Wöste*, MP 1982, S. 376.

67 Vgl. Kap. 2 B.

68 Vgl. *Röper/Pätzold*, Medienkonzentration in Deutschland, S. 58 f.

69 Vgl. *Urhausen* im Interview, in: *Scharrer*, HORIZONT 16/2010, S. 36; *Röper/Pätzold*, Medienanbieter und Medienangebote, S. 109 f.; *Schulze*, Verteilzeitungen, in: *Schiwy/Schütz/Dörr*, Medienrecht, S. 597.

70 Vgl. *Passauer*, Anzeigenblätter und ihre Auswirkungen im Wettbewerb, S. 25 f.; *Ridder-Aab*, MP 1985, S. 639 f.

71 Vgl. *Heinrich*, Medienökonomie, S. 369.

72 Vgl. *ZAW*, Werbung in Deutschland 2011, S. 280.

auch die größten deutschen Verlagsgruppen wiederzufinden, zum Beispiel die Axel-Springer Verlag AG mit diversen Blättern in Hamburg, Berlin, Mecklenburg-Vorpommern und Schleswig-Holstein oder der Holtzbrinck-Konzern mit Anzeigenblatt-Titeln in dem Verbreitungsgebiet seiner Tageszeitungen.[73]

Marktführer auf dem Anzeigenblattmarkt ist eine Tochter der WAZ-Gruppe, die WVW-Westdeutsche Verlags- und Werbegesellschaft/ORA Ostruhr-Anzeigenblatt-Gesellschaft in Essen mit 4,7 Mio. Exemplaren bei 81 Titeln im IV. Quartal 2005.[74] Auf Platz zwei folgt die Rheinische Anzeigenblatt Gesellschaft (RAG) mit Sitz in Köln mit 17 Titeln und einer Auflage von etwa zwei Mio. Exemplaren und auf dem dritten Platz die BVZ Anzeigenzeitungen in Berlin und Rostock mit 1,8 Mio. Exemplaren bei vier Titeln.[75] Durch das doppelte Geschäft auf den lokalen Pressemärkten mit Tageszeitungen und Anzeigenblättern konnten die Tageszeitungsverlage auf diese Weise den lokalen Anzeigenmarkt nahezu vollständig abschöpfen.[76] Innerhalb von acht Jahren (1980 bis 1988) stiegen die Anzahl der Anzeigenblatt-Titel und deren Auflage um 57 bzw. 62 Prozentpunkte. In absoluten Zahlen stiegen also die Anzeigenblatt-Titel von 606 auf 1.049 und die Gesamtauflage von 36 auf 58 Mio. Exemplare.[77]

Ein weiterer deutlicher Anstieg der Anzeigenblatt-Titel konnte – wobei in der Statistik nicht zwischen reinen und klassischen Anzeigenblättern unterschieden wird – nach der deutschen Wiedervereinigung in den neuen Bundesländern erzielt werden, wo ebenfalls Anzeigenblätter eingeführt wurden.[78] 1996 gab es dort 516 unterschiedliche Lokal- und Regionalausgaben mit einer Gesamtauflage von 21,2 Mio. Exemplaren.[79] Relativ zur Bevölkerung ist das mehr als in den westlichen Bundesländern. Erklärt wird dieser Erfolg mit den Funktionsdefiziten der Lokalberichterstattung der dortigen Tageszeitungen.[80] Erst Ende der 90er-Jahre und Anfang 2000 zeichnete sich bei der Titel- und Auflagenzahl von Anzeigenblättern

---

73 Vgl. *Reitze*, Media Perspektiven Basisdaten – Daten zur Mediensituation 2008, S. 34, 36f., 49 ff.

74 Vgl. *o. V.*, w&v 12/2006, S. 64.

75 Vgl. *o. V.*, w&v 12/2006, S. 64.

76 Vgl. *o. V.*, AfP 1976, S. 587; *Wilke*, Presse, in: *Noelle-Neumann/Schulz/Wilke*, Fischer Lexikon Publizistik, S. 480.

77 Vgl. Kap. 1 B II (Tabellen).

78 Vgl. *BVDA/HORIZONT productions*, 20 Jahre BVDA, S. 37.

79 Vgl. *Wilke*, Presse, in: *Noelle-Neumann/Schulz/Wilke*, Fischer Lexikon Publizistik, 3. Aufl., S. 440.

80 Vgl. *Schneider/Stürzebecher*, Wenn das Blatt sich wendet, S. 215 ff.

eine Konsolidierung ab – wenn auch auf hohem Niveau.[81] Das Segment der Sonntagsanzeigenblätter konnte noch Zuwachsraten verzeichnen, da an diesem Tag nur wenig Konkurrenz unter den Anzeigenblättern herrschte und sie auch nicht mit den Abonnementzeitungen um die Lesergunst konkurrieren mussten bzw. müssen.[82] Mittlerweile gibt es in allen Gebieten, in denen sich es wirtschaftlich lohnt, ein Sonntagsanzeigenblatt. Waren es 1995 noch 6,3 Mio. Anzeigenblätter, die sonntags verteilt wurden, so stieg die Auflage im Jahre 2011 mit über 21 Mio. Exemplaren um mehr als das Dreifache an.[83] Im Vergleich dazu liegt die Auflage der „Bild am Sonntag" bei unter 2 Millionen Exemplaren. „Für die großen Anzeigenkunden bedeutet das: Wer erfolgreich am Sonntag werben will, der kommt an den Anzeigenblättern nicht vorbei."[84] National werde aber, so BVDA-Geschäftsführer Heiner Urhausen, die Bedeutung der Anzeigenblätter chronisch unterschätzt, obwohl die meisten Titel lokal eine starke Position inne haben.[85]

Das erste vollwertige Anzeigenblatt in Deutschland, die „Zeitung zum Sonntag", erschien zwischen 1997 und 2002; nahezu im selben Zeitraum, nämlich zwischen 1998 und 2001, kamen auch die ersten *täglich* erscheinenden vollwertigen Anzeigenblätter auf den Markt. Hintergrund für diese Entwicklung waren die Erfolge von Gratiszeitungen im Ausland, die den norwegischen Zeitungskonzern Schibsted bewogen, auch in Deutschland als dem größten europäischen Pressemarkt mit dem in mehreren Ländern bereits erprobten Konzept von „20 Minuten" Fuß zu fassen.[86] Die Gratiszeitung „15 Uhr Aktuell" wurde dagegen maßgeblich von einem Branchenfremden, der HBVG, einem Unternehmen der Hypovereinsbank, ins Leben gerufen.[87] Insgesamt gab es im Zeitraum zwischen 1998 und 2001 vier vollwertige Anzeigenblätter: „15 Uhr Aktuell" (mit Ausgaben für Berlin, Hamburg und München), „20 Minuten Köln", „Köln Extra" und den „Kölner Morgen". Gemeinsam war allen Titeln, dass sie nur in Ballungsgebieten verteilt wurden. Ihre Auflage lag zwischen 70.000 und 155.000

---

81 Vgl. *BVDA*, Medium im Fokus, S. 25 f.

82 Vgl. *Koschnick*, FOCUS-Lexikon, S. 184; *BVDA*, Medium im Fokus, S. 8; *Scharrer*, HORIZONT 16/2010, S. 36.

83 Vgl. *Schulz*, Zapper, Hopper, Zeitungsleser – Allensbacher Erkenntnisse im Langzeitvergleich, in: *BDZV*, Zeitungen 2001, S. 119; *Wadlinger*, w&v 16/2010, S. 46.

84 BVDA-Geschäftsführer Heiner Urhausen im Interview in: *Scharrer*, HORIZONT 16/2010, S. 36.

85 Vgl. BVDA-Geschäftsführer Heiner Urhausen im Interview in: *Scharrer*, HORIZONT 16/2010, S. 36.

86 Vgl. *Vogel*, MP 2001, S. 576 f.; *Haas*, MP 2006, S. 512.

87 Vgl. *Vogel*, MP 2001, S. 576.

Exemplaren.[88] Allerdings waren diese Gratistageszeitungen ab 2002 wieder vom Markt verschwunden. Erst im August 2006 wurde mit „BusinessNews“ wieder eine Gratistageszeitung auf dem deutschen Pressemarkt mit einer Auflage von 80.000 Exemplaren bei einer bundesweiten Verteilung in mehreren Großstädten eingeführt,[89] die jedoch ein Jahr später wieder eingestellt wurde.[90] Zu den Umsätzen, die diese vollwertigen Anzeigenblätter in Deutschland erzielten, gibt es keine veröffentlichten Informationen.

Bei den reinen und klassischen Anzeigenblättern stieg nach der stagnierenden Auflagen- und Titel-Entwicklung Anfang 2000 der Netto-Anzeigenumsatz wieder an und erreichte im Jahr 2001 bereits eine Rekordsumme von 1,83 Mrd. Euro. Im Geschäftsjahr 2008 wurde zum ersten Mal die 2-Milliarden-Grenze übersprungen, 2010 lagen die Nettowerbeumsätze bei 2,01 Milliarden Euro.[91] Es fällt auf, dass die Anzeigenblätter im Vergleich zu anderen Mediengattungen nur einen moderaten Rückgang der Werbeeinnahmen bei den Konjunktureinbrüchen 2001 und 2009 verzeichnen mussten.[92] Damit scheinen die lokalen und sublokalen Märkte weiterhin attraktiv und Anzeigenblätter weniger krisenanfällig als andere Mediengattungen zu sein.

Die hohen Anzeigeneinnahmen der Anzeigenblätter haben sie bereits Ende der 80er-Jahre zu einer bedeutenden Größe auf dem Werbemarkt gemacht.[93] Sie haben seither unangefochten nach Tageszeitungen, Fernsehen, Direktwerbung und Publikumszeitschriften an fünfter Stelle aller Werbeträger in Deutschland gestanden.[94] 2006 sind sie zuungunsten der Publikumszeitschriften auf Platz vier und 2012 auf Platz drei vorgerückt und haben diesen Platz mit einem Anteil von 12 Prozent (2014) am Werbemarkt behauptet.[95] Das Geschäft mit klassischen Anzeigenblättern bleibt für die Verlage weiterhin interessant. Sie erwirtschaften mit ihren Gratisblättern mehr als zehn Prozent Gewinn.[96] Viele

---

88 Vgl. *Haas*; MP 2006, S. 518; *Schütz*, MP 2001, S. 611; *Vogel*, MP 2001, S. 578.

89 Vgl. o. V., epd-medien 12.8.2006, S. 21.

90 Vgl. *Schütz*, MP 2007, S. 561.

91 Vgl. *ZAW*, Werbung in Deutschland 2011, S. 280.

92 Vgl. *Zabel*, media spectrum 10/09, S. 22 f.; www.bvda.de (Pressemitteilung vom 21.04.2010).

93 Vgl. *ZAW*, Werbung in Deutschland 1992, S. 17.

94 Vgl. *ZAW*, Werbung in Deutschland 1992, S. 17; *ders.*, Werbung in Deutschland 1996, S. 20; *ders.*, Werbung in Deutschland 2000, S. 22; *ders.*, Werbung in Deutschland 2007, S. 16.

95 Vgl. *ZAW*, Werbung in Deutschland 1992, S. 15; *ders.*, Werbung in Deutschland 2007, S. 13, *ders.*, Werbung in Deutschland 2011, S. 10; ZAW.de (2014).

96 Vgl. *Seitz*, FOCUS 49/2008, S. 138.

Zeitungsunternehmen konnten mit ihren Anzeigenblättern einen Teil der sinkenden Werbeumsätze auffangen, die von über 6 Mrd. Euro im Jahr 2000 auf knapp 4,4 Mrd. Euro im Jahr 2008 abfielen.[97] „Es gibt inzwischen machen Zeitungsverleger, der ganz offen sagt, dass die Anzeigenblätter einen beträchtlichen Teil zum Gesamtergebnis beitragen," so der BVDA-Geschäftsführer Heiner Urhausen.[98] Anzeigenblätter sind, so der Verleger Dirk Ippen, eine „unverzichtbare Ergänzung, um die totale Marktabdeckung zu erreichen". Es handele sich um „einen Riesenmarkt", der weiter an Bedeutung gewinnen werde.[99]

Im Jahr 2014 gab es in Deutschland insgesamt 1.406 reine und klassische Anzeigenblatt-Titel mit einer Gesamtauflage von 91 Mio. Exemplaren.[100] Der Anteil der reinen Anzeigenblätter am Anzeigenblattmarkt ist allerdings gering, wenn man davon ausgeht, dass weitaus die meisten von eigenen Anzeigenblatt-Redaktionen erstellt werden.[101] Diese Zahl spricht dafür, dass der Anteil der reinen Anzeigenblätter bei schätzungsweise einem Prozent liegt. Die überwältigende Mehrheit auf dem deutschen Pressemarkt bilden daher die klassischen Anzeigenblätter. Die Auflagen liegen dabei zwischen 1,4 Mio. Exemplaren (z.B. die „Berliner Woche") und weniger als tausend Exemplaren (z.B. die „Dossenheimer Woche" mit 5.200 Expl.).[102] Die durchschnittliche Auflage von reinen und klassischen Anzeigenblättern lag 2011 bei etwa 66.000 Exemplaren, von Sonntagsanzeigenblättern bei 80.000 Exemplaren.[103] 96 Prozent der Anzeigenblätter haben einen wöchentlichen Erscheinungsrhythmus.[104] Etwa Zweidrittel der Gesamtauflage erscheint mittwochs und donnerstags und ein Drittel samstags und sonntags.[105] Vollwertige Anzeigenblätter gibt es zurzeit auf dem deutschen Pressemarkt kein einziges.

Im Vergleich zur Tagespresse ist festzustellen, dass auf eine redaktionelle Ausgabe einer Tageszeitung vier reine bzw. klassischen Anzeigenblatt-Titel kommen.[106] Die Gesamtauflage von Anzeigenblättern liegt dabei viermal so hoch, sie sorgen für

---

97 Vgl. *Röper*, MP 2010, S. 218.

98 Vgl. BVDA-Geschäftsführer Heiner Urhausen im Interview, in: *Scharrer*, HORIZONT 16/2010, S. 36.

99 Vgl. *Seitz*, FOCUS 49/2008, S. 138.

100 Vgl. BVDA.

101 Vgl. *Wilke*, Anzeigenblätter, in: *Noelle-Neumann/Schulz/Wilke*, Fischer Lexikon Publizistik, S. 479.

102 Vgl. *Stamm*, STAMM 2007 Presse- und Medienhandbuch, Teil 2b, S. 6, 10.

103 Vgl. *Wadlinger*, w&v 16/2010, S. 46; *ZAW*, Werbung in Deutschland 2011, S. 280.

104 Vgl. *ZAW*, Werbung in Deutschland 2009, S. 278.

105 Vgl. *Wadlinger*, w&v 16/2010, S. 46; *ZAW*, Werbung in Deutschland 2011, S. 278.

106 Vgl. BVDA und BDZV.

mehr als die Hälfte der Nettowerbeumsätze der Zeitungspresse: 2,8 Mrd. Euro versus 1,8 Mrd. Euro (2014).[107] Damit kommt ihnen schon allein quantitativ eine gewichtige Position auf dem Pressemarkt zu. Im nächsten Abschnitt soll nun dargestellt werden, wie die qualitative bzw. publizistische Bedeutung von Anzeigenblättern auf dem Lesermarkt zu bewerten ist.

Tab. 1: Entwicklung der Auflage von Anzeigenblättern (in Mio. Exemplaren)
(bis 1990 nur Westdeutschland)

Jahr	Auflage in Mio.
1980	36
1982	39
1984	42
1986	50
1988	58
1990	63
1992	76
1994	78
1996	84
1998	89
2000	89
2002	89
2004	85
2006	86
2008	91
2010	91
2012	93
2014	91

Quelle: Statistisches Bundesamt (1980–1990); BVDA (1992–2014).

Tab. 2: Titel-Entwicklung von Anzeigenblättern (1980 bis 2014)
(bis 1990 nur Westdeutschland)

1980	1982	1984	1986	1988	1990	1992	1994	1996	1998	2000	2002	2004	2006	2008	2010	2012	2014
606	654	732	882	1.049	1.101	1.141	1.333	1.282	1.316	1.311	1.312	1.288	1.350	1.393	1.384	1.411	1.406

Quelle: Statistisches Bundesamt (1980–1990); BVDA (1992–2010).

107 Vgl. ebd.

Tab. 3: Titel- und Auflagenentwicklung von Sonntagsanzeigenblättern (1992 bis 2014)

	1992	1994	1996	1998	2000	2002	2004	2006	2008	2010	2012	2014
Titel	105	60	82	–	175	207	190	239	255	263	267	257
Auflage in Mio.	8,3	4,9	6,7	–	16,4	19,3	18,0	19,5	20,0	21,1	21,8	20,1

Quelle: BVDA

Tab. 4: Netto-Anzeigenumsatz von Anzeigenblättern in Mio. Euro (1990 bis 2013)

Jahr	Umsatz in Mio.
1990	1.005
1992	1.233
1994	1.442
1996	1.539
1998	1.762
2000	1.792
2002	1.702
2004	1.836
2006	1.943
2008	2.008
2010	2.011
2012	2.001
2014	1.847

Quelle: BVDA.

Tab. 5: Die zehn größten Anzeigenblattverlage und -verlagsgruppen 2006

Rang	Verlag/Verlagsgruppe	Anzahl Titel	Auflage IV/2005
1	WVW–Westdeutsche Verlags- und Werbegesellschaft/ ORA Ostruhr-Anzeigenblatt-Gesellschaft, Essen (Tochter der WAZ)	81	4.700.100
2	Rheinische Anzeigenblatt Gesellschaft (RAG), Köln	17	2.166.409
3	BVZ Anzeigenzeitungen Berlin/Rostock (ehemals: G+J)	4	1.880.410
4	Allgemeiner Anzeiger, Werbe- und Vertriebsges., Erfurt	29	1.726.853
5	Verlag Blitz-Tip, Egelsbach/Frankfurt (Main)	2	1.650.129
6	Wochenkurier-Gruppe Leipzig, Dresden, Cottbus	40	1.543.183

Rang	Verlag/Verlagsgruppe	Anzahl Titel	Auflage IV/2005
7	Berliner Wochenblatt Verlag	1	1.435.183
8	Wochenspiegel Verlagsgesellschaft, Halle (Saale)	27	1.336.768
9	Verlagsgesellschaft Madsack, Hannover/Peine/Göttingen/ Wolfenbüttel	17	1.336.044
10	Panorama Anzeigenblatt, Düsseldorf	15	1.329.370

Quelle: w&v Nr. 12/2006, S. 64.

Tab. 6: Vollwertige Anzeigenblätter in Deutschland (kostenlose Tages- und Sonntagszeitungen)

Gründung	Einstellung	Unternehmen	Titel	Ort	Auflage/ Expl.
1998	2000	15 Uhr Aktuell GmbH (HBVG)	15 Uhr Aktuell	Berlin	150.000
1999	2000	15 Uhr Aktuell GmbH (HBVG)	15 Uhr Aktuell	Hamburg	k. A.
1999	2000	15 Uhr Aktuell GmbH (HBVG)	15 Uhr Aktuell	München	k. A.
1999	2001	20 Minuten Köln Verlag GmbH (Schibsted)	20 Minuten Köln	Köln	150.000
1999	2001	Axel Springer Verlag AG	Köln Extra	Köln	150.000
2000	2001	M. DuMont Schauberg	Kölner Morgen	Köln	100.000
1997	2002	Michael Zäh Verlag; Michael Zäh AG; ZZ Zeitungs GmbH	Zeitung zum Sonntag	Freiburg	155.000
1998	1998	Michael Zäh Verlag	Zeitung zum Sonntag	Heilbronn	150.000
1998	1998	Michael Zäh Verlag	Zeitung zum Sonntag	Karlsruhe	150.000

Gründung	Einstellung	Unternehmen	Titel	Ort	Auflage/ Expl.
2000	2000	Michael Zäh AG	zus. und Zeitung am Abend	Freiburg	k. A.
2006	2007	Holtzbrinck-Konzern	BusinessNews	bundesweit	80.000–110.000

Quelle: *Haas*; MP 2006, S. 518; *Schütz*, MP 2001, S. 611; *Vogel*, MP 2001, S. 578; *ZAW*, Werbung in Deutschland 2008, S. 232.

III. Die publizistische Leistung von Anzeigenblättern

Klassische Anzeigenblätter haben in der Publizistik bisher nur wenig Beachtung gefunden,[108] obwohl sie laut AWA 2014 jede Woche pro Ausgabe 37,35 Mio. Leser über 14 Jahre in Deutschland erreichten.[109] Das sind 63,5 Prozent der deutschen Bevölkerung ab 14 Jahren. Der Grund für das geringe wissenschaftliche Interesse liegt vor allem darin, dass diesem Medientyp nur geringe publizistische Bedeutung beigemessen wird, weil er primär als Werbeträger für den lokalen Einzelhandel und die mittelständische Wirtschaft konzipiert ist.[110] Zu den Merkmalen einer publizistischen Leistung von Presseerzeugnissen werden unter anderem der redaktionelle Umfang, die Aktualität, das Themenspektrum sowie die journalistische Bearbeitung von Themen durch selbst recherchierte Beiträge und Kommentare gezählt.[111] Vor allem das letztgenannte Kriterium verleiht einer Publikation ein eigenes „redaktionelles Profil". Den Gegenpol dazu bildet der Verlautbarungsjournalismus, der zugelieferte Meldungen oder Beiträge ohne redaktionelle Bearbeitung veröffentlicht, oder der Service- und Ratgeberjournalismus, der sich auf neutrale und unkritische Themen beschränkt.[112]

108 Vgl. *Janke*, Gratis frei Haus, in: *Thomas*, Die lokale Betäubung der Bürger und seiner Medien (1981), S. 53 ff.; *Wöste*, MP 1982, S. 373 ff.; *Thierauf/Lerch-Stumpf*, Inwieweit können Anzeigenblätter das publizistische Angebot von Tageszeitungen ergänzen (1983); *Ridder-Aab*, MP 1985; S. 634 ff.; *Kopper*, Anzeigenblätter als Wettbewerbsmedien (1991); *Röper/Pätzold*, Medienanbieter und Medienangebot (1992), S. 101 ff.

109 Vgl. AWA 2014.

110 Vgl. *Sjurts*, Strukturen und Strategien im Markt für Anzeigenblätter, S. 2.

111 Vgl. *Heinrich*, Medienökonomie, S. 370; *Thierauf/Lerch-Stumpf*, Inwieweit können Anzeigenblätter, Bd. I, S. 51; *Kopper*, Anzeigenblätter als Wettbewerbsmedien, S. 154; *Janke*, Gratis frei Haus, S. 62; *Kurp*, Lokale Medien und kommunale Eliten, S. 160.

112 Vgl. *Russ-Mohl*, Publizistik 1992, S. 95.

1. Meinungen in der Literatur

Nach *Janke* war schon 1981 eine „Qualifizierung der Anzeigenblätter zu lokaljournalistischen Einrichtungen [...] nicht in Sicht [...] – im Gegenteil: Die allgemeine Tendenz zu verwaltungsfrommer, geschäftsförderlicher und politisch handzahmer Lokalberichterstattung wird hier kräftig unterstützt. Manche Anzeigenblätter bringen nur greller zum Vorschein, was auch in ordentlichen Lokalzeitungen nichts als Public relations ist."[113] Für *Heinrich* deutet – zumindest in Bezug auf die normalen Anzeigenblätter – allein schon „der geringe Textanteil von einem Drittel, die fehlende Universalität des Textangebots und die geringe Aktualität des Erscheinens klar auf eine deutlich reduzierte publizistische Leistungsfähigkeit der Anzeigenblätter hin".[114] Und schließlich konstatierte auch *Sjurts*, dass zwar viele regionale Tageszeitungsverlage die Möglichkeit nutzen, sich an Anzeigenblattverlagen zu beteiligen; deshalb hätten sie aber nicht dazu beigetragen, dass Anzeigenblätter an publizistischem Profil gewinnen,[115] schließlich hätten die Tageszeitungsverlage kein Interesse an einem zusätzlichen publizistischen Wettbewerb.[116] Und auch *Wilke* ist – ohne sich mit den Qualitätsunterschieden innerhalb des Segments Anzeigenblatt näher zu befassen – der Meinung, dass Anzeigenblätter nur eine geringe journalistische Leistung erbrächten und publizistische Lücken im lokalen oder sublokalen Raum nur sehr begrenzt füllen könnten. Anzeigenblätter trügen demnach kaum zur publizistischen Vielfalt im Lokalen bei.[117] Die Literatur bewertet die journalistische Leistung von klassischen Anzeigenblättern also einstimmig als gering.

Die vollwertigen Anzeigenblätter bzw. Gratistageszeitungen, die im Zeitraum von 1999 bis 2003 entstanden, erfüllten alle charakteristischen Wesensmerkmale einer Tageszeitung, um als publizistische Einheit in die Pressestatistik der deutschen Tagespresse einzugehen.[118] Sie erschienen mindestens zweimal wöchentlich und enthielten einen aktuellen politischen Teil mit inhaltlich (unbegrenzter) Nachrichtenvermittlung.[119] Als publizistische Einheit sind alle Verlage als Herausgeber mit den jeweiligen Zeitungsausgaben zusammengefasst, die einen

---

113 *Janke*, Gratis frei Haus, S. 62.

114 *Heinrich*, Medienökonomie, S. 370.

115 Vgl. *Sjurts*, Strukturen und Strategien im Markt für Anzeigenblätter, S. 2.

116 Vgl. *Ridder-Aab*, MP 1985, S. 639.

117 Vgl. *Wilke*, Anzeigenblätter, in: *Noelle-Neumann/Schulz/Wilke*, Fischer Lexikon Publizistik, S. 479.

118 Vgl. *Haas*, MP 2006, S. 510.

119 Vgl. *Schütz*, MP 2004, S. 205.

gleichen oder in großen Teilen identischen Zeitungsmantel haben.[120] Dieser besteht im Regelfall aus den Seiten eins und zwei mit den aktuellen politischen Nachrichten. Zwischen 1999 und 2001 erhöhten die neuen Gratiszeitungen die publizistische Vielfalt zeitweise um fünf neue publizistische Einheiten: ein Rekord auf dem deutschen Pressemarkt seit den Jahren 1990/91.[121] Die Gratispresse, die in Deutschland allein in Form von kostenlosen Boulevardzeitungen erschien, war mit den entsprechenden Titeln der Kaufpresse vergleichbar. Jene bildeten als kostenlose Schnelllese-Kompakttageszeitungen eine neue Art von Zeitungsgattung.[122] So ist beispielsweise der Name der Gratiszeitung „20 Minuten" durchaus programmatisch zu verstehen. Er steht für die Nutzungszeit, die der Zeit entspricht, die im Durchschnitt von Pendlern für ihre Fahrt zur Arbeit mit öffentlichen Verkehrsmitteln benötigt wird. Dieser Pressetyp ist eine „Weiterentwicklung der Generalanzeiger und Anzeigenblätter hin zu einer Informationsökonomie".[123]

Die journalistische Berichterstattung beschränkt sich in der Regel auf redigierte Pressemeldungen, um Kosten bei der redaktionellen Arbeit zu sparen.[124] Der Schwerpunkt liegt dabei auf einer Mischung aus Nachrichten, Unterhaltung und Service, die sich an eine junge, mobile Stadtbevölkerung richtet.[125] Die Artikel sind kurz, leicht und schnell lesbar, um den pendelnden, flüchtigen Leser über die wichtigsten Ereignisse der letzten 24 Stunden zu informieren.[126] Aufwendigere journalistische Beiträge wie Reportagen, Interviews, Kommentare usw. sind selten oder entfallen.[127] Doch ist darauf hinzuweisen, dass es auch bei der entgeltlichen Tagespresse durchaus mehrere Beispiele gibt, bei denen Verlage im Bereich der (lokalen) Redaktion Kosten einsparen. Es wird versucht, Lokalredaktionen auszulagern (z.B. „Sächsische Zeitung"), Redakteursstellen werden gestrichen (z. „B. Neue Ruhr/Rhein Zeitung", „Westfälische Rundschau" und „Westfalenpost"), Lokalteile werden ganz oder teilweise von Agenturen

---

120 Vgl. *Schütz*, MP 2004, S. 205.

121 Vgl. *Schütz*, MP 2001, S. 605.

122 Vgl. *Haas*, MP 2006, S. 510.

123 *Haas*, MP 2006, S. 510.

124 Vgl. *Bauer*, Kostenlose Zeitungen – neue Produkte auf einem umkämpften Markt, in: *BDZV*, Zeitungen '99, S. 117; zu Gratiszeitungen in Dänemark und in der Schweiz: *Anwar*, HORIZONT 41/2007, S. 60; Süddeutsche Zeitung vom 25. September 2007, S. 17.

125 Vgl. *Haas*, MP 2006, S. 513.

126 Vgl. *von Wallenberg*, MMR 2001, S. 512.

127 Vgl. *Haas*, MP 2006, S. 511 f.; Süddeutsche Zeitung vom 25. September 2007, S. 17.

beschickt (z.B. „Rhein-Zeitung“) oder generell Kosten drastisch gesenkt (z.B. „Mittelbayerische Zeitung“).[128] Bei 58 der 135 publizistischen Einheiten waren Anfang 2009 Formen von Outsourcing anzutreffen.[129] Das zeigt, dass auch bei der entgeltlichen Presse die redaktionelle Leistung häufig primär unter dem Aspekt der Kosten gesehen wird, insbesondere weil die Werbe- und Vertriebserlöse kontinuierlich sinken.[130] So bedauert Dirk Ippen, Zeitungsverleger und -besitzer der fünftgrößten Zeitungsgruppe in der Bundesrepublik: „Es gibt kaum mehr Verleger, die auch Publizisten sind. Das ist ein großer Verlust.“[131] Wird redaktionelle Arbeit nur noch unter finanziellen Gesichtspunkten gesehen, dann werden reduzierte redaktionelle Leistungen auf dem Zeitungsmarkt tatsächlich immer austauschbarer. Die Gratiszeitung bringt diese allgemeine Entwicklung im Pressewesen auf den Punkt. Ihre publizistische Leistung liegt jedoch im generellen Unterschied zur traditionellen Tageszeitung darin, dass ihre Berichterstattung überwiegend aus redigierten Agenturmeldungen besteht und das Repertoire journalistischer Darstellungsformen beschränkt war.

2. Empirische Ergebnisse

Die wenigen Studien und inhaltsanalytischen Untersuchungen, die sich mit der publizistischen Leistung von Anzeigenblättern beschäftigen, sind in den 80er-Jahren und Anfang der 90er-Jahre des vorigen Jahrhunderts durchgeführt worden und befassen sich allein mit den klassischen Anzeigenblättern. Eine im Auftrag des Bundesinnenministers von *Thierauf/Lerch-Stumpf* in vier Modellregionen durchgeführte Inhaltsanalyse von Lokalzeitungen und Anzeigenblättern (1982) zeigte, dass es durchaus „Anzeigenblätter mit publizistischer Intention“ gebe, die allesamt von Anzeigenblattverlagen herausgegeben wurden, die *nicht* an einen Zeitungsverlag angeschlossen waren.[132] Diese Kategorie der Anzeigenblätter habe „sich in Habitus und Intention vom typischen Anzeigenblatt schon sehr weit entfernt“,[133] sie sei in der Struktur und in der journalistisch-redaktionellen Bearbeitung von Themen am tageszeitungsähnlichsten. Erkennbar wird auch hier das Segment des klassischen Anzeigenblatts – und zwar

128 Vgl. *Röper*, MP 2000, S. 302; *Dettmar*, w&v 8/2008, S. 60 f.; *Paperlein*, HORIZONT 8/2009, S. 6; *Rüdell*, HORIZONT 41/2003, S. 38.

129 Vgl. *Schütz*, MP 2009, S. 458.

130 Vgl. *Röper*, MP 2010, S. 218.

131 Vgl. *Röper*, MP 2000, S. 302.

132 Vgl. *Thierauf/Lerch-Stumpf*, Inwieweit können Anzeigenblätter, Bd. I, S. 58 f., 76 ff.

133 *Thierauf/Lerch-Stumpf*, Inwieweit können Anzeigenblätter, Bd. I, S. 60.

richtigerweise[134] – weiter unterteilt, und zwar in die klassischen Anzeigenblätter *ohne* und *mit* journalistischem Anspruch. Allerdings mache der Anteil der klassischen Anzeigenblätter mit journalistischem Anspruch nur etwa acht Prozent aller untersuchten Anzeigenblätter aus.[135] Die restlichen Anzeigenblätter, also die rein geschäftlich orientierten, insbesondere aber die tageszeitungsverwandten Anzeigenblätter, pflegten einen tendenzlosen Verlautbarungsjournalismus. Die Zeitungsverlage versuchten auf diese Weise, eine publizistische Konkurrenz zur Tageszeitung zu verhindern.[136] Die Analyse von *Thierauf/Lerch-Stumpf* kommt also zu dem Ergebnis, dass innerhalb des Segments der klassischen Anzeigenblätter selbst Niveau-Unterschiede existieren. Die Blätter, die jedoch mit journalistischem Anspruch auftreten, und sich damit in der Grauzone zwischen klassischem Anzeigenblatt und Gratiszeitung bewegen, sind selten vorzufinden.

Im Rahmen einer Analyse des Medienmarkts in Nordrhein-Westfalen wurde ebenfalls festgestellt, dass bei Anzeigenblättern manche Redaktionen „offensichtlich erhebliche Anstrengungen" unternehmen, während andere „qualitativ nicht über eine Ergänzungsfunktion zu den Anzeigen hinaus[gehen]".[137] Eine Inhaltsanalyse aller Anzeigenblätter und Lokalzeitungen im Nielsen-Werbemarkt II in NRW bestätigte 1991 dieses Ergebnis. Einige Redaktionen verfolgten, so *Kopper*[138], sehr wohl publizistische Anstrengungen und leisteten einen eigenständigen Beitrag zur lokalen Meinungsvielfalt. Bei der Mehrheit der untersuchten Anzeigenblätter kam der redaktionelle Teil jedoch quantitativ und qualitativ nicht über eine Ergänzungsfunktion zu den Anzeigen hinaus. Zum Zeitpunkt der Erhebung bestand das Themenspektrum von Anzeigenblättern vor allem aus Ratgeber- und Service-Informationen, Veranstaltungshinweisen sowie kommunalpolitischen und kulturellen Informationen, die redaktionell kaum bearbeitet waren und daher als „Verteilinformationen" bezeichnet werden müssen.[139] Die Ergebnisse von *Kopper* sind so zu interpretieren, dass vor allem die klassischen Anzeigenblätter – neben der Lokalberichterstattung der Tageszeitungen – hauptsächlich zur Verdichtung und Ergänzung sublokaler und lokaler Lesermärkte beitragen.[140] Sie nehmen somit eine Informations- und Orientierungsfunktionen

134 Vgl. Kap. 1 B III.
135 Vgl. *Thierauf/Lerch-Stumpf*, Inwieweit können Anzeigenblätter, Bd. I, S. 51.
136 Vgl. *Thierauf/Lerch-Stumpf*, Inwieweit können Anzeigenblätter, Bd. I, S. 74.
137 Vgl. *Röper/Pätzold*, Medienanbieter und Medienangebote, S. 103.
138 Vgl. *Kopper*, Anzeigenblätter als Wettbewerbsmedien, S. 210.
139 Vgl. *Kopper*, Anzeigenblätter als Wettbewerbsmedien, S. 154.
140 Vgl. *Presse- und Informationsamt der Bundesregierung*, Medienbericht '94, S. 113; *ZMG*, Zeitungen und Anzeigenblätter, S. 6.

im lokalen und sublokalen Raum wahr und schaffen gleichzeitig das Umfeld für einen breiten Anzeigenmarkt.[141] Ihre Berichterstattung bereichert dagegen kaum die Vielfalt öffentlicher Meinungen,[142] da diese Blätter überwiegend Verlautbarungs- und Service- und Ratgeberjournalismus leisten. Dieses Ergebnis entspricht auch den Resultaten der anderen aufgeführten Studien, wonach die klassischen Anzeigenblätter - bis auf wenige klassisch-anspruchsvolle Blätter - eine wesentlich geringere publizistische Leistung hinsichtlich des redaktionellen Umfangs, der Aktualität, der Themenvielfalt und der redaktionellen Bearbeitung von Themen als die lokale Wochen- oder gar Tagespresse erbringen und damit kaum zur publizistischen Vielfalt im Pressewesen beitragen.

3. *Aktuelle Entwicklung bei klassischen Anzeigenblättern*

Aktuelle Marktanalysen über die Leistungsfähigkeit von klassischen Anzeigenblättern sind leider nicht vorhanden. Indizien sprechen jedoch dafür, dass Anzeigenblattverlage, die zuvor wenig Zeit und Geld in den redaktionellen Teil ihrer Produkte gesteckt haben, diesen nun qualitativ und quantitativ aufwerten.[143] Dazu hat insbesondere der verschärfte Wettbewerb zwischen 2001 und 2003 geführt, der stagnierende Anzeigeneinnahmen, sinkende Auflagen und die rückläufige Zahl von Titeln generierte.[144] Um in dieser Situation Wettbewerbsvorteile auf dem Werbemarkt zu erzielen, stand Anzeigenblättern nur ein begrenztes Spektrum an Handlungsmöglichkeiten zur Verfügung: Sie konnten entweder ihre massenattraktiven Inhalte quantitativ oder qualitativ aufwerten oder andere Erscheinungstage wählen, um höhere Aufmerksamkeit bei den Verbrauchern zu finden.[145] Beide Optionen wurden bei den Sonntagsanzeigenblättern umgesetzt. Anzeigenblattverlage bauten hier den Anteil selbstrecherchierter lokaler Berichte aus, bezogen Material von Nachrichtenagenturen, erweiterten damit das Themenspektrum um Informationen aus aller Welt, Sport und Unterhaltung und machten ihr Anzeigenblatt eben zu einer annähernd kompletten Zeitung.[146]

---

141 Vgl. *Schulze*, Verteilzeitungen, in: *Schiwy/Schütz/Dörr*, Medienrecht, S. 597.

142 Vgl. *Kurp*, Lokale Medien und kommunale Eliten, S. 160; *Wilke*, Anzeigenblätter, in: *Noelle-Neumann/Schulz/Wilke*, Fischer Lexikon Publizistik, S. 479.

143 Vgl. *Mansmann*, HORIZONT 17/2005, S. 74; *Mischketat*, HORIZONT 37/2001, S. 126; *Stadik*, w&v 10/2008, S. 52 f.; *Scharrer*, HORIZONT 16/2010, S. 36.

144 Vgl. *Reitze*, Media Perspektiven Basisdaten–Daten zur Mediensituation 2008, S. 54.

145 Vgl. *Sjurts*, Strukturen und Strategien im Markt für Anzeigenblätter, S. 13.

146 Vgl. *Weidenbach*, Anzeigenblätter im Wettbewerbs- und Kartellrecht, S. 12; *Mansmann*, HORIZONT 17/2005, S. 74; *Sjurts*, Strukturen und Strategien im Markt für Anzeigenblätter, S. 13.

Der Sonntag als neuer Erscheinungstag für diese Anzeigenblätter eignete sich in besonderer Weise zur Aufmerksamkeitsgewinnung, da sonntags nur wenige Abonnementzeitungen erscheinen und die Leser mehr Zeit für die Lektüre haben als werktags.[147] Zudem wird bevorzugt sonntags im Familienkreis über Neuanschaffungen nachgedacht.[148] Die Zahl der Sonntagsanzeigenblätter – und damit auch der Anzeigenblätter mit publizistischem Anspruch – hat dementsprechend in den letzten Jahren zugenommen:[149] 2011 gab es 263 Sonntagsanzeigenblätter mit einer Auflage von 21,3 Mio. Exemplaren.[150] Gemessen an der Auflage machen sie einen Anteil von 19 Prozent aller Anzeigenblätter aus.[151] Da aber nicht zwangsläufig *alle* Sonntagsanzeigenblätter publizistisch wertvoll sind, umgekehrt aber auch nicht *alle* klassischen Anzeigenblätter, die an Werktagen erscheinen, ohne publizistische Leistung sind, dürfte der Anteil der klassischen Anzeigenblätter mit publizistischem Anspruch schätzungsweise bei etwa 15 bis 20 Prozent liegen.[152]

Auch bei den klassischen Anzeigenblättern, die an einem Werktag erscheinen, geht der Trend zu einem größeren und professionelleren redaktionellen Angebot, das sich durch hohen Lokalbezug und/oder dem Stil von Boulevard- und Ratgeberzeitungen auszeichnet, wie zum Beispiel die „Stadtzeitung" aus dem Funkhaus Aschaffenburg.[153] Andere Anzeigenblätter verfolgen das Konzept eines lokalen Informations-, Praxis- und Verbrauchermediums, wie z. B. der „Weserreport" aus Bremen, oder eines eher sachlich gehaltenen Wochenblatts mit der Anmutung einer Abo-Zeitung, wie die „Berliner Woche".[154] Differenziert man innerhalb der klassischen Anzeigenblätter,[155] dann wären das die Stadtteil- und Boulevardblätter sowie die klassischen Anzeigenblätter mit zeitungsähnlichen Inhalten und redaktionellem Anspruch (analog zu den beschriebenen Sonntagsanzeigenblättern), nicht hingegen die Anzeigenblätter *ohne* Lokalredaktion, deren Inhalt sich eben überwiegend aus PR-Beiträgen zusammensetzt. Die Entwicklung geht auch hier hin zu einem größeren redaktionellen Teil,

147 Vgl. *Pfannenmüller*, w&v 2007, S. 64; *Scharrer*, HORIZONT 16/2010, S. 36.

148 Vgl. *Karepin*, media spectrum 2007, S. 24; *Wadlinger*, w&v 2007, S. 51.

149 Vgl. *Thierauf/Lerch-Stumpf*, Inwieweit können Anzeigenblätter, Bd. I, S. 51; *ZAW*, Werbung in Deutschland 2006, S. 259 (mehr Sonntagsanzeigenblätter).

150 Vgl. *ZAW*, Werbung in Deutschland 2011, S. 280.

151 Vgl. *ZAW*, Werbung in Deutschland 2011, S. 280.

152 Vgl. Kap. 1 B III 3.

153 Vgl. *Schneider*, HORIZONT 16/2010, S. 34; *Mansmann*, HORIZONT 17/2005, S. 74; *Mischketat*, HORIZONT 37/2001, S. 126; *Stadik*, w&v 10/2008, S. 52 f.

154 Vgl. *Schneider*, HORIZONT; 16/2010, S. 34.

155 Vgl. Kap. 1 B III.

einer stärkeren redaktionellen Bearbeitung des angelieferten Materials oder der Erstellung von eigenen lokalen Beiträgen und/oder einer Ausweitung des Themenspektrums durch den Bezug von Nachrichten von Presseagenturen.[156] Nach Auffassung von Branchenblättern und des BVDA tragen klassische Anzeigenblätter mit diesen Maßnahmen den steigenden Inserentenwünschen Rechnung, die eine stärkere Leser-Blatt-Bindung fordern.[157] Entscheidend dürfte aber die Erkenntnis gewesen sein, dass sich „die Investition in die Qualität von Anzeigenblättern, insbesondere in Aufmachung, Inhalt und Qualität des Vertriebs durch höhere Anzeigenerlöse genauso gut amortisieren lässt wie geringere Anzeigenerlöse durch schlechtere Qualität."[158] Mit einer Verbesserung der redaktionellen Leistungen und einer professionelleren optischen Aufmachung erhoff(t)en sich Anzeigenblätter außerdem nicht nur Wettbewerbsvorteile gegenüber der Anzeigenblatt-Konkurrenz, sondern sie zielten auch darauf ab, die Etablierung von vollwertigen Anzeigenblättern bzw. von Gratiszeitungen zu erschweren.[159]

Als weitere Indizien für das Bemühen der Anzeigenblätter um ein verbessertes redaktionelles Angebot spricht auch der erste, BVDA-zertifizierte Volontärskurs für Anzeigenblattvolontäre, der Anfang 2005 ins Leben gerufen wurde.[160] Darüber hinaus gibt es seit 2005 den jährlich verliehenen „Durchblick"-Preis, der „Anzeigenblätter mit erfolgreichem bürgernahen Gesamtkonzept lokaler Informationsvermittlung – sowohl in redaktioneller als auch in werblicher Hinsicht" auszeichnet.[161] Eine unabhängige Jury verleiht den Preis nach den Kriterien Aufmachung, Service- und Ratgeberfunktion und Anzeigenmarkt. Auch die journalistische Leistung ist ein Kriterium, die allerdings nur Minimalstandards wie eine verständliche Sprache und den Informationsgehalt der Bilder berücksichtigt, aber auch die Kommentierfreudigkeit.[162] Eigene Recherchen, Faktentreue, Hintergrundberichterstattung usw. spielen dagegen keine Rolle. 2009 wurden beispielsweise der „Weser Report" aus Bremen, „Hallo Münster" und der „Wochen-kurier" aus Dresden ausgezeichnet.[163] Sie können als klassische Anzeigenblätter mit publizistischem Anspruch bezeichnet werden. Die steigende

156 Vgl. *BVDA/HORIZONT productions*, 20 Jahre BVDA, S. 27 ; Schneider, HORIZONT 16/2010, S. 34.
157 Vgl. *Mansmann*, HORIZONT 17/2005, S. 74; *Hoffmann*, HORIZONT 17/2005, S. 68 f.
158 *Heinrich*, Medienökonomie, S. 373.
159 Vgl. *Mansmann*, HORIZONT 17/2005, S. 75; *Schneider*, HORIZONT 16/2010, S. 34.
160 Vgl. *BVDA*, Medium im Fokus, S. 13.
161 Vgl. *BVDA/HORIZONT productions*, 20 Jahre BVDA, S. 27.
162 Vgl. *ZAW*, Werbung in Deutschland 2011, S. 290.
163 Vgl. *Pauker*, w&v 17/2009, S. 45.

redaktionelle Qualität der klassischen Anzeigenblätter lässt sich mitunter auch damit erklären, dass bei Anzeigenblättern immer mehr Journalisten tätig sind, die früher bei Tageszeitungen oder Magazinen gelernt oder gearbeitet haben.[164]

Zusammenfassend lässt sich sagen, dass die klassischen Anzeigenblätter ohne publizistischen Anspruch mit einem Anteil von etwa 80 bis 85 Prozent immer noch das Gros der Anzeigenblätter in Deutschland stellen. Sie tragen nicht nennenswert zur publizistischen Vielfalt bei. Seit Mitte der 90er Jahre hat sich der Anteil der klassischen Anzeigenblätter mit publizistischem Anspruch von etwa acht auf schätzungsweise 15 bis 20 Prozent erhöht. Außerdem wurden in Deutschland erstmals auch vollwertige Anzeigenblätter auf den Markt gebracht, die mit entgeltlichen Wochen- oder Tageszeitungen vergleichbar waren. Damit zeigt sich, dass der Pressetyp Anzeigenblatt durchaus publizistische Leistung erbringen kann.

IV. Nutzung und Bewertung von Anzeigenblättern durch die Leser

Die landläufige Annahme, die meisten *reinen*[165] *und klassischen Anzeigenblätter* (mit und ohne publizistischen Anspruch) blieben ungelesen im Hausflur liegen, entspricht nach zwei im Auftrag des BVDA durchgeführten repräsentativen Studien nicht der Realität.[166] Nach dieser Studie lesen zwei von drei Befragten fast alle Seiten eines klassischen Anzeigenblatts.[167] Dabei lesen 40 Prozent der Befragten länger als 30 Minuten in „ihrem" Anzeigenblatt.[168] Zu einem etwas anderen Ergebnis kommt eine Umfrage der Zeitungs-Marketing Gesellschaft (ZMG). Die durchschnittliche Lesedauer von Anzeigenblättern betrug dort 18 Minuten, bei Zeitungen hingegen 40 Minuten.[169] Die tatsächliche Lesedauer dürfte daher wohl zwischen 18 und 30 Minuten liegen – also deutlich niedriger als die durchschnittliche Zeit, die für das Zeitungslesen aufgewendet wird.

Anzeigenblätter werden aus zwei Gründen gelesen. Die Leser informieren sich einerseits über das Geschehen vor Ort, in den Nachbargemeinden, über Vereine

---

164 Vgl. *BVDA/HORIZONT productions*, 20 Jahre BVDA, S. 27.

165 Die reinen Anzeigenblätter stellen nur ein Prozent der erfassten Anzeigenblätter des BVDA. Sie werden hier nur der Vollständigkeit halber erwähnt. Für sie liegen entsprechend keine gesondert ausgewiesenen Ergebnisse hinsichtlich ihrer Nutzung und Bewertung vor.

166 Vgl. *BVDA*, Anzeigenblatt-Qualität AQ 2008, S. 2 ff.; *mediaedge:cia*, Anzeigenblätter, S. 2 ff.

167 Vgl. *BVDA*, Anzeigenblatt-Qualität AQ 2008, S. 4.

168 Vgl. *BVDA*, Anzeigenblatt-Qualität AQ 2008, S. 4.

169 Vgl. *ZMG*, Zeitungen und Anzeigenblätter, S. 32.

und Clubs in der Gegend, lokale Sportereignisse und Veranstaltungshinweise. Andererseits schlagen vier von fünf Lesern das Anzeigenblatt auf, um Angebote des regionalen Handels zu lesen. Mehr als jeder zweite nutzt das Medium, um Preise zu vergleichen.[170] An der Lokalberichterstattung und an den lokalen Anzeigen besteht ein nahezu gleichmäßig hohes Interesse.[171] Selbst die reinen Anzeigenblätter und die klassischen Anzeigenblätter mit geringem publizistischem Anspruch haben damit ihre Leserschaft. Die klassischen Anzeigenblätter mit journalistischem Anspruch und die Gratiszeitungen bieten bzw. boten überdies eine zusätzliche journalistische Leistung an, die den redaktionellen Teil interessanter macht(e).

Insgesamt werden die klassischen Anzeigenblätter von ihren Lesern nach der repräsentativen Befragung „Anzeigenblatt-Qualität AQ 2008" vom BVDA auch sehr positiv bewertet.[172] 86 Prozent der Befragten halten sie für informativ. Jeweils gut drei Viertel der Befragten finden sie seriös, vielfältig, sympathisch und informativ. Allerdings trauen die meisten Leser den Anzeigenblättern keinen investigativen Journalismus zu: 50 Prozent bewerten die Berichterstattung als „nicht kritisch".[173] Das entspricht auch ungefähr den Daten des Intermediavergleichs zwischen Zeitungen und Anzeigenblättern, den die ZMG durchgeführt hat.[174] Danach sagten nur 35 Prozent der befragten Leser, dass ein Anzeigenblatt „wahrheitsgetreu berichtet", bei ihrer Zeitung gehen 65 Prozent von einer wahrheitsgetreuen Berichterstattung aus.[175] Wie auch eine neue Studie der ZMG zeigt, ist die Glaubwürdigkeit der Zeitung damit etwa doppelt so hoch wie die der Anzeigenblätter.[176] Im Ergebnis bedeutet das: Die Leser halten Anzeigenblätter mehrheitlich für informativ und unterhaltsam, aber unkritisch.

Die sehr positive Einschätzung des Anzeigenblattes bei den Lesern relativiert sich außerdem im direkten Vergleich zwischen Tageszeitung und Anzeigenblatt:[177] Etwa zwei Drittel der Zeitungsleser erteilen der Zeitung die (Schul-)Noten 1 oder 2. Bei den Anzeigenblättern fällt die Bewertung anders aus: Sie erhalten nur von einem Drittel ihrer Leser (36 Prozent) eine solch gute Bewertung. Die Gründe für die Imagedefizite von Anzeigenblättern liegen laut der ZMG-Befragung darin, dass

170 Vgl. HORIZONT-Umfrage 2010 über LINK Institut für Markt- und Sozialforschung, in: HORIZONT 16/2010, S. 34; *BVDA*, Anzeigenblatt-Qualität AQ 2008, S. 3, 7 f.

171 Vgl. *BVDA*, Anzeigenblatt-Qualität AQ 2008, S. 3.

172 Vgl. *BVDA*, Anzeigenblatt-Qualität AQ 2008, S. 13.

173 Vgl. *BVDA*, Anzeigenblatt-Qualität AQ 2008, S. 3.

174 Vgl. *ZMG*, Zeitungen und Anzeigenblätter, S. 4 ff.

175 Vgl. *ZMG*, Zeitungen und Anzeigenblätter, S. 21.

176 Vgl. *ZMG*, Zeitungsqualitäten 2009, S. 38.

177 Vgl. *ZMG*, Zeitungen und Anzeigenblätter, S. 8.

„zu wenig inhaltliche Berichte“ vorhanden und die vorhandenen Beiträge zu oberflächlich oder zu kurz seien.[178] Als dritte Ursache wird von den Befragten die unzugängliche Gestaltung von Anzeigenblättern genannt. Ähnlich wie die Benotung fällt auch die Bindungsstärke zu den beiden Medien aus: 74 Prozent der Leser würden ihre Zeitung stark vermissen, wenn es sie nicht mehr gäbe, aber nur 13 Prozent ihr Anzeigenblatt.[179] Die Leser erkennen also Qualitätsunterschiede zwischen den beiden Medien. Das schlägt sich sowohl in einer schlechteren Benotung als auch in einer schwächeren Bindung zum Anzeigenblatt nieder.

Die Hauptgründe für die dennoch insgesamt große Nutzung von *klassischen Anzeigenblättern* sind der Kostenfaktor und die lokalen Informationen: 83 Prozent der Befragten gaben an, dass sie die Blätter vor allem deshalb mögen, weil sie unentgeltlich verteilt werden, als zweiten Grund nannten 60 Prozent der Leser die Berichterstattung über lokale Ereignisse.[180] Nur sechs Prozent erklärten dagegen, dass sie sich überhaupt nicht für den Anzeigenblattinhalt interessieren, fünf Prozent lehnten Anzeigenblätter wegen der mangelnden Gestaltung ab, und drei Prozent bewerteten Anzeigenblätter als störend.[181] Die geringe Bindungsstärke an das Medium Anzeigenblatt wird also durch die kostenlose Verteilung der Blätter kompensiert. Sobald also ein Anzeigenblatt unbestellt im Briefkasten liegt, stößt es – und das sogar bei jedem zweiten Empfänger – auf großes Interesse.

Die Nutzung von *vollwertigen Anzeigenblättern* ist – aufgrund der kurzen Zeitspanne ihrer Existenz in Deutschland – kaum untersucht worden. Während des sogenannten „Kölner Zeitungskriegs“ wurden jedoch die drei kostenlosen Zeitungen „20 Minuten Köln“, „Köln Extra“ und der „Kölner Morgen“ von ihren Lesern hauptsächlich als Zweitzeitung und als zusätzliche Informationsquelle zur Überbrückung von Fahrt- und Wartezeiten auf dem Weg zur Arbeit genutzt.[182] Zu diesem Ergebnis kam eine nichtrepräsentative Befragung des Zentralarchivs für Empirische Sozialforschung der Universität Köln, die das Leseverhalten in Bezug auf Tageszeitungen und kostenlose Pendlerzeitungen untersuchte.[183] Die Hälfte der Befragten verneinte die Aussage, dass die Informationen über das Geschehen am Ort und in der Welt ausreichend in den Gratiszeitungen vertreten seien. Nur

178 Vgl. *ZMG*, Zeitungen und Anzeigenblätter, S. 8 f.

179 Vgl. *ZMG*, Zeitungen und Anzeigenblätter, S. 32.

180 Vgl. *mediaedge:cia*, Anzeigenblätter, S. 7. In der neuen, repräsentativen Befragung wird die kostenlose Verteilung der Anzeigenblätter als Nutzungsgrund nicht mehr abgefragt, vgl. *BVDA*, Anzeigenblatt-Qualität AQ 2008, S. 3,

181 Vgl. *mediaedge:cia*, Anzeigenblätter, S. 7.

182 Vgl. *Bauske*, Gratiszeitungen, S. 3.

183 Vgl. *Bauske*, Gratiszeitungen, S. 1 ff.

zehn Prozent der Gratiszeitungsleser kamen zu dem Ergebnis, dass die Information ausreiche. Ein Drittel bejahte, durchaus auf aktuelle Geschehnisse hingewiesen zu werden, weitere 50 Prozent stimmten dieser Aussage zumindest teilweise zu.[184] Nur 20,5 Prozent der Befragten benutzen eine der drei Gratiszeitungen als primäre Informationsquelle, aber fast drei Viertel der Befragten gaben an, dass sie die neuen Titel zusätzlich - also als Zweitzeitung - läsen.[185] Den Gratiszeitungen auf dem Kölner Zeitungsmarkt kam damit nicht der Stellenwert einer umfassenden Informationsquelle wie den herkömmlichen Tageszeitungen zu, sondern der eines „schnellen" Mediums, das einen Überblick über die wichtigsten Nachrichten des Tages verschaffte. Auch bei den anderen unentgeltlichen deutschen Zeitungen, wie „15 Uhr aktuell" und „Zeitung zum Sonntag", konnte nicht festgestellt werden, dass ihre Nutzung sich stark zuungunsten der entgeltlichen Presse auswirkte.[186]

Abschließend ist also festzuhalten, dass die reinen und klassischen Anzeigenblätter tatsächlich ein Informationsinteresse des Verbrauchers befriedigen, und zwar je nach Ausgestaltung nicht nur hinsichtlich der Werbeanzeigen, sondern auch bezüglich der Berichte über lokale und kulturelle Veranstaltungen. Sie sind damit nicht nur, wie häufig angenommen wird, eine für den Verbraucher lästige Form der Werbung. Darüber hinaus konnten die vollwertigen Anzeigenblätter während des „Kölner Zeitungskriegs" rund 20 Prozent Leser gewinnen, die vorher entweder keine oder eine entgeltliche Zeitung gelesen hatten. Dass Anzeigenblätter - unabhängig von ihrer konkreten Ausstattung - damit eine Konkurrenz für die entgeltlichen Zeitungen darstellen, wird gerade auch in den ausgetragenen (rechtlichen) Konflikten zwischen den Verlegern von Anzeigenblättern und den Verlegern traditioneller Kaufzeitungen deutlich. Wie die Verleger entgeltlicher Zeitungen auf die beim Leser beliebten und unentgeltlich verteilten Anzeigenblätter reagiert haben, soll im folgenden Kapitel dargestellt werden.

C) Ergebnis

Anzeigenblätter lassen sich als periodisch, überwiegend einmal wöchentlich erscheinende Druckwerke definieren, die sich ausschließlich aus Anzeigeneinnahmen finanzieren und kostenlos und unbestellt an die Haushalte verteilt werden. Auf dem deutschen Pressemarkt gibt es drei Anzeigenblatt-Typen: die reinen, die klassischen (oder normalen) und die vollwertigen Anzeigenblätter. Nur die vollwertigen Anzeigenblätter, die auch Gratiszeitungen genannt werden, befinden

184 Vgl. *Bauske*, Gratiszeitungen, S. 10; *Haas*, Die geschenkte Zeitung, S. 233.
185 Vgl. *Bauske*, Gratiszeitungen, S. 11.
186 Vgl. *Schütz*, MP 2001, S. 611.

sich in der Schnittmenge zwischen Zeitungen und Anzeigenblättern. Sie weisen die wirtschaftlich-organisatorischen Bedingungen der Anzeigenblätter und die publizistische Leistung von Zeitungen als Merkmale auf.

Im Jahr 2014 gab es in Deutschland 1.406 reine und klassische Anzeigenblatt-Titel mit einer Gesamtauflage von 91 Mio. Exemplaren. Das Erscheinungsbild von Anzeigenblättern ist sehr heterogen. Die meisten Gemeinsamkeiten bestehen hinsichtlich der Titelkopfgestaltung und des Formats, die sich eng an das Vorbild entgeltlicher Zeitungen anlehnen. Der Netto-Anzeigenumsatz von Anzeigenblättern lag 2014 bei 1,8 Mrd. Euro. Aufgrund der hohen Anzeigeneinnahmen befinden sich Anzeigenblätter auf dem dritten Platz der umsatzstärksten Werbeträger in Deutschland.

Der Anteil der reinen Anzeigenblätter am Anzeigenblattmarkt liegt bei etwa einem Prozent. Am häufigsten sind die klassischen Anzeigenblätter mit einem Marktanteil von 80 bis 85 Prozent vertreten. Innerhalb des Segments der klassischen Anzeigenblätter ist seit Mitte der 90er-Jahre der Anteil der Blätter mit publizistischem Anspruch von etwa acht auf schätzungsweise 15 bis 20 Prozent gestiegen. Vollwertige Anzeigenblätter, die mit entgeltlichen Wochen- oder Tageszeitungen vergleichbar waren, waren nur von 1997 bis 2002 und von 2006 bis 2007 auf dem deutschen Pressemarkt vertreten.

Die reinen Anzeigenblätter erbringen keine publizistische Leistung, da sie ausschließlich aus Anzeigen bestehen. Die klassischen Anzeigenblätter bleiben hinter dem redaktionellem Umfang, der Aktualität und Themenvielfalt der entgeltlichen Tagespresse zurück und bereichern die publizistische Vielfalt im Pressewesen damit kaum. Ihre publizistische Leistung ist daher, wie auch empirische Studien zeigen, bis auf die wenigen klassisch-anspruchsvollen Anzeigenblätter, im Vergleich zur lokalen Wochen- oder Tagespresse gering. Die vollwertigen Anzeigenblätter erbringen eine vergleichbare publizistische Leistung wie entgeltliche Zeitungen.

Reine und klassische Anzeigenblätter stoßen auf ein Informationsinteresse bei den Verbrauchern und werden gerne gelesen. Dabei sind sowohl die Werbeanzeigen als auch die lokale Berichterstattung Anlass, um ein klassisches Anzeigenblatt zu nutzen. Vollwertige Anzeigenblätter konnten während des „Kölner Zeitungskriegs“ ca. 20 Prozent der Leser rekrutieren, die zuvor keine oder eine entgeltliche Zeitung gelesen hatten. Die Mehrheit der Zeitungsleser nutzte damit die Gratiszeitungen als Zweitzeitung.

Kapitel 2: Anzeigenblatt und Kaufzeitung – Der Konflikt

Seit Entstehung der Anzeigenblätter war das Verhältnis zu den Kaufzeitungen nicht frei von Spannungen und Auseinandersetzungen. Die Entstehung der Anzeigenblätter und ihre historischen Konflikte zur Tagespresse sollen dabei in Abschnitt A aufgezeigt werden. Abschnitt B beschäftigt sich anschließend mit der Entwicklung der Gratisblätter im Verhältnis zur Kaufpresse von 1950 bis heute.

A) Die Entwicklung von Anzeigenblättern und ihr Verhältnis zur entgeltlichen Zeitung bis 1949

Als Erfinder der Anzeigenblätter gilt der französische Arzt Theophraste Renaudot. Er eröffnete 1612 ein „Annocenbüro" („bureau d'adresses et de rencontre").[187] Es sollte ursprünglich als gemeinnützige Jobbörse für Vagabunden dienen. Es entwickelte sich jedoch zu einer Informationsbörse für alle Art von Käufen, Verkäufen, offenen Stellen oder Reiseangelegenheiten.[188] Aufgrund der großen Nachfrage gab Theophraste Renaudot ab 1633 die Angebote als „Feuille d'avis" heraus.[189] Die Anzeigenlisten wurden periodisch publiziert und an Interessenten verkauft. Nach diesem Modell entwickelte sich das Intelligenzwesen des 18. Jahrhunderts.[190]

Der Begriff Intelligenzwesen leitet sich von dem Begriff „intellegere" ab, was soviel wie „einsehen", „Einsicht" oder auch „Kenntnis nehmen" bedeutet.[191] Der merkantilistische Staat machte sich das Interesse an Information und Werbung zunutze, das im Zuge der frühkapitalistischen Produktionsweise entstand.[192] Er stellte das Anzeigengeschäft unter staatliches Monopol. Damit konnte er die Wirtschaft kontrollieren und ankurbeln. Gleichzeitig generierte er zusätzliche

187 Vgl. *Menz*, Anzeigenblätter, in: *Heide*, Handbuch der Zeitungswissenschaft, Sp. 78.

188 Vgl. *BVDA*, Medium im Fokus, S. 24.

189 Vgl. *Max*, Intelligenzblatt – Intelligenzwesen, in: *Heide*, Handbuch der Zeitungswissenschaft, Sp. 1807.

190 Vgl. *Menz*, Anzeigenblätter, in: *Heide*, Handbuch der Zeitungswissenschaft, Sp. 78.

191 Vgl. *Max*, Intelligenzblatt – Intelligenzwesen, in: *Heide*, Handbuch der Zeitungswissenschaft, Sp. 1806.

192 Vgl. *Passauer*, Anzeigenblätter und ihre Auswirkungen im Wettbewerb, S. 1.

Einnahmen.[193] Mit dieser Entwicklung verbunden war die Gründung von sogenannten Intelligenzblättern. Die Intelligenzblätter enthielten amtliche Bekanntmachungen und bezahlte Inserate. Die Anzeigen befanden sich gesammelt am Ende der Publikation.[194] Bestimmte Standes- und Berufsklassen waren verpflichtet, die Intelligenzblätter ab 1729 gegen Entgelt zu abonnieren („Debitszwang").[195] Außerdem bestand für alle staatlichen Intelligenzblätter Postfreiheit, das heißt, ihre Zustellung erfolgte kostenfrei.[196] Die Intelligenzblätter haben durch staatliches Anzeigenmonopol, Bezugszwang und Postfreiheit die privat herausgegebenen politischen Zeitungen, aber auch privat verlegte Anzeigenblätter bis ins 19. Jahrhundert hinein in ihrer Entfaltung behindert.[197] Vor allem aber die Errichtung des Insertionszwanges, also die Verleihung des Anzeigenmonopols an das Intelligenzblatt, war für die privat herausgegebenen politischen Zeitungen „eine der pressefeindlichsten Maßnahmen, die die Geschichte der deutschen Presse kennt".[198]

In Deutschland erschienen die ersten Intelligenzblätter 1722 in Frankfurt am Main („Wöchentliche Frankfurter Frag- und Anzeig-Nachrichten") und 1724 in Hamburg („Wöchentliche Hamburger Frag- und Anzeig-Nachrichten").[199] Die redaktionellen Inhalte bestanden hauptsächlich aus lokalen Meldungen oder Gelehrtenartikeln, die die Anzeigenblätter zum Lesen anregen sollten. Politische Nachrichten waren verboten.[200] Die steigende Nachfrage nach Anzeigenwerbung in Handel, Handwerk und gewerblicher Wirtschaft führte dazu, dass der Intelligenzzwang für die privat verlegte Presse nach und nach gelockert wurde. In Zeitungen durften in Preußen Anzeigen bereits ab 1820 abgedruckt werden, wenn sie zuvor in einem Intelligenzblatt veröffentlicht wurden.[201] Nach der Aufhebung

---

193 Vgl. *Wilke*, Pressegeschichte, in: *Noelle-Neumann/Schulz/Wilke,* Fischer Lexikon Publizistik, S. 509.

194 Vgl. *Wilke*, Pressegeschichte, in: *Noelle-Neumann/Schulz/Wilke,* Fischer Lexikon Publizistik, S. 509; *Dense*, Die rechtliche Problematik der Anzeigenblätter, S. 15.

195 Vgl. *von der Osten,* Zur Problematik der Gratisanzeiger, S. 129.

196 Vgl. *Dense*, Die rechtliche Problematik der Anzeigenblätter, S. 16.

197 Vgl. *Passauer*, Anzeigenblätter und ihre Auswirkungen im Wettbewerb, S. 1 f.; *Max*, Intelligenzblatt – Intelligenzwesen, in: *Heide*, Handbuch der Zeitungswissenschaft, Sp. 1838 ff.

198 *Max*, Intelligenzblatt – Intelligenzwesen, in: *Heide*, Handbuch der Zeitungswissenschaft, Sp. 1830.

199 Vgl. *BVDA*, Medium im Fokus, S. 24.

200 Vgl. *Wilke*, Pressegeschichte, in: *Noelle-Neumann/Schulz/Wilke,* Fischer Lexikon Publizistik, S. 510.

201 Vgl. *Passauer*, Anzeigenblätter und ihre Auswirkungen im Wettbewerb, S. 2.

des staatlichen Anzeigenmonopols (Intelligenzzwang) und der Einführung der Gewerbefreiheit 1850 in Preußen wurden die Intelligenzblätter in privater Hand weitergeführt.[202] Aus ihnen entwickelten sich Amtsblätter, Anzeigenblätter und politische Zeitungen, die den Anzeigenteil getrennt zum redaktionellen Teil gegen Erstattung der Zustell- und Stempelsteuer verbreiteten. Die Stempelsteuer (Zeitungssteuer) war an die Stelle des Anzeigenmonopols getreten, wurde aber bald wieder abgeschafft. Es kam darauf zu einer Gründungswelle von einigen Anzeigenblättern, die gegen eine Zustellgebühr verbreitet wurden.[203] Parallel dazu entfaltete sich der Anzeigenteil in politischen Zeitungen. Die neue kalkulatorische Grundlage bildete gemeinsam mit der technischen Entwicklung die Voraussetzung für die moderne Massenpresse.[204]

Anzeigenblätter wurden nach dem Ersten Weltkrieg wieder neu aufgelegt. Sie wurden vermehrt kostenlos abgegeben, da auf die bis dahin erforderliche Zustellgebühr verzichtet wurde.[205] Im Handbuch der Deutschen Tagespresse grenzten sich daraufhin die Tageszeitungsverleger von den Gratisblättern entschieden ab: „Diese Art, die wir allerdings in dem vorliegenden Handbuche von der Aufnahme ausgeschlossen haben, verdient in weiteren Kreisen bekannt zu werden. Dieser einen privaten Anzeigenblätter nennen sich mit Vorliebe Bezirks- oder Lokalanzeiger für X, Y, Z enthalten nur Geschäftsanzeigen, geben eine garantierte Auflage [...] an, erscheinen meist einmal wöchentlich und werden an die Einwohner eines Erscheinungsortes vielfach ‚gratis frei Haus' geliefert. Sie machen ihr Geschäft in Großstädten, wo die geeignete Bezieherschaft in genügender Anzahl vorhanden ist. Abgesehen von dem Lokaltitel putzen sie sich z. T. auch inhaltlich als Zeitung auf [...]. Von den übrigen Hauptsparten einer Zeitung ist vornehmlich noch das ‚Feuilleton' vertreten, dient aber auch nur dem Zweck des Anzeigenwesens trotz geschickter formeller Anpassung an das Bild der Tageszeitung. [...] Von dem ‚Verein deutscher Zeitungsverleger' werden diese Blätter als Tageszeitungen mit Recht abgelehnt."[206]

Im Dritten Reich mussten die Anzeigenblätter nach einer Entscheidung des Deutschen Werberats vom 10. Oktober 1934 gegen Entgelt verkauft werden und

202 Vgl. *Max*, Intelligenzblatt – Intelligenzwesen, in: *Heide*, Handbuch der Zeitungswissenschaft, Sp. 1841; *Dense*, Die rechtliche Problematik der Anzeigenblätter, S. 16.

203 Vgl. *Dense*, Die rechtliche Problematik der Anzeigenblätter, S. 16 f.

204 Vgl. *Koschnick*, FOCUS-Lexikon, S. 185.

205 Vgl. *Kopper*, Anzeigenblätter als Wettbewerbsmedien, S. 61.

206 *Bertkau*, Die deutschen Zeitungen, in: *Deutsches Institut für Zeitungskunde Berlin*, Handbuch der deutschen Tagespresse, S. 14.

einen redaktionellen Teil von mehr als 50 Prozent beinhalten.[207] Mit diesen Auflagen wurde den Anzeigenblättern ihre Existenzgrundlage entzogen. Diese Maßnahme fand folgende Begründung: „Es soll damit erreicht werden, daß sich diese Anzeigenblätter zu echten Zeitungen oder Zeitschriften entwickeln und der ständischen Verpflichtung im Rahmen der Reichspressekammer unterwerfen."[208]

Nach dem 2. Weltkrieg und vor allem ab 1949, als die Generallizenz es jedem Deutschen erlaubte, eine Zeitung zu publizieren, sind langsam wieder nach und nach Anzeigenblätter erschienen.[209] Nur 21 Anzeigenblätter, die 2009 noch erscheinen, haben ihre Wurzeln aus der Zeit vor 1949. Die restlichen 98 Prozent der Anzeigenblatt-Titel sind alle danach neu gegründet worden.[210] Zu den Verlegern gehörten Geschäftsleute, Gemeinden, aber auch Personen, die in der Vorgründungsphase der Bundesrepublik Deutschland keine zu dieser Zeit erforderliche Lizenz für die Herausgabe einer Zeitung bekommen hatten. Häufig bezeichneten sie die Anzeigenblätter als „Annoncenblätter".[211] Zu dem Konzept der reinen und klassischen Anzeigenblätter nach 1949 gehört bis heute, dass der Vertrieb gratis und unaufgefordert an alle Haushalte eines Verbreitungsgebiets erfolgt.[212]

B) Anzeigenblätter und ihr Verhältnis zur entgeltlichen Zeitung nach 1949

Im nachfolgenden Abschnitt soll die Entwicklung der Anzeigenblätter nach Gründung der Bundesrepublik Deutschland nachgezeichnet werden. Der Abschnitt untergliedert sich in sechs Teile: Zunächst soll der Kampf der Zeitungsverleger gegen die Anzeigenblätter in den 50er- und 60er-Jahren des vorigen Jahrhunderts dargestellt werden, der bereits die Bundesdeutschen Gerichte beschäftigte. Nachfolgend wird der Einstieg der Zeitungsverleger in das Anzeigenblattgeschäft in den 70er Jahren skizziert und ihre Dominanz auf dem Anzeigenblattmarkt bis Mitte der 90er-Jahre. Schließlich wird der der Kampf gegen zeitungsähnliche Anzeigenblattformen zwischen 1997 und 2002 dargestellt sowie der Kurzauftritt der Wirtschaftsgratiszeitung „BusinessNews". Das Kapitel schließt mit der Frage, ob das Phänomen der Gratiszeitung aufzuhalten ist.

---

207 Vgl. *Kopper*, Anzeigenblätter als Wettbewerbsmedien, S. 61.

208 *Menz*, Anzeigenblätter, in: *Heide*, Handbuch der Zeitungswissenschaft, Sp. 80.

209 Vgl. *Koschnick*, FOCUS-Lexikon, S. 185.

210 Vgl. *BVDA*, Medium im Fokus, S. 25 f.

211 Vgl. *BVDA*, Medium im Fokus, S. 24.

212 Weitere Informationen zur geschichtlichen Entwicklung der Anzeigenblätter nach 1945 befinden sich in Kap. 2 B.

I. Der Kampf der Zeitungsverleger mit rechtlichen Mitteln (1950 bis 1971)

Bereits gegen die ersten reinen und klassischen Anzeigenblätter, die Anfang der 50er- Jahre entstanden,[213] versuchten Zeitungsverleger vorzugehen, da sie sich in ihrer Existenz bedroht sahen.[214] Sie klagten gegen die Anzeigenblattverleger auf Unterlassung ihrer kostenlosen Anzeigenblätter mit redaktionellen Teilen. Wesentlich für die rechtliche Beurteilung von Anzeigenblättern waren in der ersten Phase die Urteile des Bundesgerichtshofes zum Freiburger Wochenbericht (FWB)[215] von 1956 und zum Stuttgarter Wochenblatt (SWB I + SWB II)[216] in den Jahren 1968 und 1971. In allen drei Fällen wies der BGH die Klage auf das Verbot der kostenlosen Verbreitung der Anzeigenblätter mit redaktionellem Teil ab. Das Gericht begründete seine Entscheidungen damit, dass die kostenlose Verbreitung von Anzeigenblättern alleine nicht wettbewerbswidrig nach § 1 UWG a.F. sei. Das könne erst dann der Fall, wenn sie von einem nicht unerheblichen Teil des Publikums tatsächlich als Zeitung angesehen würden.[217] Ein Verbot der unentgeltlichen Verteilung von Anzeigenblättern mit redaktionellem Teil sei außerdem erst dann zu begründen, wenn das Allgemeininteresse ernsthaft gefährdet wäre, beispielsweise durch die Bedrohung der Tagespresse durch hohe Anzeigenverluste. Erst dann müsse dem Erhalt der Funktionsfähigkeit der Presse für die Erfüllung ihrer staatspolitisch bedeutsamen Aufgabe Vorrang eingeräumt werden.[218] Der Beweis einer Schädigung oder Bestandsgefährdung der Tagespresse konnte aber in allen Fällen nicht erbracht werden. Nachdem die Zeitungsverleger dreimal erfolglos geblieben waren, gaben sie den Versuch auf, sich gegen die neue Konkurrenz rechtlich zu wehren.

---

213 Vgl. *o. V.*, Exkurs: Die Anzeigenblätter, in: *BDZV*, Zeitungen '87, S. 79.

214 Vgl. *Weyl*, Die Unterwanderung der Presse, S. 1 ff.

215 Vgl. BGHZ 19, S. 392 ff. – FWB.

216 Vgl. BGHZ 51, S. 236 ff. – SWB I; BGH, GRUR 1971, S. 477 ff. mit Anm. Hefermehl – SWB II.

217 Vgl. BGHZ 19, S. 399 – FWB; BGHZ 51, 242 f. – SWB I; BGH, GRUR 1971, S. 478 – SWB II.

218 Vgl. BGHZ 19, S. 399 – FWB; BGHZ 51, 249 f.–SWB I; BGH, GRUR 1971, S. 478 f. – SWB II.

II. Der Einstieg der Zeitungsverleger ins Anzeigenblattgeschäft (1972 bis 1978)

Nach ihrem Scheitern vor Gericht veränderten die Zeitungsverleger ihre Strategie. Sie erkannten Anzeigenblätter als lukratives Geschäft[219] und gaben deshalb sukzessive selbst Anzeigenblätter heraus. Sie versuchten dabei entweder, bestehende Anzeigenblätter durch „Abwehranzeiger" vom Markt zu verdrängen, oder strebten Kooperationen und Fusionen mit Anzeigenblattverlagen an. Vor allem durch attraktive Werbepakete für beide Medien, also Anzeigenblatt und Kaufzeitung, konnten sie erhebliche Vorteile auf dem Anzeigenmarkt erzielen.[220] Auf diese Weise erzielten und festigten sie eine marktbeherrschende Stellung auf dem lokalen Anzeigenmarkt.[221] Der Eintritt der Tageszeitungsverleger in das Anzeigenblattgeschäft trug wesentlich dazu bei, dass die Anzeigenblätter in den 70er- und 80er-Jahren einen starken Boom auf dem Printmarkt erlebten. Zwischen 1975 und 1980 hatten sich Auflage und Titelzahlen der von Tageszeitungen herausgebrachten Anzeigenblätter mehr als verdoppelt.[222]

Die Zeitungsverleger hatten spätestens 1977 ihre Meinung zu Anzeigenblättern geändert. Hatten sie diese kostenlosen Druckwerke zunächst gleichsam als „unter ihrer Würde" verstanden,[223] galten sie ihnen schließlich doch als standesgemäße Publikation.[224] Zeichen dafür war die Gründung der „Arbeitsgemeinschaft Anzeigenblätter im Bundesverband Deutscher Zeitungsverleger", die ab 1980 „Anzeigenblätter der Zeitungen" (AdZ) hieß.[225] Die Entwicklung, dass Anzeigenblätter an verlagswirtschaftlicher Bedeutung für Tageszeitungsunternehmen gewannen, schlug sich aber auch in den zahlreichen kartell- und wettbewerbsrechtlichen Verfahren im Anzeigenblattbereich Ende der 70er- Jahre nieder.[226] Der Axel Springer Verlag hatte bereits 1976 eine Beteiligung in Höhe von 50 Prozent an der Hamburger Anzeigenblatt-Gesellschaft Elbe-Wochenblatt GmbH & Co. KG erwerben wollen. Das Bundeskartellamt untersagte unter Rückgriff

219 Vgl. *Wöste*, MP 1982, S. 374.
220 Vgl. *Wenzel*, AfP 1975, S. 887.
221 Vgl. *Ridder-Aab*, MP 1985, S. 635.
222 Vgl. *BDZV*, Zeitungen '87, S. 78 f.
223 Vgl. *Binkowski*, Publizistik 1969, S. 146, 148.
224 Vgl. o. V., MP 1976, S. 579–588 ; o. V., Exkurs: Die Anzeigenblätter, in: *BDVZ*, Zeitungen '87, S. 79.
225 Vgl. *Wöste*, MP 1982, S. 374.
226 Vgl. BGH, GRUR 1977, S. 668 ff. mit Anm. Gloy – WAZ-Anzeiger; BGH, NJW 1980, S. 1381 ff. – Elbe-Wochenblatt; KG, AfP 1981, S. 278 ff. – Münchner Wochenblatt.

auf §§ 23, 24 GWB a. F.[227] die Beteiligung, da es eine weitere Verstärkung der marktbeherrschenden Stellung des Springer Verlags auf dem Anzeigenmarkt für Zeitungen in Hamburg befürchtete. Gegen dieses Verbot legten die Beteiligten Beschwerde ein. Bei der Pressefusion komme es, so die Argumentation, allein auf den Erhalt der Wettbewerbsvielfalt auf den Lesermärkten an. Das Kammergericht wies diese Auffassung als unbegründet zurück.[228] Es schloss sich der Ansicht des Bundeskartellamts an, dass bei dem geplanten Zusammenschluss des Axel Springer Verlags und der Hamburger Anzeigenblatt-Gesellschaft Elbe-Wochenblatt die beherrschende Position des Springer Verlages auf dem Anzeigenmarkt in Hamburg noch weiter verstärkt werde. Aufgrund des engen Zusammenhangs zwischen Leser- und Anzeigenmarkt sei davon auszugehen, „dass sich auch eine Verstärkung einer marktbeherrschenden Stellung eines Zeitungsunternehmens auf dem Anzeigenmarkt in gleicher Weise existenzbedrohend für die anderen Wettbewerber auswirken muss"[229] wie auf dem Lesermarkt. Der Bundesgerichtshof wies die Berufung, die gegen dieses Urteil eingelegt wurde, schließlich ebenfalls zurück.

Das Bundeskartellamt untersagte auch der Süddeutschen Verlags-GmbH den Kauf dreier in München erscheinender Anzeigenblätter des Anzeigenblattverlags Stadler+Faber OHG. Es begründete diese Entscheidung damit, dass der Süddeutsche Verlag, der im Münchner Raum Herausgeber der Süddeutschen Zeitung und zahlreicher Anzeigenblätter sei, gegenüber anderen Anzeigenblättern bereits eine überragende Marktposition inne habe, weswegen der geplante Zusammenschluss ihre marktbeherrschende Stellung auf dem regionalen Anzeigenmarkt für Abonnementzeitungen zementieren müsse. Darin liege aber ein Verstoß gegen §§ 23, 24 GWB a. F.[230] Das zuständige Kammergericht bestätigte auch dieses Fusionsverbot.[231]

Um einen rein wettbewerbsrechtlichen Fall handelte es sich bei der WAZ-Anzeiger-Entscheidung des Bundesgerichtshofs.[232] Der WAZ-Verlag hatte neben der „Westdeutsche Allgemeine Zeitung" über eine Tochtergesellschaft auch noch das Anzeigenblatt „WAZ Anzeiger für Castrop-Rauxel" herausgegeben.

227 Heute einschlägig: §§ 36 ff. GWB; insb. § 38 Abs. 3 GWB (Berechnung der Umsatzerlöse und der Marktanteile bei Presse- und Rundfunkunternehmen).

228 Vgl. KG, AfP 1979, S. 311 ff.

229 KG, AfP 1979, S. 315.

230 Heute einschlägig: §§ 36 ff. GWB; insb. 38 Abs. 3 GWB (Berechnung der Umsatzerlöse und der Marktanteile bei Presse- und Rundfunkunternehmen).

231 Vgl. KG, AfP 1981, S. 278 ff. – Münchner Wochenblatt.

232 Vgl. BGH, GRUR 1977, S. 668 ff. – WAZ-Anzeiger.

Über den gemeinsamen Namen der beiden WAZ-Publikationen hinaus wurden für Anzeigenblatt und Kaufzeitung Kombinationstarife für die gleichzeitige Veröffentlichung von Anzeigen angeboten,[233] und das auch noch über eine gemeinsame Anzeigenaufnahme. Die Lokalredaktion der WAZ gestaltete außerdem den redaktionellen Teil des Anzeigenblatts mit. Der Verleger der Tageszeitung „Ruhr-Nachrichten" klagte daraufhin gegen den WAZ-Verlag auf Unterlassung – mit Erfolg. Der BGH erkannte zwar keinen Verstoß gegen § 1 UWG a.F. darin, dass auch Tageszeitungen Anzeigenblätter verlegen. Er stellte auch nicht auf die einzelnen Maßnahmen – Kombinationsmodell, Gestaltung des Anzeigenblatts durch die Redaktion der Kaufzeitung – ab, sondern auf deren Kumulierung. Er bewertete das Anzeigenblatt und die damit verbundenen Maßnahmen dann aber als massive Eigenwerbung für die Tageszeitung; jene könne sich bestandsgefährdend auf andere Zeitungen auswirken und sei deshalb wettbewerbswidrig.[234]

Die Urteile zeigen, dass für Tageszeitungsunternehmen die Anzeigenblätter längst nicht nur als zusätzliche oder gar wesentliche Einnahmequelle von Bedeutung waren. Die Gratisblätter wurden auch als Instrument verwendet, um die lokale oder regionale Marktposition zu festigen.[235] Sie dienten als strategisches Mittel, um den lokalen Werbe- und Lesermarkt besser abschöpfen zu können. Unternehmensstrategisch setzten die Zeitungsverlage die Anzeigenblätter als Komplementärmedien zu den Tageszeitungen ein.[236] Der Verbund von Zeitung und Anzeigenblatt sorgte nicht nur für eine weitere Machtkonzentration bei den etablierten Zeitungen, sondern auch für eine durchaus gewünschte Wettbewerbsbeschränkung auf dem Pressemarkt.[237] Zwar wurden durch die Anzeigenblätter keine Zeitungen verdrängt, dafür aber die Marktzutrittschancen für Newcomer bei Tageszeitungen, Wochen- und Anzeigenblättern zusätzlich verringert.[238]

III. Die Dominanz der Zeitungsverleger auf dem Anzeigenblattmarkt (1979 bis 1996)

Die Entwicklungstendenzen, die in den 70er-Jahren bereits eingesetzt hatten, kamen von Anfang der 80er-Jahre bis Mitte der 90er-Jahre zur vollen Entfaltung und führten zur endgültigen Etablierung der Anzeigenblätter. Verlage, die keine

233 Vgl. *Vieregge*, AfP 1977, S. 363 f.
234 Vgl. BGH, GRUR 1977, S. 670 – WAZ-Anzeiger.
235 Vgl. *Groß*, Presserecht, S. 94.
236 Vgl. *Heinrich*, Medienökonomie. S. 373 f.
237 Vgl. *Heinrich*, Medienökonomie, S. 373 f.; *Ridder-Aab*, MP 1985, S. 635.
238 Vgl. *Ridder-Aab*, MP 1985, S. 638.

reinen oder klassischen Anzeigenblätter herausgaben, waren in den 90er-Jahren in Deutschland die Minderheit.[239] Das gilt bis heute: Der BVDA-Geschäftsführer Heiner Urhausen schätzt, dass nur 20 Prozent der Anzeigenblätter von Tageszeitungs-Verlagen völlig unabhängig sind.[240] Dazu zählen die Publikationen von wenigen größeren Gruppen wie der Münchener Wochenanzeiger oder der Erfurter CMAC Verlag sowie die Blätter von vielen kleineren Einzelkämpfern vor Ort.[241]

Es waren dann auch die traditionellen Zeitungsverlage, die sowohl Marktführer bei den Abonnentenzeitungen als auch bei den Anzeigenblättern wurden,[242] wie zum Beispiel Tochterunternehmen der WAZ-Gruppe, des Springer Verlags und der Zeitungsgruppe von Dirk Ippen.[243] Sie engagierten sich überwiegend dort im Anzeigenblatt-Sektor, wo sie auch eine Lokalzeitung herausgaben.[244] Auf diese Weise verbesserten auch Zeitungen mit nachrangiger Wettbewerbsposition ihre Marktstellung, indem sie über ein Anzeigenblatt ihr Anzeigenvolumen vergrößern und damit mehr finanzielle Mittel für die Redaktion einsetzen konnten.[245] Das hat sich nach Auffassung der Monopolkommission insgesamt auch wettbewerbsbelebend auf den bestehenden Zeitungswettbewerb ausgewirkt.[246]

Die verlagspolitische Bedeutung der Anzeigenblätter für die Zeitungsverlage nahm in den 80er-Jahren zu, weil sich Anzeigenblätter immer mehr als bedeutende Werbeträger emanzipiert hatten:[247] Ende der 80er-Jahre eroberten sie den fünften Platz unter allen Werbeträgern (nach Nettowerbeumsätzen ermittelt) und liegen 2014 auf Platz 3 mit einem Marktanteil von 12 Prozent auf dem Werbemarkt.[248] Dieser Entwicklung trug 1987 auch die Gründung eines selbständigen Verbands, Bundesverband Deutscher Anzeigenblätter (BVDA),[249] Rechung. Der

239 Vgl. *Röper/Pätzold*, Medienkonzentration in Deutschland, S. 58.

240 Vgl. *Scharrer*, HORIZONT 16/2010, S. 36.

241 Vgl. ebd.

242 Vgl. *o. V.*, w&v 12/2006, S. 64; *Röper/Pätzold*, Medienkonzentration in Deutschland, S. 60 ff.; *Seitz*, FOCUS 49/2008, S. 138.

243 Vgl. *Seitz*, FOCUS 49/2008, S. 138.

244 Vgl. *Ridder-Aab*, MP 1985, S. 639 ff.; *Wöste*, MP 1982, S. 374 f.; *Heinrich*, Medienökonomie, S. 373 ff.

245 Vgl. *Monopolkommission*, Hauptgutachten 1990/1991: Wettbewerbspolitik oder Industriepolitik, S. 301.

246 Vgl. *Monopolkommission*, Hauptgutachten 1990/1991: Wettbewerbspolitik oder Industriepolitik, S. 301.

247 Vgl. *Groß*, Presserecht, S. 94.

248 Vgl. *ZAW*, Werbung in Deutschland 1992, S. 17; *ders.*, Werbung in Deutschland 2007, S. 13, 16; *ders.*, Werbung in Deutschland 2011, S. 17; zaw.de (2015).

249 Vgl. *ZAW*, Werbung '88, S. 124.

1960 gegründete VVDA (Verleger-Verband Deutscher Anzeigenblätter e. V.) schloss sich ihm Ende 1987 an.[250] Er hatte bis dahin die Dachorganisation der zeitungsunabhängigen Anzeigenblätter gebildet.[251] Auch die eigenständige Abteilung Arbeitsgemeinschaft Anzeigenblätter der Zeitungen (AdZ) im Bundesverband Deutscher Zeitungsverleger (BDZV), die die von den Zeitungsverlagen oder deren Tochterunternehmen herausgegebenen Anzeigenblätter vertreten hatte, löste sich im neuen Verband auf.[252] Der Zustand, dass die Mediengattung Anzeigenblätter in zwei verschiedenen Verbänden organisiert war, fand auf diese Weise ein Ende. Die Einrichtung des BVDA befreite den Bundesverband Deutscher Zeitungsverleger (BDZV) außerdem von den Zielkonflikten, die zwischen seinen Mitgliedern aus den Tageszeitungen und den Anzeigenblättern unweigerlich entstanden.[253]

IV. Der Kampf gegen zeitungsähnliche Anzeigenblätter (1997 bis 2002)

Ende der 90er-Jahre entstanden es auf dem Anzeigenblattmarkt wieder neue Formen von Anzeigenblättern: die Sonntagsanzeigenblätter, vollwertige kostenlose Sonntagszeitungen und schließlich kostenlose, werktäglich erscheinende Gratiszeitungen. Die etablierten Zeitungsverlage reagierten darauf wie zuvor auf die reinen und klassischen Anzeigenblätter: Sie kopierten sie und/oder sie gingen gegen sie gerichtlich vor.[254] Die Auseinandersetzung wurde demnach sowohl auf dem Pressemarkt selbst als auch vor Gericht ausgetragen.

1. Auseinandersetzung auf dem Pressemarkt

a) Klassische Sonntagsanzeigenblätter

Klassische Anzeigenblattverlage entdeckten Ende der 90er-Jahre mit Sonntagsanzeigenblättern eine Marktlücke auf dem Pressemarkt.[255] Sie avancierten damit sowohl auf dem Leser- als auch auf dem Anzeigenmarkt zur Konkurrenz von Sonntagszeitungen und der siebten Ausgabe von Tageszeitungen. Im Gegensatz zu üblichen Wochenblättern mit vorwiegend lokalen Themen reicherten sie ihre

---

250 Vgl. *ZAW*, Werbung '88, S. 124.

251 Vgl. *o. V.*, MP 1976, S. 580 f.

252 Vgl. *BVDA*, Medium im Fokus, S. 7.

253 Vgl. *BVDA/HORIZONT productions*, 20 Jahre BVDA, S. 8.

254 Vgl. BGH, NJW 2004, S. 2083 ff. – 20 Minuten Köln; WRP 2004, S. 746 ff. – Zeitung zum Sonntag; LG Berlin, AfP 2000, S. 304–15 Uhr aktuell.

255 Vgl. Sjurts, Strukturen und Strategien im Markt für Anzeigenblätter, S. 8.

redaktionelle Berichterstattung mit überregionalen Meldungen zu Politik, Sport und Vermischtem an.[256] 1994 gab es 60 Sonntagsanzeigenblätter mit einer Gesamtauflage von 4,9 Mio. Exemplaren, 1997 existierten bereits 105 Blätter mit einer Auflage von 8,4 Mio. Exemplaren[257] und 2002 erschienen sogar 207 Publikationen mit einer Auflage von 19,3 Mio. Exemplaren.[258] Um den Sonntagsanzeigenblattmarkt nicht verlagsfremden Unternehmen zu überlassen und den Kontakt zu den Lesern durch eine Sonntagsausgabe zu intensivieren, sahen sich viele Zeitungsverlage veranlasst, ebenfalls Sonntagsanzeigenblätter oder Sonntagszeitungsausgaben herauszugeben.[259] So gaben zehn Prozent aller Zeitungsverlage im Jahr 2006 auch eine Sonntagsausgabe heraus, dreißig Jahre vorher waren es null Prozent gewesen.[260]

b) *Sonntagsgratiszeitung*

Der Freiburger Michael Zäh Verlag ging im November 1997 gemeinsam mit der „Baseler Zeitung" erstmals einen entscheidenden Schritt weiter und gab ein wöchentliches Blatt heraus, das sowohl im Layout als auch inhaltlich mit einer entgeltlichen Sonntagszeitung vergleichbar war.[261] Das klassische Anzeigenblatt war endgültig zum vollwertigen Anzeigenblatt bzw. zur kostenlosen Sonntagszeitung weiterentwickelt worden. Die 165.000 Exemplare der „Zeitung zum Sonntag" wurden sowohl an Haushalte verteilt als auch im Umland ausgelegt.[262] Etwa ein Jahr später erschien vom Badischen Verlag erfolgreich der Abwehranzeiger „Der Sonntag in Freiburg", der seinerseits zwar „nur" zu den klassischen Anzeigenblättern mit publizistischem Anspruch zählt, aber heute noch besteht und im Verzeichnis des BVDA gelistet ist. Im April 1999 übernahm Gruner+Jahr die Hälfte des Zäh Verlags mit dem Ziel, an 15 bis 20 Standorten die kostenlose Sonntagszeitung „Zeitung zum Sonntag" einzuführen.[263] Gestartet wurde das Projekt mit den Lokalausgaben für Karlsruhe und Heilbronn mit einer Startauflage von 150.000 bzw. 100.000 Exemplaren.[264] Ein halbes Jahr später mussten diese wieder

---

256 Vgl. *Presse- und Informationsamt der Bundesregierung*, Medienbericht '98, S. 72.

257 Vgl. *Presse- und Informationsamt der Bundesregierung*, Medienbericht '98, S. 72.

258 Vgl. *ZAW*, Werbung in Deutschland 2002, S. 257.

259 Vgl. *Presse- und Informationsamt der Bundesregierung*, Medienbericht '98, S. 72; Schütz, MP 2005, S. 220 f.

260 Vgl. *o. V.*, w&v 8/2008, S. 62.

261 Vgl. OLG Karlsruhe, NJW-RR 1998, S. 912; *Vogel*, MP 2001, S. 576.

262 Vgl. *Vogel*, MP 2001, S. 576.

263 Vgl. *Röper*, MP 2000, S. 301.

264 Vgl. LG Karlsruhe, AfP 2000, S. 306; *Haas*, Die geschenkte Zeitung, S. 115.

eingestellt wurden,[265] da nicht mit dem erbitterten Widerstand der Konkurrenz gerechnet worden war, wodurch schließlich nicht genügend Anzeigen akquiriert werden konnten. Weitere Projekte schienen wenig aussichtsreich, daher zog sich Gruner+Jahr 1999 wieder aus dem Geschäft zurück.[266]

Auch die „Baseler Zeitung", in deren Verlagsanstalt die Zeitung bis in das Jahr 2000 hinein gedruckt wurde, veräußerte ihre Anteile. Der Zäh Verlag wandelte 1999 sein Unternehmen in eine AG um.[267] Sein Börsengang blieb allerdings ohne großen Erfolg. Trotz geringerer Finanzbasis versuchte er, die Freiburger Aktivitäten auszubauen: Vom Frühjahr 2000 an sollte die „zus." viermal wöchentlich dienstags bis freitags nachmittags gratis verteilt werden.[268] Das ließ sich ebenso wenig verwirklichen wie eine im Mai 2000 herausgegebene „Zeitung zum Abend", die zunächst viermal wöchentlich, dann aber nur noch zweimal wöchentlich bis November 2000 verteilt und schließlich eingestellt wurde. Die Michael Zäh Verlags AG scheiterte auch mit dem Unternehmen, eine neue, entgeltliche und täglich erscheinende Abonnementzeitung „zus." in Freiburg herauszugeben.[269] Die nun dienstags bis sonntags erscheinende Kaufzeitung „zus." konnte nur drei Monate neben der alteingesessenen „Badischen Zeitung" bestehen.[270] Die wirtschaftlichen und publizistischen Fehlschläge brachten den Verlag in finanzielle Schwierigkeiten, und er musste schließlich Insolvenz anmelden. Vor der Eröffnung des Insolvenzverfahrens am 16. Juli 2001 hatte die Michael Zäh Verlags AG bereits im April 2001 das vollwertige Sonntagsanzeigenblatt „Zeitung zum Sonntag" mit allen Rechten einschließlich des Kundenstamms auf die ZZ Zeitungs GmbH in Offenburg übertragen.[271] Die Reiff Verlags KG war daran zu 51 Prozent, die Michael Zäh Verlags AG zu 49 Prozent beteiligt. Nach der Insolvenz der Michael Zäh Verlags AG konnte das Vertrauen der werbetreibenden Wirtschaft nicht zurückgewonnen werden. Im Juni 2002 musste die ZZ Zeitungs GmbH auch das vollwertige Anzeigenblatt „Zeitung zum Sonntag" in Freiburg einstellen.[272]

---

265 Vgl. *Berst*, AfP 1999, S. 425.

266 Vgl. *Vogel*, MP 2001, S. 576.

267 Vgl. *Vogel*, MP 2001, S. 576.

268 Vgl. *Schütz*, MP 2001, S. 607 f.

269 Vgl. *Wilke*, Presse, in: *Noelle-Neumann/Schulz/Wilke,* Fischer Lexikon Publizistik, 3. Aufl., S. 438.

270 Vgl. *Schütz*, MP 2001, S. 607–611.

271 Vgl. *Vogel*, MP 2001, S. 576.

272 Vgl. *Schütz*, MP 2005, S. 232.

c) *Gratiszeitungen*

Im Zeitraum von 1998 bis 2002 erschienen insgesamt vier Gratistageszeitungen auf dem deutschen Pressemarkt. Die HBVG, eine 100-prozentige Tochter der Hypovereinsbank, gründete 1998 und 1999 die werktäglich erscheinende Gratistageszeitung „15 Uhr aktuell" in Berlin, Hamburg und München.[273] Der norwegische Schibstedt-Konzern stieg mit „20 Minuten Köln" 1999 in den deutschen Pressemarkt ein.[274] Als Reaktion darauf gaben DuMont Schauberg und Springer ebenfalls jeweils einen Abwehranzeiger heraus mit den Titeln „Köln Extra" und „Kölner Morgen".[275] Diese Konstellation, bei der drei Gratiszeitungen auf einem lokalen Pressemarkt miteinander im Wettbewerb standen, wurde auch als „Kölner Zeitungskrieg" (1999–2001) bezeichnet.[276] Er gab Aufschluss darüber, wie sich Gratiszeitungen auf die bestehenden Kaufzeitungen bzw. auf den Pressemarkt insgesamt auswirken können. Anhand der Auflagenzahlen der Informationsgemeinschaft zur Feststellung der Verbreitung von Werbeträgern (IVW) lässt sich die Entwicklung der Kaufzeitungen vor, während und nach der Existenz der Gratiszeitung nachvollziehen.[277] Danach erweisen sich die Auflagen bei „Bild Köln" und beim „Express" in Köln als weitgehend stabil. Der maximale Auflagenrückgang im Vergleich zur Auflage vor Einführung von „20 Minuten Köln" und während der Existenz der Gratiszeitung betrug beim „Express" sieben Prozent (102.000 Exemplare im IV. Quartal 1999 im Vergleich zu 94.646 Exemplaren im IV. Quartal 2001), bei „Bild Köln" sogar nur ein Prozent (90.938 Exemplare im IV. Quartal 1999 im Vergleich zu 90.059 Exemplaren im II. Quartal 2001).[278] Der „Express" konnte im II. Quartal 2001, also zum Ende der Kölner „Gratiszeitungsära", seine Auflage sogar kurzfristig steigern. Gravierende Auflagenrückgänge haben beide Kaufzeitungen erst verzeichnet, als die drei Gratiszeitungen bereits eingestellt worden waren. Ein spezifischer Verdrängungseffekt der vollwertigen Anzeigenblätter auf Kaufzeitungen konnte damit gerade nicht festgestellt werden. Die kostenlosen Zeitungen wurden überwiegend als Zweitzeitungen genutzt.[279] Diese Erfahrungen auf dem deutschen Pressemarkt lassen den Schluss zu, dass die Gratiszeitungen sich nicht stark auf die Auflagen

273 Vgl. *Haas*, MP 2006, S. 518.
274 Vgl. *Wilke*, Presse, in: *Noelle-Neumann/Schulz/Wilke*, Fischer Lexikon Publizistik, S. 476.
275 Vgl. BGH, NJW 2004, S. 2083–20 Minuten Köln; *Röper*, MP 2000, S. 309, Fn. 10.
276 Vgl. *Vogel*, MP 2001, S. 576.
277 Vgl. *Röper*, MP 2006, S. 524.
278 Vgl. *Röper*, MP 2006, S. 524.
279 Vgl. *Bauske*, Gratiszeitungen, S. 11.

der Kaufpresse auswirken und vielmehr einen Markt neben den entgeltlichen Zeitungen bilden. Zugegebenermaßen sind die genannten Erfahrungen nicht als repräsentativ zu werten, da die Ära der Gratiszeitungen auf dem deutschen Pressemarkt nur fünf Jahre dauerte.

Die Entwicklungen im europäischen Ausland bestätigen jedoch die These, dass die Kaufpresse nicht von der Gratispresse in ihrer Existenz gefährdet wird.[280] Selbst in Städten, die über einen längeren Zeitraum über ein breites Gratispresseangebot verfügten, wie zum Beispiel Zürich mit den Gratistageszeitungen „20 Minuten" (seit 1999), „Blick am Abend" (seit 1998), „heute" (2006–2008), „Cash daily" (2006–2009), „.ch" (2007–2009) und „News" (2007–2009), wurde keine einzige etablierte Kaufzeitung verdrängt.[281] Auch die kostenlose Tageszeitung „Metro", die weltweit erscheint, hat bisher keinen Pressemarkt nennenswert beeinträchtigt.[282] Eine europaweit angelegte empirische Studie zu Gratiszeitungen konnte die These, wonach der Marktzutritt des neuen Pressetyps die betroffenen Zeitungsmärkte destabilisiere oder gar die jeweilig betroffenen Zeitungsverlage in der Existenz bedrohe, ebenfalls nicht verifizieren.[283] Es lassen sich in den überprüften Ländern in Europa zwar Auflagen- und Leserverluste, die mit dem Erscheinen der Gratisblätter zusammenhängen, nachweisen.[284] Dieser Rückgang fällt aber durchweg gering aus und ist nicht (nur) mit dem Auftreten von Gratiszeitungen zu begründen.[285] Daher bestand bisher weder in Deutschland noch in einem anderen Land die Gefahr, dass eine Kaufzeitung durch eine Gratiszeitung vom Markt verdrängt wurde.

2. *Auseinandersetzung vor Gericht*

Gegen die neue Form wöchentlich und mehrmals wöchentlich erscheinender vollwertiger Anzeigenblätter sowie gegen die werktäglich erscheinenden Gratistageszeitungen „15 Uhr aktuell" in Berlin, Hamburg und München[286] und „20 Minuten Köln"[287] zogen die deutschen Zeitungsverleger wieder vor Gericht – allerdings

280 Vgl. *Haas*, MP 2006, S. 518.

281 Vgl. *Busse/Tieschky*, Süddeutsche Zeitung vom 25. September 2007, S. 17; www.wikipedia.de, Gratiszeitung, Stand 17. Mai 2011.

282 Vgl. *Ruess/Tellmann*, WRP 2004, S. 668.

283 Vgl. *Haas*, MP 2006, S. 518.

284 Vgl. *Haas*, MP 2006, S. 518 f.

285 Vgl. *Haas*, Die geschenkte Zeitung, S. 324.

286 Auflage: Berlin: 100.000 Exemplare, München und Hamburg: 75.000 Exemplare.

287 Startauflage: 150.000 Exemplare.

erneut ohne Erfolg.[288] Erst wenn die Gefahr einer für die Allgemeinheit schweren Störung des Pressemarkts und damit der Funktion der Presse konkret zu besorgen sei, so die Begründung der Oberlandesgerichte, erscheine insbesondere auch mit Blick auf Art. 5 GG das Verbot einer kostenlosen Zeitung aus Wettbewerbsgründen nach § 1 UWG a.F. gerechtfertigt.[289] Diese Voraussetzungen seien aber in keinem Fall erfüllt.

Der BGH hat diese Rechtsprechung in zwei Fällen bestätigt, und zwar in der Entscheidung über die Klage des Axel-Springer-Verlages gegen den Gratisvertrieb der Freiburger „Zeitung zum Sonntag“[290] und in seinem Urteil zur Zeitung „20 Minuten Köln“. Gegen das Erscheinen der gleichnamigen Gratistageszeitung des norwegischen Schib-sted-Verlags hatte der etablierte Kölner Zeitungsverlag M. DuMont Schauberg („Kölner Rundschau“, „Express“) auf Unterlassung geklagt.[291] Der BGH beurteilte den unentgeltlichen Vertrieb einer allein anzeigenfinanzierten Tageszeitung nach § 1 UWG a.F. als wettbewerbsgerecht und verneinte damit einen entsprechenden Abwehranspruch der herkömmlichen, auch durch Verkauf finanzierten Tageszeitungen. Es handele sich beim Gratisvertrieb von Tageszeitungen weder um eine unzulässige Wertreklame, noch sei, durch eine unentgeltliche Abgabe journalistischer Leistung per se die Voraussetzung für eine wettbewerbswidrige Marktstörung gegeben. Auch eine durch die Pressefreiheit gebotene Abwägung der widerstreitenden Interessen führe zu keinem anderen Ergebnis.[292] Der beklagte Schibsted-Verlag stellte die Gratistageszeitung „20 Minuten Köln“ 2001 schließlich ohnehin ein, woraufhin nur Tage später sowohl der DuMont Schauburg-Verlag als auch der Springer-Verlag ihre ebenfalls kostenlosen Abwehrblätter – „Köln Extra“, „Kölner Morgen“ – vom Markt nahmen.[293] Der sogenannte „Kölner Zeitungskrieg“ zwischen den drei Gratiszeitungen war damit beendet. Aufgrund wirtschaftlicher Probleme wurden auch die drei Ausgaben von „15 Uhr Aktuell“ und die „Zeitung zum

288 Vgl. OLG Karlsruhe, NJW-RR 1998, S. 912 ff.; OLG Bremen, WRP 1999, S. 1052 ff.; LG Heilbronn, AfP 2000, S. 304 ff.; LG Karlsruhe, AfP 2000, S. 306 f.

289 Vgl. OLG Karlsruhe, NJW-RR 1998, S. 914.; OLG Bremen, WRP 1999, S. 1053 f.; LG Heilbronn, AfP 2000, S. 305; LG Karlsruhe, AfP 2000, S. 307.

290 Vgl. BGH, WRP 2004, S. 746 ff. – Zeitung zum Sonntag.

291 Vgl. BGH, NJW 2004, S. 2083 ff. – 20 Minuten Köln.

292 Vgl. BGH, WRP 2004, S. 746 ff. – Zeitung zum Sonntag; NJW 2004, S. 2083 ff. – 20 Minuten Köln; ausführlich dazu unter Kap. 3 B VIII. und XI.

293 Vgl. *Haas*, MP 2006, S. 518. (Einstellung 20 Minuten Köln am 11.07.2001; Einstellung Köln Extra am 12.07.2001; Einstellung Kölner Morgen am 13.07.2001.).

Sonntag“ 2002 eingestellt.[294] Die rechtlichen Auseinandersetzungen zwischen Kauf- und Gratispresse nahmen damit ein Ende – genauso wie die Existenz der Gratiszeitungen auf dem deutschen Pressemarkt.

V. Kurzer Auftritt: Die Wirtschaftsgratiszeitung „BusinessNews“ (2006–2007)

Im August 2006 brachte erstmals ein etabliertes Medienunternehmen, und zwar der Holtzbrinck-Konzern, eine kostenlose Wirtschaftszeitung, die „BusinessNews“, heraus. Kurz zuvor hatte er seine täglich erscheinende und kostenpflichtige Tabloid-Zeitung „News“ wegen Erfolglosigkeit einstellen müssen.[295] Das neue Gratisblatt „BusinessNews“ wurde dieses Mal nicht an Bahnhöfen, belebten Plätzen oder in öffentlichen Verkehrsmitteln verteilt, sondern ausschließlich an Unternehmen geliefert.[296] Ein Vorbild für dieses Projekt war die kostenlose Wirtschaftszeitung „City A.M.“ aus London.[297] „BusinessNews“ war eine bundesweit erscheinende „Office-Zeitung“ im Tabloid-Format mit kurzen Texten, bunten Bildern und reißerischen Überschriften. Der Heftumfang betrug 32 Seiten. Inhaltlicher Schwerpunkt war das Thema Wirtschaft, es wurden aber auch die Bereiche Politik, Kultur, Entertainment und Sport behandelt.[298] Zielgruppe waren vor allem junge Leser, die sich überwiegend über TV und Internet informieren. Es sollte damit also eine andere Leserschicht angesprochen werden, als es die etablierten Titel des Holtzbrinck-Konzerns „Handelsblatt“, „Wirtschaftswoche“ oder „Tagespiegel“ tun. Der Start erfolgte bundesweit mit einer Auflage von etwa 80000 Exemplaren in den Ballungsgebieten Hamburg, Köln, Düsseldorf, Berlin, Frankfurt, Stuttgart, München und Leipzig.[299]

Röper diagnostizierte, dass sich hier bereits die zweite Entwicklungsstufe der Gratiszeitungen zeige: „An die erste Diffusionsphase, mit der Erschließung einzelner Märkte durch risikobereite Unternehmen, knüpft nun die zweite Phase mit weiteren Marktzugängen an, wobei diese Marktzugänge mit teilweise neuen Strategien verbunden sind.“[300] Dazu gehören die Erscheinungsweise am

---

294 Vgl. *Haas*, Die geschenkte Zeitung, S. 113 f.

295 Vgl. *Schütz*, MP 2007, S. 561.

296 Vgl. *Röper*, MP 2006, S. 528.

297 Vgl. *Haas*, MP 2006, S. 510.

298 Vgl. o. V., dpa-Medien Nr. 32/2006 09. August 2006, S. 16.

299 Vgl. *Schwab*, media & marketing 12/2006, S. 52; dpa-Medien Nr. 32/2006 09. August 2006, S. 16.

300 *Röper*, MP 2006, S. 527; vgl. auch *Elfers*, HORIZONT 43/2007, S. 34.

Nachmittag bzw. frühen Abend, die Hauszustellung an alle Einwohner in einem definierten Verbreitungsgebiet (z. B. „Frettabladid" in Island), neue Vertriebskanäle, wie z. B. die Verteilung über Unternehmen und andere Organisationen, und die Ausdifferenzierung nach inhaltlichen Schwerpunkten („BusinessNews").[301] Allerdings musste „BusinessNews" – und damit die letzte Gratiszeitung auf dem deutschen Pressemarkt – bereits ein Jahr nach ihrer Gründung wieder eingestellt werden, da nicht genügend Werbeeinnahmen erzielt werden konnten.[302]

VI. Ausblick: Sind Gratiszeitungen langfristig aufzuhalten?

Der deutsche Pressemarkt bleibt nach wie vor für neue (ausländische) Wettbewerber interessant, um dort eine Gratiszeitung herauszugeben. Deutschland hat den größten Werbemarkt in Europa, so dass bei einem erfolgreichen Einstieg auch langfristig genügend Werbeeinnahmen generiert werden können.[303] Die Erfahrungen in anderen europäischen Ländern, wie etwa in Österreich, Norwegen, der Schweiz, Italien, Griechenland oder in der Tschechischen Republik, zeigen außerdem, dass das Gratiskonzept vielfach seit mehr als zehn Jahren funktioniert und häufig nicht nur von der Metro- oder Schibsted-Gruppe, sondern auch von den etablierten Zeitungsverlagen betrieben wird.[304] Seit dem Erscheinen der ersten Gratiszeitung, „Metro" 1995 in Stockholm, ist sie mittlerweile nach eigenen Angaben in mehr als 150 Städten in 22 Ländern weltweit vertreten.[305] Insgesamt erreicht diese Publikation täglich mehr als 17,6 Mio. Leser in der ganzen Welt.[306] Ob sich der deutsche Pressemarkt diesem Trend langfristig entziehen kann, scheint zumindest fraglich.

Eine günstige Ausgangsposition für Gratiszeitungen in Deutschland war, dass immer weniger Menschen eine Tageszeitung lesen oder abonnieren. Die traditionelle Presse vollzieht *unabhängig* von der Gratiskonkurrenz seit Jahren einen langsamen, aber stetigen Erosionsprozess an Auflagen und Reichweiten.[307] Mit jedem neuen Nichtleser der Kaufzeitungen wächst gleichzeitig die potenzielle Zielgruppe für Gratiszeitungen. Die bisher verzeichneten Rückgänge durch Gratiszeitungen lagen beim Kölner Zeitungskrieg bei maximal 7 Prozent der Auflage

---

301 Vgl. *Röper*, MP 2006, S. 527 f.

302 Vgl. *Schneider*, HORIZONT 41/2007, S. 58.

303 Vgl. *Röper*, MP 2000, S. 302.

304 Vgl. *Röper*, MP 2006, S. 285.

305 Vgl. www.metro.lu.

306 Vgl. ebd.

307 Vgl. *Röper*, MP 2006, S. 283.

für eine Kaufzeitung.[308] Das ist im Vergleich zu den allgemeinen Auflagenverlusten, die die traditionelle Tagespresse im Zeitraum von 1995 bis 2010 hinnehmen musste, vergleichsweise gering. Kauf- und Sonntagszeitungen haben in dieser Zeitspanne jeweils gut ein Drittel an Auflage (-33,6 Prozent und -33,0 Prozent) einbüßen müssen und Abonnementzeitungen ein Fünftel (-20,1 Prozent).[309] Die rückläufige Entwicklung der Auflagen von Tageszeitung setzte bereits Mitte der 80er Jahre ein und wurde allein durch die deutsche Einheit, die zeitweilig zu erhöhten Auflagenzahlen führte, kurz unterbrochen.[310] Nur noch 63 Prozent der Deutschen ab 14 Jahren lesen Tageszeitungen.[311] Ihre Reichweite ist allein im Zeitraum von 1999 bis 2009 um 10 Prozentpunkte gesunken[312] und dieser Prozess hält bisher unverändert an.[313] 2015 lesen in der Altersgruppe der 14 bis 29jährigen 43 Prozent eine Tageszeitung, in der Gruppe 30–49jährigen sind es 62 Prozent, in der der über 50jährigen 78 Prozent pro Ausgabe.[314]

Der Auflagenrückgang von Tageszeitungen wird vor allem damit erklärt, dass sich die Mediennutzung junger Menschen verändert hat.[315] Sie legen ihren Schwerpunkt auf elektronische Medien wie Rundfunk und Internet, und nicht auf Zeitungen oder Zeitschriften.[316] Vor allem bei Jugendlichen hat die Tendenz zum kurzen, überfliegenden Lesen, das dem partiellen, oberflächlichen Lesen und Zapping beim Fernsehen entspricht, stark zugenommen.[317] Dieser Entwicklung haben vollwertige Anzeigenblätter wie „15 Uhr Aktuell" oder „20 Minuten" mit knapp portionierten und überschaubaren Informationshäppchen über die wichtigsten Welt-, Deutschland-, Regional- und Lokalnachrichten, Rechnung getragen.[318] Auf Hintergrundberichte und Kommentare wird weitgehend

308 Vgl. *Röper*, MP 2006, S. 524.

309 Vgl. *Röper*, MP 5/2010, S. 218.

310 Vgl. *Reitze*, Media Perspektiven Basisdaten – Daten zur Mediensituation 2008, S. 42; *ZAW*, Werbung in Deutschland 2009, S. 253; *ders.*, Werbung in Deutschland 2011, S. 267.

311 Vgl. agma.

312 Vgl. *Riedel*, media spectrum 2010, S. 31; *BVDZ*, Zeitungen 2004, S. 171; *ZAW*, Werbung in Deutschland 2007, S. 226.

313 Vgl. Media-Analyse 2015.

314 Vgl. *Riedel*, media spectrum 2010, S. 31.

315 Vgl. *Gerhards/Klingler*, MP 2006, S. 87 f.; *v. Wallenberg*, MMR 2001, S. 512.

316 Vgl. *Blödorn/Gerhards*, MP 2004, S. 4; *Klingler*, MP 2008, S. 627.

317 Vgl. *Franzmann*, MP 2001, S. 94.

318 Vgl. Vgl. BGH, WRP 2004, S. 746 – Zeitung zum Sonntag. KG, AfP 2000, S. 292–20 Minuten Köln.

verzichtet.[319] Für die Informationsbedürfnisse junger Menschen (14 bis 19 Jahre) ist das irrelevant: Nur 36 Prozent der jungen Zeitungsleser legen Wert auf gründliche Information, um Hintergründe und Zusammenhänge besser zu verstehen (dagegen 56 Prozent aus der Gruppe der 40- bis 49jährigen).[320] Vor diesem Hintergrund ist es nicht erstaunlich, dass Anzeigenblätter mit beachtenswerten redaktionellen Leistungen bei jungen Menschen als Zeitungsersatz akzeptiert werden.[321] Mit Blick auf das Medium Internet lassen sich vollwertige Anzeigenblätter daher auch als Weiterentwicklung der Printmedien bezeichnen.[322]

Die Gratiszeitungen im europäischen Ausland erreichen mehr junge Leser als die traditionellen Kaufzeitungen, wie einige Leseranalysen beispielhaft zeigen: Die unter 40jährigen stellen 50 bis 59 Prozent der Leser der weltweit weitverbreitetsten Gratiszeitung „Metro", wie eine Untersuchung in Großbritannien, Frankreich, Belgien und den Niederlanden ergab.[323] Laut der Website von „Metro" waren es sogar 66 Prozent.[324] Auch auf dem Schweizer Pressemarkt erreicht „20 Minuten" 1,2 Mio. Leser, davon ist die Hälfte jünger als 35 Jahre alt.[325] Die klassischen Zeitungen erreichen die höchste Reichweite dagegen erst bei den über 40-Jährigen.[326] Traditionelle und kostenlose Zeitungen sprechen damit – gewollt oder nicht – erheblich unterschiedliche Altersgruppen an. Kernzielgruppe der Gratiszeitungen ist daher eine junge (und weibliche) Leserschaft, die die Kaufzeitungen nur schlecht erreichen.[327] Die Leserschaften von Gratis- und entgeltlichen Zeitungen überschneiden sich daher nur teilweise. Das spricht ebenfalls dafür, dass vollwertige Anzeigenblätter – wie vorher auch die klassischen Anzeigenblätter – eine Marktlücke auf dem Lesermarkt füllen.[328]

Die traditionellen Verleger haben in den letzten Jahren versucht, auf dem deutschen Pressemarkt mit kleinformatigen Tabloid-Ausgaben zu einem geringen Preis – quasi als Alternative zur Gratiszeitung – unerschlossene Leserschichten

---

319 Vgl. *Haas*, MP 2006, S. 511 f.; *v. Wallenberg*, MMR 2001, S. 512.

320 Vgl. *Schulz*, Zapper, Hopper, Zeitungsleser, S. 126 f.

321 Vgl. *Brandner*, GRUR 1996, S. 533; *Schulz*, Zapper, Hopper, Zeitungsleser, S. 128.

322 Vgl. *Haas*, MP 2006, S. 511.

323 Vgl. *Arnould/Peyrègne*, Kostenlose Zeitungen – eine internationale Marktstudie, in: *ifra Special Report 6.25*, Kostenlose Zeitungen – eine internationale Marktstudie, S. 4.

324 Vgl. www.metro.lu, Facts & Figures, Datenquelle von 2008/2009 (30.1.2012).

325 Vgl. *Wadlinger*, w&v 37/2007, S. 83.

326 Vgl. *Röper*, MP 2006, S. 522.

327 Vgl. *Vogel*, MP 2001, S. 584.

328 Vgl. BGHZ 51, S. 244 – SWB I.

anzusprechen:[329] Der Axel Springer Verlag konnte mit dem Titel „WELT KOMPAKT" reüssieren und erscheint heute in 40 deutschen Großstädten zum Preis von 70 Cent bis 1 Euro, während die Verlagsgruppe Georg von Holtzbrinck die Zeitung „20 Cent" mit den beiden Ausgaben Saar und Lausitz 2008/2009 wieder einstellen musste.[330] Diese Produktentwicklungen mach(t)en Sinn, denn die Erfahrung mit der weltweit verbreiteten Gratistageszeitung „Metro" hat bewiesen, dass viele Leser eine große Markentreue entwickeln und später nicht zu den Kaufzeitungen wechseln, obwohl diese neben den reinen Nachrichten auch Analysen und Kommentare enthalten.[331] Sie bewegen sich daher in einem Niedrig-Preis-Segment, um die junge Leserschaft von (potenziellen) Gratiszeitungen anzusprechen und gleichzeitig keine Gratispresse-Kultur aufkommen zu lassen. Ihre rigide Ablehnung von kostenlosen Zeitungen in Deutschland hindert die hiesigen Zeitungsverleger jedoch nicht daran, im Ausland selbst mit Gratiszeitungen Erfahrungen zu sammeln: Die „Westdeutsche Allgemeine Zeitung" ist beispielsweise zu 50 Prozent an der Europress Holding beteiligt, die 2006 mit Metro International per Franchise-Modell den „Metro Express" in Kroatien verbreitete;[332] aber inzwischen wieder einstellte. Der Verlag der „Rheinischen Post" in Düsseldorf startete im April 2006 über eine Tochtergesellschaft in Prag den Gratistitel „metropolitni express" mit einer Auflage von 150.000 Exemplaren.[333] Auch die Rheinische Post Mediengruppe beendete 2013 sämtliche Aktivitäten der Tschechischen Republik, inklusive der Gratiszeitung.[334]

Ausländische Presseunternehmen, wie z.B. die schwedische Metro-Gruppe oder der norwegische Schibsted-Verlag, sind durch die Erfahrungen des „Kölner Zeitungskriegs" in Deutschland (Ende: 2002) vor einem (erneuten) Marktzutritt abgeschreckt, da dieser Konkurrenzkampf für alle Beteiligten hohe finanzielle Einbußen bedeutet hatte.[335] Experten räumen einem Newcomer nur dann

329 Vgl. *Klawitter*, Handliche Töchter, in: DER SPIEGEL Nr. 41 vom 4.10.2004, S. 232; *Röper*, MP 2006, S. 286.

330 Vgl. http://de.wikipedia.org/wiki/Welt_kompakt; http://de.wikipedia.org/wiki/20cent (2012).

331 Vgl. *Arnould/Peyrègne*, Kostenlose Zeitungen – eine internationale Marktstudie, S. 32.

332 Vgl. *Haas*, MP 2006, S. 510.

333 Vgl. *Röper*, MP 2006, S. 527; *MediaLine* – Online-Dienst der Fokus Magazin Verlag GmbH, Medialexikon: Stichwort „Gratiszeitung", www.medialine.de/deutsch/wissen/medialexikon.php?snr=2279(30.1.2012).

334 Vgl. rheinischepostmediengruppe.de (26.06.2013).

335 Vgl. *Rosenbach/Schulz*, DER SPIEGEL 25/2005, S. 175; *Paperlein*, HORIZONT 18/2005, S. 31; *Hombach*, Cicero 4/2005, S. 103 f.

Chancen ein, wenn er von Anfang an in mindestens acht Großstädten die Gratiszeitung verteilt.[336] Dazu seien hohe Investitionen von schätzungsweise zehn Mio. Euro vor dem Start und noch einmal so viel für jedes Jahr nach dem Start – und das 3 bis 5 Jahre lang – notwendig.[337] Solange aber die traditionellen Zeitungsverleger eine Phalanx gegen die Gratispresse bilden und fertige Gratiszeitungskonzepte für den „Fall der Fälle" bereit halten, kann das nur ein sehr finanzkräftiger neuer Wettbewerber sein, der sich auch über einen längeren Zeitraum gegen die angekündigten Abwehrblätter der etablierten Verlage auf dem Markt halten kann. Zuletzt war ein finanzstarkes, branchenfremdes Unternehmen, die Deutsche Post, im Gespräch mit mehreren deutschen Verlegern, um ein solches Projekt zu planen.[338] Die Post könnte eine flächendeckende Verbreitung einer Gratiszeitung leisten[339] und verfügt auch über genügend finanzielle Reserven: „Was Springer in einem Jahr umsetzt, das erledigen wir [die Post] mit unserem globalen Geschäft in zwei Wochen", so der ehemalige Vorstandsvorsitzende der Post, Klaus Zumwinkel.[340] Für die redaktionelle Kompetenz solle dann ein kooperierender Verlag zuständig sein. Gespräche mit Burda und der „FAZ" sollen dazu mit der Post gelaufen sein.[341] Diese Pläne sorgten beim Bundesverband Deutscher Zeitungsverleger selbstverständlich für Verärgerung: „Es wäre ein ordnungspolitischer Sündenfall ersten Ranges, wenn ein Quasi-Monopolunternehmen wie die Post, bei der der Staat zudem noch die meisten Aktien hält, durch eine Gratiszeitung die gewachsene mittelständische Struktur der Zeitungsbranche beschädigte."[342] Es bleibt also abzuwarten, ob, wann und durch wen wieder Gratiszeitungen in Deutschland eingeführt werden; und dagegen geklagt wird.

C) Ergebnis

Seit der Einführung von Anzeigenblättern gab es immer wieder Konflikte zwischen den Verlegern von Zeitungen und den Herausgebern von Anzeigenblättern, obwohl beide Publikationen gemeinsame historische Wurzeln haben. Beispielsweise haben Anzeigenblätter durch den sogenannten Intelligenzzwang,

336 Vgl. *Anwar*, HORIZONT 41/2007, S. 60.
337 Vgl. *Meier*, kressreport 19/07, S. 11.
338 Vgl. *Karle*, HORIZONT 43/2007, S. 33.; Süddeutsche Zeitung vom 16. Oktober 2007, S. 20; *ZAW*, Werbung in Deutschland 2009, S. 258.
339 Vgl. Süddeutsche Zeitung vom 25. September 2007, S. 17.
340 *Dohmen/Tuma*, DER SPIEGEL 45/2007, S. 128.
341 Vgl. *Karle*, HORIZONT 43/2007, S. 33.
342 *Karle*, HORIZONT 43/2007, S. 33.

der vom 18. Jahrhundert bis Mitte des 19. Jahrhunderts bestand, massiv verhindert, dass sich eine freie Presse in diesem Zeitraum entwickeln konnte.

Nach dem zweiten Weltkrieg wurden reine, klassische und vollwertige Anzeigenblätter zunächst nur von zeitungsfremden Unternehmen oder ausländischen Presseunternehmen lanciert. Die herkömmlichen Zeitungsverleger gingen dagegen zweigleisig vor: Sie kämpften sowohl vor den Gerichten als auch auf dem Pressemarkt selbst gegen die neu aufgekommene Konkurrenz, und zwar indem sie selbst Anzeigenblätter herausgaben, um dadurch ihre eigene Marktposition zu festigen und die Konkurrenz zu verdrängen. Erfolg hatte nur die zweite Strategie. Der Streit wurde also nicht durch die Gerichte, sondern auf dem Pressemarkt entschieden. Die reinen und die klassischen Anzeigenblätter wurden allerdings auch noch nach Ausschaltung der Konkurrenz als zusätzliches Geschäft von den Zeitungsverlagen weitergeführt, die vollwertigen Anzeigenblätter (bzw. die Gratiszeitungen) dagegen nicht. Nur die Gratiszeitung „BusinessNews“ wurde für kurze Zeit von einem etablierten Zeitungskonzern in Deutschland betrieben. Sie wurde jedoch von den anderen Verlegern wegen ihrer Spezialisierung auf das Thema Wirtschaft, ihrer Verbreitung über Unternehmen, ihrer speziellen Zielgruppe und geringen Auflage nicht als Bedrohung empfunden. Aufgrund der Phalanx der deutschen Verleger gegen die Gratispresse sind neue Gratiszeitungen hauptsächlich von branchenfremden Unternehmen oder ausländischen Verlagen wahrscheinlich.

Im nächsten Kapitel soll nun untersucht werden, warum die gerichtlichen Auseinandersetzungen zwischen den Verlegern der Anzeigenblätter und den der traditionellen Kaufpresse zugunsten des Gratisvertriebs ausgegangen sind. Es ist zu betrachten, inwieweit das von den Gerichten entwickelte Entscheidungsmuster überzeugt. Diese Frage entscheidet sich verfassungsrechtlich am Grundrecht der Pressefreiheit aus Art. 5 Abs. 1 Satz 2 GG und einfachrechtlich am Gesetz gegen den unlauteren Wettbewerb (UWG).

Kapitel 3: Rechtliche Zulässigkeit von Anzeigenblättern

Das nachfolgende Kapitel nimmt die rechtliche Zulässigkeit des Gratisvertriebs von Anzeigenblättern in den Blick. Dabei soll zunächst die höchstrichterliche Rechtsprechung zu Anzeigenblättern und ähnlichen Erscheinungsformen als Einleitung und als erste Anbindung an die aktuelle Rechtslage dargestellt werden. Der Gratisvertrieb von Anzeigenblättern ist dabei bislang nur am Gesetz gegen den unlauteren Wettbewerb (UWG) und verfassungsrechtlich an der Pressefreiheit aus Art. 5 Abs. 1 Satz 2 GG gemessen worden (dazu unter A). Vor dem damit geschaffenen Hintergrund soll dann die Frage, unter welchen Voraussetzungen der Gratisvertrieb von Anzeigenblättern zulässig ist, auch mit Bezug auf die instanzgerichtliche Rechtsprechung und die Literatur vollständig und abschließend beantwortet werden.

Es ist ausgehend von einem verfassungsrechtlichen Ansatz im ersten Schritt zu klären, welches Grundrecht die Tätigkeit des Anzeigenblattverlegers schützt, ob insoweit tatsächlich nur die Pressefreiheit (Art. 5 Abs. 1 Satz 2 GG) und/oder die Berufsfreiheit (Art. 12 Abs. 1 GG) oder der Schutz des Eigentums (Art. 14 GG) einschlägig sind (dazu unter B). Im nächsten Schritt wird geprüft, ob das Verbot eines Anzeigenblatts in den Schutzbereich des einschlägigen Grundrechts eingreift (dazu unter C). In einem dritten Schritt ist schließlich die Frage zu beantworten, unter welchen Voraussetzungen ein solcher Eingriff verfassungsrechtlich zu rechtfertigen ist. Dazu ist festzustellen, ob die einfachgesetzliche Regelung abstrakt eine verfassungsrechtlich zulässige Schranke des einschlägigen Grundrechts darstellt. Konkret ist hier zu prüfen, ob neben oder statt des UWG das Gesetz gegen Wettbewerbsbeschränkungen (GWB) einschlägig ist (dazu unter D). Abschließend ist schließlich zu klären, ob und inwieweit der Eingriff in den Schutzbereich eines Grundrechts seinerseits als verfassungsgemäß bewertet werden kann. Nach der Wechselwirkungslehre des BVerfG verlangt dies die Verhältnismäßigkeit des Eingriffs. Es ist dabei zu prüfen, ob der Eingriff einen legitimen Zweck verfolgt und er zur Verfolgung dieses Zwecks geeignet, erforderlich und angemessen ist. Im Rahmen der Angemessenheitsprüfung ist eine umfassende Abwägung der durch ein Verbot (bzw. Nichtverbot) betroffenen Rechtsgüter notwendig (dazu unter E). Mit Hilfe des dargestellten Prüfungsschemas soll die Frage nach der rechtlichen Zulässigkeit von Anzeigenblättern beantwortet werden. Es muss dabei immer zwischen den verschiedenen Erscheinungsformen von Anzeigenblättern unterschieden werden, um den Besonderheiten der verschieden Arten von Anzeigenblättern gerecht zu werden.

A) Die Anzeigenblätter im Spiegel der Rechtsprechung des BGH

In der Rechtsprechung des BGH wurde die Rechtmäßigkeit des Gratisvertriebs von Anzeigenblättern einfachgesetzlich vor allem an den Vorschriften des UWG gemessen. Gleiches gilt für die mit dem Gratisvertrieb von Anzeigenblättern verwandten Vertriebssysteme wie die faktisch unentgeltliche Bereitstellung von Kaufzeitungen über das Aufstellen so genannter „Stummer Verkäufer". Maßstab für die Prüfung waren Fallgruppen der wettbewerbsrechtlichen Generalklausel des § 1 UWG a.F. Es wurde geprüft, ob der Gratisvertrieb von Anzeigenblättern eine unlautere Wettbewerbshandlung als Wertreklame, allgemeine Marktstörung oder individuelle Behinderung von Mitbewerbern darstellt. Nach der UWG-Reform (2004) musste der Gratisvertrieb von Anzeigenblättern anhand der neu kodifizierten Tatbestände der unangemessen unsachlichen Beeinflussung der Konsumenten (§ 4 Nr. 1, Alt. 3 UWG) und der gezielten Behinderung von Mitbewerbern (§ 4 Abs. 1 Nr. 10 UWG) gemessen werden sowie anhand des auch weiterhin geltenden Tatbestands der allgemeinen Marktstörung (§ 3 UWG). Dazu hat die höchstrichterliche Rechtsprechung auch auf die gemäß Art. 5 Abs. 1 Satz 2 GG geschützte Pressefreiheit als verfassungsrechtlichen Maßstab ihrer Entscheidungen zurückgegriffen.

I. Freiburger Wochenbericht (1956)

Der BGH hatte im Fall um den „Freiburger Wochenbericht" (FWB) erstmals eine Entscheidung zur kostenlosen Verteilung von Anzeigenblättern zu treffen. Der Beklagte war Verleger des klassischen Anzeigenblatts „Freiburger Wochenbericht", das an die Haushalte in Freiburg i. Br. mit einer Auflage von 40.500 Exemplaren kostenlos verteilt worden war. Gegen diese planmäßige unentgeltliche Verbreitung des Anzeigenblatts klagte ein Interessenverband, dem auch die Verleger der in Freiburg erscheinenden entgeltlichen Tageszeitungen angehörten, auf Unterlassung. Das „Freiburger Wochenblatt" trete, so der Kläger, in einen unzulässigen Wettbewerb zu den Freiburger Tageszeitungen und verstoße damit gegen § 1 UWG a.F.[343]

343 Vgl. BGHZ 19, S. 392 ff. – Freiburger Wochenbericht.

Der BGH prüfte in der FWB-Entscheidung zunächst, ob (klassische) Anzeigenblätter den Tatbestand der Wertreklame erfüllen. Wertreklame ist Werbung mit Werten. Darunter ist zu verstehen, dass der Kaufmann leistungsfremde Mittel, wie etwa ungekoppelte Werbegaben, Zugaben oder aber auch die Originalware selbst, verschenkt, um den Käufer zu einem späteren Geschäftsabschluss zu bewegen.[344] Der BGH kam zu dem Ergebnis, dass der Tatbestand der Wertreklame und dabei namentlich das Verschenken von Originalware auf den Gratisvertrieb von Anzeigenblättern nicht anwendbar sei, da hier immer der Begünstigte als *zahlender* Kunde geworben werden soll, was aber auf Anzeigenblätter nicht zuträfe: Dort solle nicht der Leser als Käufer oder Abonnent gewonnen werden, sondern der das Anzeigenblatt finanzierende Inserent.[345]

Daneben prüfte der BGH, ob der Gratisvertrieb von Anzeigenblättern unter den Tatbestand der allgemeinen Marktstörung fällt. Eine allgemeine Marktstörung oder Marktbehinderung liegt vor, sobald ein Wettbewerbsverhalten allein oder in Verbindung mit der zu erwartenden Nachahmung der Maßnahme durch Mitbewerber die ernstliche Gefahr begründet, einen auf unternehmerischer Leistung beruhenden Wettbewerb in erheblichem Maß einzuschränken und dann zu einer gemeinschaftsschädigenden Störung des Wettbewerbs zu führen.[346] Eine solche Gefährdung der allgemeinen Interessen sei durch die kostenlose Verteilung von Anzeigenblättern zu erwarten, wenn das Blatt „den Charakter einer Zeitung oder jedenfalls eines zeitungsähnlichen Blattes hat."[347] Ein Anzeigenblatt mit redaktionellem Teil werde von einem nicht unerheblichen Teil des Publikums als „Zeitung" gewertet.[348] Auf diese Weise könne das Anzeigenblatt durch den Gratisvertrieb und die damit verbundene Auflagensteigerung im Anzeigengeschäft einen Vorsprung gegenüber den entgeltlichen Zeitungen erzielen, was bei der entgeltlichen Konkurrenz zu Einbußen bei den Anzeigeneinnahmen führen könne, die sich schließlich nachteilig auf die redaktionelle Qualität auswirken. Im Ergebnis könnten zahlreiche entgeltliche Zeitungen verkümmern.[349] Es bestünde dann die Gefahr, dass die Presse ihre politischen und kulturellen Aufgaben als Trägerin und Gestalterin der öffentlichen Meinung, als Organ des Nachrichtenwesens und als gesundes Gegengewicht gegenüber

344 So später BGH, WRP 2004, S. 747 – Zeitung zum Sonntag.
345 Vgl. BGHZ 19, S. 397 – FWB.
346 Vgl. BGHZ 114, S. 84 – Motorbootfachzeitschrift; BGH, AfP 2004, S. 258–20 Minuten Köln; AfP 2010, S. 242 – Stumme Verkäufer II.
347 BGHZ 19, S. 397 – FWB.
348 Vgl. BGHZ 19, S. 398 – FWB.
349 Vgl. BGHZ 19, S. 399 – FWB.

unerwünschten Machtkonzentrationen nicht mehr hinreichend erfüllen könne. Der Gratisvertrieb von Anzeigenblättern könne damit „eine Schädigung oder auch nur eine ernstliche Gefährdung des Bestandes der übrigen Tageszeitungen ergeben“[350] und damit die Belange der Allgemeinheit auf unzulässige Weise schädigen.[351] Der Gratisverteilung selbst klassischer Anzeigenblättern wurde vom BGH damit abhängig vom Umfang des redaktionellen Teils, und damit dessen Zeitungsähnlichkeit, als potenziell unzulässig eingestuft. Auf Grundlage der tatsächlichen Feststellungen der Instanzgerichte war eine Gefährdung der entgeltlichen Freiburger Tageszeitungen durch das „Freiburger Wochenblatt“ aber nicht zu erkennen.

II. Westfalen-Blatt (1957)

Bereits im Jahr 1957 hatte der BGH über die wettbewerbsrechtliche Zulässigkeit einer einmonatigen Gratislieferung der entgeltlichen Tageszeitung „Westfalen-Blatt“ an Neuvermählte zu entscheiden. Gegen diese Wettbewerbsmaßnahme hatte der Herausgeber der „Westfälischen Zeitung“ in Bielefeld auf Unterlassung geklagt. Anspruchsgrundlage war dabei wieder § 1 UWG a.F. Der BGH hat mit seiner Entscheidung zum „Westfalen-Blatt“ zwar keine Entscheidung vom Gratisvertrieb von Anzeigenblättern getroffen, aber zur Unentgeltlichkeit publizistischer Leistungen.[352]

Der BGH prüfte auch hier, ob eine wettbewerbsrechtliche unzulässige Wertreklame vorlag. Das Gericht betonte dabei, dass die unentgeltliche Abgabe von Waren zu Werbe- und Probezwecken nicht schon wegen ihrer Unentgeltlichkeit unzulässig sei. Unstatthaft würde sie erst dann werden, „wenn dadurch der Bestand des Wettbewerbs gefährdet werde, indem dem Mitbewerber infolge des Umfangs der Werbeaktion für einen nicht unerheblichen Zeitraum schlechthin die Möglichkeit genommen würde, noch weiterhin am Wettbewerb teilzunehmen.“[353] Bei einer bloß einmonatigen Gratislieferung der Zeitung „Westfalen-Blatt“ an einen beschränkten Personenkreis, wie hier den der Neuvermählten, werde eine solche Gefahr nicht begründet. Der Zeitungswirtschaft entstünden keine „untragbare Belastungen“, wenn eine entgeltliche Tageszeitung für einen beschränkten Zeitraum an einen überschaubaren Personenkreis

350 BGHZ 19, S. 398 – FWB.
351 Vgl. BGHZ 19, S. 399 – FWB.
352 Vgl. BGH, GRUR 1957, S. 600 ff. – Westfalen-Blatt.
353 BGH, GRUR 1957, S. 601 – Westfalen-Blatt.

verteilt werde.[354] Der BGH konnte damit in der Gratisverteilung des „Westfalen-Blatts“ keine unlautere Wettbewerbshandlung feststellen.

III. Stuttgarter Wochenblatt I (1968)

Im Fall „Stuttgarter Wochenblatt I“ (SWB I) war die wettbewerbsrechtliche Zulässigkeit des Gratisvertriebs klassischer Anzeigenblätter wieder Gegenstand der rechtlichen Prüfung. Das klassische Anzeigenblatt mit einem Umfang von 20 Seiten bestand zu 25 Prozent aus redaktionellen Beiträgen. Es wurde mit einer wöchentlichen Auflage von 240.000 Exemplaren gedruckt und an die Haushalte im Stuttgarter Großraum kostenlos verteilt. Die Klägerin verlegte und vertrieb in Stuttgart zwei entgeltliche Zeitungen und beantragte, die unentgeltliche Verteilung des „Stuttgarter Wochenblatts“ wegen Verstoß gegen § 1 UWG a.F. zu untersagen.[355]

In Übereinstimmung mit seiner Entscheidung über das „Freiburger Wochenblatt“ hat der BGH in seinem „SWB I-Urteil“ die potenzielle Unzulässigkeit des Gratisvertriebs klassischer Anzeigenblättern erneut betont, dabei aber die Vorgaben, unter denen der Gratisvertrieb als unzulässig eingestuft werden könne, weiter gesenkt. Das Kriterium der Zeitungsähnlichkeit sei nicht mehr erforderlich, um den Gratisvertrieb von Anzeigenblättern als unlauteres Wettbewerbsmittel zu missbilligen. Es genüge bereits, wenn „eine geldwerte Leistung verschenkt wird, die nach Art und Umfang geeignet ist, bei einem beachtlichen Teil der Empfänger zur Befriedigung eines Informations- und Lesebedürfnisses zu dienen.“[356] Es sei dabei ausreichend, wenn unter Berücksichtigung der Nachahmungsgefahr der Wettbewerb der übrigen Zeitungen in einem nicht unerheblichen Ausmaß behindert werde.[357]

War in der Entscheidung zum „Freiburger Wochenblatt“ noch ein Verkümmern der entgeltlichen Konkurrenz zur Begründung einer allgemeinen Marktstörung verlangt worden, könne eine wettbewerbsrechtlich unzulässige Beeinträchtigung der konkurrierenden entgeltlichen Zeitungen nunmehr bereits dann nicht ausgeschlossen werden, wenn deren Einnahmen stagnierten.[358] Es müssten hier bereits drohenden Gefahren vorbeugend begegnet werden. Der traditionellen Tagespresse stünde in der vorliegenden Konstellation ein besonderer

354 Vgl. BGH, GRUR 1957, S. 601 – Westfalen-Blatt.
355 Vgl. BGHZ 51, S. 237 ff. – SWB I.
356 BGHZ 51, S. 239 – SWB I.
357 Vgl. BGHZ 51, S. 244 – SWB I.
358 Vgl. BGHZ 51, S. 245 – SWB I.

wettbewerbsrechtlicher Schutz zu, der sich aus Art. 5 Abs. 2 Satz 1 GG und der darin verbürgten institutionellen Garantie eines freien und funktionsfähigen Pressewesens ableite: „Je nach Sachlage kann es durchaus geboten sein, die persönliche Entfaltungsfreiheit im überwiegenden Interesse des Schutzes der allgemeinen Pressefreiheit zu begrenzen, zumal die Ausübung des persönlichen Freiheitsrechts gemäß Art. 5 Abs. 2 GG ausdrücklich unter dem so genannten allgemeinen Gesetzesvorbehalt steht.“[359] Es komme bei der wettbewerbsrechtlichen Gesamtwürdigung zwar im Einzelfall auf Umfang, Intensität und Wirkung der Maßnahme an.[360] Bei klassischen Anzeigenblättern seien die Grenzen unbedenklicher Wertreklame aber regelmäßig überschritten. Der Gratisvertrieb von Anzeigenblättern wäre etwa nur dann nicht zu beanstanden, wenn das jeweilige Anzeigenblatt im Wesentlichen nur eine Marktlücke schließe und neben der entgeltlichen Presse existiere.[361]

Dagegen seien *reine* Anzeigenblätter „wie der Einsatz sonstigen Werbematerials“ zu beurteilen.[362] Reine Anzeigenblätter setzte das Gericht also explizit mit Reklame, die auf Litfasssäulen, in Lichtspielhäusern oder in einer der mannigfachen anderen Formen betrieben wird, gleich. Sie stellten reine Reklame und keine Originalware dar und seien ebenso wenig zu beanstanden wie eine Werbe- oder Hauszeitschrift.[363] Der BGH verwies den Rechtsstreit an das Berufungsgericht zurück, wobei dort festzustellen war, ob nach den vorbenannten Kriterien Anhaltspunkte für eine Marktgefährdung vorliegen. Bei einer Gefährdung des Wettbewerbsbestands sei der kostenlose Vertrieb von (klassischen) Anzeigenblättern aus den genannten verfassungsrechtlichen Gründen nicht zu rechtfertigen.[364]

IV. Stuttgarter Wochenblatt II (1971)

Der BGH hatte den Rechtsstreit um das klassische Anzeigenblatt „Stuttgarter Wochenblatt“ an das Oberlandesgericht Stuttgart zurückverwiesen. Das Oberlandesgericht wies die Klage aber auch unter den Vorgaben des BGH erneut als unbegründet ab. Der Nachweis einer nicht unerheblichen Beeinträchtigung der

359 Vgl. BGHZ 51, S. 249 – SWB I.
360 Vgl. BGHZ 51, S. 242 – SWB I.
361 Vgl. BGHZ 51, S. 244 – SWB I.
362 BGHZ 51, S. 238 – SWB I.
363 Vgl. BGHZ 51, S. 238 – SWB I.
364 BGHZ 51, S. 246 – SWB I.

Klägerin sei weiterhin nicht erbracht worden. Nachdem das Berufungsurteil die Klage abgewiesen hatte, legte die Klägerin erneut Revision ein.[365]

In seinem Urteil „SWB II“ differenziert der BGH seine Rechtsprechung weiter aus: Danach verstoßen klassische Anzeigenblätter mit einer wöchentlichen Erscheinungsweise und einem redaktionellen Teil, der nach Umfang und Bedeutung hinter dem der entgeltlichen Zeitungen zurückbleibt, nicht per se gegen § 1 UWG a. F.[366] Es müsse dazu eine *konkrete* Wettbewerbsgefährdung nachgewiesen werden. Der Kläger müsse glaubhaft darlegen, dass sein entgeltliches Konkurrenzprodukt „nicht unerheblich“ durch das Erscheinen des Anzeigenblatts beeinträchtigt werde.[367] Das sei das entscheidende Anzeichen dafür, dass die unentgeltliche Verteilung des „Stuttgarter Wochenblatts“ zu einer „Störung des Wettbewerbs und der verfassungsrechtlich gesicherten Ordnung der Tagespresse führt.“[368] Bei der Beurteilung der Wettbewerbswidrigkeit sei auch im Sinne des § 1 UWG die Nachahmungsgefahr und deren Auswirkungen zu berücksichtigen.[369]

Anders läge der Fall, wenn das Anzeigenblatt entweder häufiger als wöchentlich erschiene oder der redaktionelle Umfang „Ersatz für eine Tageszeitung oder jedenfalls als Informationsquelle nach Art der Tagespresse“ wäre.[370] Es seien dann die Grundsätze anzuwenden, die für den Behinderungswettbewerb durch Massenverteilung von Originalware entwickelt wurden. Die unentgeltliche Verteilung des „Stuttgarter Wochenblatts“ könnte dann bereits als Verstoß gegen § 1 UWG a. F. unzulässig sein, ohne dass der konkrete Nachweis erbracht würde, dass ein Mitbewerber tatsächlich geschädigt oder behindert wurde.[371] Der BGH unterscheidet hier zwischen dem Erfordernis einer konkreten Gefährdung bei wöchentlich erscheinenden Anzeigenblättern mit einem geringfügigen redaktionellen Teil und dem einer bloß abstrakten Gefährdung bei Anzeigenblättern mit einem erheblichen redaktionellen Inhalt, die wöchentlich und/oder täglich erscheinen. Die erneute Revision blieb, weil die Klägerin keine erhebliche Beeinträchtigung ihrer Zeitungen belegen konnte, ebenfalls ohne Erfolg.

---

365 Vgl. BGH, GRUR 1971, S. 478 ff. – SWB II.
366 Vgl. BGH, GRUR 1971, S. 478 f. – SWB II.
367 Vgl. BGH, GRUR 1971, S. 478 – SWB II.
368 BGH, GRUR 1971, S. 479 – SWB II.
369 Vgl. BGH, GRUR 1971, S. 479 – SWB II.
370 Vgl. BGH, GRUR 1971, S. 479 – SWB II.
371 Vgl. BGH, GRUR 1971, S. 479 – SWB II; hierzu auch: *Schmitt Glaeser*, NJW 1971, S. 2013.

V. Lippische Rundschau (1978)

Gegenstand der Entscheidung zur „Lippischen Rundschau" war die Bereitstellung eines zusätzlichen Lokalteils in einer entgeltlichen Tageszeitung ohne entsprechende Erhöhung des Kaufpreises. Die Schnittmenge zum Gratisvertrieb von Anzeigenblättern ist hier gering. Sie kann nur insoweit hergestellt werden, als die unentgeltliche Zugabe publizistischer Leistung ohne Aufpreis erfolgt ist, womit wie beim „Westfalen-Blatt" publizistische Leistung verschenkt worden wäre. Die Herausgeberin der entgeltlichen Tageszeitung „Lippische Rundschau" belieferte das von Dritten verlegte „Herforder Kreisblatt" und das in Paderborn erscheinende „Westfälische Volksblatt" mit den so genannten Mantelseiten, dem überregionalen Teil einer regionalen Tageszeitung. Ab 1976 begann sie ihrerseits in der „Lippischen Rundschau" neben dem Lokalteil für den Kreis Lippe auch den Lokalteil des „Westfälischen Volksblattes" beizulegen. Die Klägerin als Herausgeberin der entgeltlichen Tageszeitung „Lippische Landeszeitung" wollte in dieser Praxis einen Verstoß gegen die Zugabeverordnung, das Rabattgesetz und § 1 UWG a. F. erkennen.[372]

Der BGH konnte keine unzulässige Wertreklame feststellen, wenn eine Tageszeitung in einem Verbreitungsgebiet einen zusätzlichen Lokalteil einer anderen Tageszeitung beifügt ohne eine Preiserhöhung zu verlangen. Das Gericht begründete seine Auffassung damit, dass die zusätzliche Leistung nicht alleine, sondern die Leistung insgesamt, also die Zeitung einschließlich beider Lokalteile zu beurteilen sei. Das Gericht sah auch keine Gefahr, dass die Nachahmung der Maßnahme durch Mitbewerber den Wettbewerb „verwildern" könnte.[373]

Die kostenlose Lieferung eines zusätzlichen Lokalteils über eine andere entgeltliche Tageszeitung lege den Gedanken eines unzulässigen Vernichtungswettbewerbs nicht nahe. Die Leistung werde nicht gratis erbracht, sondern die bisherige entgeltliche Leistung nur verbessert, und das in einer Art und in einem Umfang, die nach den gegebenen Umständen sachgerecht erscheine.[374] Bei der Lieferung eines zusätzlichen Lokalteils handele es sich um eine echte Steigerung der eigenen Leistung und stelle ein „adäquates Mittel des Leistungswettbewerbs" dar.[375] Der BGH konnte deshalb in der kostenlosen Lieferung eines zusätzlichen Lokalteils keinen Verstoß gegen die Zugabeverordnung, das Rabattgesetz und § 1 UWG a. F. erkennen.

---

372 Vgl. BGH, GRUR 1979, S. 410 – Lippische Rundschau.
373 Vgl. BGH, GRUR 1979, S. 410 – Lippische Rundschau.
374 Vgl. BGH, GRUR 1979, S. 410 – Lippische Rundschau.
375 BGH, GRUR 1979, S. 410 – Lippische Rundschau.

VI. Bliestal-Spiegel (1984)

Der „Bliestal-Spiegel" war ein klassisches Anzeigenblatt, das durch die Überschneidung der jeweiligen Verbreitungsgebiete in direkter Konkurrenz zu einem lokal verlegten entgeltlichen Wochenblatt stand. Der Verleger des entgeltlichen Wochenblattes wollte die kostenlose Abgabe und Vergabe des „Bliestal-Spiegels" dann auch als unlautere Wettbewerbshandlung im Sinne des § 1 UWG a. F. untersagen lassen.[376]

In seiner „Bliestal-Spiegel"-Entscheidung vollzog der BGH eine grundlegende Abkehr von seiner bisherigen restriktiven Rechtsprechung. Klassische Anzeigenblätter wurden nicht mehr als Verschenken von Originalware oder geldwerter Leistung eingestuft,[377] sondern erstmals als sachgerechte und kaufmännisch-vernünftige Wettbewerbsmaßnahmen beurteilt: Dem Gratisvertrieb von Anzeigenblättern liege eine planmäßige Kalkulation zugrunde, wonach die Inserentenerlöse die kompletten Betriebskosten abdecken müssen, weil der Empfänger kein Entgelt leiste.[378] Das Gericht folgte damit der „Abkehr vom Regel-Ausnahme-Verhältnis der Wettbewerbswidrigkeit der Gratisverteilung", den es zuvor bereits in seiner Rechtsprechung zur kostenlosen Verteilung von Fachzeitschriften vollzogen hatte.[379] Die kostenlose Verteilung von klassischen Anzeigenblättern sei nun nicht mehr im Regelfall unzulässig, sondern es komme stets auf die Umstände des Einzelfalls an.[380] Es müsse daher *immer* ein konkreter Nachweis erbracht werden, dass ein klassisches Anzeigenblatt im jeweiligen Einzelfall den Bestand des übrigen, entgeltlichen Pressewettbewerbs gefährde. Allgemeine Erfahrungssätze könnten eine solche Annahme alleine nicht stützen.[381] Im Gegenteil habe die bisherige Erfahrung auf dem Pressemarkt gezeigt, dass klassische Anzeigenblätter in der Regel trotz ihres hohen Verbreitungsgrades auch gut neben den entgeltlichen Presseerzeugnissen existieren können.[382] Auch der „Bliestal-Spiegel" könne sich trotz seines redaktionellen Umfangs nicht am allgemeinen Meinungsbildungsprozess beteiligen, da sich das klassische Anzeigenblatt auf die bloßen Mitteilungen kommunaler Nachrichten beschränke.

---

376 Vgl. BGH, NJW 1985, S. 1624 ff. – Bliestal; *Hefermehl*, Anmerkungen, GRUR 1985, S. 883.

377 Vgl. BGH, NJW 1985, S. 1625 f. – Bliestal.

378 Vgl. BGH, NJW 1985, S. 1625 – Bliestal.

379 *Ricker*, AfP 1982, S. 156; dazu auch BGH, GRUR 1977, S. 609 ff. – Feld und Wald II; BGHZ 81, S. 297 f. – Back Journal; *Ricker*, ZUM 1986, S. 249.

380 Vgl. *Hefermehl*, Anmerkungen zum Bliestal-Urteil, GRUR 1985, S. 883.

381 Vgl. BGH, NJW 1985, S. 1625 – Bliestal-Spiegel.

382 Vgl. BGH, NJW 1985, S. 1626 – Bliestal-Spiegel.

Es sei daher nicht geeignet, für einen erheblichen Teil des Publikums die entgeltliche Tageszeitung zu ersetzen und hierdurch die Tagespresse in ihrem Bestand zu bedrohen. Nur unter diesen Voraussetzungen könne das Anzeigenblatt aber gegen § 1 UWG a.F. verstoßen.[383]

Im „Bliestal-Urteil" hat der BGH zudem erstmals im Zusammenhang mit dem Gratisvertrieb von Anzeigenblättern den Tatbestand der individuellen Behinderung von Mitbewerbern geprüft. Dabei handelt es sich um eine nur auf Vernichtung der Existenz des Mitbewerbers gerichtete geschäftliche Handlung. Mit der Feststellung, dass „es sich bei den Anzeigenblättern um eine unabhängig von der Wettbewerbssituation sachgerechten Konzeption"[384] handele, schloss der BGH auch eine individuelle Behinderung von Mitbewerbern aus. Zum Nachweis einer solchen Vernichtungsabsicht bedürfe es entsprechender Indizien.[385] Die Revision des Klägers blieb damit ohne Erfolg.

VII. Stumme Verkäufer I (1996)

Der Vertrieb entgeltlicher Zeitungen über ungesicherte Verkaufsautomaten, so genannte „Stumme Verkäufer", unterscheidet sich vom Gratisvertrieb von Anzeigenblättern darin, dass beim Aufstellen „Stummer Verkäufer" die Nichtleistung eines Entgeltes durch den Leser nur in Kauf genommen wird, während sie beim Gratisvertrieb von Anzeigenblättern gewünscht ist. Ein Verleger, der sich zum Vertrieb entgeltlicher Zeitungen „Stummer Verkäufer" bedient, handelt also – wenn man strafrechtliche Kategorien heranzieht – in Ansehung des Ausbleibens eines Entgeltes mit *dolus evenualis*, der Verleger von Anzeigenblättern hingegen mit *dolus directus*.[386] Eine starke Familienähnlichkeit zum Gratisvertrieb von Anzeigenblättern besteht hier aber insoweit, als publizistische Leistungen (im Gegensatz etwa zum „Freiburger Wochenblatt") dauerhaft und (im Gegensatz zur Praxis der „Lippischen Rundschau") vollständig unentgeltlich angeboten werden.

Nun im Fall „Stumme Verkäufer I" beschäftigte sich der BGH mit der Frage, ob die hohe Gratisabgabe einer entgeltlichen Zeitung über „Stumme Verkäufer" unzulässige Wertreklame darstellt. Aus diesen Verkaufshilfen konnte sich der Kunde aus unverschlossenen Plastikbeuteln, die beispielsweise an Laternenpfählen befestigt waren, Zeitungen entnehmen und dabei das Entgelt entrichten. Der

383 Vgl. BGH NJW 1985, S. 1625 – Biestal-Spiegel.

384 BGH, NJW 1985, S. 1625 – Bliestal-Spiegel.

385 Vgl. BGH, NJW 1985, S. 1626 – Bliestal-Spiegel.

386 Vgl. *Sternberg-Lieben*, in: *Schönke/Schröder*, Strafgesetzbuch, § 15 Rdnr. 65 ff. und 72 ff.

Verkaufsbeutel stand aber auch dem Zugriff ohne Bezahlung offen, wobei zur unentgeltlichen Erlangung der Zeitung keine größere kriminelle Energie erforderlich war. Als Parteien standen sich zwei Presseunternehmen gegenüber, die den mitteldeutschen Markt mit Sonntagszeitungen beliefern. Dabei vertrieb der Kläger seine entgeltlichen Zeitungen über stationäre und ambulante Händler, der Beklagte hingegen legte zeitweise bis zu 85 Prozent seiner Sonntagszeitungen in sogenannte „Stumme Verkäufer" aus. Bis zu 34.000 dieser Verkaufshilfen setzte der Beklagte zeitweise flächendeckend in den Wirtschaftsräumen Berlin und Dresden ein. Etwa 60 Prozent der Zeitungen wurden aus den „Stummen Verkäufern" gestohlen. Die Auflage hatte sich zudem in einem Zeitraum von einem Dreivierteljahr von 280.000 Exemplaren auf 450.000 Exemplare erhöht. Der klagende Presseverlag beanstandete die Vertriebsmethode über „Stumme Verkäufer" als grundsätzlich wettbewerbswidrig im Sinne des § 1 UWG a.F., da sie eine massenhafte Gratisverteilung der entgeltlichen Sonntagszeitungen ermögliche. Der dadurch entstehende Gewöhnungseffekt beim Publikum verschaffe – unter Ausschaltung des Leistungswettbewerbs – den anderen, herkömmlich vertriebenen Zeitungen auf dem Markt einen Wettbewerbsnachteil.[387]

Der BGH schloss sich der klägerischen Auffassung an. Eine Gratisabgabe im genannten Umfang sei mit einer zulässigen Wertreklame unvereinbar. Sie führe dazu, dass die Kunden zwischen verschiedenen Zeitungsangeboten nicht mehr nach Sachkriterien auswählten, sondern sich dort bedienen, wo sie das Presseerzeugnis gratis erhalten. Die von der Gratisabgabe ausgehende übertriebene Anlockwirkung sei in Verbindung mit dem unsachlichen Gewöhnungseffekt, den diese Maßnahme ausübe, und der Gefahr der Nachahmung durch die Konkurrenten generell nicht hinnehmbar. Konkret seien die Mitbewerber, die den Vertrieb ihrer Presserzeugnisse nicht über „Stumme Verkäufer" organisieren wollten, dann „in ihren wettbewerblichen Interessen nachhaltig betroffen". Auf die Forderung nach der Feststellung einer konkreten Gefährdung des Bestands der konkurrierenden Kaufzeitungen wird verzichtet. Hierin lag der noch entscheidende Unterschied zu den Vorgaben, die der BGH im Urteil zum „Bliestal-Spiegel" zur Zulässigkeit von klassischen Anzeigenblättern aufgestellt hatte. Das Verbot der Gratisabgabe entgeltlicher Zeitungen diene der Erhaltung der Meinungsvielfalt und solle die Anlockwirkung, die durch die Gratisabgabe von Zeitungen ausgehe, im Interesse einer ungehinderten Verbreitung der Meinungsvielfalt unterschiedlicher Zeitungen zurückdrängen.[388] Der BGH sah – anders

387 Vgl. BGH, NJW-RR 1996, S. 1189 f. – Stumme Verkäufer I.

388 Vgl. BGH, NJW-RR 1996, S. 1190 – Stumme Verkäufer I.

als noch die Vorinstanz[389] – auch keine Umstände vorliegen, die ausnahmsweise eine kostenlose Abgabe der Sonntagszeitungen über „Stumme Verkäufer" als wettbewerbsrechtlich unbedenklich erscheinen lassen könnten.[390]

VIII. Zeitung zum Sonntag (2003)

Der Freiburger Michael Zäh Verlag verlegte Anfang des Jahrtausends im Raum Freiburg i. Br. die kostenlose „Zeitung zum Sonntag" mit einer Auflage von 150.000 Exemplaren. Dem äußeren Erscheinungsbild handelte es sich um eine Leserzeitung, die 40 Seiten mit redaktionellen Beiträgen zu regionalen und überregionalen Themen, eine ausführliche Sportberichterstattung und einen umfangreichen Veranstaltungskalender enthielt. Den kostenlosen Vertrieb der „Zeitung zum Sonntag" hatte der Axel Springer Verlag, der die Sonntagszeitungen „Bild am Sonntag" und „Welt am Sonntag" herausgibt, als wettbewerbswidrig gemäß § 1 UWG a.F. beanstandet und auf Unterlassung geklagt.[391]

Der BGH hat seine Rechtsprechung zu den klassischen Anzeigenblättern (aus dem Urteil zum „Bliestal-Spiegel") auf die vollwertigen Anzeigenblättern übertragen. Der Gratisvertrieb von vollwertigen Anzeigenblättern bzw. Gratiszeitungen folge einer sachgerechten kaufmännischen Kalkulation. Er stelle keine wettbewerbswidrige Wertreklame dar, da das Konzept des Gratisvertriebs auch hier keine auf den Erwerb einer entgeltlichen Leistung gerichtete unsachliche Beeinflussung des Lesers vorsehe.[392] Der Anzeigenblattverleger verschenke zudem keine geldwerte publizistische Leistung, schließlich werde diese von den Inserenten bezahlt. Aus diesem Grund sei der Gratisvertrieb auch vollwertiger Anzeigenblätter oder Gratiszeitungen nicht *per se* rechtlich bedenklich. Vielmehr werde hier nur ein Finanzierungsmodell gewählt, dass auch in anderen Bereichen, wie etwa im Internet oder beim privaten Rundfunk, üblich sei.[393] Erst wenn im konkreten Einzelfall der Bestand eines entgeltlichen meinungsbildenden Blattes durch ein unentgeltliches Konkurrenzprodukt konkret gefährdet werde, das zur Meinungsbildung selbst nicht beitragen könne, käme ein Rückgriff auf die institutionelle Garantie der Presse aus Art. 5 Abs. 1 Satz 2 GG

---

389 Vgl. OLG Naumburg, AfP 1993, S. 494 – Stumme Verkäufer I.

390 Vgl. BGH, NJW-RR 1996, S, 1189 – Stumme Verkäufer I.

391 Vgl. BGH, WRP 2004, S. 746 ff. – Zeitung zum Sonntag.

392 Vgl. BGH, WRP 2004, S. 747 – Zeitung zum Sonntag; NJW 2004, S. 2084–20 Minuten Köln.

393 Vgl. BGH, WRP 2004, S. 746 – Zeitung zum Sonntag; NJW 2004, S. 2084–20 Minuten Köln.

zur Begründung einer unlauteren Wettbewerbshandlung in Betracht.[394] Die entgeltliche Presse könne also nicht von vornherein auf eine höhere Stufe gestellt werden als das konkurrierende vollwertige Anzeigenblatt. Vielmehr sei das verfassungsrechtliche Gebot, bei der Wertung redaktioneller Berichterstattungen Neutralität zu wahren, auch bei der wettbewerbsrechtlichen Beurteilung vollwertiger Anzeigenblättern zu berücksichtigen.[395]

Zwar konnte der Kläger einen konkreten Absatzrückgang seiner entgeltlichen Sonntagszeitung nachweisen, den der BGH aber wettbewerbsrechtlich nicht beanstanden konnte.[396] Die Aufgabe des Wettbewerbsrechts bestehe nicht darin, den Bestand bestehender Marktstrukturen zu bewahren. Das Gericht wies darauf hin, dass die Marktzutrittsschranken für Kauf- oder Abonnementzeitungen sowie für Sonntagszeitungen sehr hoch seien.[397] Der Gratisvertrieb von Presseerzeugnissen sei derzeit die einzige Erfolg versprechende Maßnahme, um die festen, häufig monopolistischen Strukturen aufzubrechen und auf dem Pressemarkt Fuß zu fassen. „Diesen aufkeimenden Wettbewerb mit Hilfe des Lauterkeitsrechts zu verbieten und sich zur Rechtfertigung auf den Schutz des Wettbewerbs zu berufen, hieße, die Dinge auf den Kopf zu stellen."[398] Die Revision des Axel Springer Verlags hatte damit keinen Erfolg.

IX. 20 Minuten Köln (2003)

Der Verlag DuMont Schauberg in Köln verlegte den „Kölner Stadt-Anzeiger", die „Kölnische Rundschau" und den „Express" als entgeltliche Tageszeitungen. In Konkurrenz dazu brachte die deutsche Tochtergesellschaft des größten norwegischen Medienkonzerns Schibsted in Köln das vollwertige Anzeigenblatt „20 Minuten Köln" heraus. Als Reaktion darauf publizierte der DuMont Schauberg-Verlag ebenfalls eine kostenlos verteilte Tageszeitung, den „Kölner Morgen" (sowie der Axel Springer Verlag die Gratiszeitung „Köln Extra"). Daneben klagte der DuMont Schauberg Verlag gegen die Verteilung der Gratiszeitung „20 Minuten

394 Vgl. BGH, WRP 2004, S. 748 – Zeitung zum Sonntag; NJW 2004, S. 2085–20 Minuten Köln.

395 Vgl. BGH, WRP 2004, S. 748 – Zeitung zum Sonntag; NJW 2004, S. 2085–20 Minuten Köln.

396 Vgl. BGH, WRP 2004, S. 749 – Zeitung zum Sonntag; NJW 2004, S. 2086–20 Minuten Köln.

397 Vgl. BGH, WRP 2004, S. 749 – Zeitung zum Sonntag; NJW 2004, S. 2086–20 Minuten Köln; *Heinrich*, Medienökonomie, Bd. 1, S. 284 f.

398 BGH, WRP 2004, S. 749 – Zeitung zum Sonntag; NJW 2004, S. 2086–20 Minuten Köln.

Köln“ auf Unterlassung.[399] Die BGH-Entscheidung zur Gratiszeitung „20 Minuten Köln“ ist mit der zur „Zeitung zum Sonntag“ nahezu identisch, womit auf den vorstehenden Abschnitt verwiesen werden kann.

X. Stumme Verkäufer II (2009)

Im Jahre 2009 hatte der BGH erneut über die Zulässigkeit des Vertriebs entgeltlicher Zeitungen über ungesicherte Verkaufshilfen zu entscheiden. Für den Vertrieb der Tageszeitung „WELT KOMPAKT“ hatte der Axel Springer Verlag zu Testzwecken für zwei Monate elf „Stumme Verkäufer“ aufstellen lassen, über die die Tageszeitung problemlos entwendet werden konnte. Tatsächlich ist ein Großteil der „WELT KOMPAKT“ über die Einrichtung der „Stummen Verkäufer“ ohne Entgelt entnommen worden. Der Herausgeber der Tageszeitung „Tagesspiegel“ sah darin ein übertriebenes Anlocken, das zu einer Marktstörung führe, und klagte auf Unterlassung dieser Vertriebsmethode.[400]

Die erstmals unter dem neuen UWG (nach der UWG-Reform 2004 und der UWG-Novelle 2008) ergangenen Entscheidung des BGH sah das Konzept des Vertriebs einer entgeltlichen Tageszeitung über „Stumme Verkäufer“ als grundsätzlich nicht wettbewerbswidrig an und nimmt darin ausdrücklich Abstand von der Entscheidung „Stumme Verkäufer I“. Weder übe der Einsatz „Stummer Verkäufer“ des Beklagten einen im Sinne von § 4 Nr. 1 UWG unsachlichen Gewöhnungseffekt noch eine unangemessene unsachliche Einflussnahme auf die Kunden aus. Die kostenlose Abgabe einer entgeltlichen Zeitung könne zwar – wie bereits in der Entscheidung „Stumme Verkäufer I“ unter dem bis 2004 gültigen UWG festgestellt – einen unsachlichen Gewöhnungseffekt erzeugen, wenn sie in großem Umfang und über einen langen Zeitraum erfolge.[401] Diese Voraussetzungen seien jedoch bei der Aufstellung von elf Verkaufshilfen für die Dauer von zwei Monaten nicht erfüllt.[402] Im Übrigen sei der Diebstahl von Presseerzeugnisse kein marktkonformes Verhalten, das den Schutz der geschäftlichen Entscheidungsfreiheit von unsachlicher Beeinflussung verdiene.[403]

Zudem sei auch der Tatbestand der allgemeinen Marktbehinderung aus § 3 UWG nicht erfüllt. Dabei wird zunächst die Entscheidung „20 Minuten Köln“ herangezogen und wiederholt, da die Argumente, die für die Zulässigkeit der

---

399 Vgl. BGH, NJW 2004, S. 2083 f. – 20 Minuten Köln.
400 Vgl. BGH, AfP 2010, S. 241 ff. – Stumme Verkäufer II.
401 Vgl. BGH, AfP 2010, S. 241 – Stumme Verkäufer II.
402 Vgl. BGH, AfP 2010, S. 242 – Stumme Verkäufer II.
403 Vgl. BGH, AfP 2010, S. 242 – Stumme Verkäufer II.

Gratiszeitung sprechen, auch für die Beantwortung der Frage nach der Rechtmäßigkeit des Einsatzes „Stummer Verkäufer" zum Tragen kommen müssten. Der BGH schreibt hier seine Rechtsprechung zur Zulässigkeit des Vertriebes vollwertiger Anzeigenblätter fort und erklärt, dass diejenigen Gesichtspunkte, die für die grundsätzliche Zulässigkeit von Gratiszeitungen sprechen, „sämtlich in gleicher oder immerhin vergleichbarer Weise" auch für die faktisch unentgeltliche Verteilung von Zeitungen über „Stumme Verkäufer" übertragbar seien.[404] In beiden Fällen handele es sich nur vordergründig um eine vollständige oder teilweise unentgeltliche Abgabe publizistischer Leistungen. Bei den vollwertigen Anzeigenblättern bzw. Gratiszeitungen erfolge die Finanzierung über die Anzeigen, bei den gestohlenen entgeltlichen Zeitungen aus den „Stummen Verkäufern" über die Anzeigen und die Vertriebseinnahmen derjenigen Kunden, die das Entgelt an den Verkaufshilfen ordnungsgemäß bezahlen.[405] Allerdings kommt das Gericht dann neu zu der Feststellung: „Lauterkeitsrechtlich bedenklich werden beide Vertriebssysteme erst dann, wenn sie zu einer dauerhaften Abgabe unter Selbstkostenpreis führen."[406] Diese Aussage findet man in dieser expliziten Art und Weise nicht in den Entscheidungen „20 Minuten Köln" und „Zeitung zum Sonntag".

Dessen ungeachtet prüft der BGH im Weiteren nicht, ob im vorliegenden Fall eine dauerhafte Abgabe unter Selbstkostenpreis erfolgt ist, sondern regulär das Vorliegen der Tatbestandsmerkmale einer allgemeinen Marktbehinderung: Das Wettbewerbsverhalten allein oder mit einer zu erwartenden Nachahmung von Mitbewerbern müsse die ernstliche Gefahr begründen, dass der auf unternehmerischer Leistung ausgelegte Wettbewerb in erheblichen Maße eingeschränkt werde.[407] Eine tatsächlich drohende Gefahr einer allgemeinen Marktbehinderung durch das Aufstellen von „Stummen Verkäufern" konnte das Gericht aber auch unter Berücksichtigung der Nachahmungsgefahr nicht feststellen, schon weil keine greifbaren Anhaltspunkte für ein entsprechendes Verhalten der Mitbewerber erkennbar seien. Das Gericht wollte selbst eine konkrete Gefährdung des Wettbewerbsbestandes vor dem Hintergrund der Planung des Beklagten, nach erfolgreicher Testphase 3.000 Verkaufshilfen in Berlin aufzustellen, nicht erkennen. Bei einer unterstellten Diebstahlsquote von 60 Prozent sei von einem Verlust von 45.000 Exemplaren und damit 10 Prozent der in Berlin insgesamt verkauften Tageszeitungen auszugehen. Ein Absatzrückgang dieser Größenordnung bei der Konkurrenz reiche für den Nachweis einer konkreten

404 Vgl. BGH, AfP 2010, S. 243 – Stumme Verkäufer II.
405 Vgl. BGH, AfP 2010, S. 243 – Stumme Verkäufer II.
406 BGH, AfP 2010, S. 243 – Stumme Verkäufer II.
407 Vgl. BGH, AfP 2010, S. 243 – Stumme Verkäufer II.

Wettbewerbsgefährdung auf dem Berliner Pressemarkt nicht aus.[408] Die Revision war damit nicht erfolgreich.

Vor diesem Hintergrund dürften nach der Entscheidung „Stumme Verkäufer II" der Gratisvertrieb von Anzeigenblättern und der Einsatz der „Stummen Verkäufer" demnach auch – aber nicht nur – lauterkeitsrechtlich bedenklich sein, sobald sie zu einer dauerhaften Abgabe unter Selbstkosten führen und auf diese Weise den Bestand des Wettbewerbs gefährden. Nach dem Wortlaut der Entscheidung „Stumme Verkäufer II" könnte man sich auf den Standpunkt stellen, die dauerhafte Abgabe unter Selbstkosten solle fortan die einzige lauterkeitsrechtlich bedenkliche Fallgruppe sein. Dann müsste man allerdings erklären können, warum das Gericht die Entscheidung „20 Minuten Köln" als Präzedenzfall heranzieht, dabei aber zu einem Ergebnis kommt, das mit diesem nicht in Deckung zu bringen ist: Denn das Urteil „20 Minuten Köln" erkennt zwar im Verkauf von Waren unter Einstandspreis ein wettbewerbsrechtlich unlauteres Moment (und das auch nur im „Vorspann" seiner Entscheidung),[409] erhebt es dabei aber nicht zum einzigen Kriterium anhand dessen die Unlauterkeit des Gratisvertrieb von Anzeigenblättern zu prüfen ist. Außerdem wird auch im Urteil „Stumme Verkäufer II" die Entscheidung nicht an der Beantwortung der Frage festgemacht, ob eine dauerhafte Abgabe unter Selbstkosten droht. Die Entscheidung „Stumme Verkäufer II" hat damit die Rechtsprechung zum Gratisvertrieb von Anzeigenblättern ergänzt, aber keine Kehrtwende begründet. Aus diesem Grund blieb auch das Echo in der Literatur zu diesem Urteil sehr bescheiden.[410]

XI. Ergebnis

Die Zulässigkeit reiner Anzeigenblätter ist von der Rechtsprechung des BGH immer als bloße Werbung und damit wettbewerbsrechtlich unbedenklich eingestuft worden. Im Übrigen begegnete der BGH dem Gratisvertrieb von (klassischen und vollwertigen) Anzeigenblättern zunächst mit Skepsis. Der Gratisvertrieb von Anzeigenblättern wurde anfangs an den wettbewerbsrechtlichen Tatbeständen der unzulässigen Wertreklame und der allgemeinen Marktstörung nach § 1 UWG a.F. gemessen. Dabei könne der Gratisvertrieb zu einer ernstlichen Gefährdung

408 Vgl. BGH, AfP 2010, S. 244 – Stumme Verkäufer II.

409 Vgl. BGH, NJW 2003, S. 2084–20 Minuten Köln.

410 Mittels einer juris-Recherche finden sich nur *Jooß*, Anmerkung zu BGH 1. Zivilsenat, Urteil vom 29.10.2009 – I ZR, juris-PR-WettbR 8/2010, Anm. 5; zudem *Boesche*, WRP 2011, S. 1354 und allein unter dem Gesichtspunkt der Auslegung von § 4 Nr. 1 UWG: *Köhler*, WRP 2011, S. 771; *Haberkamm*, WRP 2011, S. 299 f. (Fußnote 45).

des Bestandes der übrigen Tageszeitungen führen und damit die Belange der Allgemeinheit unzulässig beeinträchtigen (FWB), wenn nur eine geldwerte Leistung verschenkt wird, die geeignet ist, beim Konsumenten zur Befriedigung seines Informations- und Lesebedürfnisses zu dienen (SWB I). Diese skeptische Haltung wurde sukzessive aufgegeben. Während nach der SWB II-Entscheidung zunächst nur bei wöchentlich erscheinenden Anzeigenblättern mit einem geringen redaktionellen Umfang der Nachweis einer konkreten Wettbewerbsgefährdung gefordert wurde, wird seit dem Urteil zum „Bliestal-Spiegel“ verlangt, dass mangels Bestehens allgemeiner Erfahrungssätze immer der konkrete Nachweis erbracht werden müsse, dass ein klassisches Anzeigenblatt im jeweiligen Einzelfall den Bestand des übrigen, entgeltlichen Pressewettbewerbs gefährdet.

Diese Rechtsprechung hat der BGH in seinen Entscheidungen zu „20 Minuten Köln“ und der „Zeitung zum Sonntag“ auch auf den Gratisvertrieb vollwertiger Anzeigenblätter übertragen. Erst wenn der Bestand eines meinungsbildenden entgeltlichen Blattes durch ein unentgeltliches, zur Meinungsbildung selbst nicht beitragendes Anzeigenblatt konkret gefährdet werde, ließe sich mit Rückgriff auf die institutionelle Garantie der Presse (Art. 5 Abs. 1 Satz 2 GG) die wettbewerbsrechtliche Unzulässigkeit des Gratisvertriebs des Anzeigenblatts begründen. Parallel dazu hat die BGH-Rechtsprechung, nun erstmals unter dem neuen UWG, ihre Skepsis gegenüber dem Einsatz von „Stummen Verkäufern“ aufgegeben. Ausgehend von der Entscheidung zum Gratisvertrieb von vollwertigen Anzeigenblättern soll sowohl die unentgeltliche Verteilung von Anzeigenblättern als auch der faktisch unentgeltliche Vertrieb entgeltlicher Tageszeitungen über „Stumme Verkäufer“ namentlich dann wettbewerbsrechtlich bedenklich sein, wenn sie dauerhaft zu einer Abgabe unter Selbstkosten führe. Der BGH hat folglich mit der Entscheidung „Stumme Verkäufer II“ seine Rechtsprechung zum Gratisvertrieb von Anzeigenblättern bloß ergänzt. Ob, und wenn ja, inwieweit die skizzierte Entwicklung in der Rechtsprechung tatsächlich Zustimmung erhalten muss, wird nun nachfolgend in den Blick genommen.

B) Die Anzeigenblätter unter dem Schutzbereich der Grundrechte

I. Die einschlägigen Grundrechte

1. Art. 5 Abs. 1 Satz 2 GG

Wird ein Anzeigenblatt aufgrund gerichtlicher Entscheidung untersagt, könnte zugunsten des Verlegers des Anzeigenblatts Art. 5 Abs. 1 Satz 2 GG einschlägig sein. Als klassisches Abwehr- und Freiheitsrecht schützt die Pressefreiheit[411] lückenlos alle Pressetätigkeiten „von der Beschaffung der Information bis zur Verbreitung der Nachricht und der Meinung."[412] Danach könnte sich der Anzeigenblattverleger wie der herkömmliche Zeitungsverleger auch auf Art. 5 Abs. 1 Satz 2 GG berufen, da er in gleicher Weise Informationen sammelt, um sie anschließend über ein Druckerzeugnis zu verbreiten. Allerdings unterscheiden sich Anzeigenblätter von entgeltlichen Zeitungen und Zeitschriften in einigen zentralen Punkten: dem Gratisvertrieb, dem kommerziellen Herausgabezweck, der ausschließlichen Finanzierung durch Anzeigen sowie dem Verhältnis zwischen redaktionellem Teil und Anzeigenteil. Deshalb muss geklärt werden, ob die Pressetätigkeiten des Anzeigenblattverlegers tatsächlich unter den Schutzbereich der Pressefreiheit aus Art. 5 Abs. 1 Satz 2 GG fallen.

a) Art. 5 Abs. 1 Satz 2 GG und der Gratisvertrieb

Die in Art. 5 Abs. 1 Satz 2 GG gewährleistete Pressefreiheit schützt schließlich *alle* Pressetätigkeiten „von der Beschaffung der Information bis zur Verbreitung der Nachricht und Meinung."[413] Eine publizistische Wirkung kann von Medien nur dann ausgehen, wenn sie auch die Allgemeinheit bzw. die Leser erreichen.[414] Deshalb gehört der Vertrieb zu einem elementaren Bestandteil der Pressetätigkeit und ist durch die Pressefreiheit aus Art. 5 Abs. 1 Satz 2 GG geschützt.[415] Es wird nun aber auch die Auffassung vertreten, dass der Gratisvertrieb von vollwertigen Anzeigenblättern aufgrund seiner kommerziellen Zielrichtung allein unter den Schutzbereich von Art. 12 Abs. 1 GG falle und nicht von Art. 5 GG erfasst sei;[416] die pauschale Annahme, jede unternehmerische Vertriebsentscheidung falle grundsätzlich unter den Schutz der Pressefreiheit, sei unhaltbar. Übertragen auf reine und klassische Anzeigenblätter muss dies bedeuten, dass die unentgeltliche Verteilung ebenfalls nicht durch Art. 5 Abs. 1 Satz 2 GG geschützt ist, weil auch hier eine unentgeltliche Verteilung aus kommerziellen Gründen erfolgt.

Der Ausschluss von Gratiszeitungen aus dem Schutzbereich des Art. 5 Abs. 1 Satz 2 GG stützt sich auf die „Presse-Grosso"-Entscheidung des BVerfG.[417]

---

411 Vgl. *Bullinger*, in: HbdStR VII, § 163 Rdnr. 8–10.

412 BVerfGE 10, S. 121; 20, S. 176 – Spiegel.

413 BVerfGE 10, S. 121; 20, S. 176.

414 Vgl. *Ricker*, in: *Löffler/Ricker*, Handbuch des Presserechts, 7. Kap. Rdnr. 14 f.; *Löffler*, NJW 1961, S. 529 ff.

415 Vgl. BVerfGE 77, S. 354 f. – Presse-Grosso; *Schricker*, AfP 2001, S. 104.

416 Vgl. *v. Danwitz*, Gratisvertrieb, S. 66 ff.

417 Vgl. BVerfGE 77, S. 346 ff. – Presse-Grosso.

Darin unterscheidet das Gericht zwischen presseinternen und presseexternen Hilfstätigkeiten.[418] Presseinterne Hilfstätigkeiten stehen durch den organisatorischen Zusammenhalt des Presseunternehmens stets in einem ausreichenden Inhaltsbezug zur freien Meinungsbildung und sind daher regelmäßig durch Art. 5 Abs. 1 Satz 2 GG geschützt, etwa die Buchhaltung oder die Anzeigenaufnahme.[419] Für presseexterne Hilfstätigkeiten bleibe es dagegen in der Regel beim Schutz durch andere Grundrechte, namentlich der Berufsfreiheit aus Art. 12 GG.[420] Nur wenn die presseexterne Hilfstätigkeit „in enger organisatorischer Bindung an die Presse erfolgt, für das Funktionieren einer freien Presse notwendig ist und wenn sich die staatliche Regulierung dieser Tätigkeit zugleich einschränkend auf die Meinungsverbreitung auswirkt",[421] werde sie auch in den Schutzbereich des Art. 5 Abs. 1 Satz 2 GG mit einbezogen. Daneben wird angeführt, dass insbesondere „der genuin kaufmännische Charakter der unternehmerischen Entscheidung für den Gratisvertrieb" diesen eindeutig dem Schutzbereich der Berufsfreiheit und nicht der Pressefreiheit unterfallen lasse.[422] Nur wenn sich der Gratisvertrieb als notwendiges Mittel für die Verbreitung von Tageszeitungen erweise, sei die Entscheidung für den Gratisvertrieb zum Schutzbereich der Pressefreiheit zwingend. Die Voraussetzung dafür sei jedoch, dass „andere, die Einführung einer neuen Tageszeitung und ihre dauerhafte Verbreitung begünstigende Vertriebsformen, wie z.B. eine erhebliche Unterbietung der marktüblichen Verkaufspreise, keine grundrechtlich zureichende Verbreitungsdichte sicherstellen können."[423] Gratiszeitungen könnten demnach nur dann am Schutzbereich von Art. 5 Abs. 1 Satz 2 GG partizipieren, wenn das herkömmliche Vertriebssystem daran scheitert, dass Zeitungen ein breites Publikum erreichen oder dass sich neue Zeitungen auf dem Markt etablieren können.

Diese Auffassung kann allerdings nicht überzeugen. Der Vertrieb von Presseerzeugnissen fällt grundsätzlich unter den Schutz der Pressefreiheit.[424] Nach welchem System die Verbreitung von Informationen stattfinden soll, schreibt

418 Vgl. BVerfGE 77, S. 354 – Presse-Grosso.

419 Vgl. *Schulze-Fielitz*, in: *Dreier*, GG, Bd. I, Art. 5 I, II Rdnr. 74; *Jarass*, in: *Jarass/Pieroth*, GG, Art. 5 Rdnr. 27 a; *Ricker*, in: *Löffler/Ricker*, Handbuch des Presserechts, 46. Kap. Rdnr. 3.

420 Vgl. BVerfGE 25, S. 304; BVerfGE 64, S. 114 f.

421 BVerfGE 77, S. 354 – Presse-Grosso.

422 Vgl. *v. Danwitz*, Gratisvertrieb, S. 67.

423 *v. Danwitz*, Gratisvertrieb, S. 68.

424 Vgl. umfassender Schutzbereich der Pressefreiheit: BVerfGE 10, S. 121; 62, S. 243; 66, S. 133 f.

Art. 5 Abs. 1 Satz 2 GG nicht vor. Es liegt allein in der freiheitlichen Entscheidung des Presseunternehmers, auf welche Art und Weise er das Presseerzeugnis den Lesern zustellt,[425] und es spricht nichts dagegen, dass er für den Vertrieb dieselbe Gestaltungsfreiheit wie für den redaktionellen Inhalt hat. Die Wertneutralität des Grundrechts der Pressefreiheit muss sich nun einmal auch in der freien Wahl des Verlegers ausdrücken, zwischen einem „herkömmlichen" oder „kommerziellen" Vertriebssystem (und damit einem womöglich „guten" oder „schlechten") zu wählen.[426] Es kommt nicht darauf an, wie effektiv das Vertriebssystem seine Aufgabe erfüllt, sondern ob die Presseerzeugnisse ungehindert und frei verbreitet werden.[427] Unabhängig davon dienen alle Anzeigenblätter dem Ziel einer flächendeckenden Verteilung sogar besser, da sie im Gegensatz zu den Kauf- oder Abonnementzeitungen an alle Haushalte eines Verbreitungsgebiets verteilt werden und damit eine höhere Verbreitungsdichte erzielen.[428]

Der „genuin kaufmännische Charakter der unternehmerischen Entscheidung für den Gratisvertrieb" unterscheidet sich außerdem nicht von der Entscheidung eines Zeitungsverlegers für das herkömmliche Vertriebssystem,[429] denn die Vertriebswahl, ob für die entgeltliche oder unentgeltliche Variante, ist grundsätzlich von betriebswirtschaftlicher Natur. Nur die publizistische Wirkung, die mit der Verbreitung von Presseerzeugnissen untrennbar verbunden ist, macht die Verbreitung zu einer Pressetätigkeit im Sinne von Art. 5 Abs. 1 Satz 2 GG.[430] Letztlich verfolgen beide Presseunternehmer mit der Verbreitung von Presseerzeugnissen das gleiche Ziel, nämlich Geld zu verdienen. Beide Unternehmer sind Teil der privatwirtschaftlichen Ordnung und haben daher notwendigerweise das wirtschaftliche Interesse an einer materiellen Basis.[431] Dieser ökonomische Aspekt tritt beim traditionellen Vertrieb über Abonnement und Kioskverkauf sogar noch deutlicher zu Tage als bei der unentgeltlichen Verteilung von Presseerzeugnissen. Es spricht also auch aus diesem Grund nichts dagegen, dass der Gratisvertrieb von reinen und klassischen, aber auch von vollwertigen Anzeigenblättern unter den Schutzbereich von Art. 5 Abs. 1 Satz 2 GG fällt.

---

425 Vgl. OLG Köln, AfP 2001, S. 331.

426 Vgl. BVerfGE 80, S. 133 ff. – „inhaltliche Neutralitätspflicht" gilt auch für Vertrieb.

427 Vgl. *Löffler*, NJW 1961, S. 529.

428 Vgl. BGH, WRP 2004, S. 747 – Zeitung zum Sonntag.

429 a. A. *v. Danwitz*, Gratisvertrieb, S. 67.

430 Vgl. *Ricker*, in: *Löffler/Ricker*, Handbuch des Presserechts, 7. Kap. Rdnr. 14f.; *Schulze-Fielitz*, in: *Dreier*, GG, Bd. I, Art. 5 I, II Rdnr. 74.

431 Vgl. *Degenhart*, in: *Dolzer/Vogel*, BK, Art. 5 Abs. 1 und 2 Rdnr. 443.

b) Art. 5 Abs. 1 Satz 2 GG und der kommerzielle Herausgabezweck

In der älteren Rechtsprechung[432] und Literatur[433] war die Frage bereits umstritten, ob reine oder klassische Anzeigenblätter aufgrund ihrer kommerziellen Intention und des geringen redaktionellen Umfanges unter den Schutzbereich von Art. 5 Abs. 1 Satz 2 GG fallen können; dies betrifft auch – wenn auch in geringerem Umfang – die vollwertigen Anzeigenblätter bzw. Gratiszeitungen. Gegen eine Einbeziehung der sogenannten Werbepresse in den Schutzbereich der Pressefreiheit hat ganz ausdrücklich *Leisner* Position bezogen:[434] Kommerzielle Zielsetzung und „privates Profitstreben" seien nicht mit der Kommunikationsfunktion der Presse vereinbar. Zwar dürfe der Pressebegriff nicht auf „profitferngemeinnützige" Aktivitäten begrenzt werden. Bei der Werbepresse sei jedoch das Kommerzielle dem „Grundlagen-Geschäft" zuzuordnen. Die reguläre Presse verdiene *an* ihren Meinungsäußerungen, die Werbepresse dagegen *durch* ihre Inhalte. Die Legitimation der Pressefreiheit bestehe aber nicht in einer Maximierung des Profits, sondern in der Herstellung der Kommunikation.[435]

Im Fall SWB I hielt auch der BGH noch das Grundrecht der Pressefreiheit für entwertet, wenn man es zum Vorspann reiner Gewinninteressen degradiere.[436] In der privatwirtschaftlichen Ordnung der Presse schließt aber die Freiheit des Pressewettbewerbs sowohl den publizistischen als auch den wirtschaftlichen Wettbewerb notwendig ein.[437] Beide Bereiche lassen sich nicht isoliert voneinander betrachten, sondern sind miteinander verbunden.[438] Der publizistische Wettbewerb um die Lesergunst und den publizistischen Einfluss ist gleichzeitig auch ein wirtschaftlicher Wettbewerb um Auflagen und Anzeigeneinnahmen. Das Phänomen der Anzeigen-Auflagen-Spirale bestätigt die Wechselwirkung der

---

432 Vgl. BGHSt 8, S. 379; BGH, NJW 1963, S. 667 mit Anm. *F. Schneider*.

433 Vgl. *Schüle*, Zivilrechtlicher Persönlichkeitsschutz und Grundgesetz, in: *Schüle/Huber*, Persönlichkeitsschutz und Pressefreiheit, S. 22 f.; *v. Mangoldt/Klein*, GG, Art. 5 Anm. VI 3; *Schneider, F.*, Presse- und Meinungsfreiheit nach dem Grundgesetz, S. 137, 140; *Nawiasky/Leusser*, Die Verfassung des Freistaates Bayern, S. 193.

434 Vgl. *Leisner*, Die Pressegleichheit, S. 84–98; entgegengesetzte Position an anderer Stelle später *ders.*, Berufsordnungsrecht und Werbeverbote, S. 99 f.

435 Vgl. *Leisner*, Die Pressegleichheit, S. 89.

436 Vgl. BGHZ 51, S. 246 – SWB I.

437 Vgl. BVerfGE 20, S. 175 – Spiegel; *Mestmäcker*, Medienkonzentration und Meinungsvielfalt, S. 104.

438 Vgl. *Degenhart*, in: *Dolzer/Vogel*, BK, Bd. 2, Art. 5 Abs. 1 und 2 Rdnr. 444.

beiden Bereiche:[439] Je höher die Auflage ist, umso umfangreicher (und besser) sind die redaktionellen Leistungen eines Presseerzeugnisses; und je mehr Anzeigen geschaltet werden, umso niedrigerer ist der Bezugspreis des Produkts. Beide Wechselbeziehungen verstärken sich – wie bei einer Spirale – in die eine oder andere Richtung gegenseitig.[440] Die publizistische Leistungs- und Wirkungsfähigkeit hängten also entscheidend auch von den wirtschaftlichen Maßnahmen und Chancen ab.[441] Deshalb ist der Verleger weder auf die publizistische noch auf die ökonomische Seite der Pressefreiheit beschränkt oder verwiesen.[442] Der Herausgabezweck eines Presseerzeugnisses kann daher sowohl rein ideell als auch rein kommerziell sein. Beides ist durch die Pressefreiheit in Art. 5 Abs. 1 Satz 2 GG geschützt.[443] Daher spielt das Merkmal des überwiegend kommerziellen Herausgabezwecks von Anzeigenblättern für ihren verfassungsrechtlichen Schutz durch Art. 5 Abs. 1 Satz 2 GG keine Rolle.

Offen ist dagegen weiterhin die Frage, ob Anzeigenblättern zumindest ein *geringerer* Grundrechtsschutz zusteht als der publizistisch ausgerichteten Presse, also ob die Gratisblätter aufgrund ihrer kommerziellen Ausrichtung nur „grundrechtliche Trittbrettfahrer oder Parasiten“[444] des Schutzes von Art. 5 Abs. 1 Satz 2 GG sind. Es wird die Auffassung vertreten, dass gratisvertriebenen Zeitungen aufgrund ihres außerpublizistischen Herausgabezwecks eine geringere grundrechtliche Wertigkeit zukomme als der entgeltlichen mit publizistischer Motivation.[445] Bei kostenlos vertriebenen Zeitungen stehe der redaktionelle Teil primär im Dienst der Werbung.[446] Die Presse werde damit für außerpublizistische, nämlich kommerzielle Zwecke benutzt. Um einen unterschiedlichen Grundrechtsschutz von Presseerzeugnissen aufgrund ihrer Wertigkeit zu rechtfertigen, wird auf das Urteil des BVerfG zur Pressesubventionierung im Postzeitungsdienst verwiesen.[447] Das Gericht differenzierte dort zwischen Presseerzeugnissen nach

---

439 Vgl. *Schütz*, Pressewirtschaft, in: *Noelle-Neumann/Schulz/Wilke,* Fischer Lexikon Publizistik, S. 551, 553.

440 Vgl. *Schütz*, Pressewirtschaft, in: *Noelle-Neumann/Schulz/Wilke,* Fischer Lexikon Publizistik, S. 551, 553.

441 Vgl. *Degenhart*, in: *Dolzer/Vogel*, BK, Bd. 2, Art. 5 Abs. 1 und 2 Rdnr. 444.

442 Vgl. *Ipsen*, Presse-Grosso im Verfassungsrahmen, S. 33.

443 Vgl. BVerfGE 34, S. 283 – Soraya; 80, S. 134 f. – Postzeitungsdienst; *Schulze-Fielitz*, in: *Dreier*, GG, Bd. I, Art. 5 I, II Rdnr. 72.

444 *Ossenbühl*, JZ 1995, S. 636 – in Bezug auf die Skandalblätter.

445 *v. Danwitz,* Gratisvertrieb, S. 90 f.

446 *v. Danwitz,* Gratisvertrieb, S. 90.

447 Vgl. *v. Danwitz*, Gratisvertrieb, 91.

publizistischem und außerpublizistischem Herausgabezweck und begründete die Ausschlusstatbestände in § 6 Abs. 1 Nr. 1 und 3 PostZtgO folgendermaßen: „In den Genuß der Förderung gelangen Presseerzeugnisse, die auf die Verbreitung von Meinungen und Informationen abzielen. [...] Ebenso wenig wird der publizistische Herausgabezweck beeinträchtigt, wenn das Presseerzeugnis Werbeanzeigen enthält, solange deren Verbreitung nicht das Ziel der Publikation, sondern das Mittel zur Finanzierung der Verbreitung von Meinungen und Information ist."[448] Die gratis verteilten Zeitungen seien dementsprechend der Kategorie „Presseerzeugnisse mit außerpublizistischem Herausgabezweck" zuzuordnen,[449] weil sie in erster Linie kommerziellen Interessen dienten. Ihre grundrechtliche Wertigkeit sei daher deutlich geringer zu veranschlagen als die der Tagespresse, die publizistische Ziele verfolge.[450] Presseerzeugnisse werden damit also in zwei Qualitätsklassen eingeordnet.

Überzeugen kann auch dieser Ansatz nicht. Die Unterscheidung von Presseerzeugnissen, wie sie die Postzeitungsverordnung vornimmt, gilt von vornherein nur für den Bereich der Grundrechts*förderung*.[451] Das BVerfG hat ausdrücklich betont, dass der Staat in diesem Bereich einen weiteren Handlungsspielraum erhält als im Bereich der Grundrechtseinschränkung: „Presseorgane, bei denen die Meinungsäußerung und Information außerpublizistischen Geschäftszwecken untergeordnet wird, sind ihrer Intention nach nicht primär auf einen Beitrag zur Meinungsbildung ausgerichtet. Solche Publikationen genießen zwar ebenso wie die übrige Presse die Freiheit von staatlicher Lenkung, haben aber nicht notwendig denselben Anteil an staatlicher Förderung."[452] Es liegt eben kein Verstoß gegen die Neutralitätspflicht des Staates vor, wenn er nicht alle Druckerzeugnisse, die unter den Pressebegriff fallen, unterschiedslos fördert. Hinsichtlich der verfassungsrechtlichen *Abwehr*funktion von Art. 5 Abs. 1 Satz 2 GG erlaubt das Kriterium des Herausgabezwecks aber eben keine Differenzierung.[453] Es darf nun einmal nicht danach unterschieden werden, ob sich der Verleger bevorzugt von eigenem Gewinnstreben leiten lässt oder primär von publizistischen Motiven.[454] Jede staatliche Einflussnahme auf

448 BVerfGE 80, S. 134 f. – Postzeitungsdienst.
449 Vgl. *v. Danwitz*, Gratisvertrieb, S. 90 f.
450 Vgl. *v. Danwitz*, Gratisvertrieb, S. 91.
451 Vgl. BVerfGE 80, S. 135 – Postzeitungsdienst.
452 BVerfGE 80, S. 135 – Postzeitungsdienst.
453 Vgl. BVerfGE 34, S. 283 – Soraya; 80, S. 134 f.; *Wendt*, in: *v. Münch/Kunig*, GG, Bd. I, Art. 5 Rdnr. 31; *Degenhart*, in: *Dolzer/Vogel*, BK, Art. 5 Abs. 1 und 2 Rdnr. 364.
454 Vgl. BGHZ 51, S. 247 – SWB I; *Schulze-Fielitz*, in: *Dreier*, GG, Bd. 1, Art. 5 I, II Rdnr. 94.

die Ausrichtung von Presseerzeugnissen liefe auf eine von der Verfassung missbilligte inhaltliche Zensur hinaus, sobald bestimmten Presseerzeugnissen allein aufgrund ihres Herausgabezwecks der verfassungsrechtliche Schutz von Art. 5 Abs. 1 Satz 2 GG teilweise oder ganz versagt bliebe.[455] Das Individualrecht der Pressefreiheit muss daher auch aus reinen oder überwiegend kommerziellen Motiven herausgegebene Presseerzeugnisse schützen.

c) Art. 5 Abs. 1 Satz 2 GG und die ausschließliche Anzeigenfinanzierung

Der Schutzbereich der Pressefreiheit als Abwehrrecht umfasst neben den redaktionellen, inhaltlichen Tätigkeiten auch die dafür wesentlichen Maßnahmen in wirtschaftlicher Hinsicht.[456] Denn Presseunternehmer „arbeiten nach privatwirtschaftlichen Grundsätzen und in privatrechtlichen Organisationsformen. Sie stehen miteinander in geistiger und wirtschaftlicher Konkurrenz, in die die öffentliche Gewalt grundsätzlich nicht eingreifen darf."[457] Ohne ausreichende finanzielle Mittel kann in einem marktwirtschaftlichen System eine vom Staat unabhängige Presse nicht bestehen.[458] Das Anzeigenwesen ist deshalb für den Verleger traditionell von besonderer wirtschaftlicher Bedeutung.[459] Im Gegensatz zum öffentlich-rechtlichen Rundfunk stehen den Verlegern keine Einnahmen aus Gebühren zu. Die finanziellen Entscheidungen des Presseunternehmers sind dabei untrennbar mit weiteren wirtschaftlichen, aber auch redaktionellen und technischen Entscheidungen verbunden. Zusammen bilden sie die Grundlage für den Verleger, erfolgreich am Meinungsmarkt teilzunehmen. Deshalb fällt auch die „ökonomische Freiheit der Inhaber von Presseunternehmen"[460] unter den subjektiv-rechtlichen Schutzbereich der Pressefreiheit. Mit diesem Argument kann nicht nur der Gratisvertrieb, sondern eben auch sein Pendant, die Anzeigenfinanzierung, als Element der Pressefreiheit verteidigt werden. Es spricht auch aus grundrechtsdogmatischen Gründen nichts gegen die freie Wahl des Verlegers, ob er seine Presseerzeugnisse zu dreißig, siebzig oder zu hundert Prozent aus Anzeigen finanziert; denn prinzipiell verhält sich die Pressefreiheit zum Kostenfaktor neutral:[461] „Die Garantie der Pressefreiheit in Art. 5 Abs. 1 Satz 2 GG unterscheidet nicht danach, ob sich eine Zeitung mit redaktionellem

455 Vgl. BGHZ 51, S. 247 – SWB I.
456 Vgl. *Starck*, in: *v. Mangoldt/Klein/Starck*, Bd. I, GG, Art. 5 Abs. 1, 2 Rdnr. 63.
457 BVerfGE 20, S. 175 – Spiegel.
458 Vgl. BVerfGE 21, S. 280.
459 Vgl. *Ricker*, Anzeigenwesen und Pressefreiheit, S. 11 ff.
460 *Passauer*, Anzeigenblätter und ihre Auswirkungen im Wettbewerb, S. 289.
461 Vgl. *Schmitt Glaeser*, Anzeigenblatt und Pressefreiheit, NJW 1971, S. 2015.

Textteil allein durch Anzeigen oder daneben auch dadurch finanziert, dass der Leser für den Erwerb ein Entgelt bezahlen muss."[462]

Diesem Standpunkt ist zuzustimmen. Art. 5 Abs. 1 Satz 2 GG muss alle Arten von Anzeigenblättern gerade auch in ihrer Unentgeltlichkeit schützen. Denn dieses Merkmal ist in der Regel das ausschlaggebende Argument für die Leser, überhaupt Anzeigenblätter zu lesen.[463] Reine und klassische Anzeigenblätter könnten sich schon aufgrund ihres geringen redaktionellen Teils unmöglich auf dem Pressemarkt halten, wenn sie entgeltlich vertrieben werden würden. Dasselbe würde auch auf die klassischen Anzeigenblätter mit publizistischer Leistung zutreffen, die kein vollwertiges Substitut für Lokalzeitungen darstellen. Die publizistische Wirkung von Presseerzeugnissen darf aber nicht durch den Zwang verhindert werden, sie entgeltlich an die Leser zu verkaufen. Deshalb schützt auch aus diesem Grund Art. 5 Abs. 1 Satz 2 GG die Freiheit des Anzeigenblattverlegers, reine, klassische oder vollwertige Anzeigenblätter vollständig durch Anzeigen zu finanzieren.

d) Art. 5 Abs. 1 Satz 2 GG und der Inhalt von Anzeigenblättern

Anzeigenblätter fallen in den Schutzbereich von Art. 5 Abs. 1 Satz 2 GG auch unter dem Aspekt, dass sie inhaltlich entweder überwiegend oder sogar ausschließlich aus Anzeigen bestehen,[464] schließlich schützt die Pressefreiheit auch Inserate.[465] Grundlage dieser Auffassung ist, dass Anzeigen selbst Nachrichten sind.[466] Sie informieren die Leser über ihre Produkte und Dienstleistungen, um sie zum Kauf zu animieren; es gehört zu den typischen Aufgaben der Presse, dass sie „ihren Lesern Anzeigen [...] ohne eigene Stellungnahme zur Kenntnis bringt und die Leser auf diese Weise über die in den Anzeigen enthaltenen wirtschaftlichen Möglichkeiten oder die in ihnen zum Ausdruck gebrachten Meinungen informiert."[467] Der Anzeigenteil gibt also Aufschluss über die kulturelle, wirtschaftliche und politische Situation im Bereich des Verbreitungsgebiets einer

462 BGH, WRP 2004, S. 748 – Zeitung zum Sonntag; bestätigt ebenfalls: BGH, AfP 2010, S. 242 f. – Stumme Verkäufer II; vgl. auch *Schmitt Glaeser*, Anzeigenblatt und Pressefreiheit, NJW 1971, S. 2015.

463 Vgl. Kap. 1 B IV.

464 Vgl. BGHZ 116, S. 54 – Amtsanzeiger; BVerfG, NJW 1986, S. 1743; *Bullinger*, in: HbdStR VII, § 163 Rdnr. 14; *Ricker*, Anzeigenblätter, in: *Schiwy/Schütz*, Medienrecht, S. 14.

465 Vgl. BVerfGE 21, S. 278 f.; 64, S. 114–Zeugnisverweigerungsrecht; *Ricker*, Anzeigenwesen und Pressefreiheit, S. 34 f.

466 Vgl. *Schmidt-Bleibtreu/Klein*, GG, Art. 5 Rdnr. 12.

467 BVerfGE 64, S. 114.

Zeitung.[468] Deshalb versuchen selbst Diktaturen auf den Anzeigenteil Einfluss zu nehmen.[469] Denn wenn Anzeigen als Nachrichten verstanden werden, dann ist selbst ein reines Anzeigenblatt ein Nachrichtenblatt, das gesellschaftliche Gegebenheiten dokumentiert. Anzeigen gelten damit zu Recht als verkörperte Aussagen und Nachrichten und müssen deshalb konsequenterweise auch über die Pressefreiheit geschützt werden.[470]

Anzeigen können im Einzelfall auch wesentliche Fragen der Allgemeinheit berühren, indem sie wirtschaftliche, politische, soziale und kulturelle Probleme thematisieren, denen innerhalb der öffentlichen Diskussion ein erheblicher Stellenwert zukommen kann.[471] So hat beispielsweise die „Schockwerbungskampagne" der Firma Benetton dazu beigetragen, Missstände und Skandale anzuprangern. Dazu bildete Benetton in Anzeigen etwa ein nacktes Gesäß ab, auf das die Worte „H.I.V. POSITIVE" gestempelt waren. Ein anderes Anzeigenmotiv zeigte eine ölverschmutzte Ente, ein weiteres Plakat bildete schwer arbeitende Kinder unterschiedlichen Alters in der Dritten Welt ab. Das BVerfG stellte dazu fest, dass eine „Thematisierung gesellschaftlicher Probleme in Werbeanzeigen [...] zwar unüblich" sei und „durch den Zusammenhang mit dem Unternehmensgegenstand der Firma Benetton in der Tat befremdlich wirken [kann]. Doch wird dadurch auch für den unbefangenen Betrachter die Ernsthaftigkeit der Botschaft nicht in Frage gestellt."[472] Gerade auch Werbeanzeigen greifen also wirtschaftliche, (gesellschafts-)politische und kulturelle Fragen auf und dürfen deswegen nicht sanktioniert werden; denn das „kann angesichts der besonders schützenswerten Interessen an der Thematisierung gesellschaftlicher Probleme, kein mit der Meinungs- und der Pressefreiheit vereinbarendes Ergebnis sein."[473]

Für den verfassungsrechtlichen Schutz der Pressefreiheit ist es zudem irrelevant, ob der (redaktionelle) Inhalt eines Presseerzeugnisses „wertvoll" oder „wertlos",[474] „seriös" oder „unseriös"[475] ist.[476] Der BGH hat zu Anzeigenblättern

---

468 Vgl. *Schwade*, WRP 1985, S. 249; *Ricker*, Anzeigenwesen und Pressefreiheit, S. 34.

469 Vgl. BVerfGE 21, S. 279.

470 Vgl. *Bullinger*, in: HbdStR VII, § 163 Rdnr. 14; *Schulze-Fielitz*, in: *Dreier*, GG, Bd. I, Art. 5 I, II Rdnr. 94; BVerfGE 21, S. 279.

471 Vgl. BVerfGE 30, S. 352 f. – Sonnenfreunde. (Die Verfolgung kommerzieller Interessen steht der Annahme einer Meinungsäußerung nicht entgegen.).

472 BVerfGE 102, S. 366 – Benetton I.

473 BVerfG, NJW 2003, S. 1305 – Benetton II.

474 Vgl. BVerfGE 34, S. 283 – Soraya; *Herzog*, in: *Maunz/Dürig*, GG, Art. 5 I, II Rdnr. 128.

475 Vgl. BVerfGE 101, S. 389 f.

476 Vgl. *Hesse*, Verfassungsrecht, § 12 Rdnr. 394.

bereits in der SWB I-Entscheidung ausdrücklich festgehalten, dass es keine Rolle spiele, ob der Inhalt mehr oder weniger meinungsbildend erscheine.[477] Zutreffend stellte auch das BVerfG – wenn auch zur Rundfunkfreiheit – fest: „Eine „Beschränkung [des Schutzes aus Art. 5 Abs. 1] auf ‚seriöse', einem anerkennenswerten privaten oder öffentlichen Interesse dienende Produktion liefe am Ende auf eine Bewertung und Lenkung durch staatliche Stellen hinaus, die dem Wesen dieses Grundrechts gerade widersprechen würde."[478] Die Wertneutralität der Meinungs- und Pressefreiheit in Art. 5 Abs. 1 GG ist damit gleichzeitig Ausdruck des formalen Schutzes aller Gedankeninhalte.[479] Er schließt auch „wertlose" oder „unseriöse" redaktionelle Inhalte sowie Anzeigen ein.

2. Art. 12 GG und Art. 14 GG

Das Verbot des Gratisvertriebs von Anzeigenblättern könnte nicht nur in die durch Art. 5 Abs. 1 Satz 2 GG gewährleistete Pressefreiheit des Anzeigenblattverlegers eingreifen, sondern auch in dessen Berufsfreiheit aus Art. 12 GG.[480] Wird der Vertrieb des Anzeigenblatts aus wettbewerbsrechtlichen Gründen untersagt, kommt das einem Berufsausübungsverbot gleich.[481] Außerdem könnte sich der Verleger auf Art. 14 Abs. 1 GG berufen, sobald das Verbot des Gratisvertriebs das Recht am eingerichteten und ausgeübten Gewerbebetrieb berührt, schließlich würde der Anzeigenblattverleger ein erfolgreiches Geschäftskonzept verlieren, über das er mit wirtschaftlichen Gewinn Inserenten und Anzeigen akquirieren kann.[482] Es ist nun also zu betrachten, ob sich tatsächlich auf die Berufsfreiheit aus Art. 12 GG und die Eigentumsfreiheit aus Art. 14 GG verweisen lässt, und wenn ja, wie das Verhältnis der dann einschlägigen Grundrechte aufzulösen ist.

Während Art. 12 GG den Erwerb, die Betätigung selbst schützt und damit erkennbar auch den Vertrieb von Anzeigenblättern als eine auf gewisse Dauer angelegte, zur Schaffung und Erhaltung einer Lebensgrundlage dienenden Tätigkeit, die nicht völlig sozial- oder gemeinschaftsschädlich ist,[483] erstreckt sich der verfassungsrechtliche Schutz des Art. 14 GG auf das bereits Erworbene, die Ergebnisse geleisteter Arbeit.[484] Das in Art. 14 Abs. 1 GG verbürgte Recht umfasst

---

477 Vgl. BGHZ 51, S. 246 – SWB I.

478 BVerfGE 35, S. 222 – Lebach.

479 Vgl. *Wendt*, in: *v. Münch/Kunig*, GG, Art. 5 Rdnr. 32.

480 Vgl. *Degen*, Pressefreiheit, Berufsfreiheit, Eigentumsfreiheit, S. 298.

481 Vgl. *Krüger*, AfP 2000, S. 259.

482 Vgl. *Bethge*, in: *Sachs*, GG, Art. 5 Rdnr. 89 a.

483 Vgl. *Pieroth/Schlink*, Grundrechte Staatsrecht II, § 21 Rdn. 879 ff.

484 Vgl. BVerfGE 84, S. 157; 88, S. 377.

die einen wirtschaftlichen Betrieb bildende Sach- und Rechtsgesamtheit, also die gesamte Erscheinungsform und den Tätigkeitskreis, die geschäftlichen Verbindungen und Beziehungen, den Kundenstamm, kurz, „was in seiner Gesamtheit den Wert des konkreten Gewerbebetriebs ausmacht".[485] Gewährleistet sind außerdem „die autonome Bestimmung über die Nutzung des Eigentumsrechts, die Aneignung des mit seiner Hilfe erzeugten Produkts oder erzielten Ertrags sowie die Verfügung über das Eigentumsrecht, soweit dieses sie nach seiner spezifischen Eigenart erlaubt".[486] Nur über die Gewährleistung der Eigentumspositionen kann der Unternehmer seine wirtschaftliche Funktionsfähigkeit voll entfalten.[487] Das heißt: Wenn der Anzeigenblattverleger seine Blätter nicht mehr unentgeltlich verteilen darf, dann berührt das nicht nur seine gewerblichen Tätigkeiten, die durch Art. 12 GG geschützt sind, sondern auch den Verlag als die wirtschaftliche Betriebsgrundlage und damit die Eigentumsgarantie aus Art. 14 GG. Der Verleger wäre gezwungen, seine Pressetätigkeit einzustellen oder aber seine Presseerzeugnisse ebenfalls entgeltlich anzubieten, worauf der Verlag aber nicht ausgelegt ist.[488] Er würde dann seiner Marktnische auf einem gefestigten Pressemarkt beraubt sowie der Anzeigenkunden, die hauptsächlich von der vollständigen Haushaltsabdeckung der Blätter in einem Verbreitungsgebiet profitieren wollen. Ein Verbot des Gratisvertriebs griffe also sowohl in den Schutzbereich von Art. 12 GG als auch Art. 14 GG ein.

3. Das Verhältnis von Art. 5 Abs. 1 Satz 2 GG zu Art. 12 GG und 14 GG

Sind Presse-, Berufs- und Eigentumsfreiheit vom Grundsatz her einschlägig, stellen sich im Anschluss die Fragen, wie die Grundrechte zueinander im Verhältnis stehen und wie die unterschiedlichen Grundrechte für den vorliegenden Fall zur Anwendung kommen sollen. Es wird die Ansicht vertreten, dass Art. 5 Abs. 1 Satz 2 GG die spezielle Vorschrift, also lex specialis ist, wenn es um die wirtschaftliche Betätigung der Presse geht.[489] Aus der privatwirtschaftlichen Pressestruktur ergäbe sich, dass „die verlegerische Wirtschaftsfreiheit in voller Disposition über den Grundrechtsschutz der Art. 12, 14 und 2 Abs. 1 GG zugleich den spezifischen und höheren Schutz des Art. 5 Abs. 1 GG genießt,

485 Vgl. BGHZ 23, S. 163.
486 *Wendt*, in: *Sachs*, GG, Art. 14 Rdnr. 41.
487 Vgl. *Wendt*, in: *Sachs*, GG, Art. 14 Rdnr. 42.
488 Vgl. *Krüger*, AfP 2000, S. 259.
489 Vgl. *Degenhart*, in: *Dolzer/Vogel*, BK, Art. 5 Abs. 1 und 2 Rdnr. 942 f.; *Ipsen*, Presse-Grosso im Verfassungsrahmen, S. 33.

mithin jede nach Art. 5 Abs. 2 GG zulässige allgemeine, ihn berührende Schrankengesetzgebung dieser spezifischen Eingrenzung unterliegt."[490] Das Verbot des Gratisvertriebs als wirtschaftliche Maßnahme des Anzeigenblattverlegers würde demnach allein an Art. 5 Abs. 1 Satz 2 GG gemessen werden. Dagegen spricht allerdings, dass der Wortlaut von Art. 12 Abs. 1 GG als auch von Art. 14 Abs. 1 GG nicht zulässt, dass die Vorschriften von vornherein Presseberufe oder eingerichtete und ausgeübte Pressebetriebe vom Schutzbereich ausschließen.[491] Vielmehr ist zu beachten, dass der Verleger dem kommunikationsrechtlichen *und* dem unternehmens- bzw. wirtschaftsrechtlichen Lebensbereich angehört, in denen er durch unterschiedliche Grundrechte in seiner Freiheit geschützt ist.[492] Diese unterschiedlichen Schutzbereiche lassen sich nicht scharf voneinander trennen. Das darf allerdings nicht zur Folge haben, dass ein Grundrecht von vornherein von einem anderen abstrakt verdrängt wird.[493] Es ist nicht erkennbar, dass das Grundrecht der Pressefreiheit die Dimensionen der Berufs- und Eigentumsfreiheit für Pressetätige vollkommen auszuschöpfen vermag.[494] Würde Art. 5 Abs. 1 Satz 2 GG grundsätzlich Art. 12 und Art. 14 GG als lex specialis verdrängen, widerspräche dies dem Prinzip, dass jedes Grundrecht und dessen Wesensgehalt möglichst effektiv zur Geltung gebracht werden muss.[495] Wenn das Verbot des Gratisvertriebs die Schutzbereiche mehrerer Grundrechte berührt, dann liegt Idealkonkurrenz zwischen den einschlägigen Vorschriften vor.[496]

Nimmt man Idealkonkurrenz zwischen der Presse-, Berufs- und Eigentumsfreiheit an, ist die Norm maßgeblich, die im jeweiligen Einzelfall „in erster Linie" anwendbar ist.[497] Dieser Grundsatz wirkt sich in der vorliegenden Konstellation zugunsten der Pressefreiheit als einschlägiges Grundrecht aus. Die Untersagung eines Anzeigenblatts greift sowohl in die wirtschaftliche Dimension der Pressefreiheit des Verlegers ein, weil er sein Vertriebskonzept und damit die geschäftliche Idee verliert, als auch in seine publizistische, weil die Verteilung von Presseerzeugnissen *die* Voraussetzung für den Presseunternehmer ist, um beim

490 *Ipsen*, Presse-Grosso im Verfassungsrahmen, S. 33.

491 Vgl. *Herzog*, in: *Maunz/Dürig*, GG, Art. 5 Abs. I, II Rdnr. 143.

492 Vgl. *Scholz*, Pressefreiheit und Arbeitsverfassung, S. 99.

493 Vgl. *Stern*, Staatsrecht III/2, S. 1382 f.

494 Vgl. *Scholz*, Pressefreiheit und Arbeitsverfassung, S. 98 Fn. 26; a. A. *Schneider, P.*, Pressefreiheit und Staatssicherheit, S. 69 ff.

495 Vgl. BVerfGE 7, S. 208 – Lüth.

496 Vgl. *Schulze-Fielitz*, in: *Dreier*, GG, Bd. I, Art. 5 I, II Rdnr. 318.

497 Vgl. BVerfGE 36, S. 330; *Stern*, Das Staatsrecht der Bundesrepublik Deutschland, Bd. III/2, S. 1407 f.

Leser Wirkung zu erzielen. Da der Schutzbereich von Art. 12 GG und Art. 14 GG allein die wirtschaftliche Dimension der unentgeltlichen Verteilung von Presseerzeugnissen umfasst, der Schutzbereich der Pressefreiheit aber die wirtschaftliche und die publizistische, ist Art. 5 Abs. 1 Satz 2 GG durch ein wettbewerbsrechtliches Verbot am meisten betroffen.[498] Es trifft nicht nur ins Zentrum des Schutzbereichs von Art. 5 Abs. 1 Satz 2 GG, sondern berührt auch die wirtschaftliche Dimension der Pressefreiheit; sie überlagert also in der vorliegenden Konstellation die Berufs- und Eigentumsfreiheit.[499] Der Freiheitsgehalt der Garantie der Berufsfreiheit und Eigentumsgarantie ist jedoch im Hinblick auf die Presseberufe in Art. 5 Abs. 1 Satz 2 GG mit enthalten.[500]

4. Ergebnis zu den einschlägigen Grundrechten

Die Pressetätigkeit des Anzeigenblattverlegers fällt trotz des Gratisvertriebs, der ausschließlichen Anzeigenfinanzierung, des vorwiegend kommerziellen Herausgabezwecks sowie des Verhältnisses zwischen redaktionellem Text und Anzeigenteil in den Schutzbereich des Art. 5 Abs. 1 Satz 2 GG. Außerdem fällt die unentgeltliche Verteilung von Anzeigenblättern in den Schutzbereich der Berufsfreiheit aus Art. 12 Abs. 1 GG und der Eigentumsfreiheit aus 14 Abs. 1 GG. Zwischen den einschlägigen Grundrechten besteht in der vorliegenden Konstellation Idealkonkurrenz. Das Schwergewicht des Eingriffs liegt bei einem wettbewerbsrechtlich begründeten Verbot eines Anzeigenblatts allerdings auf Art. 5 Abs. 1 Satz 2 GG. Es ist deshalb für die weitere Prüfung auch allein auf das Grundrecht der Pressefreiheit abzustellen.

II. Die objektiv-rechtliche Dimension der Pressefreiheit

Aufgrund der fundamentalen Bedeutung, die dem Bestand und der Existenzfähigkeit einer freien Presse im demokratischen Staat zukommt, ist die Freiheit der Presse nicht nur als Abwehrgrundrecht, sondern auch als Institution geschützt.[501] Die Pressefreiheit besitzt darin eine objektiv-rechtliche Dimension, die „als verfassungsrechtliche Grundentscheidung für alle Bereiche des Rechts“ gilt.[502] Der Gratisvertrieb von Anzeigenblättern könnte dazu führen, dass nicht einzelne

498 Vgl. *Wendt*, in: AöR 104 (1979), S. 444.

499 Vgl. *Degenhart*, in: *Dolzer/Vogel*, BK, Art. 5 Abs. 1 und 2 Rdnr. 943 f.

500 Vgl. *Starck*, in: *v. Mangoldt/Klein/Starck*, Bd. I, GG, Art. 5 Abs. 1, 2 Rdnr. 285 (bezieht sich nur auf das Verhältnis von Art. 5 und Art. 12 GG).

501 Vgl. *Stammler*, AfP 1987, S. 660.

502 BVerfGE 7, S. 204 f. – Lüth.

Wettbewerber, sondern der Bestand und die Funktion einer freien Presse und damit auch die Interessen der Allgemeinheit gefährdet werden.[503]

Es ist nun zu untersuchen, was unter der objektiv-rechtlichen Dimension der Pressefreiheit genau zu verstehen ist. Dabei soll zunächst die besondere Stellung der Presse in Staat und Gesellschaft beleuchtet werden. Anschließend wird der Bestands- und Funktionsschutz der Presse und der Schutz des Pressewettwerbers betrachtet werden. Im dritten Schritt soll herausgearbeitet werden, wie das Verhältnis der beiden Dimensionen der Pressefreiheit zu bewerten ist.

1. Die „öffentliche Aufgabe" der Presse

Im demokratischen Staat erfüllt die Presse die wichtige Funktion, die Bürger zu unterrichten und sie in die Lage zu versetzen, die staatsbürgerlichen Rechte auszuüben.[504] Nach der Rechtsprechung des Bundesverfassungsgerichts kommt ihr daher eine konstitutive Bedeutung für die Demokratie zu.[505] Mit dem Begriff der „öffentlichen Aufgabe" beschreibt das Bundesverfassungsgericht die Bedeutung der Presse und ihre Funktion im Rahmen einer freiheitlichen Demokratie:[506] Die Presse hält die öffentliche Meinungsbildung in Gang, indem sie Informationen beschafft, verbreitet und dazu Stellung nimmt. In ihr artikuliert sich die öffentliche Meinung. Die Vielfalt der Argumente in einer pluralistischen Gesellschaft wird in Rede und Gegenrede dargestellt und diskutiert. Dadurch tragen sie zur Meinungsbildung und letztlich zur Wahlentscheidung der Bürger bei. In der repräsentativen Demokratie stellt die Presse zugleich ein „Verbindungs- und Kontrollorgan zwischen Volk und den gewählten Vertretern in Parlament und Regierung" dar.[507]

Die „öffentliche Aufgabe" der Presse wird auch in den Landespressegesetzen definiert.[508] Danach übt die Presse ihre „öffentlichen Aufgabe" aus, wenn sie 1. Nachrichten schafft und verbreitet, 2. Stellung nimmt und Kritik übt, 3. an der Bildung der öffentlichen Meinung mitwirkt oder 4. der Bildung dient. Trotz der beiden Definitionen des Bundesverfassungsgerichts und der Landespressegesetze hat der mehrdeutige Begriff „öffentlich" zu unterschiedlichen Interpretationen

---

503 Vgl. Kap. 3 D II 1d.
504 Vgl. *Herzog*, in: *Maunz/Dürig*, GG, Art. 5 Abs. 1 und 2 Rdnr. 119 f.
505 Vgl. BVerfGE 10, S. 121.
506 Vgl. BVerfGE 20, S. 174 f. – Spiegel; *Degenhart*, GG, Art. 5 Abs. 1 und 2 Rdnr. 354.
507 BVerfGE 20, S. 175 – Spiegel.
508 Vgl. *Bullinger*, in: *Löffler*, Presserecht, § 3 LPG Rdnr. 17.

der „öffentlichen Aufgabe" der Presse geführt.[509] Mittlerweile hat sich die funktionale Interpretation in der Literatur als herrschende Auffassung durchgesetzt.[510] Sie setzt die öffentliche Aufgabe der Presse mit ihrer Funktion gleich, einen öffentlichen Meinungsmarkt herzustellen.[511] Gleichzeitig lehnt sie es ab, die Pressefreiheit durch die öffentliche Aufgabe einzuschränken.[512] Diese Auffassung deckt sich mit der Rechtsprechung des Bundesverfassungsgerichts. Das höchstrichterliche Gericht hatte den Begriff „öffentliche Aufgabe" im Spiegel-Urteil bewusst in Anführungszeichen gesetzt, um hervorzuheben, dass es sich hierbei um keine staatliche Aufgabe handelt.[513] In diesem Sinne ist auch die Bezeichnung der Presse als „Vierte Gewalt" zu verstehen.[514] Öffentliche Aufgaben werden nur dann zu staatlichen, wenn der Staat „die betreffenden Aufgaben durch *staatliche* Behörden nach staatlicher Normierung erfüllen" oder „durch einen von ihm irgendwie abhängigen Rechtsträger erledigen läßt."[515] So wichtig die Aufgaben der Presse für eine freiheitlich-demokratische Ordnung sind, „so wenig kann diese von der organisierten staatlichen Gewalt erfüllt werden. Presseunternehmen müssen sich im gesellschaftlichen Raum frei bilden können."[516] Ihrer herausragenden Bedeutung im staatlichen wie auch im gesellschaftlichen Bereich entspricht daher auch die objektiv-rechtliche Gewährleistung des Staates für ein freies Pressewesen.

2. Der Bestands- und Funktionsschutz der Presse

Das Grundrecht aus Art. 5 Abs. 1 Satz 2 GG wird neben seiner klassischen Funktion als subjektives Abwehrrecht des Einzelnen gegen den Staat durch den objektiv-rechtlichen Gehalt der Pressefreiheit inhaltlich zusätzlich aufgeladen.[517]

---

509 Vgl. *Ricker*, in: *Löffler/Ricker*, Handbuch des Presserechts, 3. Kap. Rdnr. 4–27; *Starck*; in: *v. Mangoldt/Klein/Starck*, GG, Bd. I, Art. 5 Abs. 1, 2 Rdnr. 74.

510 Vgl. *Mallmann*, JZ 1966, S. 629; *Bullinger*, in: *Löffler*, Presserecht, § 3 LPG Rdnr. 21, 28; *Ricker*, in: *Löffler/Ricker*, Handbuch des Presserechts, 3. Kap. Rdnr. 19 ff.; *Ossenbühl*, JZ 1995, S. 636; *Paschke*, Medienrecht, § 4 Rdnr. 212; *Ricker*, Freiheit und Aufgabe der Presse, S. 27 ff.; *Groß*, DVP 1993, S. 91 f.; *Starck*; in: *v. Mangoldt/Klein/Starck*, GG, Bd. I, Art. 5 Abs. 1, 2 Rdnr. 74 f.

511 Vgl. *Ricker*, in: *Löffler/Ricker*, Handbuch des Presserechts, 3. Kap. Rdnr. 26.

512 Vgl. *Faller*, AfP 1981, S. 437; *Degenhart*, in: *Dolzer/Vogel*, BK, Art. 5 Abs. 1 und 2 Rdnr. 354.

513 Vgl. BVerfGE 20, S. 175 – Spiegel; Starck, in: *v. Mangoldt/Klein/Starck*, GG, Bd. I, Art. 5 Abs. 1, 2 Rdnr. 75.

514 Vgl. *Groß*, Presserecht, AT Rdnr. 36.

515 *Peters*, Öffentliche und staatliche Aufgaben, in: FS *H. C. Nipperdey*, Bd. II, S. 878 f.

516 Vgl. BVerfGE 20, S. 175 – Spiegel.

517 Vgl. *Ricker*, in: *Löffler/Ricker*, Handbuch des Presserechts, 3. Kap. Rdnr. 1.

Aus der objektiv-rechtlichen Dimension der Pressefreiheit ergibt sich auch die Verpflichtung des Staats, das Institut „Freie Presse" zu schützen.[518] Das wäre beispielsweise der Fall, wenn der Gratisvertrieb von Anzeigenblättern dazu führen würde, dass die Presse ihrer öffentlichen Aufgabe nicht mehr ausreichend nachkommen könnte. Unklar ist jedoch, was unter dem Schutz der Institution freie Presse zu verstehen ist.

Es wird die Auffassung vertreten, Art. 5 Abs. 1 Satz 2 GG eine Institutsgarantie der Presse enthalte, wie sie die Lehre der Einrichtungsgarantien aus der Zeit der Weimarer Republik begründete.[519] Die Funktion einer Einrichtungsgarantie haben Grundrechte dann, sobald sie den Staat zur Erhaltung bestimmter Rechtsinstitute (Einrichtungen) verpflichten.[520] Das Objekt einer Einrichtungsgarantie ist dabei immer eine Rechtseinrichtung: Es muss ein reiner Normenkomplex vorliegen, das heißt eine vom Recht geformte Figur – ein Institut – oder ein Rechtsgebilde, das zusätzlich durch tatsächliches Wirken geschaffen ist, eine Institution.[521] Einrichtungsgarantien lassen sich dabei in institutionelle Garantien und Institutsgarantien unterteilen. Unter institutionellen Garantien versteht man die Verbürgung des Instituts einer öffentlichen Einrichtung (z.B. das Berufsbeamtentum), unter der Institutsgarantie dagegen die Verbürgung eines Instituts des Privatrechts (z.B. die Ehe und das Eigentum).[522]

Die Presse auf diese Weise zu kategorisieren, bereitet allerdings Schwierigkeiten. Weder die gesamten Printmedien noch der öffentliche Meinungsbildungsprozess sind Bestandteile der öffentlichen Ordnung, um als Rechtsinstitut des öffentlichen Rechts gelten zu können.[523] Die Presse zeichnet sich im Gegenteil durch ihre Wesensverschiedenheit und kritische Distanz zum Staat aus, die sie nur frei im gesellschaftlichen Raum wahrnehmen kann.[524] Auf der anderen Seite soll die Presse aber auch aufgrund ihrer Bedeutung für Gesellschaft und Demokratie Bestandsschutz genießen.[525] Der Begriff der privatrechtsbezogenen Institutsgarantie ist daher

518 Vgl. BVerfGE 10, S. 121; 20, S. 175 – Spiegel.

519 Vgl. *Bethge*, in: *Sachs*, GG, Art. 5 Rdnr. 72; *Streinz*, AfP 1997, S. 861; *Wolff*, Reichsverfassung und Eigentum, in: Kahl-Festgabe, S. 5; *Schmitt, C.*, Verfassungslehre, S. 170 ff.

520 Vgl. *Frotscher*, JuS 1994, L 68.

521 Vgl. *Lenz*, JZ 1963, S. 345.

522 Vgl. *Pieroth/Schlink*, Grundrechte Staatsrecht II, § 4 Rdnr. 88 ff.

523 Vgl. *Degenhart*, in: *Dolzer/Vogel*, BK, Art. 5 Abs. 1 und 2 Rdnr. 58 f.

524 Vgl. BVerfGE 20, S. 175 – Spiegel.

525 Vgl. BVerfGE 10, S. 121; 20, S. 175 – Spiegel.

ebenfalls nicht passgenau.[526] Darüber hinaus erhält die Pressefreiheit „ihren Inhalt nicht aus irgendwelchen Gesetzen und nicht nach Maßgaben von Gesetzen“[527], sondern ist ein dem Staat vorgelagerter „gesellschaftlicher Befund“[528]. Dieses in sich gegliederte, staatsunabhängige Sozialgebilde wird durch das Grundrecht der Pressefreiheit geschützt, muss jedoch nicht erst durch die Rechtsordnung begründet werden.[529] Die „öffentliche Aufgabe der Presse“ ist entsprechend ebenfalls ein Faktum, das die Rechtsordnung nicht schafft, sondern nutzt und anerkennt.[530] Die Institution freie Presse impliziert daher keine Institutsgarantie bzw. institutionelle Garantie im klassischen Sinne.[531]

Diese Ambivalenz findet sich auch in der Rechtsprechung des Bundesverfassungsgerichts wieder: Der objektiv-rechtliche Gehalt von Art. 5 GG sichere „die Eigenständigkeit der Presse“, denn nur aus dem Zusammenspiel aller Pressetätigkeiten der einzelnen Grundrechtsträger ergebe sich die herausragende Bedeutung und Funktion der Medien, selbst Faktor und Motor der öffentlichen Meinung zu sein.[532] Der Pressefreiheit komme demnach eine „dienende Funktion“ bei der Gewährleistung einer freien individuellen und öffentlichen Meinungsbildung im Sinne einer umfassenden Vermittlung von Information und Meinung zu.[533] Institutionelle Sicherung der Presse heißt für den Staat dabei nicht nur den Bestand, sondern auch die Funktionsfähigkeit der Presse als unabhängige Kontrollinstanz zu erhalten.[534] Das BVerfG führt dazu zutreffend aus, dass der „Schutz von Art. 5 Abs. 1 Satz 2 GG [sich] vor allem auf die Voraussetzungen [bezieht], die gegeben sein müssen, damit die Presse ihre Aufgabe im Kommunikationsprozeß erfüllen kann,“[535] also auf die institutionell-organisatorischen Rahmenbedingungen oder auch Strukturprinzipien der Presse.[536] Damit ist die Presse nicht nur aufgrund ihrer Funktion in einer freiheitlichen Ordnung in ihrem Bestand geschützt, sondern sie ist auch *in* dieser Funktion geschützt.[537]

---

526 Vgl. *Fiebig*, AfP 1995, S. 460.

527 *Berst*, AfP 1999, S. 428.

528 *Pieroth/Schlink*, Grundrechte, Staatsrecht II, § 4 Rdnr. 90.

529 Vgl. BVerfGE 20, S. 175 f. – Spiegel.

530 Vgl. *Starck*; in: *v. Mangoldt/Klein/Starck*, GG, Bd. I, Art. 5 Abs. 1, 2 Rdnr. 75; BVerfGE 54, S. 219 („verfassungsrechtlich vorausgesetzte Aufgabe“).

531 Vgl. *Streinz*, AfP 1997, S. 862 f.

532 Vgl. BVerfGE 20, S. 174 f. – Spiegel.

533 Vgl. BVerfGE 73, S. 152; 57, S. 319.

534 Vgl. *Faller*, AfP 1981, S. 433.

535 BVerfGE 85, S. 12.

536 Vgl. BVerfGE 85, S. 12 f.; *Bethge*, in: *Sachs*, Art. 5 Rdnr. 72.

537 Vgl. *Degenhart*, AfP 1986, S. 649.

Der Bestandsschutz für die Presse ist also auf die Erhaltung ihrer Funktionsfähigkeit gerichtet,[538] womit das Institut freie Presse nicht nur Bestands-, sondern auch Funktionsgarantie genießt.[539] Würde also der Gratisvertrieb von Anzeigenblättern den Bestand oder die Funktion der Presse gefährden, dann wäre der Staat verpflichtet, das Abwehrrecht der Anzeigenblattverleger zugunsten eines freien Pressewesens zu beschränken.

3. *Der Schutz des Pressewettbewerbs*

Die Funktion als „vierte Gewalt“ kann die Presse nur als staatsunabhängige Einrichtung wahrnehmen.[540] „Presseunternehmen müssen sich im gesellschaftlichen Raum frei bilden können. Sie arbeiten nach privatwirtschaftlichen Grundsätzen und in privatrechtlichen Organisationsformen.“[541] Diese Struktur hatte die Verfassung in der historisch gewachsenen Presselandschaft bereits als gegeben vorgefunden.[542] Sie bietet, zumindest theoretisch, jedem Bürger die Chance, am Pressewettbewerb teilzunehmen, um sich publizistisch und wirtschaftlich durchzusetzen;[543] dabei geht jeder Pressetätige aber auch das Risiko ein, von der Konkurrenz verdrängt zu werden.[544] Die Pressefreiheit impliziert also den publizistischen und wirtschaftlichen Wettbewerb, der auch die Suche nach verbesserten oder neuen Produkten und Vertriebsformen als innovatives Element einschließt.[545] Wesenselemente dieser wirtschaftlich-wettbewerbsrechtlichen Ordnung sind die Gründungsfreiheit[546] und die Privatautonomie einschließlich der Tendenzautonomie[547] der Verleger.

Nur die in der Privatautonomie enthaltene Freiheit zur „Unausgewogenheit“ und zur „Tendenz“ macht es eben möglich, dass Themen öffentlich kontrovers

538 Vgl. *Kübler*, AfP 1988, S. 320; *Stammler*, AfP 1987, S. 660 (möchte sogar den Begriff „Bestandsschutz“ durch „Funktionsgarantie“ ersetzen).

539 Vgl. *Bullinger*, AöR 108 (1983), S. 184; *Gounalakis/Rhode*, AfP 2000, S. 326.

540 Vgl. *Streinz*, AfP 1997, S. 869; BVerfGE 20, S. 175 – Spiegel.

541 BVerfGE 20, S. 175 – Spiegel.

542 Vgl. *Degenhart*, in: *Dolzer/Vogel*, BK, Art. 5 Abs. 1 und 2 Rdnr. 438.

543 Vgl. *Ricker*, in: *Löffler/Ricker*, Handbuch des Presserechts, 6. Kap. Rdnr. 10; *Degenhart*, in: *Dolzer/Vogel*, BK, Art. 5 Rdnr. 441 ff.

544 Vgl. BGHZ 51, S. 242 – SWBl; BGH, GRUR 1990, S. 45 – Annoncen-Avis; NJW 2004, S. 2085 – 20 Minuten Köln.

545 Vgl. *Köhler*, WRP 1998, S. 461; *Bullinger*, in: HbdStR VII, § 163 Rdnr. 52.

546 Vgl. BVerfGE 20, S. 175 f.

547 Vgl. BVerfGE 52, S. 296.

behandelt werden.[548] Da diese Funktion die privatwirtschaftliche Struktur des Pressewesens voraussetzt, „weil nur diese die verfassungsgebotene *Staatsfreiheit* […] garantieren kann, muß die privatwirtschaftliche Struktur selbst auch verfassungsrechtlich garantiert sein“.[549] Nur so ist der Pressemarkt im Rahmen allgemeiner Marktentwicklungen auch in Zukunft grundsätzlich in der Lage, ein vielfältiges Angebot an Printmedien bereit zu halten und dadurch auch den Informationsbedarf einer pluralistischen Gesellschaft zu decken.[550] Der Staat vertraut dabei auf die regulative Kraft einer marktwirtschaftlichen Ordnung und damit auf die Antriebs- und Steuerungsfunktion des Wettbewerbs.[551] Die Bestands- und Funktionsgarantie der Presse ist damit gerade auch eine für den Presse*wettbewerb*. Der Anzeigenblattverleger nimmt mit seinem Presseerzeugnis am Pressewettbewerb in Konkurrenz zu den entgeltlichen Presseerzeugnissen teil. Der Gratisvertrieb von Anzeigenblättern könnte einerseits Ausdruck einer Innovation auf dem Pressemarkt sein. Dann ist die Tätigkeit des Anzeigenblattverlegers auch durch die institutionelle Garantie der Presse geschützt. Führt der Gratisvertrieb jedoch zu einer Störung auf dem Pressemarkt, dann könnte auch hier der Staat verpflichtet sein, regulierend einzugreifen und den unentgeltlichen Vertrieb dieser Presseerzeugnisse zu begrenzen.

4. Das Verhältnis der beiden Dimensionen der Pressefreiheit

Trotz der Bedeutung eines freien Pressewesens für eine demokratische Staatsordnung ist der objektive Gehalt der Pressefreiheit bloß als Verstärkung und Ergänzung des klassischen Abwehrrechtscharakters des Grundrechts zu verstehen.[552] Diese Auffassung beruht auf der Erkenntnis, dass auch die öffentliche Meinungsbildungsfunktion ihren Ausgangspunkt im Individualrecht des Grundrechts hat und die Privatheit das Wesen aller Grundrechte ist:[553] Die Grundrechte sind nach „ihrer Geschichte und ihrem heutigen Inhalt […] in erster Linie individuelle Rechte, Menschen- und Bürgerrechte, die den Schutz konkreter, besonders gefährdeter Bereiche menschlicher Freiheit zum Gegenstand

548 Vgl. *Degenhart*, in: *Dolzer/Vogel*, BK, Art. 5 Abs. 1 und 2 GG, Rdnr. 440.

549 *Uwer*, Medienkonzentration und Pluralismussicherung, S. 202.

550 Vgl. *Zohlnhöfer*, Zur Ökonomie des Pressewesens, in: *Schenk/Donnerstag*, Medienökonomie, S. 43.

551 Vgl. *Kantzenbach*, Zum Verhältnis von publizistischem und ökonomischen Wettbewerb aus ökonomischer Hinsicht, in: *Hoffmann-Riem*, Rundfunk im Wettbewerbsrecht, S. 78.

552 Vgl. *Degenhart*, in: *Dolzer/Vogel*, BK, Art. 5 Abs. 1 und 2, Rdnr. 61.

553 Vgl. *Schmitt Glaeser*, AöR (Bd. 113) 1988, S. 55.

haben. Die Funktion der Grundrechte als objektiver Prinzipien besteht in der prinzipiellen Verstärkung ihrer Geltungskraft, hat jedoch ihre Wurzeln in dieser primären Bedeutung."[554] Der ursprüngliche und bleibende Sinn der Grundrechte darf also nicht aufgrund einer überhöhenden Objektivierung zurücktreten.[555] Eine Verpflichtung der Presse etwa, intensiv an der politischen Meinungsbildung mitzuwirken, würde auf ein demokratisch-funktionales Grundrechtsverständnis hinauslaufen, das seinen Sinn und seine Bedeutung allein aus dem demokratischen Prozess politischer Willensbildung erhält.[556] Das ursprüngliche Abwehrrecht würde dann über die objektiv-rechtliche Komponente der Pressefreiheit in eine staatsbürgerliche Pflicht bzw. in ein Pflichtrecht umfunktioniert.[557] Es bestünde die Gefahr, dass die Pressefreiheit nur noch in ihrer konstituierenden Wirkung für eine freiheitlich-demokratische Ordnung gewürdigt würde und nicht mehr als Individualgrundrecht.[558] Das würde nicht nur den Schutzbereich der Pressefreiheit unverhältnismäßig einschränken, sondern auch das Wesen des Grundrechts verändern. Schließlich ist Art. 5 Abs. 1 Satz 2 wie alle anderen Grundrechte auch vom Grundsatz her aufgabenfrei und keinen qualitativen Maßstäben unterworfen.[559]

Für den Staat ergibt sich aus der Institutsgarantie für die freie Presse also allein die Pflicht, dafür zu sorgen, dass die einzelnen Grundrechtsträger ihre Pressetätigkeit frei ausüben können.[560] Denn bei den Grundrechten handelt es sich um eine Freiheit *von* Fremdbestimmung und nicht um eine Freiheit *zur* Verfolgung bestimmter Ziele.[561] Es geht also ganz im Sinne der Verstärkung der Geltungskraft und des Abwehrrechts der Pressefreiheit darum, dass der Staat die Entfaltungsfreiheit absichert und damit den Bereich der privaten Beliebigkeit unter seinen Schutz stellt.[562] Die Institutionsgarantie verlangt vom Staat, einen effektiven Grundrechtsschutz des Einzelnen auch vor Gefahren zu gewährleisten, die

554 BVerfGE 50, S. 337.

555 Vgl. BVerfGE 50, S. 337 f.

556 Vgl. *Böckenförde*, NJW 1974, S. 1534 f.

557 Vgl. *Wuttke*, Die deutschen Zeitungen und die Entstehung der öffentlichen Meinung, S. 12 ff.; *Czaja*, Pressefreiheit und „öffentliche Aufgabe", S. 58; *Ridder*, Meinungsfreiheit, in: *Neumann/Nipperdey/Scheuner*, Die Grundrechte, Bd. 2, S. 243 ff.

558 Vgl. *Streinz*, AfP 1997, S. 863.

559 Vgl. *Lerche*, Verfassungsrechtliche Fragen zur Pressekonzentration, S. 34; *Di Fabio*, in: *Bringe*, NJW 2001, S. 1478; *Kunig*, Jura 1005, S. 593.

560 Vgl. *Epping*, Grundrechte, 3. Kap. Rdnr. 100.

561 Vgl. *Friauf/Höfling*, AfP 1985, S. 250.

562 Vgl. *Ipsen*, Staatsrecht II, § 10 Rdnr. 443.

nicht von staatlicher Seite ausgehen.[563] Der Staat ist also nicht nur Gegner, sondern auch Garant der Pressefreiheit.[564]

Das Abwehrrecht der Pressefreiheit kann damit nur dann durch die Pressefreiheit als objektives Prinzip begrenzt werden, wenn diese Begrenzung ihrerseits auch zugunsten des individualrechtlichen Kerns der Pressefreiheit geschieht.[565] Dieser Fall trat beispielsweise im Pressebereich ein, als zwischen 1954 und 1976 die Anzahl selbstständiger publizistischer Einheiten drastisch zurückging (Prozess der publizistischen Konzentration)[566] und finanzstarke Großverlage mit schwachen Presseunternehmen fusionierten (Prozess der Verlagskonzentration).[567] Dem Pressewettbewerb ist eben – genau wie jedem anderen Wettbewerb in einem privatwirtschaftlichen Marktsystem – die Tendenz zu Konzentration und Monopolisierung immanent.[568] Durch diese Kehrseite des freien Wettbewerbs wird der Mechanismus eines freien und fairen wirtschaftlichen Konkurrenzkampfs aber außer Kraft gesetzt, indem das Gleichgewicht der Kräfte empfindlich gestört wird. Ein freier Markt der Meinungsbildung ist unter diesen Bedingungen nicht mehr gewährleistet.[569] Durch eine Antikonzentrationsgesetzgebung griff der Gesetzgeber dann zu Recht in den Pressewettbewerb ein, um eine Vielfalt von kleineren, selbständigen Presseunternehmen vor den marktbeherrschenden Verlagen zu schützen.[570] Dahinter steht die Erkenntnis, dass das *Individualrecht* der Pressefreiheit nur in einem funktionsfähigen und freiheitlichen Gesamtsystem seine Wirkung entfalten kann. Die institutionelle Garantie verstärkt und ergänzt das Abwehrrecht bzw. die staatliche Schutzpflicht also dann, wenn es die Grundbedingungen des Pressewesens schützt.[571]

---

563 Vgl. BVerfGE 35, S. 114 – Hochschul-Urteil; 39, S. 42 – Schwangerschaftsabbruch I.

564 Vgl. *Epping*, Grundrechte, Kap. 3 Rdnr. 111.

565 Vgl. *Streinz*, AfP 1997, S. 863 (doppelte Schutzrichtung der Pressefreiheit als Individualrecht und als institutionelle Garantie); *Degenhart*, in: *Dolzer/Vogel*, BK, Art. 5, Rdnr. 355.

566 Vgl. *Schütz*, MP 1985, S. 497 f. Die Zahl selbständiger publizistischer Einheiten sank von 225 (1954) auf 121 (1976).

567 Vgl. *Wilke*, Presse, in: *Noelle-Neumann/Schulz/Wilke*, Fischer Lexikon Publizistik, S. 464 f.

568 Vgl. *Köhler*, in: *Köhler/Bornkamm*, UWG, Einl UWG Rdnr. 1.13.

569 Vgl. BVerfGE 20, S. 176 – Spiegel.

570 Vgl. *Herzog*, in: *Maunz/Dürig*, GG, Art. 5 Abs. I, II Rdnr. 181; *Bullinger*, in: HbdStR VII, § 163 Rdnr. 60; *Schulze-Fielitz*, in: *Dreier*, GG, Bd. I, Art. 5 I, II Rdnr. 176; *Lerche*, Verfassungsrechtliche Fragen zur Pressekonzentration, S. 27 ff.

571 Vgl. BVerfGE 50, S. 337; *Degenhart*, AfP 1987, S. 650 f.; *Streinz*, AfP 1997, S. 863; *v. Danwitz*, Der Gratisvertrieb, S. 52 ff.

III. Die Drittwirkung der Grundrechte

1. Die mittelbare Drittwirkung der Grundrechte

Der Verleger eines Anzeigenblattes genießt das Grundrecht der Pressefreiheit. Fraglich ist allerdings, ob die Grundrechte auch zwischen Privatpersonen – etwa zwischen Anzeigenblattverleger und traditionellem Zeitungsverleger – zur Anwendung kommen. Dies kann nur dann gelten, wenn die so genannte Drittwirkung der Grundrechte zu bejahen ist. Dabei geht es um die Frage, ob die Grundrechte über das originäre Abwehrverhältnis des Bürgers gegen den Staat[572] hinaus auch im Verhältnis der Bürger untereinander, also zum Dritten gelten.[573] Es ist dabei zwar bereits umstritten, ob sich die Frage nach der Drittwirkung der Grundrechte überhaupt stellt. Nach einer Ansicht in der Literatur wird die Wirkung der Grundrechte zwischen Privaten bereits durch die Grundrechtsbindung der öffentlichen Gewalt vermittelt.[574] Nicht der (einfachgesetzliche) Anspruch auf Unterlassung des Gratisvertriebs von Anzeigenblättern beschränke die Freiheit des Anzeigenblattverlegers, sondern die richterliche Durchsetzung des Verbots.[575] Auf diese Weise beteilige sich der Staat an der Verletzung der Grundrechte des Gratispresseverlegers. Ihm wird letztlich der privat bewirkte Grundrechtseingriff zugeordnet. Überzeugen kann diese Ansicht aber nicht:[576] Das Gericht muss die Grundrechte beachten, soweit sie gelten; sie gelten aber nicht, nur weil ein Gericht entscheidet.[577] Das Problem der Drittwirkung stellt sich damit sehr wohl. Dabei sprechen gewichtige Gründe in der Tat dagegen, die Grundrechtswirkung der Grundrechte auch auf die horizontale Beziehung zwischen Privatrechtssubjekten auszudehnen: Grundrechte sind in ihrer klassischen Funktion Abwehrrechte gegen den Staat.[578]An die Grundrechte sind nach Art. 1 Abs. 3 GG grundsätzlich alleine „Gesetzgebung, vollziehende Gewalt und

---

572 Vgl. BVerfGE 7, S. 204.

573 Vgl. *Pieroth/Schlink*, Grundrechte Staatsrecht II, § 5 Rdnr. 189; *v. Münch*, in: *v. Münch/Salvador Coderech/Ferrer i Riba*, Zur Drittwirkung der Grundrechte, S. 12.

574 Vgl. *Schwabe*, Das sogenannte Problem der Drittwirkung; *ders.*, Grundkurs Staatsrecht, S. 110 ff.; *Koch*, Der Grundrechtsschutz der Drittbetroffenen, S. 375 ff.; *Murswiek*, Die staatliche Verantwortung für die Risiken der Technik, S. 91 ff.; *Poscher*, Grundrechte als Abwehrrechte, S. 315 ff.

575 Vgl. *Schwabe*; Die sogenannte Drittwirkung der Grundrechte, S. 56; *Koch*, Der Grundrechtsschutz des Drittbetroffenen, S. 503.

576 Vgl. *Stern*, Das Staatsrecht der Bundesrepublik Deutschland, Bd. 1/III, S. 1551.

577 Vgl. *Doehring*, Das Staatsrecht der Bundesrepublik Deutschland, S. 209; ähnlich auch *Hermes*, NJW 2000, S. 1766.

578 Vgl. BVerfGE 7, S. 204 – Lüth; 21, S. 369; 61, S. 100 f.; 68, S. 205.

Rechtsprechung“ gebunden, nicht aber der Bürger.[579] Außerdem sieht die Systematik der Gesetzesvorbehalte der Grundrechte keine Regelung vor, dass Privatrechtssubjekte die Grundrechte einschränken können.[580]

Die überzeugenderen Gründe sprechen allerdings für die Drittwirkung der Grundrechte. Die Grundrechte bilden ein „allgemeines, normativ-inhaltliches Fundament der gesamten Rechtsordnung“[581] und damit auch der Privatrechtsordnung. Die Notwendigkeit der direkten Horizontalwirkung der Grundrechte wird mit dem Bedeutungswandel der Grundrechte erklärt, weil „die Gefährdung der Rechtssphäre des einzelnen Staatsbürgers durch andere als staatliche Gewalten zugleich eine Anpassung der Funktion der Grundrechte an eine gewandelte historische Situation bedingt.“[582] Diese mache einen verfassungsrechtlichen Schutz vor „sozialen Gewalten“ und von Dritten notwendig. So zeige sich auch gerade am Beispiel des Grundrechts der Pressefreiheit, dass die institutionelle Garantie der Presse als Höchstwert von Art. 5 Abs. 2 Satz 1 GG wirkungslos sei, wenn sie sich nur gegen staatliche Beschränkungen richte, weil die Gefahren für die Pressefreiheit – und dies zeigt sich gerade am Problem der Anzeigenblätter – zunehmend von privaten Interessengruppen ausgehe.[583] Drastisch hat sich eine solche Gefährdung durch wirtschaftliche Mächte bei der Pressekonzentration in den 70er-Jahren des vorigen Jahrhunderts gezeigt, die durch zahlreiche Unternehmensfusionen hervorgerufen wurde und auf diese Weise ein vielfältiges Pressewesen bedrohte.[584]

Die große Mehrheit im Schrifttum und in der Rechtsprechung geht heute (zu Recht) davon aus, dass den Grundrechten nur eine mittelbare Drittwirkung zukommt.[585] Grundrechte werden dabei als objektive Wertentscheidungen begriffen, die auf das einfache Recht ausstrahlen. Auch nach Auffassung des Bundesverfassungsgerichts setzen sie eine objektive Wertordnung, die für alle

---

579 Vgl. *Dreier*, in: *Dreier*, GG, Bd. I, Art. 1 III Rdnr. 36.

580 Vgl. *Canaris*, Grundrechte und Privatrecht, AcP 184 (1984), S. 204.

581 Vgl. *Leisner*, Grundrechte und Privatrecht, S. 333.

582 Vgl. *Nipperdey*, DVBl. 1958, S. 447.

583 Vgl. *Löffler*, Presserecht, Bd. I, Kap. 5 Rdnr. 68.

584 Vgl. *Wilke*, Presse, in: *Noelle-Neumann/Schulz/Wilke,* Fischer Lexikon Publizistik, S. 464.

585 Vgl. *Hamel*, Die Bedeutung der Grundrechte im sozialen Rechtsstaat, S. 20; *Löffler*, in: *Löffler/Ricker*, Handbuch des Presserechts, 10. Kap. Rdnr. 28; *v. Münch*, in: *v. Münch/Kunig*, GG, Bd. 1, Vorb. Art. 1–19 Rdnr. 6, 22; *Dreier*, in: *Dreier*, GG, Bd. I, Vorb. Rdnr. 98; *Starck*, in: *v. Mangoldt/Klein/Starck*, GG, Bd. I, Art. 1 Abs. 3 Rdnr. 303 ff.; Wenzel, in: *v. Münch/Kunig*, GG, Art. 5 Rdnr. 2.4 f (speziell zum Beispiel von Art. 5 GG); BVerfGE 7, S. 204 ff. – Lüth; 18, S. 92; 25, S. 263; 73, S. 269.

Bereiche des Rechts Anwendung finden soll: „Dieses Wertesystem, das seinen Mittelpunkt in der innerhalb der sozialen Gemeinschaft sich frei entfaltenden menschlichen Persönlichkeit und ihrer Würde findet, muß als verfassungsrechtliche Grundentscheidung für alle Bereiche des Rechts gelten; Gesetzgebung, Verwaltung und Rechtsprechung empfangen von ihm Richtlinien und Impulse."[586] Dabei wirken die Grundrechte aber nur indirekt über die wertausfüllungsfähigen und -bedürftigen einfachgesetzlichen Generalklauseln.[587] Die Lehre der mittelbaren Drittwirkung kann dadurch ohne Zweifel für sich in Anspruch nehmen, die „gegenläufigen Wertungen – Bedeutungen der grundrechtlichen ‚Wertordnung' für die gesamte Rechtsordnung einerseits, Bewahrung der Privatautonomie und der Besonderheit des Privatrechts andererseits – in der Konstruktion einer abgemilderten, flexiblen ‚mittelbaren' Drittwirkung juristisch eingefangen zu haben."[588]

2. *Grundrechte als staatliche Schutzpflichten*

In den letzten Jahren verweisen Autoren vermehrt auf die staatliche Schutzpflicht, um die mittelbare (Dritt-)Wirkung der Grundrechte auf das Verhalten der Privatrechtssubjekte rechtsdogmatisch zu erklären.[589] Wie die Lehre von der mittelbaren Drittwirkung auch, nimmt das staatliche Schutzgebot seinen Ausgangspunkt in der Annahme, dass den Grundrechten die Funktion eines objektiven Prinzips der Rechtsordnung zukommt.[590] Daraus leitet das Bundesverfassungsgericht für die Grundrechte die Funktion von Schutzgeboten an den Staat ab, indem sie ihn verpflichtet, die in den Grundrechten zum Ausdruck kommenden Werte und Rechtsgüter gegen Verletzungen zu schützen.[591] Die Erfüllung der staatlichen Schutzpflicht bleibt dabei eine Sache des einfachen Rechts und seiner Anwendung.[592] Mit ihr korrespondiert aber ein Schutzanspruch des Bürgers, womit sie jedem Einzelnen ein subjektives Recht auf Schutz gewährleistet.[593] Bei der

586 BVerfGE 7, S. 205 – Lüth.

587 Vgl. *Dürig*, Grundrechte und Zivilrechtsprechung, in: FS Nawiasky, S. 176.

588 *Pietzker*, Drittwirkung – Schutzpflicht – Eingriff, in: FS *Dürig*, S. 346.

589 Vgl. *Canaris*, JuS 1989, S. 163; *Epping*, Grundrechte, Rdnr. 283; *Klein*, NJW 1989, S. 1639 f.; vgl. auch *Herdegen*, Objektives Recht und subjektive Rechte, in: *Heckmann/Messerschmidt*, Gegenwarts-fragen des Öffentlichen Rechts, S. 176.

590 Vgl. *v. Münch*, in: *v. Münch/Kunig*, GG, Vorb. Art. 1–19 Rdnr. 22.

591 Vgl. BVerfGE 39, S. 42 – Fristenlösung.

592 Vgl. *Dreier*, in: *Dreier*, GG, Bd. I, Vorb. Rdnr. 63; *Pieroth/Schlink*, Grundrechte Staatsrecht II, § 4 Rdnr. 100.

593 Vgl. *Epping*, Grundrechte, Rdnr. 124 f.

Schutzpflichtfunktion der Grundrechte geht es – genau wie bei der Drittwirkung – auch um Grundrechtsverletzungen durch andere Bürger.[594] Für das Verständnis der Grundrechte bedeutet das außerdem, dass sie nicht nur staatliche Eingriffe in den individualrechtlichen Schutzbereich abwehren, sondern dass sie gleichzeitig auch den öffentlichen Meinungsbildungsprozess als „abstrakten" Wert für das Gemeinwesen vor Eingriffen Dritter verfassungsrechtlich verteidigen.[595] Wenn sich die staatliche Schutzpflicht zu einer Verpflichtung verdichtet, zugunsten des gefährdeten Dritten zu intervenieren, dann ist der Staat dazu verpflichtet, diesen Schutz über die Gesetzgebung oder verfassungskonforme Rechtsauslegung des einfachen Rechts umzusetzen.[596] Als eigentliche Einbruchstellen, um den Schutzauftrag zu realisieren, bleiben die einfachgesetzlichen Generalklauseln aber das Mittel der Wahl.[597] Im weiteren Verlauf der Untersuchung ist der Lehre von der mittelbaren Drittwirkung der Grundrechte zu folgen, wobei die Lehre von den Schutzpflichten als eine Spielart der mittelbaren Drittwirkung begriffen wird.

C) Das Verbot des Anzeigenblatts: Eingriff in den Schutzbereich der Pressefreiheit

Die Pressetätigkeit des Anzeigenblattverlegers fällt in den Schutzbereich der Pressefreiheit. Als Abwehr- und Freiheitsrechtsecht dient die Pressefreiheit nach verfassungsgerichtlicher Rechtsprechung dazu, „die Freiheitssphäre des einzelnen vor Eingriffen der öffentlichen Gewalt zu sichern."[598] Für die Beeinträchtigung der grundrechtlichen Abwehrfunktion hat sich der Begriff „Eingriff" dann auch eingebürgert. Ein klassischer Eingriff in ein Grundrecht liegt dabei vor, sobald vier Voraussetzungen erfüllt sind: Der Eingriff muss erstens „final und nicht bloß unbeabsichtigte Folge eines auf ganz andere Ziele gerichteten Staatshandelns sein", zweitens „unmittelbar und nicht bloß zwar beabsichtigte, aber mittelbare Folge des Staatshandelns", drittens „Rechtsakt mit rechtlicher und nicht bloß tatsächlicher Wirkung" und viertens „mit Befehl und Zwang angeordnet bzw. durchgesetzt" sein.[599]

---

594 Vgl. *Dreier*, in: *Dreier*, GG, Bd. I, Vorb. Rdnr. 62.

595 Vgl. *Schulze-Fielitz*, in: *Dreier*, GG, Bd. I, Art. 5 I, II Rdnr. 175 ff.

596 Vgl. *Koch*, Der Grundrechtsschutz des Drittbetroffenen, S. 366; *Di Fabio*, DÖV 1995, S. 6.

597 Vgl. BVerfGE 81, S. 255 f – Handelsvertreter; 99, S. 194, 196 – Helnwein.

598 BVerfGE 7, S. 204 – Lüth.

599 Vgl. *Pieroth/Schlink*, Grundrechte Staatsrecht II, § 6 Rdnr. 251.

Die Zulässigkeit des Vertriebs von Anzeigenblättern wird zuerst am Gesetz gegen den unlauteren Wettbewerb (UWG) gemessen. Es ist das wettbewerbsrechtlich begründete Verbot, dem sich der Anzeigenblattverleger ausgesetzt sieht. Nach den genannten Vorgaben liegt ein klassischer Eingriff in den Schutzbereich von Art. 5 Abs. 1 Satz 2 GG vor, wenn dem Verleger die unentgeltliche Verteilung eines reinen, klassischen oder vollwertigen Anzeigenblatts durch ein gerichtliches Urteil verboten wird. In dem wettbewerbsrechtlichen Verbot liegt ein finaler und unmittelbarer Rechtsakt, der auf Grundlage der Zivilprozessordnung auch vollstreckt werden kann.[600] Die Freiheit des Gratispresseverlegers, ein Anzeigenblatt ungehindert zu erstellen und zu verbreiten, wird dann nicht nur faktisch behindert, sondern durch Rechtsakt vollständig aufgehoben. Liegt ein Eingriff in den Schutzbereich eines Grundrechts – hier: der Pressefreiheit – vor, ist damit allein aber noch kein Urteil über eine Verletzung des Grundrechts gefällt. Ein Grundrecht ist erst dann verletzt, wenn der vorliegende Eingriff verfassungsrechtlich nicht gerechtfertigt werden kann. Eine verfassungsrechtliche Rechtfertigung liegt wiederum vor, wenn der Eingriff durch eine verfassungsrechtliche Schranke gedeckt ist (siehe dazu Punkt C), die in ihrer das Grundrecht beschränkenden Wirkung ihrerseits auch im Lichte der Bedeutung dieses Grundrechts interpretiert und angewandt worden sein muss (siehe dazu Punkt D).

D) Das UWG als Schranke der Pressefreiheit

Es gehört zum Wesen der menschlichen Freiheit, dass sie nicht unbegrenzt sein kann.[601] Jedes grundrechtlich geschütztes Individualinteresse findet daher seine Grenzen in den Belangen der anderen und der Gemeinschaft.[602] Das Grundrecht hat diesem Gedanken auch mit den Schranken der Pressefreiheit Rechnung getragen.[603] Nach Art. 5 Abs. 2 GG findet die Pressefreiheit ihre Schranken in den Vorschriften der allgemeinen Gesetze, den gesetzlichen Bestimmungen zum Schutze der Jugend und in dem Recht der persönlichen Ehre. Das Gesetz gegen unlauteren Wettbewerb ist aber weder ein Gesetz zum Schutz der Jugend noch der persönlichen Ehre, sondern ein Gesetz zum Schutz vor unlauteren geschäftlichen Handlungen.[604] Demnach kann das UWG als Rechtsgrundlage für das wettbewerbsrechtliche Verbot des Gratisvertriebs von Anzeigenblättern die

600 Vgl. *Sosnitza*, in: *Piper/Ohly/Sosnitza*, UWG, § 12 Rdnr. 164.
601 Vgl. *Ricker*, in: *Löffler/Ricker*, Handbuch des Presserechts, 11. Kap. Rdnr. 1.
602 Vgl. *Sachs*, in: *Sachs*, GG, Vor Art. 1 Rdnr. 97.
603 Vgl. *Pieroth/Schlink*, Grundrechte Staatsrecht II, § 13 Rdnr. 630.
604 Vgl. *Emmerich*, Unlauterer Wettbewerb, § 3 Rdnr. 9–10.

Pressefreiheit des Gratisblattverlegers nur dann zulässigerweise einschränken, wenn es als ein allgemeines Gesetz im Sinne von Art. 5 Abs. 2 GG im Einzelfall korrekt angewandt wird.[605] Vor diesem Hintergrund ist zunächst festzustellen, ob das UWG grundsätzlich zu den allgemeinen Gesetzen im Sinne des Art. 5 Abs. 1 Satz 2 GG gehört. Nachfolgend ist darzustellen, wie in der Rechtsprechung des BGH zu Anzeigenblättern das UWG als Schranke der Pressefreiheit Anwendung gefunden hat und unter welchen Voraussetzungen das UWG als Schranke der Pressefreiheit für ein Verbot von Anzeigenblättern in der konkreten Rechtsanwendung herangezogen wird.

I. Das UWG als allgemeines Gesetz im Sinne des Art. 5 Abs. 2 Satz 1 GG

Zu den allgemeinen Gesetzen im Sinne von Art. 5 Abs. 2 Satz 1 GG gehören solche Gesetze, die sich weder gegen bestimmte Meinungen als solche richten, noch als Sonderrecht gegen den Prozess freier Meinungsbildung auftreten,[606] „die vielmehr dem Schutze eines schlechthin, ohne Rücksicht auf eine bestimmte Meinung, zu schützenden Rechtsguts dienen, dem Schutze eines Gemeinschaftswerts, der gegenüber der Betätigung der Meinungsfreiheit den Vorrang hat.“[607] Entscheidend für eine Zuordnung des UWG zu den allgemeinen Gesetzen im Sinne von Art. 5 Abs. 2 GG ist, dass es sich in seiner Zielrichtung nicht speziell gegen die Pressefreiheit wendet.[608] Es soll damit im Sinne der Allgemeinheit verhindert werden, dass Sonderrechte gegen die Meinungsfreiheit angewendet werden und dadurch die geistige Wirkung von Meinungsäußerungen unterbunden werden.[609] Ein allgemeines Gesetz darf sich durchaus ausschließlich auf die Presse ausrichten und damit faktisch die freie Pressetätigkeit einschränken,[610] solange es nicht darauf abzielt, bestimmte Inhalte zu unterbinden.[611] Als Beispiel seien dabei die Landespressegesetze genannt, die sich primär an Pressetätige richten und sie in der freien Gestaltung ihrer Zeitungen oder Zeitschriften durch die Abdruckpflicht von Gegendarstellungen und Impressum beschränken. Auch hier dienen die beiden

605 Vgl. *Köhler*, in: *Köhler/Bornkamm*, UWG, § 3 UWG Rdnr. 83.
606 Vgl. BVerfGE 95, S. 235 f.
607 BVerfGE 7, S. 209 f. – Lüth.
608 Vgl. *Jarass*, in: *Jarass/Pieroth*, GG, Art. 5, Rdnr. 56.
609 Vgl. BVerfGE 71, S. 214.
610 Vgl. *Ricker*, in: *Löffler/Ricker*, Handbuch des Presserechts, 11. Kap. Rdnr. 7.
611 Vgl. BVerfGE 74, S. 343; 71, S. 214.

Normen nicht dazu, bestimmte Inhalte zu unterbinden, sondern im Gegenteil, bestimmte Inhalte zugunsten anderer Rechtsgüter einzufordern.[612]

Beim Gesetz gegen unlauteren Wettbewerb offenbart sich sein Zweck bereits in seinem Namen: Es richtet sich gegen unlautere (Wettbewerbs-)Handlungen und Maßnahmen im geschäftlichen Konkurrenzkampf.[613] Es wendet sich also nicht gegen die Pressefreiheit in Art. 5 Abs. 1 GG als solche. Das UWG charakterisiert also die notwendige Presseneutralität,[614] um ein allgemeines Gesetz im Sinne von Art. 5 Abs. 2 GG zu sein und ist damit grundsätzlich dazu geeignet, die Rechte des Art. 5 Abs. 1 zu beschränken.[615] Der Eingriff in die Pressefreiheit durch das Verbot eines Anzeigenblatts ist also durch eine verfassungsrechtliche Schranke gedeckt, wenn das Verbot auf Grundlage des UWG als allgemeines Gesetz im Sinne des Art. 5 Abs. 2 Satz 1 GG erfolgt.

II. Der Gratisvertrieb von Anzeigenblättern unter dem UWG

Der Gratisvertrieb von Anzeigenblättern kann unter zwei Voraussetzungen einen Verstoß gegen das Gesetz gegen den unlauteren Wettbewerb (UWG) darstellen: Erstens muss eine geschäftliche Handlung im Sinne des § 2 Abs. 1 Nr. 1 UWG vorliegen und zweitens muss der Tatbestand der Unlauterkeit nach § 3 UWG erfüllt sein.[616] Für den Tatbestand der Unlauterkeit sieht § 4 UWG Beispieltatbestände vor.[617] Rechtsfolge eines Verstoßes gegen das UWG ist, dass der unmittelbar verletzte Mitbewerber nach § 8 Abs. 3 Nr. 1 UWG auf Unterlassung der unlauteren geschäftlichen Handlung klagen kann.[618] Dazu muss er jedoch in einem konkreten Wettbewerbsverhältnis zu dem konkurrierenden Unternehmen stehen.[619] Inwieweit der Gratisvertrieb von Anzeigenblättern unter den genannten Voraussetzungen tatsächlich gegen das UWG verstößt, ist nun zu prüfen.

---

612 Vgl. *Degenhart*, in: *Dolzer/Vogel*, BK, Art. 5 Abs. 1 und 2, Rdnr. 491.

613 Vgl. *Keller*, in: *Harte-Bavendamm/Henning-Bodewig*, UWG, Einl. A Rdnr. 27 f.

614 Vgl. *Pieroth/Schlink*, Grundrechte Staatsrecht II, § 13 Rdnr. 638 („Meinungsneutralität").

615 Vgl. BVerfGE 7, S. 209 f. – Lüth; BVerfGE 62, S. 244; *Bethge*, in: *Sachs*, GG, Art. 5 Rdz. 144.

616 Vgl. *Wirtz*, in: *Götting/Nordemann*, UWG, § 3 Rdnr. 27.

617 Vgl. *Matutis*, UWG, § 4 Rdnr. 1. Weitere Beispieltatbestände befinden sich in den §§ 5 und 6.

618 Vgl. *Ohly*, in: *Piper/Ohly/Sosnitza*, UWG, § 8 Rdnr. 93.

619 Vgl. *Bergmann*, in: *Harte-Bavendamm/Henning-Bodewig*, UWG, § 8 Rdnr. 267.

1. *Der Gratisvertrieb von Anzeigenblättern als geschäftliche Handlung*

Gemäß § 2 Abs. 1 Nr. 1 UWG ist eine geschäftliche Handlung „jedes Verhalten einer Person zugunsten des eigenen oder eines fremden Unternehmens vor, bei oder nach einem Geschäftsabschluss, das mit der Förderung des Absatzes oder des Bezugs von Waren oder Dienstleistungen [...] objektiv zusammenhängt." Damit wurde der Begriff der „Wettbewerbshandlung" in der UWG-Novelle 2008 durch den Begriff der „geschäftlichen Handlung" ersetzt und die Definition an die Anforderungen der europäischen Richtlinie 2005/29/EG über unlautere Geschäftspraktiken im binnenmarktinternen Geschäftsverkehr (UGP-Richtlinie) angepasst.[620] Der in der UGP-Richtlinie verwendete Begriff „Geschäftspraktiken" wurde absichtlich nicht übernommen, da er in der deutschen Sprache eine abwertende Bedeutung hat.[621] Der Begriff „geschäftliche Handlung" ist dagegen neutral.[622] Die in § 2 Abs. 1 Nr. 1 UWG definierte „geschäftliche Handlung" reicht weiter als eine „Wettbewerbshandlung" nach dem UWG a. F.[623] Nach dem neuen UWG ist damit auch das geschäftliche Handeln nach Geschäftsabschluss erfasst.[624] Das Gesetz gegen unlauteren Wettbewerb bezieht sich daher nicht mehr nur auf das eigentliche Marktverhalten im Konkurrenzkampf, sondern auch auf das Verhalten gegenüber Vertragspartnern. Es hat sich damit von einem Wettbewerbsrecht zu einem Lauterkeitsrecht in Bezug auf das Verhalten bei Abschluss und Durchführung von Verträgen weiterentwickelt und erweitert.[625]

Ein Tatbestandsmerkmal einer geschäftlichen Handlung ist das Verhalten einer Person. Mit dem weiten Begriff „Verhalten" soll zum Ausdruck gebracht werden, dass als geschäftliche Handlung sowohl ein positives Tun als auch ein Unterlassen in Betracht kommt.[626] Bei einer geschäftlichen Handlung muss weiterhin der „Unternehmensbezug des Verhaltens" als Tatbestandsmerkmal vorliegen. Mit dem Begriff Unternehmen ist die betriebliche Tätigkeit und Organisation gemeint.[627] Entscheidend ist dabei die wirtschaftliche Betrachtungsweise, sodass nicht die Rechtsform, sondern die tatsächliche Stellung im Wettbewerb

620 Vgl. *Köhler*, in: *Köhler/Bornkamm*, UWG, § 2 UWG Rdnr. 6.
621 Vgl. RegE, BT-Drucks. 16/10145, S. 20.
622 Vgl. *Götting*, in: *Götting/Nordemann*, UWG, § 2 Rdnr. 3.
623 Vgl. *Sosnitza*, in: *Piper/Ohly/Sosnitza*, UWG, § 2 Rdnr. 6.
624 Vgl. *Matutis*, UWG, § 2 UWG Rdnr. 4.
625 Vgl. *Köhler*, in: *Köhler/Bornkamm*, UWG, § 2 Rdnr. 74.
626 Vgl. *Keller*, in: *Harte-Bavendamm/Henning-Bodewig*, UWG, § 2 Rdnr. 16.
627 Vgl. *Köhler*, in: *Köhler/Bornkamm*, UWG, § 2 UWG Rdnr. 20.

relevant ist.[628] Voraussetzung ist lediglich, dass eine auf Dauer angelegte, selbstständige wirtschaftliche Betätigung vorliegt, die darauf ausgerichtet ist, Waren oder Dienstleistungen gegen Bezahlung abzusetzen.[629] Auf eine Gewinnerzielungsabsicht oder einen Erwerbszweck kommt es ebenso wenig an wie auf den Umstand, ob ein Gewinn gemacht wird.[630] Notwendig ist aber das Erlangen einer Gegenleistung.[631]

Die wichtigste Erscheinungsform der geschäftlichen Handlung ist nach § 2 Abs. 1 Nr. 1 UWG ein Verhalten, das mit der Förderung des Absatzes oder Bezugs von Waren oder Dienstleistungen objektiv zusammenhängt. Das geschäftliche Verhalten muss einen Marktbezug aufweisen und darf sich nicht auf unternehmensinterne Handlungen beschränken.[632] Das subjektive Merkmal der Wettbewerbsförderungsabsicht des alten UWG wurde mit dem Kriterium des objektiven Zusammenhangs mit der Förderung der genannten Tätigkeiten nicht mehr erforderlich.[633] Ein Marktbezug liegt dann vor, wenn die geschäftliche Tätigkeit sich auf die Verbraucher, Mitbewerber und sonstigen Marktteilnehmer auswirken kann.[634] Davon abzugrenzen sind private, betriebsinterne, weltanschauliche, wissenschaftliche, soziale, kirchliche oder hoheitliche Tätigkeiten oder Äußerungen der öffentlichen Hand, soweit sie in keinem objektiven Zusammenhang mit der Absatz- bzw. Bezugsförderung stehen.[635] Das gilt auch für Äußerungen oder Tätigkeiten der Medien. Hier wird angenommen, dass ihre Berichterstattung dem Interesse der Meinungsbildung und nicht einem Wettbewerbszweck dient.[636] Von einer absatzfördernden Berichterstattung ist dann auszugehen, wenn sie Produkte oder Dienstleistungen von Inserenten namentlich nennt und anpreist, sodass eine Berichterstattung mit überwiegend

---

628 Vgl. BGH, GRUR 1976, S. 371 – Lohnsteuerhilfevereine.

629 Vgl. BGH, GRUR 1995, S. 699 – Funny Paper; *Köhler*, in: *Köhler/Bornkamm*, UWG, § 2 UWG Rdnr. 21.

630 Vgl. *Keller*, in: *Harte-Bavendamm/Henning-Bodewig*, UWG, § 2 Rdnr. 23; BGH, GRUR 1962,. 255 – Fußballprogrammheft; GRUR 1976, S. 371 – Lohnsteuerhilfeverein I.

631 Vgl. *Götting*, in: *Götting/Nordemann*, UWG, § 2 Rdnr. 9.

632 Vgl. *Köhler*, in: *Köhler/Bornkamm*, UWG, § 2 UWG Rdnr. 34.

633 Vgl. Begr. RegE, BT-Drucks. 16/10145, S. 21.

634 Vgl. BGH, GRUR 1993, S. 761 f. – Makler-Privatangebot; *Keller*, in: *Harte-Bavendamm/Henning-Bodewig*, UWG, § 2 Rdnr. 24.

635 Vgl. *Matutis*, UWG, § 2 UWG Rdnr. 3; *Götting*, in: *Götting/Nordemann*, UWG § 2 Rdnr. 17 ff.

636 Vgl. Begr. RegE, BT-Drucks. 16/10145, S. 21; BVerfG, NJW 1992, S. 1153.

werblicher Tendenz vorliegt.[637] Ein wettbewerbsfördernder Charakter liegt dagegen immer beim Anzeigengeschäft oder bei der Abonnementwerbung vor, da sie unmittelbar dazu beitragen sollen, den Absatz zu fördern.[638]

Für ein geschäftliches Verhalten muss dagegen keine Tätigkeit vorliegen, die sich dazu eignet, den Wettbewerb eines Unternehmens gerade zum Nachteil eines anderen konkurrierenden Unternehmens zu fördern.[639] Wie im bisherigen Recht bildet ein konkretes Wettbewerbsverhältnis keine Voraussetzung für die Annahme einer geschäftlichen Handlung, sodass das geschäftliche Verhalten von Monopolisten ebenfalls nach § 2 Abs. 1 Nr. 1 UWG erfasst wird.[640]

Der Gratisvertrieb von Presseerzeugnissen erfüllt den Tatbestand einer geschäftlichen Handlung. Die auf Dauer angelegte wirtschaftliche Tätigkeit des Anzeigenblattverlegers ist dazu geeignet, Leseinteresse zu wecken und Inserenten zu akquirieren. Die Handlung richtet sich dabei auf den Leser- und Anzeigenmarkt mit der Absicht, die Einnahmen aus dem Anzeigengeschäft zu fördern. Der Gratisvertrieb von Anzeigenblättern kann sich daher auf die Mitbewerber, die entgeltlichen Zeitungen, als Konkurrenz auswirken, aber auch auf die Verbraucher, z.B. die das Presseerzeugnis unentgeltlich und unbestellt erhalten. Die unentgeltliche Verteilung von Anzeigenblättern entspricht daher dem Tatbestand einer geschäftlichen Handlung nach § 2 Abs. 1 Nr. 1 UWG und zwar unabhängig von der konkreten Erscheinungsform als reines, klassisches oder vollwertiges Anzeigenblatt.

2. *Das Wettbewerbsverhältnis zwischen Anzeigenblatt- und Kaufzeitungsverleger*

Die herkömmlichen Zeitungsverleger können dann einen Anspruch auf Unterlassung nach § 8 Abs. 3 Nr. 1 UWG geltend machen, wenn sie Mitbewerber sind. Nach § 2 Abs. 1 Nr. 3 UWG sind Mitbewerber Unternehmer, die mit einem oder mehreren Unternehmern als Anbieter oder Nachfrager von Waren oder Dienstleistungen in einem konkreten Wettbewerbsverhältnis stehen.[641] Eine lediglich „abstrakte" Beziehung zu einem anderen Unternehmen genügt nicht.[642] Ein

---

637 Vgl. BGH, GRUR 1998, S. 948 – AZUBI '94; GRUR 1992, S. 463, 465 – Anzeigenplatzierung.

638 Vgl. *Lettl*, Das neue UWG, Rdnr. 90.

639 Vgl. *Götting*, in: *Göting/Nordemann*, UWG, § 2 Rdnr. 15.

640 Vgl. Begr. RegE, BT-Drucks. 15/1487, S. 16.

641 Vgl. *Sosnitza*, in: *Piper/Ohly/Sosnitza*, UWG, § 2 Rdnr. 51.

642 Vgl. *Krimphove*, Die UWG-Reform, S. 22.

konkretes Wettbewerbsverhältnis liegt vor, wenn das beanstandete Wettbewerbsverhalten den Mitbewerber beeinträchtigen kann.[643] Das ist insbesondere dann der Fall, wenn die Beteiligten sich auf demselben sachlich, räumlich und zeitlich relevanten Markt betätigen.[644] Dabei reicht es aus, wenn sich das Angebot der Waren und Dienstleistungen sowie der Kundenkreis nur teilweise decken.[645] An das Bestehen eines konkreten Wettbewerbsverhältnisses sind im Interesse eines wirksamen wettbewerbsrechtlichen Individualschutzes keine zu hohen Anforderungen zu stellen.[646] Beispielsweise müssen die Unternehmen nicht aus der gleichen Branche stammen[647] oder sich auf derselben Wirtschaftsstufe befinden, sondern entscheidend ist, dass sie sich im Ergebnis an denselben Abnehmerkreis wenden.[648] Es ist auch nicht erforderlich, dass der Mitbewerber durch die geschäftliche Handlung unmittelbar verletzt ist, er muss jedoch von dem Wettbewerbsverstoß selbst betroffen sein.[649] Dabei kommt es darauf an, ob die Ware oder Dienstleistung aus der Sicht des verständigen Nachfragers austauschbar ist.[650] Die Anforderungen für den Grad der Austauschbarkeit sind dabei nicht zu hoch anzusetzen.[651]

Bei Presseerzeugnissen kommen in Vergleich zu anderen Waren nicht nur ein, sondern gleich zwei sachlich relevante Märkte in Betracht. Presseunternehmen bieten einerseits redaktionelle Leistungen auf dem Lesermarkt an und stellen mit ihren Presseprodukten andererseits Werbefläche für Inserenten auf dem Anzeigenmarkt zur Verfügung. Das Wettbewerbsverhältnis ist deshalb bei Presseerzeugnissen für den Leser- und Anzeigenmarkt jeweils gesondert festzustellen.[652]

---

643 Vgl. *Keller*, in: *Harte-Bavendamm/Henning-Bodewig*, UWG, § 2 Rdnr. 112.

644 Vgl. BGH, GRUR 2001, S. 78 – Falsche Herstellerempfehlung; *Sosnitza*, in: *Piper/Ohly/Sosnitza*, UWG, § 2 Rdnr. 55.

645 Vgl. BGH, GRUR 2007, S. 1080 – Bundesdruckerei; *Keller*, in: *Harte-Bavendamm/Henning-Bodewig*, UWG, § 2 Rdnr. 124.

646 Vgl. *Götting*, in: *Götting/Nordemann*, UWG, § 2 Rdnr. 36; BGH, GRUR 2001, S. 78 – Falsche Herstellerempfehlung.

647 Vgl. BGH, GRUR 2006, S. 1042 f. – Kontaktanzeigen.

648 Vgl. Begr. RegE, BT-Drucks. 15/1487, S. 16.

649 Vgl. *Matutis*, UWG, § 2 Rdnr. 8.

650 Vgl. BGH, GRUR 2002, S. 829 – Lottoschein; *Köhler*, in: *Köhler/Bornkamm*, UWG, § 2 UWG Rdnr. 98.

651 Vgl. EuGH, GRUR 2007, S. 511 Tz 47.

652 Vgl. dazu BGHZ 81, S. 331 – Back Journal; BGHZ 19, S. 394 – FWB; sowie *Gloy*, GRUR 1996, S. 585.

Auf dem *Lesermarkt* besteht ein konkretes Konkurrenzverhältnis zwischen verschiedenen Presseerzeugnissen, wenn sie einen redaktionellen Teil enthalten, der zumindest teilweise dieselben Leserbedürfnisse befriedigt[653] oder sogar nach Art und Umfang so bemessen ist, dass er für einen erheblichen Teil des Publikums als Zeitungsersatz oder als eine der Tagespresse entsprechende Informationsquelle erscheinen kann.[654] Die Kriterien Inhalt, Themenspektrum, redaktioneller Umfang[655] und Erscheinungsweise bieten dabei gute Anhaltspunkte für eine Einschätzung, wie stark ein Konkurrenzverhältnis zwischen den Presseerzeugnissen sein dürfte. Liegen in diesen Bereichen starke Unterschiede vor, ist von vornherein von einem geringen Konkurrenzverhältnis auszugehen.[656] Der Lesermarkt kann in mehrere Teilmärkte aufgegliedert werden, z.B. in den Markt für Abonnement- und Straßenverkaufszeitungen, Tages-, Wochen- und Sonntagszeitungen,[657] Wochenblätter, Publikums- und Fachzeitschriften. Bei Tageszeitungen wird darüber hinaus nach der Berichterstattung mit lokalen oder mit regionalen und überregionalen Schwerpunkten unterschieden.[658] Allerdings muss berücksichtigt werden, dass durch gratis vertriebene Presseerzeugnisse auch verwandte Marktsegmente betroffen sein können. Entscheidend ist dabei die Frage, ob eine unentgeltliche Sonntags- oder eine Wochenzeitung nach Inhalt und Adressatenkreis einer entgeltlichen Tageszeitung teilweise oder ganz entsprechen kann.[659] Die sachliche Marktabgrenzung auf dem Lesermarkt erstreckt sich demnach auf die gesamte Lokalpresse (Tages-, Wochen- oder Sonntagszeitungen) im gemeinsamen Verbreitungsgebiet, die eine allgemeine politische, wirtschaftliche, kulturelle und lokale Berichterstattung bietet.[660]

Die reinen Anzeigenblätter ohne redaktionellen Teil scheiden als Konkurrenz für die entgeltliche Lokalpresse auf dem Lesermarkt aus. Bei den klassischen Anzeigenblättern ohne publizistischen Anspruch (wie etwa reinen PR-Anzeigenblättern) und den entgeltlichen lokalen Tages- oder Wochenzeitungen erstreckt sich der Wettbewerb auf einen Teil der allgemeinen Zeitungsberichterstattung:

---

653 Vgl. *Gounalakis/Rhode*, AfP 2000, S. 323.

654 Vgl. OLG Frankfurt, GRUR 1980, S. 318.

655 Vgl. BGH, GRUR 1956, S. 225 – FWB; GRUR 1977, S. 669 – SWB II; GRUR 1982, S. 56 – Back Journal.

656 Vgl. *Ikas*, WRP 1997, S. 397.

657 Vgl. BGHZ 92, S. 236 ff. – Gruner + Jahr/Zeit I.

658 Vgl. BGHZ 92, S. 238 ff. – Gruner + Jahr/Zeit I; BGH, GRUR 1988, S. 324 f.

659 Vgl. KG, NJWE-WettbR 1997, S. 84.

660 Vgl. BGH, GRUR 1971, S. 1625 f. – Bliestal-Spiegel.

den Lokalteil. Andere klassische Zeitungsrubriken wie Politik, Wirtschaft oder Feuilleton sind nicht betroffen, da sich die klassischen Anzeigenblätter in der Regel auf die Lokalberichterstattung beschränken.[661] Für die Lokalzeitung spielt die Lokalberichterstattung ebenfalls eine bedeutende Rolle, da gerade diese in der Lesergunst an erster Stelle steht.[662] Nach empirischen Untersuchungen bleiben Umfang und Qualität bei klassischen Anzeigenblättern zwar hinter den Zeitungen zurück,[663] nehmen aber durchaus eine Informations- und Orientierungsfunktion im lokalen Raum ein,[664] neben der Kostenlosigkeit ein Grund für die Nutzung und Beliebtheit von Anzeigenblättern.[665] Zwischen klassischen Anzeigenblättern ohne publizistische Ambitionen und Lokalzeitungen, die auch überregionale und internationale Themen behandeln, liegt also eine Überschneidung bei den lokalen Inhalten vor. Dagegen haben sowohl die Anzeigenblätter mit publizistischem Anspruch (wie viele Sonntagsanzeigenblätter) als auch die vollwertigen Anzeigenblätter das Themenspektrum um überregionale und internationale Nachrichten erweitert, sodass sie thematisch mit herkömmlichen Zeitungen bisweilen vergleichbar sind.[666] Unter diesen Umständen besteht sogar ein starkes Konkurrenzverhältnis, da Gratis- und Kaufpresse annähernd demselben Informations- und Unterhaltungsinteresse der Leser nachkommen.[667] Dabei ist irrelevant, ob die konkurrierenden Presseerzeugnisse auch publizistisch von gleicher Qualität sind; es genügt, wenn der redaktionelle Teil von Anzeigenblättern dazu geeignet ist, von einem nicht unerheblichen Teil der Leser als Tageszeitungsersatz angesehen zu werden.[668] Demnach existiert mit Ausnahme der reinen Anzeigenblätter auch auf dem Lesermarkt *immer* ein konkretes Wettbewerbsverhältnis zwischen Anzeigenblattverlegern von klassischen und vollwertigen Anzeigenblättern und von entgeltlichen Zeitungsverlegern, da sich die redaktionellen Inhalte teilweise oder völlig decken.

Auf dem *Anzeigenmarkt* besteht ebenfalls ein konkretes Wettbewerbsverhältnis zwischen Anzeigenblatt und entgeltlicher Zeitung, wenn sich der Inserentenkreis beider Blätter überschneidet oder gar deckungsgleich ist.[669] Der Anzeigenmarkt

661 Vgl. *Thierauf/Lerch-Stumpf*, Inwieweit können Anzeigenblätter, Bd. II, S. 163.
662 Vgl. *BDZV*, Zeitungen 2003, S. 448.
663 Vgl. Kap. 1 B III.
664 Vgl. Kap. 1 B III.
665 Vgl. Kap. 1 B IV.
666 Vgl. Kap. 1 A III und B III; BGH, WRP 2004, S. 746.
667 Vgl. Kap. 1 A III und B III.
668 Vgl. *Bott*, Die Gratiszeitung, S. 119; BGH, GRUR 1985, S. 882 – Bliestal-Spiegel.
669 Vgl. *Köhler*, WRP 1998, S. 459; *Gesellensetter*, GRUR 2001, S. 710.

für Presseerzeugnisse lässt sich dabei in unterschiedliche Segmente aufteilen: überregionale Anzeigen, lokale Geschäftsanzeigen, Stellenanzeigen, Immobilienanzeigen, Kfz-Markt-Anzeigen, Touristikanzeigen, Veranstaltungsanzeigen, Familienanzeigen und sonstige Anzeigen.[670] Alle Anzeigengruppen sind sowohl für Kaufzeitungen als auch für gratis vertriebene Anzeigenblätter von Interesse. Daher bezieht sich das Wettbewerbsverhältnis auf dem Anzeigenmarkt auf das gesamte Anzeigenspektrum. Anzeigenblätter – gleichgültig welcher Ausprägung – finanzieren sich primär aus lokalen Inseraten.[671] Zwar besteht der Anzeigenteil der lokalen Abonnementzeitungen auch aus überregionalen oder bundesweiten Anzeigen, aber die lokalen Geschäftsanzeigen sind die wichtigste Kategorie mit einem Anteil von ca. 35 Prozent.[672] Damit deckt sich ein großer Teil der Anzeigenkunden von Anzeigenblättern mit denen der lokalen und regionalen Tageszeitungen. Die vollwertigen Anzeigenblätter enthalten im Gegensatz zu den reinen und klassischen Anzeigenblättern auch überregionale und bundesweite Anzeigen,[673] sodass auch in Bezug auf überregionale bzw. bundesweite Inserate ein Wettbewerbsverhältnis auf dem Anzeigenmarkt besteht. Bei allen Formen von Anzeigenblättern, vor allem aber bei den Gratiszeitungen, besteht also mit den (lokalen und regionalen) Tageszeitungen eine deutliche Überschneidung bei den Anzeigenkategorien bzw. bei den Inserentenkreisen. Auf dem Anzeigenmarkt besteht damit ein konkretes Konkurrenzverhältnis zu den traditionellen Tageszeitungen. In der Gesamtbetrachtung des Wettbewerbsverhältnisses auf den sachlich relevanten Märkten, also Leser- und Anzeigenmarkt, sind die traditionellen Zeitungsverleger eindeutig als Mitbewerber der Anzeigenblätter zu klassifizieren.

Ein konkretes Wettbewerbsverhältnis zwischen Anzeigenblatt und Zeitung ist darüber hinaus nur dann gegeben, wenn die Beteiligten auf demselben räumlichen Markt geschäftlich tätig sind.[674] Dabei kommt es nicht darauf an, ob sich die Gebiete völlig decken. Wie bei den Anforderungen für den sachlich relevanten Markt genügt es auch hier, dass sich die Gebiete überschneiden.[675] Der räumlich

670 Vgl. *BVDZ*, Zeitungen 2005, S. 94.

671 Vgl. *Heinrich*, Medienökonomie, S. 372; *Machill/Zenker*, Anzeigenblätter und Gratiszeitungen, S. 6 f.

672 Vgl. *BVDZ*, Zeitungen 2003, S. 35.

673 Vgl. *Röper*, MP 2006, S. 525.

674 Vgl. *Keller*, in: *Harte-Bavendamm/Henning-Bodewig*, UWG § 2 Rdnr. 129.

675 Vgl. BGH, GRUR 1996, S. 805 – Preisrätselgewinnauslobung III; GRUR 2001, S. 78 – Falsche Herstellerpreisempfehlung; *Götting*, in: *Götting/Nordemann*, UWG, § 2 Rdnr. 38.

relevante Markt kann lokal begrenzt sein, er kann sich aber auch auf das gesamte Bundesgebiet erstrecken.[676] Bei regionalen oder lokalen Zeitungen oder Anzeigenblättern beschränkt sich der Zeitungsverkauf oder die Gratisverteilung auf ihr tatsächliches Verbreitungsgebiet.[677] Der räumliche Markt von Zeitungen lässt sich zwar nicht exakt bestimmen,[678] aber grundsätzlich werden sie hauptsächlich auf einem geographisch begrenzten Gebiet angeboten und nachgefragt.[679] Da die Verbreitungsgebiete von lokalen Abonnementzeitungen auch heute noch nahezu vollständig identisch mit denen von Anzeigenblättern sind[680] oder sich zumindest teilweise überschneiden, ist grundsätzlich von einem konkreten Wettbewerbsverhältnis auf dem räumlich relevanten Markt auszugehen. Das trifft auch – wie bereits unter der sachlichen Marktbestimmung beschrieben – beim Wettbewerb um Anzeigenkunden zu.

Die *zeitliche* Dimension der Marktabgrenzung ist dann von Bedeutung, wenn der Wettbewerb für eine kurze Zeitspanne oder einen bestimmten Zeitpunkt stattfindet, z.B. bei Messen, Volksfesten oder großen Fußball-Länderspielen.[681] Da sowohl der entgeltliche als auch der unentgeltliche Vertrieb von Presseerzeugnissen grundsätzlich auf Dauer angelegt ist, besteht auch auf dem zeitlichen relevanten Markt ein konkretes Wettbewerbsverhältnis zwischen traditionellen Zeitungsverlegern und Anzeigenblattverlegern.

Zwischen reinen, klassischen und vollwertigen Anzeigenblättern und entgeltlichen Zeitungen besteht auf dem sachlich, räumlich und zeitlich relevanten Markt ein konkretes Wettbewerbsverhältnis. Die traditionellen Verleger sind daher nach § 8 Abs. 3 Nr. 1 UWG grundsätzlich berechtigt, gegen den Gratisvertrieb von reinen, klassischen und vollwertigen Anzeigenblättern vorzugehen.[682]

---

676 Vgl. *Köhler*, in: *Köhler/Bornkamm*, UWG, § 2 UWG Rdnr. 106c.

677 Vgl. OLG Köln, ZUM-RD 2000, S. 377 („wenn hiermit eine konkrete Bestandsgefährdung der im selben räumlichen Bereich erscheinenden (Boulevard-) Zeitungen einhergeht").

678 Vgl. *Köhler*, in: *Köhler/Bornkamm*, UWG, § 2 UWG Rdnr. 106d; BGH, WRP 1998, S. 45 – Unbestimmter Unterlassungsantrag III.

679 Vgl. BGH WuW/E, S. 1691 – Springer/Elbe Wochenblatt.

680 Vgl. *Ridder-Aab*, MP 1985, S. 638; *Heinrich*, Medienökonomie, S. 368.

681 Vgl. *Emmerich*, Kartellrecht, § 27 Rdnr. 32.

682 Vgl. BGHZ 19, S. 392 ff. – FWB; 51, S. 236 ff. – SWB I; BGH, GRUR 1971, S. 477 ff. – SWB II; NJW 2004, S. 2083 ff. – 20 Minuten Köln; WRP 2004, S. 746 ff. – Zeitung zum Sonntag.

3. *Der Gratisvertrieb von Anzeigenblättern als unlautere geschäftliche Handlung*

Die Verleger herkömmlicher Zeitungen können als Mitbewerber nach § 2 Abs. 1 Nr. 3 UWG auf dem Anzeigen- und Lesermarkt einen Anspruch auf Unterlassung aber nur geltend machen, wenn der Gratisvertrieb von Anzeigenblättern auch eine nach § 3 UWG unlautere geschäftliche Handlung darstellt. Ob in der unentgeltlichen Herausgabe von Anzeigenblättern eine unlautere geschäftliche Handlung zu sehen ist, soll nun untersucht werden. Um sich dem unbestimmten Rechtsbegriff der Unlauterkeit zu nähern, soll zunächst der Schutzzweck des UWG herausgearbeitet werden. Erst in einem zweiten Schritt soll der Begriff der Unlauterkeit als solcher definiert werden. Dazu wird auf die durch das UWG kodifizierten Fallgruppen in § 4 UWG ebenso einzugehen sein wie auf die Fallgruppen der Unlauterkeit, mit denen die Rechtsprechung die Generalklausel des § 3 UWG auslegt.

a) Der Schutzzweck des UWG

Nach § 1 UWG dient das gesamte UWG „dem Schutz der Mitbewerber, der Verbraucherinnen und Verbraucher sowie der sonstigen Marktteilnehmer vor unlauteren geschäftlichen Handlungen. Es schützt zugleich das Interesse der Allgemeinheit an einem unverfälschten Wettbewerb.“ Die Schutzzweckbestimmung des § 1 UWG wurde erst 2004 mit der UWG-Reform eingeführt[683] und bei der UWG-Novelle 2008 beibehalten. Das alte UWG von 1909, das bis 2004 unverändert in Kraft war, diente ursprünglich nur dem Individualschutz der Mitbewerber.[684] Im Laufe der Jahre erweiterte sich der Schutzzweck zu der nun auch normierten Schutzzwecktrias, sodass das UWG im Interesse der Verbraucher, der Mitbewerber und der Allgemeinheit auf den Erhalt eines lauteren Wettbewerbs zielt.[685] Der Schwerpunkt des Schutzes, den das UWG Mitbewerbern gewährleistet, betrifft das Horizontalverhältnis zwischen einem Unternehmen und seinen Mitbewerbern.[686] Das Interesse der Mitbewerber ist dabei in seiner wettbewerblichen Entfaltungsfreiheit geschützt.[687] Die Freiheit umfasst im weitesten Sinne alle wettbewerblichen Aktionsparameter, z.B. Forschung, Werbefreiheit,

---

683 Vgl. *Lehmler*, UWG, § 1 Rdnr. 1 f.

684 Vgl. *Sosnitza*, in: *Piper/Ohly/Sosnitza*, UWG, § 1 Rdnr. 4.

685 Vgl. *Matutis*, UWG, § 1 UWG Rdnr. 2; *Köhler*, in: *Köhler/Bornkamm*, UWG, § 1 UWG Rdnr. 1–5.

686 Vgl. *Götting*, in: *Götting/Nordemann*, UWG, § 1 Rdnr. 4.

687 Vgl. *Köhler*, in: *Köhler/Bornkamm*, UWG, § 1 UWG Rdnr. 10.

Kalkulationsfreiheit, freier Zugang zu Absatz- und Beschaffungsmärkten, Personal, Werbung und Vertrieb.[688]

Nach § 1 Satz 1 UWG dient das UWG auch dem Schutz der „Verbraucherinnen und Verbraucher“ sowie der „sonstigen Marktteilnehmer“. Sofern die „sonstigen Marktteilnehmer“ privat und nicht gewerblich tätig sind, besteht hinsichtlich ihrer Schutzinteressen eine Parallelität mit denen der Verbraucher.[689] In Übereinstimmung mit dem Gemeinschaftsrecht der EU richtet sich der Verbraucherschutz im UWG auf den Schutz der geschäftlichen Entscheidungsfreiheit und der sonstigen Rechte und Rechtsgüter der Verbraucher, wie allgemeines Persönlichkeits- und Eigentumsrecht.[690] Die Intensität des Verbraucherschutzes hängt entscheidend vom Verbraucherleitbild ab, das der Beurteilung zugrunde gelegt wird. Die Rechtsprechung des EuGH für das Gemeinschaftsrecht und das darauf beruhende harmonisierte deutsche Recht gehen von einem „durchschnittlich informierten, aufmerksamen und verständigen Durchschnittsverbraucher“ aus.[691] Der Richter kann im Einzelfall eine Verkehrsbefragung durchführen, was die Auffassung des Durchschnittsverbrauchers ist, oder er kann sich auf seine eigene Sachkunde und Urteilsfähigkeit verlassen.[692]

Wie auch in der Schutzzwecktrias des § 1 UWG zum Ausdruck kommt, stehen die Schutzsubjekte gleichberechtigt nebeneinander. Grundsätzlich ist von einer Interessenparallelität auszugehen, da sich eine unlautere geschäftliche Handlung, von der ein Marktteilnehmer beeinträchtigt ist, mittelbar auch auf die Interessen der übrigen Marktteilnehmer sowie das Allgemeininteresse an einem unverfälschten Wettbewerb auswirkt.[693]

Nach § 1 Satz 2 UWG schützt das UWG nicht nur in subjektiver Hinsicht die Wettbewerber, die Verbraucher und sonstige Marktteilnehmer, sondern auch in objektiver Hinsicht das Interesse der Allgemeinheit an einem unverfälschtem Wettbewerb.[694] So geht unsere Rechtsordnung grundsätzlich davon

688 Vgl. BGH, GRUR 2004, S. 879 – Werbeblocker; *Schünemann*, in: *Harte-Bavendamm/Henning-Bodewig*, UWG, § 1 Rdnr. 63.

689 Vgl. *Götting*, in: *Götting/Nordemann*, UWG, § 1 Rdnr. 26.

690 Vgl. Begr RegE UWG, BT-Drucks. 15/1487, S. 13; dazu auch *Köhler*, in: *Köhler/Bornkamm*, UWG, § 1 UWG Rdnr. 16 ff.

691 Vgl. EuGH, GRUR Int. 1998, S. 797 – Gut Springenheide; GRUR Int. 1999, S. 348 – Sektkellerei Kessler.

692 Vgl. EuGH, GRUR Int. 1998, S. 795 – Gut Springenheide; *Köhler*, in: *Köhler/Bornkamm*, UWG, § 1 UWG Rdnr. 38.

693 Vgl. *Köhler*, in: *Köhler/Bornkamm*, UWG, § 1 UWG Rdnr. 45.

694 Vgl. *Götting*, in: *Götting/Nordemann*, UWG, § 1 Rdnr. 2.

aus, dass der lautere Wettbewerb für ein gesundes Wirtschaftsleben förderlich und erlaubt ist.[695] Die Voraussetzung für den wirtschaftlichen Wettbewerb in einer freiheitlich verfassten Gesellschaft bildet die Wettbewerbsfreiheit.[696] Das Wettbewerbskonzept der Wettbewerbsfreiheit verlangt die Handlungs- und Entscheidungsfreiheit aller Marktteilnehmer im Parallel- und Austauschprozess,[697] wobei die Freiheit eines Marktteilnehmers durch die Freiheit seiner Mitbewerber und Marktpartner relativiert wird.[698] Welche Art von Marktprozessen oder -strukturen sich aus der Ausübung der Wettbewerbsfreiheit durch die Marktteilnehmer ergibt, lässt sich nicht vorhersagen.[699] Es ist auch nicht Aufgabe des Wettbewerbsrechts, wettbewerbliche Strukturen zu konservieren und wirtschaftlichen Entwicklungen allein deshalb entgegenzusteuern, weil sie bestehende Vertriebskonzepte infrage stellen oder bei Mitbewerbern lediglich zu Ertragsminderungen führen.[700] Das Ziel der Rechtsordnung kann umgekehrt aber auch kein vollkommen freier und ungeregelter Wettbewerb sein, da dann die Gefahr bestünde, dass Mitbewerber die wirtschaftliche Freiheit zum Schaden Dritter missbrauchen.[701] Der Individualschutz der Marktteilnehmer und der Schutz des Wettbewerbs als Institution sind deckungsgleich, sind zwei Seiten ein und derselben Medaille.[702] Das Schutzobjekt des Gesetzes *gegen* den unlauteren Wettbewerb bildet daher der freie und unverfälschte – eben lautere – Wettbewerb.[703]

b) Begriff der Unlauterkeit und die Systematik der Unlauterkeitstatbestände

Die UWG-Reform 2004 brachte im Zuge der Umsetzung der UGP-Richtlinie eine tiefgreifende Veränderung des § 3 UWG mit sich.[704] Anstelle der einheitlichen Generalklausel des früheren § 3 UWG enthält der Paragraf nun drei Tatbestände mit unterschiedlichen Voraussetzungen und Funktionen.[705] Als unlauter gilt nach der allgemeinen Generalklausel in § 3 Abs. 1 UWG eine geschäftliche

695 Vgl. BGH, GRUR 1952, S. 584 – K.'schen Rundschau.
696 Vgl. *Schünemann*, in: *Harte-Bavendamm/Henning-Bodewig*, UWG, § 1 Rdnr. 42 f.
697 Vgl. *Götting*, in: *Götting/Nordemann*, UWG, Einleitung Rdnr. 43.
698 Vgl. *Köhler*, in: *Köhler/Bornkamm*, UWG, Einl UWG Rdnr. 1.16.
699 Vgl. *Köhler*, in: *Köhler/Bornkamm*, UWG, Einl UWG Rdnr. 1.6.
700 Vgl. LG Berlin, K & R 2001, S. 61; *Ricker*, in: *Löffler/Ricker*, Handbuch des Presserechts, Kap. 81 Rdnr. 7.
701 Vgl. *Ohly*, in: *Piper/Ohly/Sosnitza*, UWG, Einf. A Rdnr. 22.
702 Vgl. *Keller*, in: *Harte-Bavendamm/Henning-Bodewig*, UWG, § 1 Rdnr. 112.
703 Vgl. *Emmerich*, Unlauterer Wettbewerb, § 3 Rdnr. 9–10.
704 Vgl. *Wirtz*, in: *Götting/Nordemann*, UWG, § 3 Rdnr. 1.
705 Vgl. *Köhler*, in: *Köhler/Bornkamm*, UWG, § 3 UWG Rdnr. 4.

Handlung, „wenn sie geeignet ist, die Interessen von Mitbewerbern, Verbrauchern oder sonstigen Marktteilnehmern spürbar zu beeinträchtigen." § 3 Abs. 2 S. 1 und Abs. 3 enthalten speziellere Verbote unlauterer geschäftlicher Handlungen, die sich insbesondere gegen Verbraucher richten.[706] Bei unlauteren geschäftlichen Handlungen gegenüber Mitbewerbern oder sonstigen Marktteilnehmern gilt das allgemeine Verbot nach § 3 Abs. 1 UWG.[707] Für den vorliegenden Fall, bei dem Anzeigenblattverleger und Zeitungsverleger miteinander im Konflikt stehen, wird daher hier nur auf die allgemeine Generalklausel in § 3 Abs. 1 UWG eingegangen werden.

Die allgemeine Generalklausel des UWG ist sinnvoll, weil der Gesetzgeber nicht alle denkbaren Fälle unlauteren Handelns im Einzelnen regeln kann.[708] § 3 Abs. 1 UWG erlaubt damit eine flexible und zeitgemäße Auslegung unlauterer geschäftlicher Handlungen, um neue geschäftliche Handlungen sachgerecht zu beurteilen. Die allgemeine Generalklausel erfüllt also eine Auffangfunktion, indem sie alle rechtlich zu missbilligenden geschäftlichen Handlungen erfasst, für die das UWG keine Spezialregelung vorsieht.[709] So kann die Rechtsprechung den sich ständig wandelnden Anschauungen und Wertmaßstäben der Gesellschaft am besten Rechnung tragen.[710]

Für die Anwendung der Generalklausel des § 3 Abs. 1 UWG muss als erstes die Voraussetzung erfüllt sein, dass eine geschäftliche Handlung vorliegt.[711] Im nächsten Schritt muss die Frage geklärt werden, ob die geschäftliche Handlung unlauter ist oder nicht. Der Gesetzgeber hat für den Begriff der Unlauterkeit keine Definition vorgegeben.[712] Bei der Beurteilung der Unlauterkeit einer geschäftlichen Handlung nach § 3 Abs. 1 UWG durch den Richter sind das Schutzgut des Wettbewerbsrechts[713] und die Werteordnung des Grundgesetzes[714] und – soweit einschlägig – auch das Gemeinschaftsrecht, zu berücksichtigen.[715] Der

---

706 Vgl. *Matutis*, UWG, § 3 UWG Rdnr. 15, 17 f.

707 Vgl. *Fezer*, in: *Fezer*, UWG, § 3 Rdnr. 21.

708 Vgl. *Wirtz*, in: *Götting/Nordemann*, UWG, § 3 Rdnr. 19.

709 Vgl. Begr RegE, BT-Drucks. 15/1487, S. 13, 17; *Köhler*, in: *Köhler/Bornkamm*, UWG, § 3 UWG Rdnr. 64.

710 Vgl. *Matutis*, UWG, § 3 UWG Rdnr. 1.

711 Vgl. *Wirtz*, in: *Götting/Nordemann*, UWG, § 3 Rdnr. 31.

712 Vgl. *Sosnitza*, in: *Piper/Ohly/Sosnitza*, UWG, § 3 Rdnr. 14.

713 Vgl. BVerfG, WRP 2003, S. 71 – Veröffentlichung von Anwalts-Ranglisten; *Köhler*, in: *Köhler/Bornkamm*, UWG, § 3 UWG Rdnr. 68.

714 BVerfG, GRUR 1993, S. 751 – Großmarkt-Werbung I; BGH, GRUR 1995, S. 597 – Kinderarbeit.

715 Vgl. *Köhler*, in: *Köhler/Bornkamm*, UWG, § 3 UWG Rdnr. 68.

Rechtsbegriff der Unlauterkeit wird dabei im Rahmen einer Güter- und Interessenabwägung im Einzelfall konkretisiert.[716]

Für die Feststellung, ob eine geschäftliche Handlung unlauter ist oder nicht, dient als weiteres Tatbestandsmerkmal die spürbare Beeinträchtigung der Mitbewerber oder sonstigen Marktteilnehmer durch die Wettbewerbshandlung. Mit dieser „Spürbarkeitsklausel"[717] ist die wettbewerbsrechtliche Unzulässigkeit nun ein zweigliedriger Begriff.[718] Nicht jede unlautere Handlung ist demnach unzulässig und führt zu einem Verbot.[719] Mit dieser Regelung sollen jedoch nicht unlautere Wettbewerbshandlungen teilweise legalisiert, sondern die Verfolgung von Bagatellfällen ausgeschlossen werden.[720] Die Interessen der Mitbewerber an ihren gewerblichen Entfaltungsmöglichkeiten und damit ihren Marktchancen müssen durch die unlautere geschäftliche Handlung spürbar beeinträchtigt werden.[721] Es genügt dabei die Eignung zu einer solchen spürbaren Beeinträchtigung.[722] Allerdings muss eine gewisse Wahrscheinlichkeit vorliegen, dass die Interessen tatsächlich beeinträchtigt werden können. Die bloße theoretische Möglichkeit reicht allein nicht aus.[723] Auch zur Feststellung der spürbaren Beeinträchtigung der Interessen der Mitbewerber bedarf es einer umfassenden Bewertung, die alle Umstände des Einzelfalls sowie die Schutzzwecke des UWG berücksichtigt.[724]

Aufgrund des hohen Konkretisierungsbedarfs der Generalklausel und ihrer großen Wertungsabhängigkeit hatte die Rechtsprechung bereits unter dem alten UWG verschiedene Fallgruppen unlauterer geschäftlicher Handlungen herausgearbeitet.[725] Im UWG von 2004 wurden einige dieser Fallgruppen als Regelbeispiele unlauteren Wettbewerbs in den §§ 4 bis 7 UWG kodifiziert und auch in der Novelle von 2008 bis auf geringfügige Änderungen beibehalten.[726] Diese Tatbestände erfüllen dabei das Tatbestandsmerkmal der Unlauterkeit gemäß

---

716 Vgl. *Fezer*, in: *Fezer*, UWG, § 3 Rdnr. 196 f.

717 *Wirtz*, in: *Götting/Nordemann*, UWG, § 3 Rdnr. 106.

718 Vgl. *Schünemann*, WRP 2004, S. 925.

719 Vgl. *Wirtz*, in: Götting/*Nordemann*, UWG, § 3 Rdnr. 95.

720 Vgl. *Matutis*, UWG, § 3 Rdnr. 5; BT-Drucks. 15/1487, S. 17.

721 Vgl. *Köhler*, in: *Köhler/Bornkamm*, UWG, § 3 UWG Rdnr. 118 ff.

722 Vgl. *Schünemann*, in: *Harte-Bavendamm/Henning-Bodewig*, UWG, § 3 Rdnr. 368 ff.

723 Vgl. *Wirtz*, in: Götting/*Nordemann*, UWG, § 3 Rdnr. 108.

724 Vgl. *Köhler*, in: *Köhler/Bornkamm*, UWG, § 3 UWG Rdnr. 135; *Wirtz*, in: *Götting/Nordemann*, UWG, § 3 Rdnr. 109.

725 Vgl. *Sosnitza*, in: *Piper/Ohly/Sosnitza*, UWG, § 3 Rdnr. 17.

726 Vgl. *Keller*, in: *Harte-Bavendamm/Henning-Bodewig*, UWG, Einl A, Rdnr. 34.

§ 3 UWG und sind als solche nicht abschließend.[727] Da der allgemeinen Generalklausel des § 3 Abs. 1 UWG in erster Linie die Funktion als „Lückenfüller" zukommt,[728] soll vor diesem Hintergrund zunächst untersucht werden, ob die unentgeltliche Verteilung von Anzeigenblättern einem der kodifizierten Unlauterkeitstatbestände der §§ 4 bis 7 UWG zugeordnet werden kann oder ob sie unter die Generalklausel des § 3 Abs. 1 UWG zu subsumieren ist.

c) Der Gratisvertrieb als unlautere geschäftliche Handlung nach § 4 UWG

Der Gratisvertrieb von Anzeigenblättern könnte zunächst eine unangemessen unsachliche Beeinflussung im Sinne des § 4 Nr. 1, Alt. 3 UWG darstellen. In seiner generalklauselartigen Breite ist der Tatbestand des § 4 Nr. 1, Alt. 3 UWG konkretisierungsbedürftig.[729] Daher kann auf die zu § 1 UWG a.F. entsprechend entwickelten Fallgruppen zurückgegriffen werden.[730] Als für den Gratisvertrieb von Anzeigenblättern relevante Fallgruppe der unangemessen unsachlichen Beeinflussung kommt zunächst die der Wertreklame in Betracht. Für die Wertreklame könnte daneben außerdem § 4 Nr. 4 UWG einschlägig sein, der sich auf die Unlauterkeit nicht transparenter Verkaufsförderungsmaßnahmen bezieht. Als weitere relevante Fallgruppe der unangemessen unsachlichen Beeinflussung kommen der psychische Kaufzwang und das übertriebene Anlocken in Betracht. Außerdem ist der Gratisvertrieb von Anzeigenblättern noch an § 4 Nr. 10 UWG, der die gezielte Behinderung von Mitbewerbern als unlauter qualifiziert, zu messen.

aa) Der Gratisvertrieb als Wertreklame

(1) Wertreklame als unangemessen unsachliche Beeinflussung

In § 4 Nr. 1, Alt. 3 UWG werden alle Tatbestände erfasst, die die Entscheidungsfreiheit der Verbraucher durch „sonstigen unangemessenen unsachlichen Einfluss" beeinträchtigen. Eine unsachliche Beeinflussung lässt sich beschreiben als die Einwirkung auf den Verbraucher und sonstige Marktteilnehmer mit dem Ziel, sie von rational-kritischen Erwägungen über Nutzen und Nachteile eines Angebots, insbesondere über seine Preiswürdigkeit und Qualität, und damit eine

727 Vgl. *Wirtz*, in: *Götting/Nordemann*, UWG, § 3 Rdnr. 63.

728 Vgl. *Schünemann*, WRP 2004, S. 928 („Extrem- bzw. Evidenzfälle unlauteren Wettbewerbshandelns").

729 Vgl. *Steinbeck*, in: *Fezer*, UWG, § 4-1 Rdnr. 96, 98; kritisch zur Auslegung des BGH von § 4 Nr. 1 UWG: vgl. *Köhler*, GRUR 2010, S. 771.

730 Vgl. *Sosnitza*, in: *Piper/Ohly/Sosnitza*, UWG, § 4.1 Rdnr. 1/49.

freien und „informierten“ Entscheidung abzuhalten.[731] Das UWG geht dabei von einem Verbraucherbild eines durchschnittlich informierten, aufmerksamen und verständigen Verbrauchers aus.[732] Das Merkmal der Beeinträchtigung verlangt dabei nicht, dass die Entscheidungsfreiheit durch eine geschäftliche Handlung vollständig beseitigt oder aufgehoben wird.[733] Auch der Nachweis der Beeinträchtigung der Entscheidungsfreiheit muss nicht erbracht werden. Es kommt allein darauf an, ob die geschäftliche Handlung mit einer gewissen Wahrscheinlichkeit geeignet ist, die freie Willensentschließung unzulässig zu manipulieren.[734]

Eine solche Manipulation kann durch die sogenannte Wertreklame erfolgen. Maßnahmen der Wertreklame fallen unter § 4 Nr. 1, Alt 3 UWG, „wenn sie als unsachliches Mittel dazu geeignet sind, „den Verbraucher zu sachfremden Überlegungen und Entschlüssen zu verleiten, ihn gleichsam zu ‚bestechen‘.“[735] Die Wertreklame umfasst demnach Werbemaßnahmen, die den Kunden mit in Aussicht gestellten Vergünstigungen locken, um ihn später zum Abschluss eines Geschäfts zu veranlassen.[736] Genauer fallen unter den Begriff der Wertreklame damit alle Arten der Werbung mit Werten wie Zugaben, Geschenken, Preisnachlässen oder der Originalware selbst.[737] Eine Zugabe ist die unentgeltliche Gewährung einer Ware oder Dienstleistung, die vom entgeltlichen Bezug des Hauptprodukts abhängig gemacht wird.[738] Dagegen sind Geschenke Waren und Dienstleistungen, die der Werbende unentgeltlich und unabhängig vom konkreten Kauf abgibt, um die Bereitschaft des Konsumenten zum Kauf derselben oder anderer Waren oder Dienstleistungen zu fördern.[739] Ein Preisnachlass ist ein betragsmäßiger oder prozentualer Abschlag vom üblicherweise geforderten Preis.[740] Mit der Wertreklame zielt der Kaufmann darauf ab, für den Absatz seiner entgeltlichen Ware oder die kostenpflichtige Erbringung seiner Dienstleistung zu werben.[741]

---

731 Vgl. *Köhler*, in: *Köhler/Bornkamm*, UWG, § 4 UWG Rdnr. 1.12 ff.

732 Vgl. BGH, GRUR 2000, S. 621 – Orient-Teppichmuster; GRUR 2002, S. 716 – Scannerwerbung; GRUR 2004, S. 796 – Sportlernahrung II.

733 Vgl. *Lehmler*, UWG, § 4 Rdnr. 10 f.

734 Vgl. *Köhler*, in: *Köhler/Bornkamm*, UWG, § 4 UWG Rdnr. 1.17.

735 Begr RegE UWG zu § 4 Nr. 1, BT-Drucks 15/1487, S. 17.

736 Vgl. BGH, WRP 2004, S. 747 – Zeitung zum Sonntag; GRUR 2004, S. 603–20 Minuten Köln.

737 Vgl. *Emmerich,* Unlauterer Wettbewerb, § 12 Rdnr. 18; BGH, WRP 2004, S. 747 – Zeitung zum Sonntag.

738 Vgl. *Köhler*, in: *Köhler/Bornkamm*, UWG, § 4 UWG Rdnr. 1.100.

739 Vgl. *Sosnitza*, in: *Piper/Ohly/Sosnitza*, UWG, § 4.1 Rdnr. 1/51.

740 Vgl. *Köhler*, in: *Köhler/Bornkamm*, UWG, § 4 UWG Rdnr. 1.121.

741 Vgl. *Berlit*, Wettbewerbsrecht, III. Rdnr. 32.

Nach dem Konzept von reinen, klassischen und vollwertigen Anzeigenblättern erhält der Leser die Publikation grundsätzlich unbestellt und gratis. Sie besteht damit – je nach Ausgestaltung – zu einem erheblichen Teil aus Werbung. Tatsächlich liegt darin aber keine Wertreklame. Die Gratisverteilung von Anzeigenblättern lässt sich nicht als Preisnachlass qualifizieren, weil das Anzeigenblatt qua Definition kostenlos ist, womit kein Abschlag vom ansonsten geforderten Preis gewährt wird. Eine Zugabe wird durch das Anzeigenblatt ebenfalls nicht gewährt. Das Anzeigenblatt steht gleichsam für sich selbst und ist nicht Beigabe.[742] Das kostenlose Presseerzeugnis ist auch kein Geschenk, weil der Leser nicht dazu verlockt werden soll, das Blatt in Zukunft zu kaufen oder zu abonnieren.[743] Im wirtschaftlichen Sinne stellt auch die Gratisverteilung von redaktioneller Leistung kein Geschenk des Verlegers dar, da die Anzeigenkunden das Blatt komplett finanzieren.[744] Die Gegenleistung für die redaktionelle Leistung wird also bereits im Vorfeld von den Inserenten erbracht. Ziel der Anzeigenblätter ist es allein, das Blatt interessant zu gestalten und weitläufig zu verbreiten, um Inserenten und Werbeeinnahmen zu erhalten.[745] Der Gratisvertrieb von Anzeigenblättern lässt sich demnach nicht als Wertreklame verstehen. Eine unsachliche Beeinflussung der Kaufentscheidung des Verbrauchers durch Wertreklame scheidet damit aus.[746]

(2) Wertreklame als nicht transparente Verkaufsförderungsmaßnahme

Grundsätzlich können § 4 Nr. 1, Alt. 3 UWG und § 4 Nr. 4 UWG nebeneinander zur Anwendung kommen.[747] Nach § 4 Nr. 4 UWG handelt unlauter, wer „bei Verkaufsförderungsmaßnahmen wie Preisnachlässen, Zugaben oder Geschenken die Bedingungen für ihre Inanspruchnahme nicht klar und eindeutig angibt." Durch Beigaben, etwa in Form von Zugaben oder Geschenken, soll der Konsument dazu motiviert werden, das Hauptprodukt zu kaufen. Die Norm will dem dabei bestehenden Informationsbedürfnis Rechnung tragen.[748]

---

742 Vgl. *Sosnitza*, in: *Piper/Ohly/Sosnitza*, UWG, § 4.1 Rdnr. 1/58.

743 Vgl. BGH, GRUR 2004, S. 603–20 Minuten Köln; *Gounalakis/Rhode*, AfP 2000, S. 324.

744 Vgl. BGH, AfP 2010, S. 242 – Stumme Verkäufer II; WRP 2004, S. 747 – Zeitung zum Sonntag; BGH, GRUR 1985, S. 883.

745 Vgl. *Ruess/Tellmann*, WRP 2004, S. 667.

746 Vgl. BGH, WRP 2004, S. 747 – Zeitung zum Sonntag.

747 Vgl. *Köhler*, in: *Köhler/Bornkamm*, UWG, § 4 UWG Rdnr. 4.6.

748 Vgl. *Harte-Bavendamm/Henning-Bodewig*, UWG, § 4 Nr. 4 Rdnr. 9.

Anzeigenblätter gewähren aber wie geprüft weder einen Preisnachlass, noch sind sie als Zugabe oder Geschenk zu verstehen. Diese Verkaufsförderungsmaßnahmen sind aber nur beispielhaft genannt („wie“). Auch alle sonstigen Verkaufsförderungsmaßnahmen werden von der Norm erfasst.[749] Mit dem Anzeigenblatt soll zwar der Verkauf der Waren und Dienstleistungen gefördert werden, die im Anzeigenblatt beworben werden. Hier liegt aber keine Verkaufsförderungsmaßnahme im Sinne der Norm vor. Das Anzeigenblatt stellt keine Vergünstigung im Sinne einer Beigabe dar, die im Zusammenhang mit dem späteren Kauf der beworbenen Produkte erfolgt, sondern ist die „logische Weiterführung der Teilfinanzierung durch Anzeigen“, und damit das Hauptprodukt selbst.[750] Der Verleger des Anzeigenblatts kann dann auch keine klaren und eindeutigen Angaben zu den Bedingungen der Inanspruchnahme der Vergünstigungen machen, weil der Geltungsbereich der Norm von vornherein Anzeigenblätter nicht erfasst. Aus diesem Grund kann der Gratisvertrieb von Anzeigenblättern auch nicht nach § 4 Nr. 4 UWG als unlautere geschäftliche Handlung eingestuft werden.

bb) Der Gratisvertrieb als psychischer Kaufzwang

Ein psychischer Kaufzwang und damit eine unangemessen unsachliche Beeinflussung im Sinne des § 4 Nr. 1, Alt. 3 UWG liegt vor, sobald mit außerhalb der Sache liegenden Mitteln auf die Willensentschließung des Verbrauchers eingewirkt wird, sodass dieser sich moralisch unter Druck gesetzt fühlt, auf das Angebot einzugehen.[751] Für den Erwerb der Ware sind dann psychische Kaufzwänge wie eine vermeintliche Verpflichtung oder Dankbarkeit gegenüber dem Verkäufer ausschlaggebend.[752] Der Konsument soll hier vor einem Kauf aus irrationalen Gründen geschützt werden. Diese Fallgruppe kann aber von vornherein nicht auf die Gratisverteilung von Anzeigenblättern Anwendung finden. Es gilt hier das zur Wertreklame Gesagte. Die unentgeltliche und unaufgeforderte Zustellung des Anzeigenblatts wirkt zwar auf die Entscheidung des Konsumenten, das Produkt zu nutzen, ein. Sie beeinflusst ihn damit aber nicht, um einen Kauf des Anzeigenblatts zu provozieren.[753] Der Leser soll das Blatt nicht in Zukunft, etwa durch ein Abonnement, entgeltlich erwerben.

---

749 Vgl. *Ackermann,* in: *Götting/Nordemann,* UWG, § 4 Nr. 4 Rdnr. 4.16; *Emmerich,* Unlauterer Wettbewerb, § 12 Rdnr. 18 f.

750 Vgl. *Gounalakis/Rhode,* AfP 2000, S. 325.

751 Vgl. dazu kritisch *Köhler,* in: *Köhler/Bornkamm,* UWG, § 4 UWG Rdnr. 1.76 ff.

752 Vgl. *Steinbeck,* in: *Fezer,* UWG, § 4–1 Rdnr. 107.

753 Vgl. *Sosnitza,* in: *Piper/Ohly/Sosnitza,* UWG, § 4.1 Rdnr. 1/64.

cc) Der Gratisvertrieb als unlauteres Anlocken

Eine unangemessen unsachliche Beeinflussung im Sinne des § 4 Nr. 1, Alt. 3 UWG ist das übertriebene Anlocken von Kunden mit unverhältnismäßigen und/oder sachfremden Mitteln,[754] wie das Inaussichtstellen von Vergünstigungen. Der Kunde wird dabei so stark von einer (Werbe-)Maßnahme verführt, dass er seine Kaufentscheidung nicht mehr nach sachlichen Kriterien trifft, nur um beispielsweise in den Genuss eines Werbegeschenks zu kommen.[755] Entscheidend ist, dass der Konsument nicht mehr in der Lage ist, rationale Nachfrageentscheidungen zu treffen.[756] Erneut kann darauf abgestellt werden, dass der Leser eines Anzeigenblatts keine *Kauf*entscheidung trifft, die durch eine Vergünstigung erst provoziert wird. Eine *Nachfrage*entscheidung trifft er durch das Lesen eines Anzeigenblatts aber gleichwohl – und damit unter Umständen auch die Entscheidung gegen den Kauf einer entgeltlichen Zeitung. Der Leser wird also durch die Unentgeltlichkeit und die unaufgeforderte Zustellung des Anzeigenblattes zur Nutzung des Anzeigenblatts verführt. Die auf dieser Verführung gründende Nachfrageentscheidung könnte als unangemessen unsachliche Beeinflussung bewertet werden.

(1) Unentgeltlichkeit

Die Unentgeltlichkeit von Anzeigenblättern könnte dazu führen, dass die Leser ihre Zeitungen nicht mehr nach den rationalen Kriterien Güte *und* Preis auswählen, wodurch die „Rationalität der Nachfrageentscheidung" ausgeschaltet wird.[757] Es kommt nun aber nicht nur darauf an, dass die Wettbewerbsmaßnahme unsachlich ist, sondern „unangemessen unsachlich". Jede Werbung versucht, die Entscheidungsfreiheit möglicher Käufer zu beeinflussen.[758] Es kommt daher auf die Frage an, ob die Entscheidungsfreiheit der Leser so nachhaltig durch die Unentgeltlichkeit von Anzeigenblättern beeinflusst ist, dass die Möglichkeit einer rationalen Entscheidung ernsthaft beeinträchtigt oder ausgeschaltet ist,[759] ob der verständige Durchschnittskonsument also nicht mehr in der Lage ist, Preis und Qualität des Gesamtangebots kritisch zu überprüfen, insbesondere Vergleiche

754 Vgl. *Krimphove*, Die UWG-Reform, S. 36.
755 Vgl. *Lehmler*, UWG, § 4 Nr. 1 Rdnr. 28.
756 Vgl. *Sosnitza*, in: *Piper/Ohly/Sosnitza*, UWG, § 4.1 Rdnr. 1/48.
757 Vgl. *Köhler*, in: *Köhler/Bornkamm*, UWG, § 4 UWG Rdnr. 1.89 f.
758 Vgl. *Lehmler*, UWG, § 4 Rdnr. 17.
759 Vgl. OLG Frankfurt, GRUR-RR 2005, S. 390; OLG Frankfurt, GRUR 2005, S. 1066; *Henning-Bodewig*, GRUR 2004, S. 716; *Köhler*, NJW 2004, S. 2123.

mit Konkurrenzangeboten vorzunehmen.[760] Es kommt dabei nicht auf eine tatsächliche, objektive Beeinträchtigung der Entscheidungsfreiheit an. Es genügt, wenn die geschäftliche Handlung dazu geeignet ist.[761]

Eine rationale Entscheidung bei der Auswahl von Waren oder Dienstleistungen richtet sich nach den Kriterien des Leistungswettbewerbs, und dabei nicht nur nach dem Preis, sondern auch nach der Qualität, dem Service, Konditionen und nach Gesichtspunkten des Umweltschutzes.[762] Der Preis spielt beim Leistungsvergleich durch den Abnehmer zwar grundsätzlich eine bedeutsame Rolle,[763] für die Auswahl eines Presseerzeugnisses können daneben aber insbesondere noch folgende (Qualitäts-)Faktoren ausschlaggebend sein: die politische Ausrichtung, der Stil, die Themenbreite, die seriöse oder boulevardmäßige Aufmachung oder das Image des Presserzeugnisses.[764] Welcher Faktor die Kaufentscheidung maßgeblich beeinflusst, bestimmt der Verbraucher.[765] Gerade aus der Perspektive des Verbrauchers stellt die Unentgeltlichkeit von Anzeigenblättern nur eine Maßnahme dar, damit das Anzeigenblatt überhaupt von ihm beachtet und gelesen wird.[766] Grundsätzlich kann der Konsument trotz der Unentgeltlichkeit von Anzeigenblättern frei wählen, ob er das kostenlose Blatt liest (und gegebenenfalls Qualitätseinbußen in Kauf nimmt) oder eine traditionelle Zeitung kauft.

Die Unentgeltlichkeit könnte sich bei der Auswahlentscheidung des Lesers nur dann zugunsten der Gratispresse (und damit zuungunsten der Kaufpresse) auswirken, wenn ein bestimmtes Informationsbedürfnis auch ausreichend durch Anzeigenblätter befriedigt wird.[767] Die unentgeltliche Versorgung mit Information hätte auf den Konsumenten dann eine sättigende und dadurch passiv machende Wirkung: Sobald und solange ein gewisser Informationsstandard unentgeltlich befriedigt wird, sind für den Rezipienten weitere Besuche auf dem Zeitungsmarkt und die dort zu treffenden Entscheidungen nach Güte und Preis nicht mehr interessant und notwendig. Die Anstrengung der Entscheidung wird ihm durch die unentgeltliche und unbestellte Zustellung von Anzeigenblättern

---

760 BGH, GRUR 2000, S. 820 – Space Fidelity; BGH, WRP 1999, S. 516 – Süß am Telefon.

761 Vgl. *Köhler*, in: *Köhler/Bornkamm*, UWG, § 4 UWG Rdnr. 1.17.

762 Vgl. *Sosnitza*, in: *Piper/Ohly/Sosnitza*, UWG, § 4.1 Rdnr. 1/12.

763 Vgl. *Ballmann*, Der Machtaspekt im UWG, S. 111.

764 Vgl. *Schricker*, AfP 2001, S. 105 f.

765 Vgl. *Sosnitza*, in: *Piper/Ohly/Sosnitza*, UWG, § 4.1 Rdnr. 1/12.

766 Vgl. Kap. 1 B IV.

767 Vgl. BGHZ 19, S. 397 f. – FWB; BGH, GRUR 1971, S. 478 – SWB II; NJW 1985, S. 1625 – Bliestal-Spiegel.

ab- bzw. vorweggenommen. Ein genauerer Produktvergleich findet dann aber von vornherein keinen Zugang mehr in die sachliche Entscheidungsfindung des Lesers. Dies ist bei reinen Anzeigenblättern, die keine oder nur rudimentäre redaktionelle Berichterstattung aufweisen, nicht der Fall, und auch die der klassischen Anzeigenblätter ohne redaktionellen Anspruch ist mit jener herkömmlicher Tages-, Wochen- oder Sonntagszeitungen von vornherein nicht vergleichbar. Anderes gilt bei klassisch-anspruchsvollen und vollwertigen Anzeigenblättern. Bei diesen könnte der Leser den Leistungsvergleich nach Güte und Preis mit ähnlichen, entgeltlichen Blättern dann bereits „im Ansatz“ unterlassen.[768] Dies gilt umso mehr, wenn sich auch politische Ausrichtung, Stil, Themenbreite, Aufmachung oder das Image dieser Anzeigenblätter an die jeweiligen konkurrierenden Kaufzeitungen annähern.[769] Vor diesem Hintergrund könnte der Gratisvertrieb von anspruchsvolleren Anzeigenblättern – hierunter fallen die klassisch-anspruchsvollen und die vollwertigen Anzeigenblätter – zu einer unangemessen unsachlichen Beeinflussung des Konsumenten führen, weil ein rationaler Leistungsvergleich auf dem Lesermarkt aufgrund der Unentgeltlichkeit unterbleibt.[770]

Es könnte aber zusätzlich zu befürchten sein, dass die genannte sättigende und dadurch passiv machende Wirkung auf den Produktvergleich und aktiven Entscheidungsprozess der Leser dadurch verstärkt wird, dass bei Presseerzeugnissen die Qualitätstransparenz für die Verbraucher besonders niedrig ist.[771] Nach der ökonomischen Theorie gehören Presseprodukte zu den Erfahrungsgütern,[772] da sich ihre Qualität erst *nach* der Nutzung bzw. Rezeption erschließt,[773] im Gegensatz zu den Inspektionsgütern, die eine Bewertung der Produktqualität *vor* dessen Konsum ermöglichen.[774] Wenn aber „der Konsument wegen mangelnder Transparenz vor dem Konsum eines Produkts – ungeachtet gewisser Erwartungen – nicht wirklich in der Lage ist, dessen Qualität zu beurteilen, so ist er – bei rationalem Verhalten – auch nicht zwangsläufig bereit, für eine vermeintlich bessere und damit teurere Qualität zu bezahlen, weil er dennoch riskiert, trotz

768 Vgl. *v. Danwitz*, Gratisvertrieb, S. 38.
769 Vgl. *Schricker*, AfP 2001, S. 105 f.
770 *Baumbach/Hefermehl*, UWG, 22. Aufl., § 1 Rdnr. 860 (später andere Auffassung); BGH, GRUR 1996, S. 780 – Stumme Verkäufer I.
771 Vgl. *Bott*, Die Gratiszeitung, S. 143 f.
772 Vgl. *Sjurts*, Strukturen und Strategien im Markt der Anzeigenblätter, S. 20.
773 Vgl. *Heinrich*, Medienökonomie, S. 99.
774 Vgl. *Sjurts*, Strukturen und Strategien im Markt der Anzeigenblätter, S. 20.

des höheren Preises eine nur mindere Leistung zu erhalten."[775] Die Annahme, ein „Nur-Anzeigenblattleser" scheue die Erfahrung, eine Kaufzeitung könne sich als schlechter herausstellen als ein vergleichbares Gratisblatt, ist dann doch sehr weit hergeholt. Der Kauf einer Zeitung bedeutet schließlich keinen großen finanziellen Aufwand. Allerdings ist der Pressemarkt generell durch Erfahrungsgüter gekennzeichnet. (Auch bei entgeltlichen Presseerzeugnissen besteht das Risiko, dass sich ein teureres Produkt im Nachhinein als schlechter herausstellt als das bisher gelesene Produkt.) Nicht die mangelnde Qualitätstransparenz bei Zeitungen, wohl aber die unaufgeforderte Zustellung der Anzeigenblätter könnte die Wirkung der Unentgeltlichkeit noch zusätzlich verstärken.

(2) Unaufgeforderte Zustellung

Die unaufgeforderte Zustellung von Anzeigenblättern könnte sich zusätzlich auf die Rationalität der Nachfrageentscheidung auswirken, denn „während der entgeltliche Vertrieb die Initiative zum Erwerb eines Produktes bei den potenziellen Käufern belässt [...], verhindert die kostenlose Verteilung bereits im Ansatz die nur an Kiosken und Verkaufsstellen vom Käufer zu treffende Auswahl- und Kaufentscheidung zwischen verschiedenen Zeitungsangeboten. Dieser ‚Bequemlichkeitsvorsprung' des Gratisvertriebs vermittelt dem so erfolgten Angebot gerade einen typischen Wettbewerbsvorsprung gegenüber konkurrierenden Zeitungen."[776] Tatsächlich erfordert es vom Leser wesentlich mehr Energie und Zeit, sich eine Kaufzeitung erst am Kiosk besorgen zu müssen, als das Anzeigenblatt nur aus dem Briefkasten zu ziehen. Erhält der Leser das kostenlose Anzeigenblatt dann noch regelmäßig über einen längeren Zeitraum geliefert, kann sich auch ein wettbewerbsrechtlich unzulässiger Gewöhnungseffekt einstellen.[777] Denn diese Umstände können durchaus dazu beitragen, dass ein Teil der Leser von einem Leistungsvergleich und damit vom Bezug eines Kaufproduktes absieht.[778] Das kann jedoch wiederum nur für Anzeigenblätter gelten, die den vergleichbaren entgeltlichen Produkten ähnlich sind, also für die klassischen Anzeigenblätter mit publizistischem Anspruch und für die Gratiszeitungen. Nur

775 *Bott*, Die Gratiszeitung, S. 143 f.

776 *v. Danwitz*, Gratisvertrieb, S. 38.

777 Vgl. BGHZ 43, S. 284 – Kleenex; BGH, GRUR 1969, S. 297 – Goldener Oktober; GRUR 1975, S. 29 – Colgate; *Kübler*, AfP 1988, S. 312; *Omsels*, in: *Harte-Bavendamm/Henning-Bodewig*, UWG, § 4 Nr. 10 Rdnr. 263; vergleichbar auch bei der Gratisverteilung von entgeltlichen Zeitungen: BGH, GRUR 1996, S. 780 – Stumme Verkäufer I; AfP 2010, S. 241 f. – Stumme Verkäufer II.

778 Vgl. BGHZ 51, S. 245 – SWB I; BGH, GRUR 1969, S. 297 – Goldener Oktober.

diese können von vornherein ein bestimmtes Informationsbedürfnis beim Leser befriedigen.[779] Diese Feststellung kann jedoch nur für einen bestimmten Leserkreis zutreffen.

Bei den Lesern, die bereits eine Abonnementzeitung beziehen und damit eine Zeitung regelmäßig zugestellt bekommen, wird sich der Bequemlichkeits- und Gewöhnungseffekt wohl am wenigsten stark auf die Entscheidungsfreiheit auswirken. Der Gewöhnungseffekt wird sich hier (zumindest auch) auf die regelmäßig zugestellte Abonnementzeitung beziehen. Allein die Leser, die streng nach ökonomischen Gesichtspunkten entscheiden, werden ihre Abonnementzeitung zugunsten der Gratiszeitung aufgeben. Dagegen könnte es für Käufer von Straßenverkaufszeitungen bereits eine Rolle spielen, dass sie nun unaufgefordert und gratis ein klassisches Anzeigenblatt mit publizistischem Anspruch oder eine Gratiszeitung erhalten. Am stärksten wird der Gratisvertrieb von klassisch-anspruchsvollen und vollwertigen Anzeigenblättern aber die bisherigen Nicht-Zeitungsleser beeinflussen, die erstmals eine Auswahlentscheidung für eine Wochen-, Tages- oder Sonntagszeitung treffen.[780] Hier können die Faktoren Unentgeltlichkeit, Bequemlichkeit und Gewöhnung so zusammenwirken, dass sie die Notwendigkeit oder den Bedarf, zwischen unterschiedlichen Publikationen nach der Qualität auszuwählen, vermindern bzw. ausschalten. Im Internet und im privaten Rundfunk, wo ebenfalls kostenlose redaktionelle Inhalte angeboten werden, ist der Vergleich mit kostenpflichtigen Angeboten für den Rezipienten nur einen Mouse-Klick oder einen Tastendruck auf der Fernbedienung des Fernsehers entfernt. Bei Presseerzeugnissen ist das anders. Hier muss der Leser eine Verkaufsstelle aufsuchen oder die bewusste Entscheidung für ein Abonnement treffen. Es ist deshalb denkbar, dass Leser von Straßenverkaufszeitungen oder bisherige Nicht-Leser durch die unaufgeforderte und unentgeltliche Zustellung eines vollwertigen Anzeigenblatts einen Leistungsvergleich mit vergleichbaren (entgeltlichen) Presseerzeugnissen nach Preis und Güte unterlassen.[781]

Nach alledem erscheint, gemessen am Leitbild des Leistungswettbewerbs, die *Kombination* aus Unentgeltlichkeit, Bequemlichkeit und Gewöhnung gerade bei klassisch-anspruchsvollen und vollwertigen Anzeigenblättern nicht gänzlich ungeeignet, um die Rationalität der Nachfrageentscheidung bei einem bestimmten Leserkreis, nämlich den Lesern von Straßenverkaufszeitungen und Nicht-Zeitungslesern, zu beeinträchtigen. Die Unentgeltlichkeit und

---

779 Vgl. BGHZ 19, S. 397 f. – FWB; BGH, NJW 2004, S. 2083 ff. – 20 Minuten Köln.
780 Vgl. *Bott*, Die Gratiszeitung, S. 145.
781 Vgl. *v. Danwitz,* Gratisvertrieb, S. 38.

unaufgeforderte Zustellung besäße dann ein latent unlauteres Moment, womit auch die Diagnose einer unangemessen unsachlichen Beeinflussung im Sinne des § 4 Nr. 1, Alt. 3 UWG nahe läge.

Zweierlei steht dieser Diagnose aber entgegen: Es ist zum einen in Rechnung zu stellen, dass die Fallgruppe des übertriebenen Anlockens nur in Ausnahmefällen zur Geltung kommen soll,[782] etwa bei Werbung, die sich gezielt an einen schutzbedürftigen Verbraucherkreis, etwa Kinder und Jugendliche, wendet.[783] Hiernach ist die Feststellung einer unangemessen unsachlichen Beeinflussung nur mit dreierlei Einschränkungen möglich: Erstens gilt sie nur bei klassisch-anspruchsvollen und vollwertigen Anzeigenblättern, zweitens nur in Bezug auf Leser von Straßenverkaufszeitungen und Nicht-Zeitungsleser und drittens nur bei Personen, die etwa aufgrund ihres jungen Alters leichter zu beeinflussen sind als der Durchschnittskonsument. Zum anderen ist eine Beeinflussung zumindest bislang auf dem Lesermarkt nicht nachzuweisen. Auch klassisch-anspruchsvolle und vollwertige Anzeigenblätter haben bislang keine Substitutionswirkung gegenüber der entgeltlichen Presse entfalten können.[784] Dies spricht dafür, dass die Unentgeltlichkeit des Gratisvertriebs keine sättigende und dadurch passiv machende Wirkung entfaltet und auch in Zusammenspiel mit dem Bequemlichkeitsvorsprung durch die unaufgeforderte Zustellung den Konsumenten nicht vom Lesermarkt und der dort zu treffenden rationalen Entscheidung nach Preis und Güte fernhält. Nach alledem mag die kostenlose und unaufgeforderte Zustellung von Anzeigenblättern zwar ein unlauteres Moment besitzen, weil sie zu einer Beeinflussung des Konsumenten führen könnte, sie schaltet die Rationalität der Bezugsentscheidung aber nicht derart aus, dass eine unangemessen unsachliche Beeinflussung vorliegt, die eine Unlauterkeit nach § 4 Nr. 1, Alt. 3 UWG begründen könnte.[785]

dd) Der Gratisvertrieb als gezielte Behinderung

Unlauter wäre die Verteilung von Anzeigenblättern nach § 4 Nr. 10 UWG, wenn sie primär dazu dienen würde, andere Mitbewerber gezielt zu behindern, zu schädigen oder vom Markt zu verdrängen.[786] Nicht jede *bewusste* Behinderung

782 Vgl. LG Frankfurt, GRUR-RR 2005, S. 97.

783 *Köhler*, in: *Köhler/Bornkamm*, UWG, § 4 UWG Rdnr. 1.81.

784 Vgl. Kap. 2 B.

785 Vgl. *Lehmler*, UWG, § 4 Rdnr. 63.

786 Vgl. BGH, GRUR 1985, S. 883 – Bliestal-Spiegel; BGH, WRP 1985, S. 691 – Abwehrblatt I; BGH, WRP 1992, S. 237 – Amtsanzeiger; BGH, WRP 2004, S. 747 – Zeitung zum Sonntag.

der Mitbewerber ist unlauter. Schließlich entspricht es gerade dem Wesen eines funktionierenden Wettbewerbs, dass sich die Mitbewerber mit der Qualität und dem Preis der eigenen Leistung durchsetzen möchten.[787] Unzulässig ist aber die *gezielte* Behinderung.[788] Darunter fällt auch die Kampfpreisunterbietung.[789] Grundsätzlich ist Preiswettbewerb zwar selbst in scharfen Formen erlaubt,[790] da er für den Preismechanismus in der Marktwirtschaft wünschenswert und notwendig ist.[791] Wäre ein Preiswettbewerb nicht möglich, könnte ein Leistungswettbewerb zwischen gleichwertigen Waren und Dienstleistungen von vornherein nicht stattfinden. Auf der anderen Seite trifft den Kaufmann der Preis im Konkurrenzkampf am stärksten.[792] In Bezug auf Qualität oder auch Service, Image und Aufmachung können Unterschiede durch Überzeugungskraft ausgeglichen werden; beim Preis ist dies dagegen kaum möglich. Bei Fragen der Preisgestaltung hat der BGH deshalb festgestellt, dass der Verkauf unter Selbstkosten oder unter Einstandspreis und selbst die unentgeltliche Abgabe nur lauter sind, sofern sie nicht dauerhaft erfolgen.[793]

Entscheidend für einen Verstoß gegen § 4 Nr. 10 UWG wegen Individualbehinderung ist immer das Vorliegen von Indizien, die auf eine Verdrängungs- oder Vernichtungsabsicht eines Mitbewerbers hinweisen.[794] Ein solcher Nachweis ist beim Vertrieb von klassischen Anzeigenblättern allerdings erst dann geführt, so der BGH, wenn die Gratisverteilung nicht kostendeckend finanzierbar wäre und nur so lange eingesetzt würde, bis die Mitbewerber ausgeschaltet wären.[795] Es läge dann eine Kampfpreisunterbietung vor, bei der ein Unternehmen Anfangsverluste zur Bekämpfung der Konkurrenz einkalkuliert, um anschließend die Preise zu erhöhen und die Verluste ausgleichen zu können. Das entscheidende Moment ist dabei, ob das Vertriebs- und Finanzierungskonzept nach einer kaufmännisch vertretbaren Kalkulation erfolgt.[796] Dabei müssen nun aber die Besonderheiten

787 Vgl. BGHZ 96, S. 346 – Abwehrblatt II; *Lettl*, Das neue UWG, Rdnr. 354.

788 Vgl. *Sack*, WRP 2005, S. 534.

789 Vgl. GRUR 1990, S. 372 f. – Preiskampf; GRUR 1990, S. 688 f. – Anzeigenpreis II; GRUR 1991, S. 617 – Motorbootfachzeitschrift.

790 Vgl. *Wirtz*, in: *Götting/Nordemann*, UWG, § 4 Nr. 10 Rdnr. 10.42 f.

791 Vgl. *Mann/Smind*, WRP 1997, S. 139.

792 Vgl. *Nordemann*, Wettbewerbs- und Markenrecht, S. 180 Rdnr. 1421.

793 Vgl. BGH, GRUR 1979, S. 322 – Verkauf Einstandspreis.

794 Vgl. BGH in GRUR 1979, S. 322 f. – Verkauf Einstandspreis; BGH, GRUR 1990, S. 372 – Preiskampf; OLG Hamm, NJW 1986, S. 921; *Lehmler*, UWG, § 3 Rdnr. 88.

795 Vgl. BGH, GRUR 1985, S. 885 – Abwehrblatt I.

796 Vgl. *Ohly*, in: *Piper/Ohly/Sosnitza*, UWG, § 4.10 Rdnr. 10/94; BGH, GRUR 1986, S. 399 – Abwehrblatt II.

des Gratisvertriebs von Presseerzeugnissen berücksichtigt werden. Gratisblätter werden grundsätzlich unentgeltlich verteilt und können so nicht ohne Weiteres mit einem verbilligten Verkauf anderer Ware verglichen werden.[797] Es gibt von vornherein keinen Kaufpreis, der nach dem Ausschalten des Konkurrenten erhöht werden könnte. Die Doppelmarktstellung von Presseerzeugnissen ermöglicht es eben, dass die Vertriebserlöse als Finanzierungsquelle nicht unbedingt erforderlich sind, sondern die Anzeigenerlöse ausreichen können, um die Kosten zu decken und Gewinne zu erzielen. Das Vertriebs- und Finanzierungskonzept von Anzeigenblättern basiert dabei in der Regel auf einer Kalkulation, die nach kaufmännischen Grundsätzen und auf eine langfristige Kostendeckung durch Anzeigeneinnahmen angelegt ist.[798] Das gilt für reine, klassische und vollwertige Anzeigenblätter in gleicher Weise. Der Gratisvertrieb von Presseerzeugnissen wird daher zu Recht als ein in sich betriebswirtschaftlich sinnvolles System bezeichnet.[799] Die unentgeltliche Verteilung von Gratisblättern wird selbst dann noch nicht wettbewerbswidrig, wenn der Gratispresseverleger nach der Neueinführung seines Blatts noch nicht sofort seine Kosten decken kann.[800] Denn auch herkömmliche Kaufzeitungen benötigen am Anfang ihres Erscheinens Quersubventionen und eine gewisse Anlaufzeit, bis sich das Produkt wirtschaftlich rechnet.[801] „Anfangsverluste und marktbedingte Korrekturen" gehören zu typischen Anlaufschwierigkeiten bei Marktneueinführungen.[802]

Der Tatbestand einer Individualbehinderung könnte nur dann vorliegen, wenn der Gratispresseverleger ein Vertriebs- und Finanzierungskonzept vorlegt, das weder eine Kostendeckung noch Gewinn nach allgemeinen betriebswirtschaftlichen Erfahrungssätzen in absehbarer Zeit ermöglicht.[803] Ein Indiz dafür könnte eine dauerhafte Quersubventionierung sein, ohne die der Verleger sein Produkt nicht finanzieren könnte.[804] In diesem Fall liegt die Vermutung nahe, dass der Gratisvertrieb von Presseerzeugnissen wieder aufgegeben wird, wenn die Konkurrenz vom Markt verdrängt wurde, um den Verkauf der eigenen entgeltlichen

797 Vgl. *Schricker*, AfP 2001, S. 103.
798 Vgl. BGH, NJW 1985, S. 1625 – Bliestal-Spiegel.
799 Vgl. OLG Karlsruhe, NJW-RR 1998, S. 914.
800 Vgl. *Mann/Smind*, WRP 1997, S. 140; *Löffler*, Presserecht, BT Anz Rdnr. 295.
801 Vgl. LG Köln, epd-medien Nr. 66 vom 19.8.2000, S. 27.
802 Vgl. *Gounalakis/Rhode*, AfP 2000, S. 328.
803 Vgl. BGH, AfP 2010, S. 243 – Stumme Verkäufer II; GRUR 1990, S. 686 – Anzeigenpreis I; GRUR 1979, S. 322 – Verkauf Einstandspreis.
804 Vgl. BGH, AfP 1992, S. 67 – Amtsanzeiger.

Zeitung zu fördern.[805] Eine solche Vernichtungs- bzw. Verdrängungsabsicht kann also ausgeschlossen werden, wenn ein Gratisblatt so konzipiert ist, dass es sich – nach einer gewissen Anlaufzeit auch mit Quersubventionierung – selbst trägt.[806] Diese Anforderungen erfüllen in der Regel aber alle Anzeigenblattkonzepte. Bisher ist auch kein Fall bekannt, in dem einem Gratisblattverleger von einem Gericht eine solche Verdrängungs- oder Vernichtungsabsicht hätte nachgewiesen werden können.[807] Anzeigenblätter sind nach alledem nicht aufgestellt worden, um die entgeltliche örtliche Tagespresse zu zerstören und auf deren Ruinen neue Presseprodukte anzubieten, sondern um mit ihnen in Wettbewerb zu treten.[808]

Fraglich ist, wie die vollwertigen Abwehranzeiger der herkömmlichen Verleger in der Ära der Gratis*tages*zeitungen (1999–2003) auf dem deutschen Pressemarkt zu bewerten sind, die ihre kostenlosen Publikationen vom Markt nahmen, nachdem die vollwertigen Anzeigenblätter der Gratiszeitungsverlage vom Markt verschwunden waren.[809] Im Nachhinein legt dieses Verhalten eine Verdrängungs- und Vernichtungsabsicht nahe. Für den Tatbestand der individuellen Behinderung kann es aber nicht allein auf die unlauteren Motive ankommen, die einen Wettbewerber bewegen. Die Verdrängungs- und Vernichtungsabsichten eines Mitbewerbers lassen sich nur schwer feststellen.[810] Solange sich der Wettbewerber lauterer Methoden bedient, spielt der subjektive Beweggrund bzw. die bloße Vernichtungsabsicht alleine keine Rolle.[811] Erst, wenn sich dieses Interesse in unlauteren Maßnahmen manifestiert, die zur Verdrängung und Vernichtung eines Konkurrenten geeignet sind, kann das UWG eingreifen.[812] Lag also bei den Abwehranzeigern ein solides, betriebswirtschaftlich sinnvolles Finanzierungskonzept zugrunde, dann hätte darin kein Verstoß gegen § 4 Nr. 10 UWG gesehen werden können. Es gehört zum Wesen des Wettbewerbs, dass die Konkurrenten auf ein neues Produkt auf dem Markt reagieren, indem sie die Innovation aufgreifen und weiterentwickeln, um im Wettstreit nach Gewinn und Vorteil auch

805 Vgl. *Lehmler*, UWG, § 4 Rdnr. 61.
806 Vgl. BGH, WRP 2004, S. 747 – Zeitung zum Sonntag; NJW 2004, S. 2084–20 Minuten Köln.
807 Vgl. LG Berlin, K & R 2001, S. 61.
808 Vgl. LG Köln, AfP 2000, S. 310.
809 Vgl. Kap. 2 B IV 2.
810 Vgl. *Kreuzer*, WRP 1985, S. 471.
811 Vgl. *Emmerich*, Unlauterer Wettbewerb, § 6 Rdnr. 16.
812 Vgl. *Ohly*, in: *Piper/Ohly/Sosnitza*, UWG, § 4.10 Rdnr. 10/94; BGH, GRUR 1990, S. 686 – Anzeigenpreis I.

zukünftig bestehen zu können.[813] Es bleibt damit festzuhalten, dass eine individuelle Behinderung im Einzelfall nur schwer nachweisbar ist, tatsächlich aber auch keine Indizien dafür bestehen, dass bislang reine, klassische und vollwertige Anzeigenblätter Mitbewerber in ihrer Wettbewerbstätigkeit durch einen unzulässigen Verdrängungswettbewerb beeinträchtigt hätten.[814]

d) Der Gratisvertrieb als allgemeine Marktstörung nach § 3 UWG

Die Beispieltatbestände des § 4 UWG sind nicht abschließend.[815] Die Unlauterkeit des Gratisvertriebs von Anzeigenblättern kann dann unter dem Aspekt der allgemeinen Marktstörung gegeben sein, die bereits nach § 1 UWG a.F. eine anerkannte Fallgruppe unzulässiger geschäftlicher Handlungen darstellte.[816] So gilt die allgemeine Marktbehinderung oder Marktstörung als Beispiel für das lückenfüllende Eingreifen von § 3 UWG.[817] Eine allgemeine Marktstörung liegt vor, sobald ein zwar nicht von vornherein unlauteres, aber doch wettbewerbsrechtlich bedenkliches Wettbewerbsverhalten für sich allein oder in Verbindung mit zu erwartenden gleichartigen Maßnahmen von Mitbewerbern die ernstliche Gefahr begründet, dass der Wettbewerb hinsichtlich der fraglichen Warenart in nicht unerheblichem Maße eingeschränkt,[818] also der Wettbewerbsbestand gefährdet wird.[819] Zum Wettbewerbsbestand gehören die wettbewerblichen Gegebenheiten auf dem relevanten Markt, also Zahl und Größe der Mitbewerber, das Ausmaß ihrer wettbewerblichen Handlungsfreiheit sowie die Markteintrittschancen neuer Akteure.[820] Nicht dazu zählen in der Regel die vorhandenen Wettbewerbsparameter, wie z.B. bestimmte Werbe-, Finanzierungs- oder

---

813 Vgl. *Köhler*, in: *Köhler/Bornkamm*, UWG, UWG Einl Rdnr. 1.5.

814 Vgl. BGH, GRUR 1971, S. 1626 – Bliestal-Spiegel; GRUR 1985, S. 885 – Abwehrblatt I; AfP 1992, S. 67 – Amtsanzeiger.

815 Vgl. *Lehmler*, UWG, § 3 Rdnr. 1.

816 Vgl. Begr. RegE, BT-Drucks. 15/1487, S. 19; *Omsels*, in: *Harte-Bavendamm/Henning-Bodewig*, Gesetz gegen unlauteren Wettbewerb, § 4 Nr. 10 Rdnr. 264.

817 Vgl. *Ohly*, in: *Piper/Ohly/Sosnitza*, UWG, § 4.10 Rdnr. 10/95; *Köhler*, in: *Köhler/Bornkamm*, UWG, § 4 Rdnr. 12.1; *Sack*, WRP 2005, S. 532; BGH, AfP 2010, S. 242 – Stumme Verkäufer II.

818 Vgl. BGHZ 114, S. 84 – Motorboot-Fachzeitschrift; BGH, WRP 1982, S. 18 – Back Journal; BGH, WRP 1985, S. 882 – Bliestal-Spiegel; WRP 2004, S. 747 – Zeitung zum Sonntag; GRUR 2004, S. 603–20 Minuten Köln.

819 Vgl. *Lehmler*, UWG, § 3 Rdnr. 71.

820 Vgl. *Köhler*, in: *Köhler/Bornkamm*, UWG, § 4 UWG Rdnr. 12.5.

Absatzkonzeptionen. Beim Tatbestand der allgemeinen Marktbehinderung geht es nicht darum, überholte Strukturen und Konzeptionen zu erhalten.[821]

Auf dem Pressemarkt ist aufgrund der Bedeutung der Pressefreiheit außerdem die Art und Qualität des Wettbewerbes (auch) in Hinblick auf die verfassungsrechtlich geschützte Informationsaufgabe der Presse im Interesse der Allgemeinheit zu berücksichtigen,[822] wenn der Tatbestand der allgemeinen Marktbehinderung geprüft werden soll. Dieser Aspekt soll jedoch unter Abschnitt D) noch ausführlich behandelt werden.

Kennzeichnend für die allgemeine Marktstörung ist also eine kombinierte Zusammenschau von Wettbewerbsmaßnahme und Marktwirkung.[823] So können auch Wettbewerbsmaßnahmen, die im Einzelfall und für sich allein betrachtet eine geringe Gefahr darstellen, durch die Möglichkeit einer sich kontinuierlich steigernden Nachahmung und Verbreitung zu einer ernsten Gefahr für den Bestand des Wettbewerbs werden und damit die Interessen der Allgemeinheit schädigen und die Mitbewerber behindern.[824] Der Vertrieb von Anzeigenblättern als eine Wettbewerbsmaßnahme ist dabei unter den wettbewerbsrechtlichen Fallgruppen der Massenverteilung von Originalwaren, der Preisunterbietung ohne Verdrängungsabsicht sowie unter dem Aspekt der Markstörung durch Nichtleistungswettbewerb zu prüfen.

aa) Vorab: Die Berücksichtigung von Marktfolgen durch das UWG

Das Gesetz gegen Wettbewerbsbeschränkungen (GWB) enthält ebenfalls den Tatbestand der allgemeinen Marktstörung. Es stellt dabei auf das Marktverhalten marktmächtiger Unternehmen ab, die ihre „überlegene Marktmacht" dazu ausnutzen könnten, kleine und mittlere Unternehmen im Wettbewerb unzulässig zu beeinträchtigen und damit auch den Wettbewerb als solchen zu gefährden.[825] So könnte nach § 20 Abs. 1 GWB die kostenlose Verteilung von Anzeigenblättern verboten werden, wenn der Anzeigenblattverlag ein marktbeherrschendes Unternehmen ist und ein anderes, gleichartiges Unternehmen auf dem Pressemarkt unmittelbar oder mittelbar „unbillig", d.h. ohne sachlich gerechtfertigten Grund,

821 Vgl. BGH, GRUR 1990, S. 45 – Annoncen-Avis; GRUR 1991, S. 617 – Motorboot-Fachzeitschrift; OLG Karlsruhe, WRP 1998, S. 527 – Zeitung zum Sonntag.

822 Vgl. KG, NJWE-WettbR 1997, S. 85.

823 Vgl. BGHZ 51, S. 242 – SWB I.

824 Vgl. BGHZ 51, S. 244 – SWB I; BGHZ 43, S. 284 – Kleenex; BGH, WRP 2004, S. 747 – Zeitung zum Sonntag.

825 Vgl. *Bechtold,* GWB, § 20 Rdnr. 2 ff.; *Markert*, in: *Immenga/Mestmäcker*, GWB, § 20 Rdnr. 1 ff.

das sich auf § 1 UWG [a.F., § 3 UWG n. F.] berufe, den unzutreffenden Schluss zulassen würde, dass, was den Bestand des Wettbewerbs gefährde, auch unlauter sei.[837] Das würde dann dazu führen, dass die Wettbewerbsfreiheit des Einzelnen eingeengt wird, wenn lediglich lästige oder unbequeme Verhaltensweisen verboten werden, die aber nicht grundsätzlich unlauter sind. Darüber hinaus wird gegen die Anwendbarkeit des UWG eingewendet, dass die Zivilgerichte in Wettbewerbsprozessen mit der Beurteilung des Tatbestands der allgemeinen Marktbehinderung überfordert seien.[838] Das setze nämlich eine umfassende Marktbeurteilung voraus, die die Richter kaum zu leisten im Stande seien, da sie die Marktfolgen alleine nach den Beweisen beurteilen müssten, die die Parteien vortragen.[839] Dies müsse jedoch Stückwerk bleiben.[840] Es könne nicht davon ausgegangen werden, dass der Gesetzgeber „die Beantwortung so schwieriger Fragen wie nach der Marktstruktur, der Marktbeherrschung, der Marktentwicklung in der Zukunft der Lösung qua richterlicher Lebenserfahrung anheim [gäbe] oder von dem u. U. unvollständigem Material abhängig mach[e], das den Gerichten im Verfahren unterbreitet wird."[841] Dagegen verfüge das Kartellrecht über wirtschaftswissenschaftliche Analysen und adäquate Methoden zur Marktbeurteilung, um eine allgemeine Marktstörung angemessen festzustellen.[842]

Zwar lässt sich die Eigenständigkeit der beiden Wettbewerbsgesetze, die unterschiedliche Ziele und Aufgaben verfolgen, nicht verleugnen, letztlich aber bilden sie zusammen eine einheitliche Wettbewerbsordnung.[843] Das übergeordnete Schutzgut dieses Systems ist die Institution des Wettbewerbs als selbständige Ordnungseinheit des sozialen Lebens.[844] Das gesamte Wettbewerbsrecht geht deshalb in all seinen Teilen von der wirtschaftspolitischen und zugleich gesellschaftspolitischen Entscheidung für eine marktwirtschaftliche Ordnung aus und dient dazu, diese Ordnung funktionsfähig zu halten.[845] Denn wenn „der Gesetzgeber neben dem lauteren auch den freien Wettbewerb unter seinen besonderen Schutz stellt, kann auch die Grenze zwischen lauterem und unlauterem Wettbewerb nicht ohne Rücksicht auf das Interesse an der Ermöglichung

837 Vgl. *Schwartz*, GRUR 1967, S. 343.

838 Vgl. *Schricker*, AfP 2001, S. 106.

839 Vgl. *Bringe*, Gratisvertrieb meinungsbildender Tagespresse, S. 199 f.

840 Vgl. KG, GRUR 2000, S. 625 f.

841 *Kraft*, GRUR 1980, S. 967.

842 Vgl. *Schricker*, AfP 2001, S. 106.

843 Vgl. *Köhler*, WRP 2005, S. 45.

844 Vgl. *Köhler*, in: *Köhler/Bornkamm*, UWG, UWG Einl Rdnr. 6.11 ff.

845 Vgl. *Raiser*, GRUR Int. 1973, S. 445, Fezer, in: *Fezer*, UWG, Einleitung E Rdnr. 214.

und Aufrechterhaltung eines freien und ungehinderten Wettbewerbs bestimmt werden."[846] So lässt sich die Frage nach der Lauterkeit oder Sozialverträglichkeit einer Wettbewerbsmaßnahme nur im Hinblick auf die geltende Wirtschafts- und Sozialordnung beantworten.[847] Damit dienen die UWG-Normen auch „dem Erhalt des Wettbewerbs insgesamt" und tragen „zur Akzeptanz der Marktwirtschaft" bei.[848] Ein „Marktbezug" ist dem § 3 UWG also immanent.[849]

Die Annahme der wirtschaftspolitischen Neutralität des UWG findet auch dann keine Stütze, wenn man berücksichtigt, dass das UWG nach 2004 nicht nur die Interessen der Mitbewerber, sondern auch explizit die der sonstigen Marktteilnehmer, der Verbraucher und der Allgemeinheit schützt.[850] Sozialverträglichkeit und wirtschaftspolitische Neutralität schließen sich aber gegenseitig aus.[851] Stattdessen treffen gemäß § 1 UWG soziale und individuelle Interessen bei der rechtlichen Beurteilung des Wettbewerbsverhaltens aufeinander. Aber nicht nur das UWG, auch das GWB schützt das Individualinteresse an freier wirtschaftlicher Betätigung und das Interesse der Allgemeinheit am Bestand eines funktionsfähigen Wettbewerbs.[852] Dabei stehen die beiden Wettbewerbsgesetze in Hinblick auf das übergeordnete Schutzgut, die Erhaltung der Institution eines funktionsfähigen Wettbewerbs, in einem Funktionszusammenhang.[853] Einerseits kann wirtschaftlicher Wettbewerb nur stattfinden, wenn den Wettbewerbern und deren Marktpartnern (z. B. Verbrauchern) der Zutritt zum Markt offen steht und alle Beteiligten freie Entscheidungen treffen können, also Wettbewerbsfreiheit besteht. Andererseits ist Wettbewerbsfreiheit dauerhaft nur möglich, wenn die geschäftlichen Handlungen der Mitbewerber lauter sind.[854] Die UWG-Normen beschränken deshalb nicht restriktiv die Wettbewerbsfreiheit, weil auch die Wettbewerbsfreiheit nur eine Freiheit sub lege ist, und das GWB schützt in Hinblick auf die übergeordnete, einheitliche Wettbewerbsordnung nur den lauteren Wettbewerb vor Wettbewerbsbeschränkungen.[855] Da UWG und GWB miteinander in

---

846 *Ulmer*, AfP 1975, S. 874.
847 Vgl. *Scherer*, WRP 1996, S. 178.
848 Vgl. *Wolf*, WRP 1995, S. 543.
849 Vgl. *Hirtz*, GRUR 1980, S. 95.
850 Vgl. *Sosnitza*, in: *Piper/Ohly/Sosnitza*, UWG, § 1 Rdnr. 3 f.
851 Vgl. *Raiser*, GRUR Int. 1973, S. 445.
852 Vgl. *Köhler*, in: *Köhler/Bornkamm*, UWG, UWG Einl Rdnr. 6.13.
853 Vgl. *Osterrieth*, in: *Fezer*, UWG, § 4-S1 Rdnr. 127; *Köhler*, in: *Köhler/Bornkamm*, UWG, UWG Einl Rdnr. 6.12.
854 Vgl. *Ohly*, in: *Piper/Ohly/Sosnitza*, UWG, Einf A Rdnr. 20, 22.
855 Vgl. *Wolf*, WRP 1995, S. 543; *Fezer*, in: *Fezer*, UWG, Einleitung E Rdnr. 215 f.

einem Funktionszusammenhang stehen, müssen auch die Ziele des GWB – und damit die Wertungen der gesamten Wettbewerbsordnung – in die auslegungsbedürftige Generalklausel des § 3 UWG einfließen.[856]

Bei der Frage, welchem Gesetz der Tatbestand der allgemeinen Marktbehinderung nun zuzuordnen ist, kommt es zu keiner eindeutigen Lösung. Weder ist das GWB Exklusiv- oder Spezialnorm,[857] noch schließt das UWG aus, strukturelle Marktfolgen bzw. -elemente zu berücksichtigen, wie z.B. extrem hohe Marktzutrittsschranken durch monopolistische Strukturen auf dem Pressemarkt.[858] Da sowohl leistungswidrige als auch unbillige Praktiken den Bestand des Wettbewerbs gefährden können, hat der Gesetzgeber sich zu Recht dagegen entschieden, die allgemeine Marktbehinderung ausschließlich im GWB zu fixieren. Wenn nun im Einzelfall eine Maßnahme sowohl gegen UWG- als auch GWB-Recht verstößt, dann finden beide Rechtsgebiete nebeneinander Anwendung.[859] Dabei muss die Rechtsprechung jedoch nach dem unterschiedlichen Schutzzweck differenzieren.[860] Da auch das UWG geschäftliche Handlungen eigenständig erfasst und bewertet, unabhängig davon, ob sie gleichzeitig auch gegen das GWB verstoßen oder nicht, ist der Annahme eine Absage zu erteilen,[861] wonach das Gesetz gegen unlauteren Wettbewerb vermeintliche Schutzlücken im GWB auffüllt.[862]

Für den Tatbestand der allgemeinen Marktbehinderung ist deshalb zu beachten, dass sowohl im UWG als auch im GWB nicht nur auf die Marktfolgen abgestellt wird: Das GWB greift erst in das freie Spiel der Kräfte ein, wenn Unternehmen ihre Marktmacht einsetzen, um den Wettbewerbsprozess abzuschwächen oder auszuschalten.[863] So würde etwa die Existenz eines marktbeherrschenden Unternehmens oder der Missbrauch von Marktmacht eines Gratisblattverlegers mit Hilfe des Gratisvertriebs von Presseerzeugnissen ein

---

856 Vgl. BGH, NJW 2004, S. 2084–20 Minuten Köln; *Osterrieth*, in: *Fezer*, UWG, § 4-S1 Rdnr. 131.

857 Vgl. *Hefermehl*, GRUR Int. 1983, S. 512.

858 Vgl. BGH, NJW 2004, S. 2084–20 Minuten Köln; WRP 2004, S. 749 – Zeitung zum Sonntag; *Schütz*, MP 2009, S. 455.

859 Vgl. BGHZ 13, S. 37 – Warenkredit.

860 Vgl. *Holtorf*, in: *Gloy/Loschelder/Erdmann*, Handbuch des Wettbewerbsrechts, § 16 Rdnr. 5.

861 Vgl. *Köhler*, in: *Jacobs/Lindacher/Teplitzky*, UWG/Großkom., § 1 D 14.

862 Vgl. *Raiser*, GRUR Int. 1973, S. 446 (Befürworter der Lückenfüllerfunktion).

863 Vgl. *Köhler*, in: *Jacobs/Lindacher/Teplitzky*, UWG/Großkom., § 1 D 13.

sofortiges Eingreifen des GWB ermöglichen.[864] Auch ein Unwerturteil über eine geschäftliche Handlung auf der Grundlage von § 3 UWG kann sich nur auf konkrete Folgen einer Wettbewerbshandlung beziehen, wenn der Ausgangspunkt der Beurteilung ein nicht leistungsgerechtes Verhalten ist.[865] Werden also die Marktfolgen des Gratisvertriebs von reinen, klassischen und vollwertigen Anzeigenblättern in der lauterkeitsrechtlichen Judikatur berücksichtigt, dann „handelt es sich nicht um eine unzulässige Einbeziehung wirtschaftspolitischer Gesichtspunkte in die wettbewerbsrechtliche Beurteilung, sondern um die Grundlage für die Feststellung, ob die angegriffene Werbemaßnahme die Gefahr einer unzulässigen Behinderung der Mitbewerber [...] mit sich bringt."[866]

bb) Allgemeine Marktstörung durch Massenverteilung von Originalware

Als erste relevante Fallgruppe einer allgemeinen Markstörung kommt der Tatbestand des massenhaften Verteilens bzw. Verschenkens von Originalware in Betracht.[867] Anders als die reinen Anzeigenblätter bieten die klassischen und vor allem die vollwertigen Anzeigenblätter einen redaktionellen Teil als Leistung an, den traditionelle Zeitungen nur gegen Entgelt offerieren. Ihre unentgeltliche Verteilung könnte daher als Massenverteilung von Originalware ausgelegt werden.[868] Dagegen sind Anzeigen keine typischerweise gegen Entgelt vertriebene Leistung. Zwar gibt es auch reine Anzeigenzeitungen, wie den „Sperrmüll", der sich nicht aus den Anzeigeneinnahmen der Inserenten finanziert, sondern durch die Vertriebseinnahmen. In der Regel stellen aber Anzeigen für den Leser einen bloßen Zusatz in Presseprodukten dar, der als zusätzliche Finanzierungsquelle für den Verleger dient und dazu beiträgt, dass der kostenintensive redaktionelle Bereich mitfinanziert wird.[869] Daher handelt es sich auch bei der kostenlosen Verteilung von reinen Anzeigenblättern nicht um eine Massenverteilung einer ansonsten *nur* gegen Entgelt vertriebenen Leistung. Die wettbewerbsrechtliche Fallgruppe „Massenverteilung von Originalware" kommt so nur für klassische und vollwertige Anzeigenblätter in Betracht, die redaktionelle Leistung kostenlos für die Leser erbringen.

---

864 Vgl. Kap. 2 B II.

865 Vgl. BGHZ 51, S. 43, S. 281 f. – Kleenex; BGH, GRUR 1979, S. 322 – Verkauf Einstandspreis; *Schricker*, GRUR 1980, S. 199 Fn. 68; *Lettl*, Das neue UWG, Rdnr. 390.

866 BGH, GRUR 1969, S. 298 – Goldener Oktober.

867 Vgl. Köhler, in: *Köhler/Bornkamm*, UWG, § 4 UWG Rdnr. 12.17 ff.; *Lehmler*, UWG, § 3 Rdnr. 75 ff.

868 Vgl. BGHZ 51, S. 242 ff. – SWB I; BGH, GRUR 1971, S. 478 f. – SWB II.

869 Vgl. BGHZ 19, S. 399 – FWB.

Die Fallgruppe „Massenverteilung von Originalware“ wurde auf Grundlage von Tatbeständen entwickelt, denen spezielle Werbeaktionen der Wertreklame zugrunde lagen.[870] Diese zielten darauf ab, Personen mit Originalwaren zu beschenken, um sie später als zahlende Kunden für ihr Produkt zu gewinnen.[871] Das Verschenken von Ware stufte der BGH dann als wettbewerbsrechtlich bedenklich ein, wenn der Zweck der Erprobung überschritten und normale Marktbedürfnisse befriedigt wurden, sodass eine Marktverstopfung drohte.[872] Die Mitbewerber müssten dann für einen nicht unerheblichen Zeitraum entsprechende Verluste bei den Absatzmöglichkeiten hinnehmen. Der BGH sah in dieser Wettbewerbsmaßnahme außerdem die Gefahr verankert, dass sich der Kunde an die verschenkte Ware gewöhnt und bei einer späteren Kaufentscheidung nicht mehr die Angebote der Mitbewerber nach Preis und Güte überprüft.[873] Auf diese Weise verzerre sich der Leistungsvergleich unter gleichartigen Bedingungen durch den Kunden.

Beim Gratisvertrieb von klassischen und vollwertigen Anzeigenblättern handelt es sich allerdings nicht um eine zeitlich begrenzte Werbeaktion, sondern um ein in sich konsequentes und betriebswirtschaftlich sinnvolles Vertriebssystem für Presseerzeugnisse, um Werbekontakte herzustellen und zu vermarkten.[874] Es ist „eine unabhängig von der Wettbewerbssituation sachgerechte Konzeption, weil dadurch ein bestimmter lokaler Bereich von der Werbung vollständig und im Sinne der Inserenten wirksam abgedeckt wird und weil bei sachgerechter Kalkulation der Inseratspreise alle Betriebskosten, auch die des redaktionellen Teils, abgedeckt werden können, ohne daß von den Empfängern Bezugsgebühren erhoben werden müssen.“[875] Die Gratisblätter dienen also nicht der Kundenwerbung, da sie nicht den Empfänger als Käufer gewinnen wollen, sondern den Inserenten. Der Leser erhält das Anzeigenblatt grundsätzlich unbestellt und gratis. Damit scheidet eine unsachliche Beeinflussung der Kaufentscheidung des Verbrauchers aus, da er das Produkt auch in Zukunft weder zu kaufen noch zu

---

870 Vgl. BGH, NJW 1957, S. 748 ff. – Suwa; NJW 1965, S. 1325 ff. – Kleenex; GRUR 1969, S. 295 ff. – Goldener Oktober; *Lehmler*, UWG, § 3 Rdnr. 85.

871 Vgl. RG GRUR 1936, S. 810 ff. – Diamantine; OLG München, NJW-RR 1996, S. 490 f. – Probelesen von Zeitschriften.

872 Vgl. BGHZ 23, S. 371 f. – Suwa; BGH, GRUR 1957, S. 364 – Sunil.

873 Vgl. BGHZ 43, S. 284 – Kleenex.

874 Vgl. *Kübler*, Pressefreiheit als Entscheidungsfreiheit des Lesers, in: FS Löffler, S. 177; OLG Karls-ruhe, AfP 1998, 235, 237 – Zeitung zum Sonntag.

875 BGH, GRUR 1985, S. 882 – Bliestal-Spiegel.

abonnieren braucht.[876] Beim Gratisvertrieb von klassischen und vollwertigen Anzeigenblättern handelt es sich – wie bereits festgestellt – auch nicht um das „Verschenken einer geldwerten journalistischen Leistung“ oder einer „Original-Zeitung“.[877] Wenn Presseunternehmen Presseerzeugnisse gratis an Leser verteilen, dann sind das unter ökonomischen Aspekten keine Geschenke, da der Verlag die Publikationen vollständig aus Anzeigeneinnahmen finanziert und damit in der Regel noch Gewinn erwirtschaftet. Die unentgeltliche Verteilung von Gratisblättern mit redaktionellem Teil lässt sich damit nicht unter dem Begriff des massenhaften Verschenkens von Originalware subsumieren.

Gegen diesen Befund sprach auch nicht die „Stumme-Verkäufer-I-Entscheidung“ des BGH.[878] In dem dort zu entscheidenden Fall ging es um die Konkurrenz zweier Kaufzeitungen, wovon eine der Zeitungen in sogenannte „Stumme Verkäufer“ ausgelegt wurde. Diese Verkaufsständer waren bewusst so manipulierbar, dass die Zeitungen auch ohne Entgelt leicht entnommen werden konnten. Aufgrund der hohen Diebstahlquote hat das Gericht diesen Absatzweg als eine planmäßige massenhafte Gratisverteilung von Zeitungen angesehen. Stimmen in der Literatur sahen darin die Auffassung bestätigt, dass es im Kern um das Verbot der unentgeltlichen Verteilung von Tageszeitungen als Vertriebsmethode gehe.[879] Der BGH habe stets entscheidungserheblich zwischen reinen Anzeigenblättern und Anzeigenblättern mit redaktionellem Teil einerseits sowie (entgeltlichen) Zeitungen andererseits differenziert.[880] Sie gingen daher von einer „Per-se-Bedenklichkeit“ oder sogar Unzulässigkeit des ständigen Gratisvertriebs echter (Gratis-)Zeitungen aus.[881]

Tatsächlich lässt sich ein grundsätzliches Verbot des Gratisvertriebs vollwertiger Anzeigenblätter bzw. Gratiszeitungen aus der Entscheidung „Stumme Verkäufer I“ nicht ableiten.[882] Dies hat auch die nachfolgende Rechtsprechung – und

876 Vgl. BGH, WRP 2004, S. 747 – Zeitung zum Sonntag; *Weidenbach,* Anzeigenblätter im Wettbewerbs- und Kartellrecht, S. 21.

877 Vgl. BGHZ 51, S. 238 f. – SWB I; WRP 2004, S. 747 – Zeitung zum Sonntag; BGHZ 157, S. 60–20 Minuten Köln; BGH, AfP 2010, S. 242 f. – Stumme Verkäufer II; LG Münster, AfP 1984, S. 171.

878 Vgl. BGH, GRUR 1996, S. 778 ff. – Stumme Verkäufer I.

879 Vgl. *Teplitzky*, GRUR 1999, S. 109; *Brandner*, GRUR 1996, S. 532 f.

880 Vgl. Kap. 3 D II.

881 Vgl. *Teplitzky*, GRUR 1999, S. 109; *Brandner*, GRUR 1996, S. 532 f.

882 Vgl. *Ahrens*, WRP 1999, S. 127; *Kohl*, in: *Bringe*, NJW 2001, S. 1477; *v. Danwitz,* Gratisvertrieb, S. 118; *Teplitzky*, GRUR 1999, S. 112.

behindert.[826] Der Wertungsbereich des § 3 UWG dehnt sich also auf Bereiche des GWB aus, wenn bei der Beurteilung einer geschäftlichen Handlung (Marktverhaltenskontrolle) auch ihre Auswirkungen auf das Marktgeschehen (Marktstrukturkontrolle) berücksichtigt werden.[827] Zwar schützen sowohl das GWB als auch das UWG den Wettbewerb als Institution durch spezielle Verhaltensnormen.[828] Das GWB hat allerdings die Aufgabe, Wettbewerbsbeschränkungen zu unterbinden, während das UWG unlautere geschäftliche Handlungen bekämpfen will.[829] Das UWG schützt die Qualität, das GWB die Quantität des Wettbewerbs.[830] Formal gesehen ließe sich nach dieser Auffassung sagen, das UWG sei restriktiv, weil es die Möglichkeit freier wirtschaftlicher Betätigung des Einzelnen einenge, das GWB dagegen extensiv, weil es für den Einzelnen freie wirtschaftliche Betätigung ermögliche.[831] Aufgrund dieser unterschiedlichen Aufgabenbereiche und Zielsetzungen wird die Auffassung vertreten, dass für den Tatbestand der allgemeinen Marktbehinderung exklusiv das GWB zuständig sei.[832]

Grundlage dieser Auffassung ist die Annahme, dass das wirtschaftspolitisch neutrale UWG von einem Funktionieren des Wettbewerbs als solchem ausgehe.[833] Das entscheidende Kriterium für das UWG sei entsprechend allein das unlautere Verhalten gegenüber Mitbewerbern und Verbrauchern und nicht gegenüber der Institution Wettbewerb.[834] Wenn nun § 3 UWG nicht mehr ausschließlich nur auf die geschäftliche Handlung abstellte, sondern auch die Marktfolgen oder die Funktionen des Wettbewerbs mitberücksichtige, dann schließe das die Gefahr wirtschaftspolitisch orientierter Entscheidungen ein, die der wirtschaftspolitischen Neutralität des UWG widersprächen.[835] Diese Vorgehensweise verwische entweder die Grenzen zwischen dem Recht der Wettbewerbsbeschränkungen und dem Gesetz gegen unlauteren Wettbewerb, oder § 3 UWG „verblasse zur leeren Formel."[836] Es wird befürchtet, dass das Argument der Wettbewerbsgefährdung in einem Urteil,

---

826 Vgl. *Markert*, in: *Immenga/Mestmäcker*, GWB, § 20 Rdnr. 128.
827 Vgl. *Hefermehl*, Grenzen des Lauterkeitsschutzes, GRUR Int. 1983, S. 512; vgl. dazu auch: *Köhler*, in: *Köhler/Bornkamm*, UWG, § 4 UWG Rdnr. 12.2.
828 Vgl. *Fezer*, in: *Fezer*, UWG, Einleitung E Rdnr. 214.
829 Vgl. *Lehmler*, UWG, Einleitung Rdnr. 17.
830 Vgl. *Kraft*, GRUR 1980, S. 967.
831 Vgl. *Franzen*, WuW 1957, S. 751.
832 Vgl. *Kraft*, GRUR 1980, S. 967.
833 Vgl. *Samwer*, GRUR 1969, S. 329.
834 Vgl. *Kraft*, GRUR 1980, S. 967.
835 Vgl. *Samwer*, GRUR 1969, S. 329.
836 *Schwartz*, GRUR 1967, S. 349 f.

zwar sowohl die der Instanzgerichte[883] als auch die des BGH[884] – klargestellt. Im Falle der „Stummen Verkäufer" fühle sich der Abnehmer, so der BGH zu Recht, wie beschenkt, weil ein bislang nur entgeltlich abgegebenes Produkt nun in erheblichem Umfang auch kostenlos erhältlich sei. Die davon ausgehende Anlockwirkung und der dadurch eintretende Gewöhnungseffekt sei dann so stark, dass dies bereits die Vermutung rechtfertige, durch den Nachahmungseffekt sei der Bestand des Wettbewerbs gefährdet.[885] Das „Verschenken" von entgeltlichen Zeitungen als Marketingidee kann jedoch gerade nicht mit dem systematischen und von vornherein beabsichtigten Gratisvertrieb von Anzeigenblättern verglichen werden. Beim unentgeltlichen Verteilen von Anzeigenblättern liegt kein Verschenken einer grundsätzlich zum Verkauf vorgesehenen Ware vor, sondern es handelt sich um ein eigenständiges Vertriebssystem.[886] Der Verleger einer Gratiszeitung nimmt – und hierin unterscheidet sich sein Vertriebssystem grundlegend von dem der „Stummen Verkäufern" – einen Diebstahl seiner Zeitung und den dadurch entstehenden wirtschaftlichen Verlust nicht aus marktstrategischen Gründen hin, sondern die Unentgeltlichkeit ist wesentlicher Bestandteil seiner auf unmittelbaren wirtschaftlichen Gewinn ausgerichteten Kalkulation. Dagegen erfolgt die Finanzierung für die von den Lesern gestohlenen Zeitungen aus den „Stummen Verkäufern" zumindest teilweise „über die Zahlungen derjenigen Kunden, die das an den Verkaufshilfen verlangte Entgelt ordnungsgemäß entrichten."[887] Bei den „Stummen Verkäufern" wird damit eine Entgeltlichkeit

883 Vgl. OLG Karlsruhe, WRP 1998, S. 526 – Zeitung zum Sonntag; LG Berlin, AfP 2000, S. 304–15 Uhr aktuell; OLG Bremen, WRP 1999, S. 1054 – Kreisblatt am Sonntag; LG Heilbronn, AfP 2000, S. 305 – Zeitung zum Sonntag; LG Karlsruhe, AfP 2000, S. 307 – Zeitung zum Sonntag; KG, AfP 2000, S. 295–20 Minuten Köln; LG Köln, AfP 2000, S. 311–20 Minuten Köln; OLG Köln, ZUM-RD 2000, S. 380; OLG Köln, AfP 2001, S. 328 ff. – 20 Minuten Köln; LG Berlin, K & R 2001, S. 62–20 Minuten Köln; a. A. LG Berlin, AfP 2000, S. 304–15 Uhr aktuell (wobei die Analogie im konkreten Fall irrelevant sei).

884 Vgl. BGH, NJW 2004, S. 2085–20 Minuten Köln; BGH, WRP 2004, S. 748 – Zeitung zum Sonntag; AfP 2010, S. 242 f. – Stumme Verkäufer II.

885 Vgl. BGH, GRUR 1996, S. 780 – Stumme Verkäufer I; LG Berlin, K & R 2001, S. 62–20 Minuten Köln.

886 Vgl. BGH, NJW 2004, S. 2084–20 Minuten Köln; BGH, WRP 2004, S. 747 – Zeitung zum Sonntag; AfP 2010, S. 242 f. – Stumme Verkäufer II.

887 Vgl. BHG, AfP 2010, S. 243 – Stumme Verkäufer II. Nach der Auffassung des BGH lässt sich auch die faktisch unentgeltliche Verteilung von Kaufzeitungen über „Stumme Verkäufer" nicht unter den Tatbestand der Massenverteilung von Originalware subsumieren.

des Produkts vorgetäuscht, bei Gratiszeitungen (wie bei allen anderen Anzeigenblättern) ausdrücklich nicht.[888] Aufgrund dieser strukturellen Unterschiede bleibt damit festzuhalten, dass auch die Fallgruppe Marktstörung durch Massenverteilung von Originalware beim Gratisvertrieb von reinen, klassischen und vollwertigen Anzeigenblättern nicht einschlägig ist.

cc) Preisunterbietung ohne Verdrängungsabsicht

Die Preisunterbietung kann eine gezielte Mitbewerberbehinderung nach § 4 Nr. 10 UWG sein. Beim Fehlen einer nachweisbaren Verdrängungsabsicht könnte der Tatbestand einer allgemeinen Marktbehinderung vorliegen, wenn die Preisunterbietung sachlich nicht gerechtfertigt ist und dazu führen kann, die Mitbewerber vom Markt zu verdrängen und den Wettbewerb auf dem betreffenden Markt völlig oder nahezu aufzuheben.[889] Auch hier gilt das zur gezielten Mitbewerberbehinderung bereits gesagte.[890] Das Konzept von Anzeigenblättern sieht die Finanzierung durch Anzeigen vor – und nicht über die Vertriebserlöse. Beim Gratisvertrieb von Anzeigenblättern liegt daher grundsätzlich kein Verkauf unter Selbstkosten vor. Die Preisunterbietung als Fallgruppe der allgemeinen Marktbehinderung ist deshalb bei reinen, klassischen und vollwertigen Anzeigenblättern nicht einschlägig.

dd) Allgemeine Marktstörung durch Nichtleistungswettbewerb

Zentrales Schutzgut und Leitbild des Wettbewerbsrechts ist nach der höchstrichterlichen Rechtsprechung der Leistungswettbewerb.[891] Dieser Topos zur Konkretisierung des § 3 UWG geht auf den Ansatz von *Lobe* zurück, der den wirtschaftlichen Wettbewerb mit einem sportlichen Wettkampf verglich, in dem bestimmte Kräfte oder Tätigkeiten zulässig sind, während andere einen Verstoß gegen die Kampfregeln darstellen und damit unlauter sind.[892] Das bedeutet, dass der Wettbewerb nicht deshalb unlauter wird, weil eine an sich unsittliche Handlung begangen wird, sondern „vielmehr erfährt eine Handlung, die den

---

888 Vgl. *Gesellensetter*, GRUR 2001, S. 710.

889 Vgl. BGH, GRUR 1990, S. 372 – Preiskampf; GRUR 1990, S. 687 – Anzeigenpreis II; GRUR 1992, S. 193 – Amtsanzeiger; *Köhler*, in: *Köhler/Bornkamm*, UWG, § 4 UWG Rdnr. 12.14.

890 Vgl. Kap. 3 D II 3c dd).

891 Vgl. BVerfG, GRUR 2001, S. 170 – Benetton; GRUR 2008, S. 82 – Pharmakartell; BGHZ 51, S. 242 – SWB I; *Götting*, Wettbewerbsrecht, Kap. 1, § 6 Rdnr. 15; *Fezer*, WRP 2001, S. 1000.

892 Vgl. *Lobe*, GRUR 1910, S. 5 f.

Wettbewerb unlauter macht und damit das Ergebnis des Kräftemessens fälscht, erst deshalb eine sittliche Missbilligung."[893] *Nipperdey* und *Böhm* bauten diesen Ansatz als Ausgangspunkt für die Unterscheidung des Leistungs- und Behinderungs- bzw. Nichtleistungswettbewerbs aus.[894] Er basiert auf der Grundannahme, dass das Leistungsprinzip am ehesten dem Gerechtigkeitsgedanken entspricht, wenn man den Sinn und die Funktion des Wettbewerbs in seiner sozialen Zielrichtung betrachtet.[895] Aus diesem Grund liegt es nahe, das Kriterium „Leistung" bzw. „Nichtleistung" als ein Abgrenzungskriterium heranzuziehen, um zwischen lauteren und unlauteren geschäftlichen Handlungen zu unterscheiden.[896]

Nach der Rechtsprechung des BGH findet Leistungswettbewerb statt, wenn die Mitbewerber mit der Güte *und* Preiswürdigkeit ihrer angebotenen Leistung werben[897] und miteinander in Vergleich treten. Danach sind also Maßnahmen, die zur Qualitätssteigerung, zur Verbesserung der Konditionen und des Services sowie zur Preisunterbietung eines Produkts oder einer Dienstleistung führen, im Wettbewerbsrecht vom Grundsatz her als lauter zu bewerten,[898] auch wenn dadurch andere Mitbewerber vom Markt verdrängt werden. Der Nichtleistungswettbewerb versucht sich dieser Konkurrenzsituation zu entziehen, um es dem Mitbewerber schwer oder unmöglich zu machen, seine Leistung dem Kunden anzubieten.[899]

Am Begriff des Leistungswettbewerbs wird in der Literatur vielfach Kritik geübt. Es wird moniert, dass der Begriff genauso unscharf und konkretisierungsbedürftig sei wie etwa der Begriff der Unlauterkeit.[900] Eine allgemeingültige Definition zu dem Begriff Leistung gibt es tatsächlich nicht, da aufgrund der dynamischen Weiterentwicklung von Produkten und Dienstleistungen im Wirtschaftsleben unter der Bedingung der Wirtschaftsfreiheit auf dem Markt immer

---

893 *Lobe*, GRUR 1910, S. 6.

894 Vgl. *Nipperdey*, Wettbewerb und Existenzvernichtung, 1930, S. 16 ff.; *Böhm*, Wettbewerb und Monopolkampf, 1933/1964, S. 212 ff.

895 Vgl. *Baudenbacher*, ZHR 144 (1980), S. 155.

896 Vgl. BVerfG, GRUR 2001, S. 170 – Benetton; BGHZ 51, S. 242 – SWB I; vgl. dazu aber auch *Ohly*, Richterrecht, S. 221; *v. Ungern-Sternberg*, Wettbewerbsbezogene Anwendung des § 1 UWG, S. 759.

897 Vgl. BGHZ 19, 243 – FWB; BGH GRUR 1969, S. 287 – SWB I.

898 Vgl. BGH, GRUR 1996, S. 364 – Saustarke Angebote; BVerfG, GRUR 2001, S. 170 – Schock-werbung/Benetton-Werbung I; *Fezer*, WRP 2001, S. 1007.

899 Vgl. *Ohly*, in: *Piper/Ohly/Sosnitza*, UWG, Einf A Rdnr. 23.

900 Vgl. *Köhler*, in: *Köhler/Bornkamm*, UWG, § 1 Rdnr. 44; *Emmerich*, Unlauterer Wettbewerb, § 5 Rdnr. 19.

wieder neu definiert wird, was als Leistung anerkannt wird.[901] Daher könnte der Begriff des Leistungswettbewerbs dazu verleiten, überkommene Wettbewerbsmittel als Maßstab zu erheben und damit innovative Wettbewerbsmaßnahmen zu behindern.[902] Zuzustimmen ist den Kritikern darin, dass die Beschränkung auf die beiden Parameter Preis und Qualität für den Leistungswettbewerb möglicherweise zu restriktiv ist, um neue Marketingformen zu beurteilen.[903] Der Leistungswettbewerb kann jedoch als Orientierungshilfe und wichtiger Ansatzpunkt für die rechtliche Beurteilung des Gratisvertriebs von Anzeigenblättern dienen[904] und wird daher auch bei dieser Untersuchung herangezogen. Eine allgemeine Marktstörung durch Nichtleistungswettbewerb liegt demnach vor, sobald der Gratisvertrieb von Anzeigenblättern den Vertriebswettbewerb gänzlich aufhebt oder er zumindest zu einer Verzerrung des Leistungsvergleichs führt *und* es dadurch – allein oder in Verbindung mit gleichartigen Maßnahmen von Mitbewerbern – zu einer Gefährdung des Wettbewerbsbestands kommt.

(1) Die Aufhebung des Vertriebswettbewerbs durch den Gratisvertrieb

Alle Arten von Anzeigenblättern konkurrieren nicht direkt am Kiosk oder per Abonnement mit käuflichen Presseerzeugnissen. Damit entziehen sie sich dem Vertriebswettbewerb und könnten auf diese Weise auf dem Anzeigenmarkt einen wettbewerbswidrigen Wettbewerbsvorsprung zum Nachteil der etablierten, entgeltlichen Presse erzielen.[905] Denn während Kaufzeitungen ihre Anziehungskraft als Werbeträger dadurch steigern müssten, dass sie ihre Auflage erhöhen, indem sie ihre redaktionelle Leistung verbessern, erlange das Anzeigenblatt seine hohe Auflage und Verbreitung vor allem durch die Unentgeltlichkeit.[906] Anzeigenblätter würden sich damit aber dem Leistungsvergleich mit entgeltlichen Zeitungen entziehen. Mit der Beseitigung des Wettbewerbs im Vertrieb werde die Kaufentscheidung des Lesers aufgehoben.[907] Die Leistung auf dem Lesermarkt manifestiere sich aber gerade in der Kaufentscheidung der Leser.[908] Darin

---

901 Vgl. *Osterrieth*, in: *Fezer*, UWG, § 4-S1 Rdnr. 112.

902 Vgl. *Eppe*, WRP 2004, S. 155; *Ohly*, in: *Piper/Ohly/Sosnitza*, UWG, Einf A Rdnr. 23.

903 Vgl. BVerfG, GRUR 2002, S. 457 – Tier- und Artenschutz; *Osterrieth*, in: *Fezer*, UWG, § 4-S1 Rdnr. 113; *Fezer*, WRP 2001, S. 1007; *Steinbeck*, in: *Fezer*, § 4–1 Rdnr. 77 ff.

904 Vgl. *Fezer*, in: *Fezer*, UWG, § 4–1 Rdnr. 79; *Götting*, in: *Götting/Nordemann*, UWG, § 2 Rdnr. 30; *Koppensteiner*, WRP 2007, S. 478.

905 Vgl. BGHZ 51, S. 243 – SWB I; *Ulmer*, GRUR 1977, S. 568 f.; *Kull*, JZ 1969, S. 797.

906 Vgl. OLG Frankfurt, GRUR 1980, S. 318.

907 Vgl. *Kübler*, in: FS *Löffler*, S. 178 ff.

908 Vgl. *v. Danwitz*, Gratisvertrieb, S. 86–91.

verstoße der Gratisvertrieb gegen den im Allgemeininteresse zu beachtenden Grundsatz des Leistungswettbewerbs. Diese Auffassung beruhe auf der These, dass journalistische Leistung grundsätzlich gegen Entgelt erbracht werden solle.

Diese Annahme ist zumindest in dieser Pauschalität unhaltbar. Es greift zu kurz, allein aus dem Status quo – die meisten Zeitschriften oder Publikationen werden derzeit entgeltlich vertrieben[909] – eine Pflicht zur Entgeltlichkeit journalistischer Leistung begründen zu wollen. Auch entgeltliche Presseerzeugnisse können nur deshalb zu einem günstigen Preis verkauft werden, weil sie sich zu mehr als 60 Prozent aus Werbeeinnahmen finanzieren.[910] Jede Zeitung, die ihr Anzeigenaufkommen dazu nutzt, das redaktionelle Angebot zu erweitern oder zu verbessern, müsste sich ebenfalls dem Vorwurf aussetzen, ihre journalistische Leistung nicht allein gegen das Entgelt ihren Lesern anzubieten.[911] Der hohe Anteil, den die Anzeigeneinnahmen bei den traditionellen Zeitungen ausmachen, lässt also den Schluss zu, dass die Leistung auch der herkömmlichen Presse bloß darin besteht, Inserenten attraktive Werbeflächen für ihre Anzeigen zur Verfügung zu stellen. Genau diese Leistung wird aber auch von Anzeigenblattverlagen nicht verschenkt, sondern kostenpflichtig angeboten.[912] So betrachtet, sind Anzeigenblätter nichts anderes als eine neue Vertriebsform für Werbeträger. Sie haben konsequent weiterentwickelt, was sich auch bei den herkömmlichen Presseerzeugnissen abzeichnet, nämlich dass das Anzeigengeschäft immer wichtiger wird: Die reine Anzeigenfinanzierung ist insoweit nur die beinahe logische Weiterführung der Teilfinanzierung durch Anzeigen.[913] Die Auffassung, dass journalistische Leistung nur gegen Entgelt erhältlich sein darf, entsprach zwar früher dem Bild auf dem Pressemarkt, ist aber längst überholt.[914] Der BGH stellte dann auch sowohl zum Gratisvertrieb von Fachzeitschriften als auch speziell zur unentgeltlichen Verteilung von klassischen Anzeigenblättern zu Recht fest, dass die unentgeltliche Verteilung von Presseerzeugnissen eine sachgerechte, weil einzelwirtschaftlich sinnvolle Konzeption sei.[915] In anderen Medien ist es bereits eine

---

909 Vgl. *Berst*, AfP 1999, S. 428.

910 Vgl. *Schütz*, Pressewirtschaft, in: *Noelle-Neumann/Schulz/Wilke*, Fischer Lexikon Publizistik, S. 550.

911 Vgl. *Mestmäcker*, Medienkonzentration und Meinungsvielfalt, S. 142.

912 Vgl. BGH, WRP 2004, S. 747 – Zeitung zum Sonntag.

913 Vgl. *Schütz*, in: *Noelle-Neumann/Schulz/Wilke*, Fischer Lexikon Publizistik, S. 548, 550, 552 (Verhältnis von Vertriebs- und Anzeigenerlösen ist stets abhängig von der allgemeinen wirtschaftlichen Lage); *Gounalakis/Rhode*, AfP 2000, S. 325.

914 Vgl. BGH, NJW 2004, S. 2084–20 Minuten Köln.

915 Vgl. BGHZ 81, S. 296 – Back Journal; BGH, NJW 1985, S. 1625 – Bliestal-Spiegel.

seit langem übliche (Geschäfts-)Praxis, dem Publikum redaktionelle Beiträge unentgeltlich zur Verfügung zu stellen, wie etwa beim Privatfernsehen und im Internet.[916] Die Presse muss hier keine Ausnahme darstellen.[917]

Dass es sich bei Anzeigenblättern nur um ein anderes Vertriebskonzept für Presseerzeugnisse handelt, gilt sowohl für reine, klassische als auch für vollwertige Anzeigenblätter. Der Leistungswettbewerb konzentriert sich dabei, weil sich Anzeigenblätter vollständig aus Inseraten finanzieren, auf den Anzeigenmarkt.[918] Auf diesem muss der Verleger mit Güte und Preiswürdigkeit seiner angebotenen Leistung werben. Er muss dazu das Anzeigenblatt zusammenstellen und unentgeltlich allen Haushalten eines Verbreitungsgebiets zugänglich machen. Bei den klassischen und vollwertigen Anzeigenblättern ist zusätzlich ein redaktioneller Teil zu verfassen. Auch ein Anzeigenblatt muss den Lesermarkt (wenn auch nur als Mittel zum Zweck) durch Leistung erobern, denn nur ein ansprechendes redaktionelles Umfeld schafft das benötigte anzeigenfreundliche Umfeld. Nur wenn das Anzeigenblatt tatsächlich von möglichst vielen Lesern konsumiert wird, können die Werbebotschaften die notwendige starke Aufmerksamkeit finden.[919] Der Anteil reiner Anzeigenblätter am Anzeigenblattmarkt ist deshalb auch verschwindend gering.[920] Ein Wettbewerb nach Leistungskriterien findet also nach wie vor statt, wobei auch die redaktionelle Leistung als Mittel des Wettbewerbs eingebracht wird.[921]

Die Leistung auf dem Lesermarkt manifestiert sich dabei aber eben nicht (mehr nur) in der Kaufentscheidung der Leser. Die Leistung der Anzeigenblätter wird etwa durch die Nutzung des Blatts bewertet. Spielte neben der redaktionellen Qualität früher die Auflagenhöhe bzw. die Kaufentscheidung eine ausschlaggebende Rolle für die werbetreibende Wirtschaft, so sind in den letzten Jahrzehnten mit Media- und Werbeträgeranalysen wirksamere Marktforschungsinstrumente entwickelt worden, die Aussagen über die Nutzung von Printmedien, wie Lesedauer oder Lesemenge, treffen.[922] Diese Art der Leistungsmessung ist auch in anderen Medien schon lange üblich, wie beim privaten

916 Vgl. BGH, WRP 2004, S. 747 – Zeitung zum Sonntag.
917 Vgl. BGH, NJW 2004, S. 2084–20 Minuten Köln.
918 Vgl. *Kakies*, AfP 1977, S. 298.
919 Vgl. BGH, GRUR 1969, S. 288 – SWB I.
920 Vgl. Kap. 1 B III 3.
921 Vgl. *Degenhart*, AfP 1987, S. 652.
922 Vgl. *Sachon*, WRP 1982, S. 188.

Hörfunk, beim privaten Fernsehen oder im Internet.[923] Für die Anzeigenblätter bedeutet das, dass sie nicht alleine durch hohe Auflagen die Inserenten beeindrucken können, sondern auch nachweisen müssen, dass sie von den Lesern beachtet und genutzt werden. Die klassischen und vollwertigen Anzeigenblätter müssen sich also im Gegensatz zu den reinen Anzeigenblättern auch an ihrer publizistischen Qualität messen lassen, wenn sie sich nur über die Anzeigenkunden finanzieren.[924] Die verschiedenen Ausformungen von Anzeigenblättern mit redaktionellem Teil bieten dabei unterschiedliche Qualität an und nehmen damit in unterschiedlicher Weise am Leistungswettbewerb um Anzeigenkunden und Leser teil. Ein Leistungswettbewerb auf dem Lesermarkt kann folglich nicht mehr kategorisch verneint werden, wenn nicht der Kauf, sondern die konkrete Nutzung der Produkte als Maßstab dient.[925]

Für den Inserenten macht es keinen Unterschied, ob er in einem Gratis- oder Kaufprodukt Anzeigen schaltet – er muss in beiden Fällen für die Inserate bezahlen. Deshalb ist der Konkurrenzkampf, den Anzeigenblätter auf dem Pressemarkt mit den Mitbewerbern führen, zunächst einmal als Ergebnis von Leistung zu bezeichnen. Es lässt sich daher nicht a priori allein aus vorrangigen Leistungsmerkmalen wie etwa Preis, Qualität, Konditionen, Vertrieb oder Service die Einschätzung einer geschäftlichen Handlung als lauter oder unlauter ableiten.[926] Sonst bestünde außerdem die Gefahr, dass Innovationen zugunsten eines starr definierten Leistungswettbewerbs verhindert würden.[927] Der ökonomische Wettbewerb ist ein offener Prozess, der einem ständigen Wandel der Verhaltensweisen unterworfen ist.[928] Deshalb bestimmt der Markt auch aufgrund der Entscheidungs- und Handlungsfreiheit der Marktteilnehmer immer wieder neu, was als Leistung akzeptiert wird. Die Unentgeltlichkeit eines Anzeigenblatts *allein* kann demnach keine Unlauterkeit wegen einer allgemeinen Marktstörung durch Nichtleistungswettbewerb begründen.[929] Dafür sind die Parallelen zur entgeltlichen Presse, die ebenfalls darauf angewiesen ist, Inserenten attraktive Werbefläche zur Verfügung zu stellen, zu deutlich. Außerdem kann ein

---

923 Vgl. BGH, NJW 2004, S. 2084–20 Minuten Köln; WRP 2004, S. 747 – Zeitung zum Sonntag.

924 Vgl. *Weidenbach*, Anzeigenblätter im Wettbewerbs- und Kartellrecht, S. 47.

925 Vgl. *Degenhart*, AfP 1987, S. 652; LG Köln, AfP 2000, S. 312.

926 Vgl. GRUR 1989, S. 367 – Wirtschaftsmagazin; GRUR 1998, S. 1038 – Schmuck-Set.

927 Vgl. *Sosnitza*, Wettbewerbsbeschränkungen durch die Rechtssprechung, S. 81 f.

928 Vgl. *Köhler*, in: *Köhler/Bornkamm*, UWG, UWG Einl Rdnr. 1.11.

929 Vgl. BGH, GRUR 1990, S. 45 – Annocen-Avis; GRUR 1991, S. 616 – Motorboot-Fachzeitschrift; *Ricker*, ZUM 1986, S. 251.

Leistungswettbewerb nicht verneint werden, wenn nicht der Kauf des Presseerzeugnisses, sondern seine Nutzung als Maßstab dient.

(2) Die Verzerrung des Leistungsvergleichs durch den Gratisvertrieb

Unentgeltlichkeit und unaufgeforderte Zustellung

Leistungswettbewerb findet statt, wenn die Mitbewerber mit der Güte und Preiswürdigkeit ihrer angebotenen Leistung werben und miteinander in Vergleich treten.[930] Die Unentgeltlichkeit von Presseerzeugnissen kann aber eine sättigende und dadurch passiv machende Wirkung auf den Konsumenten haben und in Kombination mit dem Bequemlichkeitsvorsprung der Anzeigenblätter dazu führen, dass der Leistungsvergleich nach Güte und Preis mit ähnlichen, entgeltlichen Blättern bereits „im Ansatz" unterlassen wird.[931] Dieser Effekt dürfte dabei umso stärker eintreten, je ähnlicher sich die konkurrierenden Kauf- und Gratisblätter sind, was insbesondere auf die klassisch-anspruchsvollen und vollwertigen Anzeigenblätter zutrifft. Dieser Aspekt wurde bereits bei der Prüfung der unsachlichen Beeinflussung des Konsumenten durch Anzeigenblätter (§ 4 Nr. 1, Alt. 3 UWG) berücksichtigt.[932] Er muss jedoch auch bei der Frage nach einer Verzerrung des Leistungsvergleichs durch Anzeigenblätter einbezogen werden, weil die Verzerrung des Leistungsvergleichs ja gerade *durch* die Beeinflussung erfolgen kann. Die Kombination von Unentgeltlichkeit und unaufgeforderter Zustellung von Anzeigenblättern könne den Leistungswettbewerb unter gleichartigen Bedingungen (Parallelwettbewerb) verzerren, da der Leser eben nicht mehr zwischen verschiedenen Zeitungsangeboten nach Güte und Preis auswähle, sondern bloß auf das Angebot zurückgreife, das kostenlos und ohne weitere Anstrengung erhältlich sei.[933] „Wer als Leser ständig kostenlos mit einer vollwertigen Fachzeitschrift beliefert wird, sieht sich doch schließlich vor die Frage gestellt, ob er weiterhin zusätzlich die Kosten einer zweiten Fachzeitschrift tragen soll. Mancher Leser mag dazu bereit sein, weil die bezahlte Zeitschrift ihm weiterhin wichtig ist. Im Allgemeinen aber wird sich der wirtschaftliche Gesichtspunkt durchsetzen, so dass die Mitbewerber Nachteile durch diese Wettbewerbsmaßnahme erleiden."[934]

---

930 Vgl. *Osterrieth*, in: *Fezer*, UWG, § 4-S1 Rdnr. 111.

931 Vgl. BGHZ 43, S. 284 – Kleenex (zum Gewöhnungseffekt beim Verschenken von Originalware).

932 Vgl. Kap. 3 D II 3c.

933 Vgl. BGH, GRUR 1996, S. 780 – Stumme Verkäufer I.

934 BGH, GRUR 1971, S. 611 – Feld und Wald II.

Tatsächlich scheint eine Verzerrung des Leistungswettbewerbs bislang nicht stattgefunden zu haben. Zumindest konnte eine Substitution entgeltlicher Zeitungen durch reine, klassische und vollwertige Anzeigenblätter nicht beobachtet werden.[935] Nach dem Markteintritt von „20 Minuten Köln" verzeichneten die Auflagen der beiden entgeltlichen Konkurrenzzeitungen „Bild-Zeitung" und „Express" im Zeitraum von 1999 bis 2003 eine Auflagenverringerung von durchschnittlich vier Prozent.[936] Demnach dürften die Unentgeltlichkeit und die unaufgeforderte Zustellung von Anzeigenblättern – wie schon bei der Fallgruppe der unangemessen unsachlichen Beeinflussung gemäß § 4 Nr. 1, Alt. 3 UWG – auch unter dem Aspekt der allgemeinen Marktstörung durch Nichtleistungswettbewerb bloß auf ein unlauteres Moment des Gratisvertriebs von Anzeigenblättern hinweisen.

Gefährdung des Wettbewerbsbestands durch den Gratisvertrieb

Eine allgemeine Marktstörung liegt vor, wenn das für sich genommen nicht unlautere aber doch – wie hier – bedenkliche Wettbewerbsverhalten allein oder in Verbindung mit gleichartigen Maßnahmen von Mitbewerbern den Wettbewerbsbestand gefährdet.[937] Der Wettbewerbsbestand im Sinne einer allgemeinen Marktbehinderung meint nicht den Status quo einer bestehenden Marktstruktur, sondern die Grundvoraussetzung für den Ablauf von Wettbewerbsprozessen.[938] Ob diese elementaren Wettbewerbsbedingungen durch das unentgeltliche Verteilen von klassisch-anspruchsvollen und vollwertigen Anzeigenblättern gestört werden, muss nun noch im Spannungsfeld von Gefahr und Schaden beurteilt werden.[939] Ein zu frühes Eingreifen beim Gratisvertrieb von Presseerzeugnissen würde innovative und neuartige Produkte im Keim ersticken, ein zu spätes den Pressewettbewerb außer Kraft setzen.[940] Von zentraler Bedeutung für die wettbewerbsrechtliche Frage ist daher der Begriff der Gefahr,[941] also eine Sachlage, bei der bei ungehindertem Geschehensablauf mit hinreichender Wahrscheinlichkeit

935 Vgl. Kap. 2 B IV und V.
936 Vgl. *Röper*, MP 2006, S. 524.
937 Vgl. *Lehmler*, UWG, § 3 Rdnr. 71; *Ohly*, in: *Piper/Ohly/Sosnitza*, UWG, § 4.10 Rdnr. 10/95.
938 Vgl. *Lahusen*, GRUR 2005, S. 211.
939 Vgl. *Ahrens*, WRP 1999, S. 124 f.
940 Vgl. *Ahrens*, WRP 1999, S. 127.
941 Vgl. *Schricker*, Gesetzesverletzung und Sittenverstoß, S. 267.

ein Schaden eintreten wird.[942] Fraglich ist dabei, ob von einer konkreten oder abstrakten Gefahr ausgegangen werden muss.

Eine konkrete Gefahr liegt dann vor, wenn bei einem ungehinderten Geschehensablauf in absehbarer Zeit mit hinreichender Wahrscheinlichkeit ein Schutzgut Schaden nimmt.[943] Von einer abstrakten Gefahr spricht man, wenn eine Sachlage vorliegt, die nach der allgemeinen Lebenserfahrung oder dem Wissensstand fachkundiger Institutionen im Falle ihres Eintritts eine konkrete Gefahr darstellt.[944] Der Unterschied zwischen abstrakter und konkreter Gefahr besteht also darin, dass bei der einen eine Gefahr im Einzelfall tatsächlich besteht, während es sich bei der anderen bloß um einen „hypothetischen, vorgestellten, aber typischerweise gefährlichen Sachverhalt“[945] handelt. Im UWG sind insbesondere unter § 6 Abs. 2 UWG Tatbestände für unlautere Werbung aufgeführt, die abstrakte Gefahren bekämpfen und daher als abstrakte Gefährdungsverbote gelten. Der Gesetzgeber hat es hier als erforderlich angesehen, die betreffenden Wettbewerbsmethoden zu verbieten, um die erfahrungsgemäß mit ihnen verbundenen Gefahren der Irreführung zu unterbinden.[946]

Dagegen setzt die Generalklausel des § 3 UWG vielmehr auf eine Gesamtwürdigung aller Umstände im Einzelfall, um eine geschäftliche Handlung zu bewerten.[947] Mit nur abstrakten, starren Regeln könnte das UWG nicht den vielfältigen und ständig neuen Wettbewerbsmaßnahmen, die sich unterschiedlich auf die jeweiligen Märkte und ihre Beteiligten auswirken können, gerecht werden.[948] Die Auffassung von einem „lauteren Wettbewerb“ unterliegt einem ständigen Wandel in einer pluralistischen Gesellschaft und bedarf einer flexiblen und zeitgemäßen Interpretation. Abstrakte Gefährdungsverbote obliegen im Wettbewerbsrecht deshalb alleine dem Gesetzgeber.[949] Das bedeutet, dass bei der Würdigung der Umstände des Einzelfalls *konkrete* Anhaltspunkte benötigt werden, um die Gefahr einer Marktstörung durch den Gratisvertrieb von

---

942 Vgl. *Gusy*, Polizeirecht, § 3 Rdnr. 108; *Knemeyer*, Polizei- und Ordnungsrecht, § 10 Rdnr. 87.

943 Vgl. *Denninger*, in: *Lisken/Denninger*, Handbuch des Polizeirechts, Rdnr. E 42.

944 Vgl. *Götz*, Allgemeines Polizei- und Ordnungsrecht, § 6 Rdnr. 19; BVerwGE 116, S. 352.

945 *Denninger*, in: *Lisken/Denninger*, Polizeirecht, E 42.

946 Vgl. *Sack*, in: *Harte-Bavendamm/Henning-Bodewig*, UWG, § 6 Rdnr. 86.

947 Vgl. *Sosnitza*, in: *Piper/Ohly/Sosnitza*, UWG, § 3 Rdnr. 30; BGH, GRUR 1965, S. 491 – Kleenex; BGHZ 81, S. 297 – Back Journal.

948 Vgl. *Lettl*, Das neue UWG, Rdnr. 134.

949 Vgl. *Schricker*, AfP 2001, S. 104.

Presseerzeugnissen feststellen zu können.[950] Würde man einen stärkeren, abstrakten Schutz der Kaufzeitungen für wünschenswert halten, dann wäre nicht der Wettbewerbsrichter, sondern der Gesetzgeber berufen.[951]

Abstrakte Gefährdungsverbote können die Gerichte auch nicht mit dem Argument der Nachahmungsgefahr auf der Grundlage von § 3 UWG rechtfertigen.[952] Eine solche Gefahr liegt vor, wenn im Einzelfall mit einer hohen Wahrscheinlichkeit davon auszugehen ist, dass die Erfolge, die ein Wettbewerber mit einer Wettbewerbsmaßnahme erzielt, so beachtlich sind, dass sie die Mitbewerber nachahmen werden, um gleichzuziehen.[953] Dabei sind dann die Auswirkungen der Wettbewerbsmaßnahme zu berücksichtigen, die zu einer Verfälschung des Wettbewerbs führen können.[954] Der BGH hat die Nachahmungsgefahr, die das Reichsgericht erstmals beim Verschenken von Originalware zu Probezwecken berücksichtigt hatte,[955] auch einbezogen, als er die Wettbewerbswidrigkeit des unentgeltlichen Vertriebs von Anzeigenblättern beurteilen sollte.[956] Doch wurde dieser nicht als unumstößliches Unlauterkeitskriterium, sondern lediglich als Indiz für eine Wettbewerbswidrigkeit von Anzeigenblättern genannt.[957] Es komme beim Nachweis einer konkreten Gefährdung auf die „Gesamtwürdigung der die Werbemaßnahme begründenden und begleitenden Umstände" an und auf die Auswirkungen, „insbesondere auch solche, die sich mittelbar bei einer Nachahmung durch die Mitbewerber ergeben werden."[958]

In der Motorboot-Fachzeitschriften-Entscheidung hat der BGH ebenfalls nicht allein auf die Nachahmungsgefahr als Unlauterkeitskriterium abgestellt.[959] Vielmehr sei zusätzlich zu prüfen, welche Bedeutung der Leser der fraglichen Gratispublikation beimisst. Auch in anderen Urteilen prüfte der BGH stets, ob eine *konkrete* Gefahr besteht, dass die Wettbewerbsmaßnahme von anderen Konkurrenten ebenfalls eingesetzt wird und es dann zu einer

---

950 Vgl. *Köhler*, in: *Köhler/Bornkamm*, UWG, § 4 UWG Rdnr. 12.7, 12.22 f.

951 Vgl. *Schmid*, WRP 2000, S. 998; *Ricker*, in: *Bringe*, NJW 2001, S. 1478.

952 Vgl. *Emmerich*, Unlauterer Wettbewerb, § 19 Rdnr. 6.

953 Vgl. *Fezer*, in: *Fezer*, UWG, § 3 Rdnr. 233.

954 Vgl. *Sack*, WRP 2005, S. 533.

955 Vgl. RG, GRUR 1936, S. 812 – Diamantine.

956 Vgl. BGHZ 81, S. 295 – Back Journal; BGH, NJW 1971, S. 2026 – SWB II; BGHZ 51, S. 246 – SWB I; BGH, GRUR 1991, S. 617 – Motorboot-Fachzeitschrift.

957 Vgl. BGH, GRUR 1971, S. 478 – SWB II.

958 BGHZ 81, S. 295 – Back Journal; BGHZ 51, S. 244 – SWB I; BGH, GRUR 1971, S. 479 – SWB II.

959 Vgl. BGH, GRUR 1991, S. 617 – Motorboot-Fachzeitschrift.

gemeinschaftsschädigenden Störung des Wettbewerbs kommen würde.[960] Letztendlich kam es dem BGH in seiner älteren Rechtsprechung darauf an, welche „ernstlichen“ Auswirkungen sich aus der Nachahmungsgefahr ergeben, nicht aber auf die Nachahmungsgefahr selbst. Genau darauf stellte er aber entgegen seiner früheren Rechtsprechung in der Entscheidung „Stumme Verkäufer I“ ab: „Außerdem führt eine solche Gratisverteilung [von vollwertigen Sonntagszeitungen] zu einer Gefahr für den Bestand des Leistungswettbewerbs. Das aber kann [...] wegen der Gefahr der Nachahmung durch Wettbewerber nicht hingenommen werden.“[961] Nach dieser Auffassung verstößt der Gratisvertrieb allein wegen der potenziellen Nachahmungsgefahr gegen § 3 UWG.

Dem ist aber entgegenzuhalten, dass der Schutzzweck des UWG-Tatbestands der allgemeinen Marktgefährdung das Allgemeininteresse am Bestand eines funktionierenden und unverfälschten Wettbewerbs ist.[962] Ein Marktverhalten verstößt daher nicht deshalb bereits gegen § 3 UWG, weil es alleine oder in Verbindung mit einer zu erwartenden Nachahmung den Bestand des Wettbewerbs gefährdet.[963] Denn die Nachahmung von erfolgreichen Strategien der Konkurrenz ist vielmehr ein Wesenselement des Wettbewerbs.[964] Mit dem Argument der Nachahmung würde automatisch jede Wettbewerbsmaßnahme den Tatbestand der Marktstörung erfüllen, die ein unlauteres Moment besitzt, aber nicht per se gegen § 3 UWG verstößt. Die Folge wäre eine „erfolgsbezogene Rechtswidrigkeit“.[965] Das würde aber dem Zweck des UWG widersprechen, das nicht nur dem Schutz des lauteren Wettbewerbs, sondern auch der wettbewerbsrechtlichen Entfaltungsfreiheit der Mitbewerber gerecht werden muss.[966] Außerdem verträgt sich die Nachahmungsgefahr nicht mit dem Erfordernis einer konkreten Gefährdung, da sie ferne Folgen für den Markt spekulativ berücksichtigt.[967] Deshalb darf sie auch nicht als prognostisch zu erfassendes Kriterium einfach unterstellt werden[968] und ein abstraktes Verbot begründen. Es bedarf dazu einer Prognose auf empirischer Datengrundlage, die also nicht allein auf

960 Vgl. BGHZ 23, S. 365 – Suwa; 43, S. 278 – Kleenex.

961 BGH, GRUR 1996, S. 780 – Stumme Verkäufer I.

962 Vgl. *Köhler*, in: *Köhler/Bornkamm*, UWG, § 1 UWG Rdnr. 42 f.

963 Vgl. *Köhler*, WRP 2005, S. 652.

964 Vgl. OLG Köln, AfP 2001, S. 329.

965 Vgl. *Fezer*, in: *Fezer*, UWG, § 3 Rdnr. 234; *Köhler*, WRP 2005, S. 652.

966 Vgl. *Köhler*, in: *Köhler/Bornkamm*, UWG, § 1 UWG Rdnr. 10.

967 Vgl. *Ahrens*, in: *Gloy/Loschelder/Erdmann*, Handbuch des Wettbewerbsrechts, § 70 Rdnr. 9.

968 Vgl. *Eichmann*, in: Mitarbeiterfestschrift für *E. Ulmer*, 1973, S. 292 ff., 296.

Lebenserfahrung oder Vermutungen beruhen darf.[969] Die Nachahmungsgefahr ist dann ebenfalls auf der Ebene der konkreten Gefahrenbeurteilung angesiedelt. Sie konkretisiert in der wettbewerbsrechtlichen Wertung damit bereits bedenkliches Verhalten.[970] Es müssen daher – auch unter Berücksichtigung der Nachahmungsgefahr – stichhaltige Anhaltspunkte für eine konkrete Gefährdung des Wettbewerbsbestands in den Marktverhältnissen im Einzelfall vorliegen,[971] um das Verbot des Gratisvertriebs von klassisch-anspruchsvollen und vollwertigen Anzeigenblättern unter dem Aspekt des Nichtleistungswettbewerbs als Fallgruppe der allgemeinen Marktstörung begründen zu können.

Nur wenn sich dann eine ernstliche und konkrete Gefahr für die Ausschaltung des unverfälschten Wettbewerbs ergibt, ist der Gratisvertrieb von Presseerzeugnissen wettbewerbswidrig.[972] Konkret heißt das: Die unentgeltliche und unaufgeforderte Zustellung von klassisch anspruchsvollen und insbesondere vollwertigen Anzeigenblättern muss dazu führen, dass andere Mitbewerber aus dem Markt ausscheiden und der Bestand des Pressewettbewerbs – also die wettbewerbsrechtlichen Strukturen wie Zahl und Größe der Mitbewerber, Ausmaß der Handlungsfreiheit der Mitbewerber und Markteintrittschancen[973] – bedroht ist und damit auch die verfassungsrechtliche Informationsaufgabe im Interesse der Allgemeinheit nicht mehr erfüllt werden kann.

4. *Ergebnis zum Gratisvertrieb von Anzeigenblättern unter dem UWG*

Die unentgeltliche Verteilung von Anzeigenblättern fällt unter den Anwendungsbereich des § 3 UWG. Beim Gratisvertrieb von Anzeigenblättern handelt es sich um eine geschäftliche Handlung nach § 2 Abs. 1 Nr. 1 UWG, da es sich um eine auf Dauer angelegte, selbstständige wirtschaftliche Betätigung handelt, die darauf ausgerichtet ist, Anzeigen gegen Bezahlung zu gewinnen und als Gegenleistung den Werbetrager Anzeigenblatt an alle Empfänger eines Verbreitungsgebiets unentgeltlich zu verteilen.

Die lokalen Kaufzeitungen stehen dabei mit den reinen Anzeigenblättern in einem konkreten Wettbewerbsverhältnis auf dem Anzeigenmarkt, mit den

969 Vgl. *Köhler*, WRP 1998, S. 459.

970 Vgl. *Bringe*, Wettbewerbliche und verfassungsrechtliche Vorgaben für den Gratisvertrieb meinungsbildender Presse, S. 71; *Sack*, WRP 2005, S. 533 f.

971 Vgl. *Köhler*, in: *Köhler/Bornkamm*, UWG, § 4 UWG Rdnr. 12.11; *Osterrieth*, in: *Fezer*, UWG, § 4-S1 Rdnr. 146.

972 Vgl. BGHZ 19, S. 393 – FWB; 51, S. 236 – SWB I; 81, S. 391 – Back Journal; BGH, GRUR 1985, S. 882 f. – Bliestal-Spiegel; *Osterrieth*, in: *Fezer*, UWG, § 4-S1 Rdnr. 146.

973 Vgl. dazu *Köhler*, in: *Köhler/Bornkamm*, UWG, § 4 UWG Rdnr. 12.5.

klassischen und vollwertigen Anzeigenblättern sowohl auf dem Leser- als auch Anzeigenmarkt, da sich ihre Leser- und Inserentenkreise überschneiden. Es besteht demnach ein Wettbewerbsverhältnis auf dem sachlich, räumlich und zeitlich relevanten Markt. Damit sind die tradi-tionellen Zeitungsverleger auch als Mitbewerber grundsätzlich berechtigt, gegen unlautere Wettbewerbsmaßnahmen anderer Mitbewerber auf Unterlassung nach § 8 Abs. 3 Nr. 1 UWG vorzugehen.

Bei der Frage nach der Unlauterkeit der geschäftlichen Handlung sind zunächst die infrage kommenden Beispieltatbestände aus § 4 UWG nicht einschlägig. Der Gratisvertrieb ist nach § 4 Nr. 1, Alt. 3 UWG nicht unlauter, weil er keine unangemessen unsachliche Beeinflussung des Konsumenten darstellt. Die in Betracht kommenden Fallgruppen unsachlicher Beeinflussung sind allesamt nicht einschlägig: Der Gratisvertrieb fällt zunächst nicht unter die Fallgruppe der Wertreklame. Die Gratisverteilung von Anzeigenblättern stellt keinen Preisnachlass dar, weil das Anzeigenblatt qua Definition kostenlos ist. Es wird damit keine Ermäßigung vom ansonsten geforderten Preis gegeben. Eine Zugabe wird durch das Anzeigenblatt ebenfalls nicht gewährt. Das Anzeigenblatt ist keine Beigabe, sondern steht für sich selbst. Das kostenlose Presseerzeugnis ist auch kein Geschenk, weil der Konsument gerade nicht dazu verlockt werden soll, das Anzeigenblatt in Zukunft zu kaufen oder zu abonnieren. Aus diesen Gründen ist für die unentgeltliche Verteilung von Anzeigenblättern auch § 4 Nr. 4 UWG nicht einschlägig.

Die Fallgruppe des psychischen Kaufzwangs ist ebenfalls nicht anwendbar, weil die unentgeltliche und unaufgeforderte Zustellung des Anzeigenblatts zwar auf die Entscheidung des Konsumenten einwirkt, das Produkt zu nutzen, dies aber nicht, um einen Kauf des Anzeigenblatts zu erreichen. Schließlich stellt die unentgeltliche Verteilung von Anzeigenblättern auch kein unlauteres Anlocken dar. Gemessen am Leitbild des Leistungswettbewerbs könnte die Kombination aus Unentgeltlichkeit, Bequemlichkeit und Gewöhnung die Rationalität der Nachfrageentscheidung bei einem bestimmten Leserkreis, nämlich den Lesern von Straßenverkaufszeitungen und Nichtzeitungslesern, beeinträchtigen. Sobald ein gewisser Informationsstandard unentgeltlich befriedigt wird, könnten weitere Besuche auf dem Zeitungsmarkt mit den dort zu treffenden Entscheidungen nach Güte und Preis entfallen. Dieser Effekt dürfte umso stärker eintreten, je ähnlicher sich die konkurrierenden Kauf- und Gratisblätter sind, also bei den klassisch-anspruchsvollen und vollwertigen Anzeigenblättern. Die Unentgeltlichkeit und die unaufgeforderte Zustellung besitzen darin ein unlauteres Moment. Allerdings ist die Fallgruppe des unlauteren Anlockens nur in

Ausnahmefällen einschlägig, so etwa bei an Kinder und Jugendliche gerichteter Werbung. Außerdem haben selbst klassisch-anspruchsvolle und vollwertige Anzeigenblätter bislang keine Substitutionswirkung gegenüber der entgeltlichen Presse entfalten können, was dafür spricht, dass die Unentgeltlichkeit des Gratisvertriebs auch im Zusammenspiel mit dem Bequemlichkeitsvorsprung durch die unaufgeforderte Zustellung den Leser nicht vom Lesermarkt und der dort zu treffenden rationalen Entscheidung nach Preis und Güte fernhält.

§ 4 Nr. 10 UWG ist als Beispieltatbestand ebenfalls nicht einschlägig. Die Konzeption der unentgeltlichen Verteilung von Anzeigenblättern erfüllt nur in Einzelfällen den Tatbestand der gezielten Behinderung von Mitbewerbern. Dieser Tatbestand verlangt das Vorliegen von Indizien, die auf die Absicht einer Verdrängung oder Vernichtung von Mitbewerbern schließen lassen. Ein solches Indiz kann die nicht kostendeckende Finanzierung des Anzeigenblatts sein, die auf eine auf Dauer angelegte Quersubventionierung hinweisen könnte. Als weiteres Indiz kommt die Absicht eines Verlegers in Betracht, das Blatt nur bis zum Ausscheiden des Mitbewerbers zu publizieren. Tatsächlich konnte einem Verleger eines Gratisblatts eine solche Verdrängungs- oder Vernichtungsabsicht nicht nachgewiesen werden.

Die Unlauterkeit kann damit nur über die Generalklausel des § 3 UWG begründet werden. Der Gratisvertrieb von reinen, klassischen und vollwertigen Anzeigenblättern ist dabei an der Fallgruppe der allgemeinen Marktstörung zu messen. Als Rechtsgrundlage für den Tatbestand der allgemeinen Marktbehinderung kommen sowohl das UWG als auch das GWB in Betracht. Da es bei der unentgeltlichen Verteilung von Anzeigenblättern aber um die Frage geht, ob es sich dabei um ein nichtleistungsgerechtes Verhalten handelt, das die Mitbewerber schädigt, und nicht darum, ob ein Gratisverleger seine Marktmacht einsetzt, um seine Wettbewerber zu schwächen oder auszuschalten, ist § 3 UWG als Rechtsgrundlage einschlägig. Das UWG schließt dabei (genau wie das GWB) die Beurteilung von Wettbewerbsfolgen ein. Der Tatbestand der allgemeinen Marktstörung ist seinerseits konkretisierungsbedürftig. Dabei kommt die Fallgruppe der Massenverteilung von Originalware als Unterfall der allgemeinen Marktstörung nicht in Betracht, da Anzeigenblätter per se als „unentgeltliche Originalware" für die Empfänger konzipiert sind und nicht darauf abzielen, sie später als Käufer zu gewinnen. Auch die Fallgruppe der Preisunterbietung ohne Verdrängungsabsicht ist nicht einschlägig, da reine, klassische und vollwertige Anzeigenblätter sich nicht über die Vertriebserlöse, sondern über die Anzeigeneinnahmen finanzieren. Daher liegt grundsätzlich kein Verkauf unter Selbstkosten vor.

Die unentgeltliche Verteilung von Anzeigenblättern kann schließlich nur am Leitbild des Leistungswettbewerbs gemessen werden. Danach sollen die Mitbewerber mit Preis und Güte ihrer angebotenen Leistung werben und miteinander im Vergleich stehen. Anzeigenblätter verstoßen zwar nicht per se gegen das Prinzip des Leistungswettbewerbs, da anstelle der Leistung „Kauf" auch die Leistung „Nutzung" treten kann. Der Gratisvertrieb von Anzeigenblättern kann jedoch den Leistungswettbewerb beeinträchtigen, sobald Unentgeltlichkeit und unaufgeforderte Zustellung der Anzeigenblätter dazu führen, dass der kundenseitige Leistungsvergleich zwischen gleichartigen Produkten durch das Zusammenwirken von Unentgeltlichkeit, Bequemlichkeit und Gewöhnung vermindert oder ausgeschaltet wird. Dieser Effekt dürfte umso stärker sein, je ähnlicher die konkurrierenden Kauf- und Gratisblätter sind. Die Erfahrung auf dem Zeitungsmarkt konnte eine Substitutionswirkung, die auf eine Verzerrung des Leistungswettbewerbs hinweist, aber bislang nicht erkennen lassen.

Der Gratisvertrieb von Anzeigenblättern schaltet also *nicht per se* den kundenseitigen Leistungsvergleich nach Preis und Güte aus. Er enthält aber ein unlauteres Moment, das sich im Falle einer kontinuierlich steigenden Nachahmung und Verbreitung des Konzepts der anspruchsvoll-klassischen und vollwertigen Anzeigenblätter zur Gefahr für den Bestand des Pressewettbewerbs ausweiten kann, wenn die Mitbewerber der entgeltlichen Presse aufgrund des verminderten Leistungswettbewerbs doch aus dem Markt ausscheiden *und* dadurch die Informationsaufgabe der Presse insgesamt nicht mehr gewährleistet wird. Allerdings müssen für ein solches Szenario konkrete Anhaltspunkte bestehen, um eine Marktstörung durch Nichtleistungswettbewerb annehmen zu können. Nur unter diesen engen Voraussetzungen ist der Gratisvertrieb von Anzeigenblättern unlauter und verspricht eine Klage auf Verbot eines Anzeigenblatts Erfolg.

E) Die Verhältnismäßigkeit des Vebots eines Anzeigenblatts

I. Die Wechselwirkungslehre des BVerfG

Die Tätigkeit des Anzeigenblattverlegers steht unter dem Schutz seines Grundrechts auf Pressefreiheit aus Art. 5 Abs. 1 Satz 2 GG. Ein über § 3 UWG begründetes gerichtliches Verbot eines Anzeigenblatts stellt einen Eingriff in den Schutzbereich der Pressefreiheit dar. Dieser Eingriff ist zunächst insoweit gerechtfertigt, als das UWG ein allgemeines Gesetz im Sinne des Art. 5 Abs. 2 GG ist. Das BVerfG stellt die Pressefreiheit aber nicht grundsätzlich und absolut unter den Vorbehalt der allgemeinen Gesetze.[974] Seit dem Lüth-Urteil gilt, dass „die allgemeinen Gesetze [...] in ihrer das Grundrecht beschränkenden Wirkung ihrerseits im Lichte der Bedeutung dieses Grundrechts gesehen und so interpretiert werden, dass der besondere Wertgehalt dieses Rechts [...] gewahrt"[975] bleibt; es hat eine Wechselwirkung stattzufinden, wonach die allgemeinen Gesetze zwar „dem Wortlaut nach dem Grundrecht Schranken setzen, ihrerseits aber aus der Erkenntnis der wertsetzenden Bedeutung [des Grundrechts] ausgelegt und so in ihrer das Grundrecht begrenzenden Wirkung selbst wieder eingeschränkt werden müssen."[976] Dabei muss das durch das Grundrecht repräsentierte Interesse aber erst zurücktreten, „wenn schutzwürdige Interessen eines anderen von höherem Rang" verletzt werden, was wiederum „auf Grund aller Umstände des Falles zu ermitteln" ist.[977] Nach der Wechselwirkungslehre hat also in der Gesetzes*anwendung* eine Abwägung zwischen der Pressefreiheit und dem durch sie im konkreten Fall betroffenen Rechtsgut stattzufinden, wobei unter Berücksichtigung der grundrechtlichen Ordnung die gesamten Umstände des Einzelfalls zu beachten und zu bewerten sind.[978] Verlangt wird dadurch aber nur eine verfassungskonforme Auslegung und Anwendung der das Grundrecht beschränkenden Norm, die der Richter im Rahmen einer Verhältnismäßigkeitsprüfung, durch eine Güterabwägung zwischen den widerstreitenden Interessen durchzuführen hat, um auf dem Wege der so genannten praktischen Konkordanz einen schonenden Ausgleich zwischen den kollidierenden Verfassungsrechtspositionen zu gewinnen.[979]

Die Wechselwirkungslehre, spöttisch auch „Schaukeltheorie"[980] genannt, ist im Schrifttum nicht nur auf Zustimmung gestoßen. Bereits der Terminus „Schranke"[981], zumindest aber ihre konkrete Ausgestaltung als qualifizierter Gesetzesvorbehalt,[982] weise von vornherein auf eine starre Begrenzung grundrechtlicher Privilegien hin. Außerdem stelle die Lehre einen Zirkelschluss dar, weil „eine grundrechtsbeschränkende Norm nicht durch das inhaltliche Gewicht des Grundrechts im

974 Vgl. *Ricker*, in: *Löffler/Ricker*, Handbuch des Presserechts, 11. Kap. Rdnr. 16.
975 BVerfGE 7, S. 208 – Lüth.
976 BVerfGE 7, S. 209 – Lüth.
977 BVerfGE 7, S. 210 f. – Lüth.
978 Vgl. *Bethge,* in: *Sachs,* GG, Art. 5 Rdnr. 145 ff.
979 Vgl. *Degenhart*, in: *Dolzer/Vogel*, BK, Art. 5 Abs. 1 und 2 Rdnr. 72.
980 *Hall/Peter*, JuS 1967, S. 359.
981 Vgl. *Kiesel*, NVwZ 1992, S. 1129.
982 Vgl. *Schmitt Glaeser*, AöR 97 (1972), S. 280, 285.

Umfang seiner beschränkenden Wirkung beschränkt werden kann."[983] Dieser Einwand kann aber nicht vollständig überzeugen. Denn es entspricht nicht dem Grundrechtssystem, zunächst eine grundrechtliche Freiheit einzuräumen, dann aber ihre vollständige Einschränkung durch einfaches Gesetz zuzulassen[984] – der Wesensgehalt des Grundrechte muss schließlich gemäß Art. 19 IV GG immer respektiert werden.[985] Die Argumentation des Verfassungsgerichts ist demnach zwar ein Zirkelschluss, nur ist dieser im Grundgesetz selbst angelegt.[986] Die Wechselwirkungslehre ist daher nicht angreifbar.

Die Wechselwirkungslehre verlangt eine Abwägung zwischen dem durch das betroffene Grundrecht geschützten Interesse des Grundrechtsträgers und dem durch den Eingriff in das Grundrecht verfolgten Zweck und zwar abhängig vom jeweiligen Einzelfall.[987] Stimmen im Schrifttum lehnen dies ab und fordern stattdessen eine abstrakte Abwägung zwischen den widerstreitenden Interessen,[988] setzen auf Verfassungsinterpretation statt auf Kasuistik, um Vorhersehbarkeit und Rechtssicherheit (verfassungs-)gerichtlicher Entscheidungen zu garantieren. Es könne nicht angehen, dass sich das BVerfG einerseits mit Recht weigere, „über die Schranken des Art. 5 I den Gesetzgeber und damit letzten Endes den einfachen Richter entscheiden zu lassen", aber andererseits auf dem „Umweg über die Ausdeutung des konkreten, zur Entscheidung stehenden Einzelfalls dem Richter eine Macht einräumt, die er bei der bloßen Gesetzesauslegung nie und nimmer hätte."[989] Auf diese Weise verkehre sich der Vorbehalt des allgemeinen Ge-setzes faktisch zu einem Urteilsvorbehalt;[990] eine solch extreme Einzelfall-Zuspitzung könne aber kaum die Aufgabe des Verständnisses gerade *allgemeiner* Gesetze sein.[991]

Überzeugen kann diese Argumentation aber nicht. Zwar mag eine fallbezogene Abwägung Unsicherheiten produzieren – was im Übrigen ein Problem des Verhältnismäßigkeitsgrundsatzes überhaupt ist[992] –, aber die konkrete Abwägung

983 *Bettermann*, JZ 1964, S. 602.
984 Vgl. *Hesse*, Grundzüge des Verfassungsrechts, Rdnr. 332.
985 Vgl. BVerfGE 22, S. 219.
986 *Herzog*, in: *Maunz/Dürig*, GG, Art. 5 I, II, Rdn. 262; *Scholz/Konrad*, AöR 123 (1998), S. 95, Fn. 226.
987 Vgl. BVerfGE 7, S. 209 f.; *Schulze-Fielitz*, in: *Dreier*, GG, Bd. I, Art. 5 I, II Rdnr. 127.
988 Vgl. *Herzog*, in: *Maunz/Dürig*, GG, Art. 5 I, II Rdnr. 260; *Bettermann*, JZ 1964, S. 602.
989 *Herzog*, in: *Maunz/Dürig*, GG, Art. 5 I, II Rdnr. 260.
990 Vgl. *Kübler*, KritV 83 (2000), S. 319 ff.
991 Vgl. *Lerche*, Grundrechtsschranken, in: HbdStR V, § 122 Rdnr. 21.
992 Vgl. *Grimm*, ZRP 1994, S. 279.

garantiert dafür ein Maß an Einzelfallgerechtigkeit, wie sie die Abwägung abstrakter Rechtsgüter nicht zu leisten vermag.[993] Entscheidend für eine Abwägung der kollidierenden Interessen im Einzelfall spricht, dass ein angemesseneres Urteil getroffen werden kann, wenn alle relevanten Umstände berücksichtigt werden, anstatt eine Entscheidung allein nach generell-abstrakten Deutungen zu fällen.[994] Die kritisierte Rechtsunsicherheit kann zudem dadurch auf ein gewisses Maß reduziert werden, wenn zum einen der Schutzbereich der betroffenen Rechtsgüter genau bestimmt wird und zum anderen die Kriterien der Geeignetheit, Erforderlichkeit und Angemessenheit beim Ausgleich der kollidierenden Rechtsgüter herangezogen werden. Die weitere Prüfung wird beweisen, dass über diese Parameter tatsächlich detaillierte Vorgaben zu gewinnen sind.[995] Hinzu kommt, dass die Rechtsprechung des Bundesverfassungsgerichts in fortschreitender Kasuistik selbst eine Art Typologie entwickelt hat, die normativ leitet und den Geboten der Berechenbarkeit, Klarheit und Sicherheit des Rechts gerecht wird.[996] Auf diese Weise wirkt sie einem befürchteten Dezisionismus und einer extremen Einzelfall-Zuspitzung[997] im Zusammenhang mit der Anwendung der allgemeinen Gesetze des Art. 5 Abs. 2 GG entgegen.

Die alternativ vorgeschlagene abstrakte Abwägung würde außerdem eine Skala erfordern, die die Rechtsgüter nach ihrer Wertigkeit in eine bestimmte Rangfolge bringt. Eine solche existiert aber nicht[998] und kann ohne Verstoß gegen die Verfassung auch nicht aufgestellt werden.[999] Starre Abgrenzungsformeln würden die Gefahr bergen, Rechtsgüterschutz selbst dann zu verweigern, wenn ein solcher nach einer Güterabwägung gerechtfertigt sein könnte.[1000] Das stünde aber im Widerspruch zu der Maxime, wonach die Rechtsprechung den Grundrechten zu einer möglichst effektiven und angemessenen Verwirklichung verhelfen muss.[1001] Eine abstrakte Güterabwägung ist deshalb abzulehnen. Es bedarf daher

---

993 Vgl. *Bethge*, in: *Sachs*, GG, Art. 5 Rdnr. 147 b; *Schulze-Fielitz*, in: *Dreier*, GG, Bd. I, Art. 5 I, II Rdnr. 128.

994 Vgl. *Wendt*, in: *v. Münch/Kunig*, GG, Art. 5 Rdnr. 76.

995 Vgl. *Lerche*, Grundrechtsschranken, in: HbdStR V, § 122 Rdnr. 16; *Hoffmann-Riem*, in: *Denninger*, AK-GG, Art. 5 Abs. 1, 2 Rdnr. 55.

996 Vgl. BVerfGE 66, S. 138 – Wallraff.

997 Vgl. *Lerche*, Grundrechtsschranken, in: HbdStR V, § 122 Rdnr. 21.

998 Vgl. *Herzog*, in: *Maunz/Dürig*, GG, Art. 5 I, II Rdnr. 266; *Wendt*, in: *v. Münch/Kunig*, GG, Art. 5 Rdnr. 76.

999 Vgl. BVerfGE 50, S. 241; 64, S. 115 – Zeugnisverweigerungsrecht.

1000 Vgl. *Hoffmann-Riem*, in: *Denninger*, AK-GG, Art. 5 Abs. 1, 2 Rdnr. 55.

1001 Vgl. BVerfGE 35, S. 223 f.

einer Abwägung der widerstreitenden Interessen im konkreten Einzelfall, um zu einer verhältnismäßigen und damit verfassungskonformen Anwendung des UWG zu gelangen, das als allgemeines Gesetz das Grundrecht der Pressefreiheit beschränken kann.

II. Der Prozess der Güterabwägung

Die Wechselwirkungslehre, die das BVerfG in einer Entscheidung zur Meinungsfreiheit aufgestellt hatte, gilt „sinngemäß auch für die Pressefreiheit [...]. Der Sinn dieses Urteils, angewandt auf die Pressefreiheit, liegt also darin, diese vor einer Relativierung durch die allgemeinen Gesetze – und die sie anwendenden Gerichte – zu bewahren und durch den Zwang, die Auslegung der allgemeinen Gesetze stets an dem Grundwert der Pressefreiheit zu orientieren, ihr den angemessenen Raum zu sichern und jede Ein-engung der Pressefreiheit zu verhindern, die nicht von der Rücksicht auf mindestens gleichwertige Rechtsgüter unbedingt geboten ist. Die objektiv-rechtliche, institutionelle Seite der Pressefreiheit, ihre Auswirkung als Wertmaßstab und Auslegungsgrundsatz für die allgemeine Rechtsordnung, tritt hier besonders hervor.“[1002] Das wettbewerbsrechtliche Verbot eines Anzeigenblatts gemäß § 3 UWG wäre demnach ein ungerechtfertigter Eingriff in die Pressefreiheit, wenn die einfachgesetzliche Anspruchsgrundlage nicht ihrerseits im Lichte des Art. 5 Abs. 1 Satz 2 GG verfassungskonform ausgelegt und angewandt wird. Es hat deshalb im Rahmen einer Verhältnismäßigkeitsprüfung eine Güterabwägung stattzufinden, um einen Ausgleich zwischen den kollidierenden Verfassungsrechtspositionen zu gewinnen. Über die Struktur dieser Verhältnismäßigkeitsprüfung besteht weitgehend Konsens: Das staatliche Verhalten, das sich im gerichtlichen Verbot eines Anzeigenblatts aufgrund eines Verstoßes gegen § 3 UWG manifestiert, muss dem Grundsatz der Verhältnismäßigkeit entsprechen. Das Verbot muss also einem legitimen Zweck dienen und zur Erreichung dieses Zwecks geeignet, erforderlich und angemessen (verhältnismäßig im engeren Sinne) sein.[1003] Dabei sind alle betroffenen Interessen und Umstände, die vom Gratisvertrieb von Anzeigenblättern berührt werden, mit in die Bewertung einzubeziehen.[1004] In den Urteilen des BGH zur Rechtmäßigkeit

---

1002 BVerfGE 20, S. 177 – Spiegel.

1003 Vgl. *Herzog*, in: *Maunz/Dürig*, GG, Art. 20, Rdnr. 110; *Köhler*, in: *Köhler/Bornkamm*, UWG, § 3 UWG Rdnr. 85.

1004 Vgl. BGHZ 81, S. 294 – Back Journal, BGH, NJW 2004, S. 2085 – 20 Minuten Köln; WRP 2004, S. 748 – Zeitung zum Sonntag; *Schünemann*, in: *Harte-Bavendamm/Henning-Bodewig*, UWG, § 3 Rdnr. 202.

von Anzeigenblättern ist dieser Aufbau in dieser Klarheit nicht zu erkennen.[1005] Gleichwohl soll in der nachfolgenden Prüfung der genannten Struktur gefolgt werden.

1. Der mit dem Eingriff verfolgte legitime Zweck

Grundlage und Bezugspunkt für die Verhältnismäßigkeitsprüfung ist der legitime Zweck, den der Staat mit seinen Maßnahmen verfolgt. Es stellt sich daher die Frage, welchem legitimen Zweck die Entscheidung des Gerichts dient, den Gratisvertrieb eines Anzeigenblatts zu verbieten. Die Rechtsprechung ist dabei auf die Zwecke des jeweiligen Gesetzes festgelegt.[1006] Das UWG dient gemäß § 1 UWG dem „Schutz der Mitbewerber, der Verbraucherinnen und Verbraucher sowie der sonstigen Marktteilnehmern vor unlauteren geschäftlichen Handlungen. Er schützt zugleich das Interesse der Allgemeinheit an einem unverfälschten Wettbewerb." Dieses Ziel des Schutzes der wettbewerbsrechtlich relevanten Interessen der Marktteilnehmer, hier insbesondere denen des Verlegers des konkurrierenden Presseerzeugnisses, soll durch die Generalklausel des § 3 UWG und deren Ausgestaltung in § 4 UWG erreicht werden. In Betracht kommt der Schutz des Leistungswettbewerbs als Unterfall der allgemeinen Marktstörung, wonach der Wettbewerb unter den Marktteilnehmern über den Preis und die Qualität eines Produkts entschieden werden soll. Vor diesem Hintergrund würde die gerichtliche Untersagung eines Anzeigenblatts, die sich auf § 3 UWG stützen kann, nur dann *keinen* legitimen Zweck verfolgen, wenn die Parameter zur Ausgestaltung der Generalklausel,[1007] die im Rahmen der einfachgesetzlichen Prüfung aufgestellt wurden, ihrerseits zweckwidrig wären. Dies ist aber nicht der Fall.[1008] Der legitime Zweck, der mit dem Verbot eines Anzeigenblatts verfolgt würde, liegt in der Sicherung eines funktionsfähigen Pressemarkts.[1009]

1005 Vgl. BGHZ 19, S. 392 ff. – FWB; 51, S. 236 ff. – SWB I; BGH, GRUR 1971, S. 477 ff. – SWB II; NJW 1985, S. 1624 ff. – Bliestal-Spiegel; NJW 2004, S. 2083–20 Minuten Köln; WRP 2004, S. 746 ff. – Zeitung zum Sonntag.

1006 Vgl. *Herzog*, in: *Maunz/Dürig*, GG, Art. 20, Rdnr. 111.

1007 Vgl. Kap. 3 D II.

1008 An der Verfassungsmäßigkeit des § 3 UWG bestehen allenfalls dann Zweifel, wenn die Regelung nicht ausreichend bestimmt sein sollte. Bei § 3 UWG handelt es sich aber um eine Generalklausel, die gerade die Vielfalt aller denkbaren missbilligende Wettbewerbshandlungen in verfassungsrechtlich unbedenklicher Weise umschrieben hat, vgl. dazu BVerfGE 32, S. 317.

1009 Vgl. *Bott*, Die Gratiszeitung, S. 249.

2. Die Geeignetheit des Eingriffs

Das durch den Staat eingesetzte Mittel zur Verfolgung des legitimen Zwecks muss weiterhin geeignet sein, diesen Zweck auch zu erreichen.[1010] Das gerichtliche Verbot des Vertriebs eines Anzeigenblatts muss demnach die Funktion und den Bestand des Pressewettbewerbs schützen. An die Geeignetheit sind keine zu strengen Anforderungen zu stellen. Es ist nicht notwendig, dass der angestrebte Zweck durch das Mittel vollständig erreicht wird. Es genügt, dass das Mittel die Wahrscheinlichkeit erhöht, dass der angestrebte Erfolg zumindest teilweise eintritt.[1011] Eine Maßnahme ist nur dann nicht geeignet, wenn sie von vornherein keinen Beitrag zur Erreichung des legitimen Zwecks leisten kann.[1012] Vor diesem Hintergrund ist das gerichtliche Verbot eines Anzeigenblatts auch geeignet, die Ziele des UWG zu befördern, wenn der Gratisvertrieb von Anzeigenblättern tatsächlich zu einer Beeinträchtigung des Wettbewerbes führt. Das wäre der Fall, wie ausführlich beschrieben,[1013] wenn die klassisch-anspruchsvollen und vollwertigen Anzeigenblätter den durch das UWG geschützten Leistungswettbewerb verzerren oder ausschalten. Vor diesen Auswirkungen würde der Wettbewerb dann durch das gerichtliche Verbot des Anzeigenblatts geschützt, womit die durch den Staat eingesetzte Maßnahme als geeignetes Mittel qualifiziert werden könnte.[1014]

3. Die Erforderlichkeit des Eingriffs

Das Gebot der Erforderlichkeit verlangt außerdem, dass der Staat das Mittel auszuwählen hat, das den angestrebten Zweck erreicht und die geschützte Rechtsposition desAdressaten am wenigsten beeinträchtigt.[1015] Es darf keine Alternative bestehen, die den gleichen Erfolg verspricht und dabei aber den Adressaten der Maßnahme weniger belastet. Erforderlich ist das Verbot eines Anzeigenblatts demnach nur dann, wenn es eine für den Verleger des Anzeigenblatts gegenüber dem gerichtlichen Verbot seines Produkts weniger beschwerende Alternative gibt, die den Schutz des Wettbewerbs aber in gleicher Weise gewährleistet.

1010 Vgl. *Sommermann*, in: *v. Mangoldt/Klein/Starck*, GG, Bd. II, Art. 20 Abs. 3 Rdnr. 314.

1011 BVerfGE 67, S. 173 ff.; 96, S. 23 ff.

1012 BVerfGE 17, S. 315; 19, 338 f.

1013 Vgl. Kap. 3 D II 3d.

1014 Vgl. *Bringe*, Gratisvertrieb meinungsbildender Tagespresse, S. 175; *Bott*, Die Gratiszeitung, S. 250.

1015 Vgl. BVerfGE 22, S. 123–Verteidigungsbefugnis; 20, S. 204 f. – Spiegel; *Jarass*, in: *Jarass/Pieroth*, GG, Art. 20 Rdnr. 85.

Eine Alternative zu dem Verbot eines Anzeigenblatts ist allerdings nicht erkennbar.[1016] *Bringe* stellt als denkbare Alternative auf „das eigenständige Herausbringen von Gratiszeitungen von Seiten der Herausgeber/Verleger bisher ausschließlich entgeltlicher Tageszeitungen" und damit „das mildere Mittel der rechtlichen Untätigkeit" ab.[1017] Das Herausbringen eines unentgeltlichen Konkurrenzblatts durch den Verleger des konkurrierenden Produktes der Kaufpresse stellt aber von vornherein kein milderes *staatliches* Mittel dar und scheidet damit als Alternative zum gerichtlichen Verbot des Anzeigenblatts aus.

Ein weniger einschneidendes Mittel zum vollständigen Verbot des Anzeigenblattes könnte die Tolerierung des Anzeigenblatts unter Bedingungen oder Auflagen sein. So könnte der Anzeigenblattverleger verpflichtet werden, sein Anzeigenblatt gegen Entgelt abzugeben. Das würde aber bedeuten, dass er genau das Konzept aufgeben müsste, das ihm eine Marktzutrittschance auf dem gesättigten Pressemarkt gewährt.[1018] Daher ist auch dieses Mittel als Alternative zum Verbot des Gratisvertriebs untauglich. Im Ergebnis gibt es nur ein Entweder-Oder. So ist das Gratisblatt entweder zulässig oder zu verbieten. Das durch ein Gericht ausgesprochene wettbewerbsrechtliche Verbot einer Gratiszeitung zum Zwecke des Schutzes des (Leistungs-)Wettbewerbs ist damit auch erforderlich. Unter welchen Bedingungen dieses Verbot aber ausgesprochen werden darf, muss durch die Angemessenheitsprüfung geklärt werden.

4. *Die Angemessenheit des Eingriffs*

Die Angemessenheit verlangt schließlich, dass eine staatliche Maßnahme nicht außer Verhältnis zum Zweck der Maßnahme stehen darf. Das Gebot der Angemessenheit oder Verhältnismäßigkeit im engeren Sinn erfordert eine alle Aspekte des Einzelfalls umfassende Güterabwägung zwischen dem Nutzen der staatlichen Maßnahme und den durch die Maßnahme herbeigeführten Beeinträchtigungen.[1019] Auf der Angemessenheit liegt in der Regel der Schwerpunkt der Verhältnismäßigkeitsprüfung. Dabei sind zunächst die Interessen der Kontrahenten darzustellen. Eine Besonderheit der vorliegenden Kollisionslage besteht darin, dass sowohl der Verleger des Anzeigenblattes, als auch der der (konkurrierenden) Kaufpresse durch die Pressefreiheit aus Art. 5 Abs. 1 Satz 2 GG geschützt sind und sich eine vorrangige Wertigkeit der einen oder anderen Rechtsposition

1016 Vgl. im Ergebnis auch *Bott*, Die Gratiszeitung, S. 252.
1017 Vgl. *Bringe*, Gratisvertrieb meinungsbildender Tagespresse, S. 175.
1018 Vgl. *Bringe*, Gratisvertrieb meinungsbildender Tagespresse, S. 175.
1019 BVerfGE 7, S. 210 – Lüth.

nicht von vornherein feststellen lässt.[1020] Daneben sind die Interessen der Leser und Inserenten des Anzeigenblattes in die Güterabwägung einzubringen.[1021] Neben der individualrechtlichen Dimension der Pressefreiheit wird schließlich auch die Institutionsgarantie der Presse berücksichtigt werden müssen, worin der Pressefreiheit eine objektiv-rechtliche Dimension zukommt.[1022] Neben dem Bestands- und Funktionsschutz der Presse sind dann die Qualität von Presseerzeugnissen, die Auswahl- und Entscheidungsfreiheit der Leser, die Pressevielfalt und schließlich die redaktionelle Unabhängigkeit als abwägungsrelevante Strukturprinzipen der Pressefreiheit in der Abwägung zu berücksichtigen.[1023] Letztlich fällt erst nach dieser umfassenden Gesamtwürdigung der Interessen der Beteiligten und der betroffenen Rechtsgüter die Entscheidung, ob das wettbewerbsrechtliche Unterlassungsurteil gegen den Gratisvertrieb von Anzeigenblättern verhältnismäßig ist oder nicht.

a) Die Interessen der Beteiligten

aa) Die Interessen der Kontrahenten

Der Anzeigenblattverleger hat das Interesse, dass seine freie Vertriebs- und Finanzierungswahl sowie die freie inhaltliche Gestaltung seines Presseprodukts durch die Pressefreiheit gewährleistet werden.[1024] Der Gratisvertrieb seiner Presseerzeugnisse nimmt für ihn eine zentrale Bedeutung ein, schließlich ist es erwiesenermaßen nur schwer möglich, auf dem lokalen Pressemarkt Fuß zu fassen, wenn kein etabliertes Mutterunternehmen im Hintergrund finanzielle, organisatorische und technische Hilfe leistet.[1025] Der Zeitungsmarkt ist gesättigt, die Leser-Blatt-Bindung bei den etablierten Zeitungen stark ausgeprägt – kurz: die Marktzutrittsbarrieren für Newcomer sind sehr hoch.[1026] Die Chancen, mit

---

1020 Vgl. *Gesellensetter*, GRUR 2001, S. 711.

1021 Vgl. *Köhler*, WRP 1998, S. 463 f.

1022 Vgl. BGHZ 51, S. 247 f. – SWB I; BGH, WRP 2004, S. 748 – Zeitung zum Sonntag; *v. Danwitz*, Gratisvertrieb, S. 71; *Berst*, AfP 1999, S. 428.

1023 Vgl. BGH, WRP 2004, S. 746 ff. – Zeitung zum Sonntag; NJW 2004, S. 2083 ff. – 20 Minuten Köln; *Köhler*, WRP 1998, S. 460 ff.; *Kübler*, in: FS Löffler, S. 179 f.; *Ahrens*, WRP 1999, S. 125 (Kaufentscheidung als Strukturprinzip).

1024 Vgl. Kap. 3 B I 1.

1025 Vgl. *Gesellensetter*, GRUR 2001, S. 712; *Berst*, AfP 1999, S. 429; BGH, NJW 2004, S. 2086–20 Minuten Köln; *Schütz*, MP 2005, S. 206.

1026 Vgl. *Röper*, MP 2000, S. 300.

einem neuen Anzeigenblatt auf dem lokalen Pressemarkt Fuß zu fassen, sind dabei höher als mit einer weiteren regionalen Abonnementzeitung.[1027]

Der Zeitungsverleger, der seine Presseerzeugnisse gegen Entgelt vertreibt, ist daran interessiert, seine Wettbewerbsposition auf dem Anzeigenmarkt zu erhalten und Einbußen an Vertriebserlösen zu verhindern. Darüber hinaus verlangt er Wettbewerbsbedingungen, die einen unverzerrten Produktvergleich nach Preis und Güte gewähren. Aufgrund der unentgeltlichen Zustellung der Presseerzeugnisse könnten viele Leser aus ökonomischen Erwägungen und Bequemlichkeitsgründen zum kostenlosen Produkt greifen.[1028] Der Wettbewerbsvorsprung des Gratisvertriebs könnte sich dann auf den Bestand des eigenen Presseunternehmens bedrohlich auswirken, insbesondere wenn mehrere Verlage auf diese Wettbewerbsmaßnahme umsteigen.[1029] Diese Entwicklung könnte den konventionellen Zeitungsvertrieb empfindlich treffen oder sogar existenzgefährdenden Umfang annehmen und damit ihre Pressetätigkeit erschweren oder unmöglich machen.[1030] Ein Verbot der Gratisblätter könnte diese Gefahr entschärfen und der Pressetätigkeit des Verlegers konventioneller Zeitungen, die ihrerseits nach Art. 5 Abs. 1 Satz 2 GG gewährleist ist, zugute kommen.

bb) Die Interessen der Leser

Die Leser haben das Interesse, möglichst umfassend, gut und vor allem auch preisgünstig informiert zu werden. Es besteht deshalb ein Bedarf an kostenlosen Druckwerken, der durch die Anzeigenblätter auch gedeckt wird.[1031] Anzeigenblätter werden eben nicht nur als störende Reklame empfunden, sondern tatsächlich konsumiert.[1032] Auf dem jeweils örtlich begrenzten Pressemarkt treffen reine, klassische oder vollwertige Anzeigenblätter und entgeltliche Lokalzeitungen auf mehrere Lesergruppen, auf die sich weder das Erscheinen von Anzeigenblättern noch ihr Verbot in gleicher Weise auswirken. Zu den Lesergruppen gehören die *Nicht-* und *Neu-Leser*, die *Anzeigenblatt-und-Zeitungsleser* sowie die *Nur-Zeitungsleser* und die sogenannten *Wechsler*.[1033]

Von den *Nicht-Lesern* werden weder die Tageszeitung noch das Anzeigenblatt zur Kenntnis genommen. Die *Neu-Leser* kaufen keine Zeitung, aber lesen das

1027 Vgl. *Schütz*, MP 2001, S. 605; *ders.*, MP 2009, S. 454 f.
1028 Vgl. Kap. 3 IV 3b.
1029 Vgl. BGH, GRUR 1971, S. 478 – SWB II; BGHZ 51, S. 242 ff. – SWB I.
1030 Vgl. *Ahrens*, WRP 1999, S. 125 ff.; *v. Danwitz*, Der Gratisvertrieb, S. 38 f.
1031 Vgl. BGHZ 51, S. 249 f. – SWB I.
1032 Vgl. Kap. 1 B IV.
1033 Vgl. *Köhler*, WRP 1998, S. 464; *Schmid*, WRP 2000, S. 997.

Gratisblatt. Auf diese Weise werden auch solche Bevölkerungsgruppen mit gedruckten Informationen versorgt, die sich ansonsten eine Zeitung nicht leisten können oder wollen.[1034] Die *Anzeigenblatt-und-Zeitungsleser* wiederum beziehen eine Tageszeitung und lesen auch zusätzlich ein Anzeigenblatt, während die *Nur-Zeitungsleser* das unentgeltliche Presseerzeugnis von vornherein ignorieren. Nur die *Wechsler* geben die Zeitung zugunsten des Anzeigenblatts auf. Dies setzt aber voraus, dass eine Lokalzeitung mit einem klassischen Anzeigenblatt mit publizistischem Anspruch oder einem vollwertigen Anzeigenblatt konkurriert, weil nur diese beiden Sorten Anzeigenblatt eine ähnliche oder sogar gleichwertige Leistung und Erscheinungsweise wie die Lokalzeitung erbringen und damit eine den Wechsel begründende Alternative sein können. Ein Wechsel von einer Lokalzeitung zu einem reinen oder klassischen Anzeigenblatt ohne publizistischen Anspruch scheint dagegen unwahrscheinlich, da der Leser dann zwar Geld spart, aber auch kein vergleichbares Produkt wie eine Tageszeitung erhält.[1035] Es gilt also: Die *Neu-Leser*, die *Anzeigenblatt-und-Zeitungsleser* und die *Wechsler* profitieren von der Einführung eines kostenlosen Anzeigenblatts – gleichgültig ob es sich um ein reines, klassisches oder vollwertiges Anzeigenblatt handelt. Aber nur wenn klassische Anzeigenblätter mit publizistischer Leistung und vollwertige Anzeigenblätter vorliegen, kann die Lesergruppe der *Wechsler* für die Verleger entgeltlicher Zeitungen zu einer Bedrohung werden.

Nimmt man das Leserinteresse zum Maßstab, dann streitet die Informationsfreiheit *für* die Zulässigkeit von allen Arten von Anzeigenblättern.[1036] Dieses Grundrecht aus Art. 5 Abs. 1 Satz 1 GG gewährleistet jedem Bürger, sich „aus allgemein zugänglichen Quellen ungehindert zu unterrichten". Allgemein zugänglich ist dabei eine Informationsquelle, die „technisch geeignet und bestimmt ist, der Allgemeinheit, d.h. einem individuell nicht bestimmbaren Personenkreis, Informationen zu verschaffen,"[1037] also insbesondere die Massenmedien, aber auch Flugblätter oder Plakattafeln.[1038] Damit stellen auch die unentgeltlich verteilten Gratisblätter eine allgemein zugängliche Quelle dar, womit durch ein wettbewerbsrechtlich motiviertes Verbot die Informationsfreiheit sowohl der *Neu-Leser* als auch der *Zeitungswechsler und Zeitungs-und-Anzeigenblatt-Leser* beschränkt werden würde.[1039] Zwar bedeutet eine „ungehinderte Unterrichtung"

1034 Vgl. BGHZ 51, S. 250 – SWB I.
1035 Vgl. BGHZ 19, S. 398 – FWB; 51, S. 238 – SWB I.
1036 Vgl. *Bringe*, Gratisvertrieb meinungsbildender Tagespresse, S. 162.
1037 BVerfGE 27, S. 83 – Leipziger Volkszeitung.
1038 Vgl. *Herzog*, in: *Maunz/Dürig*, Art. 5 Abs. I, II Rdnr. 91 f.
1039 Vgl. *Köhler*, WRP 1998, S. 464.

nicht, dass jeder Eingriff in die Informationsfreiheit nicht seinerseits gerechtfertigt sein kann (denn auch sie unterliegt den Schranken der „allgemeinen Gesetze“ und damit § 3 UWG),[1040] dennoch ist das Interesse der potenziellen Leser von Anzeigenblättern zugunsten der Gratispublikationen in die Waagschale zu werfen.

Bei der Güterabwägung müssen zwar andererseits auch die Interessen der *Nur-Zeitungsleser* und *Anzeigenblatt-und-Zeitungsleser* berücksichtigt werden, die von einer Einstellung ihrer entgeltlichen Zeitung betroffen wären. Für sie gilt aber, dass immer mit dem Verlust „ihrer“ Zeitung zu rechnen ist, wenn sich das Presseprodukt auf dem Markt nicht durchsetzen kann. Es gibt im Wettbewerb keinen Bestandsschutz für einzelne Unternehmen und ihre Produkte – und von diesem Prinzip sind eben auch die (Stamm-)Kunden betroffen.[1041] Es gehört zum Wesen des Wettbewerbs, bestehende Produktions-, Finanzierungs- oder Absatzkonzepte neu zu entwickeln[1042] und alte einzustellen. Es gehört auch nicht zur Aufgabe des Wettbewerbsrechts noch der Pressefreiheit, Presseprodukte nach ihrer Wertigkeit oder Qualität zu beurteilen.

Anders sieht es dagegen aus, wenn der Gratisvertrieb von Anzeigenblättern dazu führt, dass nicht nur eine, sondern alle alternativen Zeitungen vom lokalen Pressemarkt verschwinden. Das wäre von vornherein nur bei klassischen Anzeigenblättern mit publizistischem Anspruch oder vollwertigen Anzeigenblättern zu befürchten, da reine und klassische Anzeigenblätter ohne publizistische Intention von vornherein keine echte Alternative zur Lokalzeitung darstellen.[1043] Etwas anderes gilt nur dann, wenn der Zeitungsmarkt umzukippen drohte: Erst wenn das Angebot an Publikationen aufgrund der unentgeltlichen Verteilung von Zeitungen so zusammenschrumpft, dass die Möglichkeit des Lesers, sich umfassend und objektiv zu informieren, nahezu unmöglich gemacht würde, wären aus der objektivrechtlichen Dimension des Grundrechts heraus „Maßnahmen zur Sicherung des unabdingbaren Mindestmaßes an Zugänglichkeit“[1044] zulässig, um den grundrechtlich geschützten Kommunikationsprozess offen zu halten.[1045] In dieser Konstellation wäre ein Verbot der Gratispresse dann insbesondere auch mit der Informationsfreiheit der *Nur-Zeitungsleser* und *Anzeigenblatt-und-Zeitungsleser*

1040 Vgl. *Pieroth/Schlink*, Grundrechte Staatsrecht II, § 13 Rdnr. 608 ff.

1041 Vgl. *Gesellensetter*, GRUR 2001, S. 713.

1042 Vgl. BGH in WRP 1990, S. 267 – Annocen-Avis; BGH in WRP 1991, S. 485 – Motorboot-Fachzeitschrift.

1043 Vgl. Kap. 1 B III.

1044 *Hoffmann-Riem*, in: *Denninger*, AK-GG, Art. 5 Rdnr. 112.

1045 Vgl. *Degenhart*, in: *Dolzer/Vogel*, BK, Art. 5 Abs. 1 und 2 Rdnr. 361 ff.

zu begründen. Unterhalb dieser Gefahrenschwelle ist die Informationsfreiheit der Leser aber eben nur zugunsten des Gratisvertriebs in Rechnung zu stellen. Als Abwägungskriterium ist das Interesse der Leser also ambivalent.

cc) Die Interessen der Inserenten

Für Inserenten erschließen sich durch das Anzeigenblatt zusätzliche Leser und Zielgruppen.[1046] Das gilt sowohl für reine, klassische als auch für vollwertige Gratisblätter. Da Anzeigenblätter unbestellt und unaufgefordert zugestellt werden, erzielen sie eine höhere Reichweite als Kaufzeitungen.[1047] Die Gratisverteilung kann auf diese Weise die Effektivität einer Publikation als Werbeträger erhöhen, was wiederum den wirtschaftlichen Interessen der Werbetreibenden entspricht.[1048] Hinzu kommt der gesteigerte Wettbewerb durch ein zusätzliches Medium auf dem Anzeigenmarkt, was sich in insgesamt günstigeren Preiskonditionen für Inserenten niederschlagen kann.[1049] Anzeigenblätter sind also für Inserenten in doppelter Weise von Vorteil. Das gilt aber nur, solange der umkämpfte Anzeigenmarkt eine Koexistenz von Anzeigenblatt und Kaufzeitung ermöglicht. Allerdings ist dieser Vorteil ausschließlich wirtschaftlicher Natur und rechtlich nicht relevant.

Für das Schalten von Anzeigen in Presseerzeugnissen kommt als grundrechtliche Gewährleistung die Meinungsfreiheit in Betracht.[1050] Durch das Verbot von Anzeigenblättern wird den Inserenten der Zugang vor allem zu den Neu-Lesern verwehrt, die auch über die entgeltliche Lokalpresse nicht zu erreichen wären; die Wirkung der Werbeaussage kann sich dann also gegenüber einer ganzen Zielgruppe von vornherein nicht entfalten. Einen Eingriff in den Schutzbereich des Art. 5 Abs. 1 Satz 1 GG stellt das Verbot von Anzeigenblättern insoweit jedoch nicht dar. Zum einen könnte bereits eingewandt werden, dass das staatliche Verbot den Inserenten nur mittelbar betrifft, es also gemäß des klassischen Eingriffsbegriffs nicht „final" wirkt, sondern bloß „unbeabsichtigte Folge eines auf ganz andere Ziele gerichteten Staatshandelns" ist.[1051] Zum anderen gewährt weder die Presse- noch die Meinungsfreiheit dem Einzelnen einen Anspruch darauf, in einem Presseerzeugnis eine Anzeige schalten zu können:[1052] Vielmehr

1046 Vgl. *Köhler*, WRP 1998, S. 464.
1047 Vgl. *Heinrich*, Medienökonomie, S. 372.
1048 Vgl. *Ricker*, AfP 1982, S. 159.
1049 Vgl. *Vogel*, MP 2002, S. 577.
1050 Vgl. *Jarass*, in: *Jarass/Pieroth*, GG, Art. 5 Rdnr. 3; BVerfGE 30; S. 352 – Sonnenfreunde.
1051 Vgl. *Pieroth/Schlink*, Grundrechte Staatsrecht II, § 6 Rdnr. 251.
1052 Vgl. *Wendt*, in: *Münch/Kunig*, GG, Art. 5 Rdnr. 32.

steht es „im freien Belieben des Verlages […], die Annahme gewisser, ihm nicht genehmer Anzeigen abzulehnen".[1053] Alles andere müsste auch der Privatautonomie der Presseverleger widersprechen.[1054] Es bleibt damit festzuhalten, dass Inserenten zwar wirtschaftliche Interessen am Fortbestand von Anzeigenblättern haben,[1055] im Falle eines drohenden Verbots dieses Mediums liegt aber kein Grundrechtsverstoß gegen die Meinungsfreiheit der Inserenten vor. Die Interessen der Inserenten schlagen damit nicht zugunsten der Zulässigkeit von Anzeigenblättern aus. Über die Interessen der Leser und Inserenten ist nach alledem also kein eindeutiges Votum für die Abwägung und damit die verfassungskonforme Auslegung des Begriffs der Unlauterkeit in § 3 UWG zu gewinnen. Dieses kann erst durch den Rückgriff auf die institutionelle Garantie der Presse gewonnen werden.

b) Die objektiv-rechtliche Dimension der Pressefreiheit und ihre Strukturprinzipien

In dem grundlegenden Spiegel-Urteil stellte das Bundesverfassungsgericht fest, dass der institutionelle Schutz des Art. 5 Abs. 1 GG ein freies Pressewesen in seiner Gesamtheit schützt.[1056] Während die Tätigkeit des einzelnen Presse-Unternehmens primär durch sein Abwehrrecht in Art. 5 Abs. 1 Satz 2 GG geschützt wird, garantiert die objektiv-rechtliche Dimension der Pressefreiheit die Gesamtstruktur eines freien Pressewesens.[1057] Der Grund für den besonderen Schutz der Presse ist – wie bereits dargelegt wurde – in ihrer öffentlichen Aufgabe zu finden.[1058] Sie stellt einen öffentlichen Meinungsmarkt her und stellt zugleich ein Verbindungs- und Kontrollorgan zwischen Volk und den gewählten Vertretern in Parlament und Regierung dar.[1059] Diese Funktionen kann der Staat in einer freiheitlichen Demokratie nicht selbst ausüben. Aufgrund der herausragenden Bedeutung einer freien Presse für den demokratischen Staat und eine pluralistische Gesellschaft ist das Pressewesen nicht nur in seinem Bestand, sondern auch in seiner Funktionsfähigkeit geschützt.[1060] Die objektiv-rechtliche Dimension der Pressefreiheit verstärkt und ergänzt damit das klassische Abwehrrecht der

---

1053 Vgl. BVerfGE 21, S. 278 – Montabaur.
1054 Vgl. *Wendt*, in: *v. Münch/Kunig*, GG, Art. 5 Rdnr. 21.
1055 Vgl. *Köhler*, WRP 1998, S, 464; *Gesellensetter*, GRUR 2001, S. 713.
1056 Vgl. BVerfGE 20, S. 162 – Spiegel.
1057 Vgl. BVerfGE 85, S. 12 f.
1058 Vgl. Kap. 3 B II 1.
1059 Vgl. BVerfGE 20, S. 174 f. – Spiegel.
1060 Vgl. Kap. 3 B II 2.

Pressefreiheit.[1061] Die Institutsgarantie der Presse lassen sich für die Pressetätigen keine unmittelbaren Ansprüche ableiten,[1062] aber sie verpflichtet den Staat dafür Sorge zu tragen, dass die Presseangehörigen und -verlage ihre Pressetätigkeit frei ausüben können und sie vor Gefahren, die beispielsweise von marktbeherrschenden Verlagen ausgehen, geschützt werden.[1063] Grundsätzlich darf die Pressefreiheit als objektives Prinzip nur dann das Abwehrrecht begrenzen, wenn es zugunsten des ursprünglichen individualrechtlichen Kerns der Pressefreiheit erfolgt.[1064]

Diese Wertung lässt sich nun auch auf die verfassungsrechtliche Zulässigkeit eines Verbots von Gratiszeitungen übertragen: Da das wettbewerbsrechtliche Verbot des Gratisvertriebs von Anzeigenblättern eine grundrechtsbeschränkende Wirkung auf die Pressefreiheit des Gratisverlegers ausübt, kann die Bedeutung der Pressefreiheit interpretationsleitend zugunsten des Anzeigenblattverlegers herangezogen werden.[1065] Andererseits müsste ein Verstoß gegen die institutionelle Garantie der Presse aber für die verfassungsrechtliche Zulässigkeit eines wettbewerbsrechtlichen Verbotes von Anzeigenblättern sprechen.[1066] Das bedeutet also für die Beurteilung des Gratisvertriebs von Presseerzeugnissen, dass das Individualrecht des Anzeigenblattverlegers nur zugunsten der Institutsgarantie eingeschränkt werden darf, wenn es die Strukturprinzipien der Presefreiheit oder den Bestand der Presse als Institution gefährdet.[1067] Dann wäre auch die Pressefreiheit der traditionellen Verleger durch die Auswirkungen des Gratisvertriebs negativ betroffen. Allerdings ist weitgehend unklar, welche Strukturbedingungen für die Presse wesentlich sind, um den öffentlichen Kommunikationsprozess in einer Massendemokratie zu gewährleisten. Diese Lücke soll im folgenden Abschnitt geschlossen werden.

1061 Vgl. Kap. 3 B II 4.

1062 Vgl. BVerfGE 80, S. 133.

1063 Vgl. Kap. 3 B II 4.

1064 Vgl. Kap. 3 B II 4.

1065 Vgl. OLG Köln, AfP 2001, S. 331–20 Minuten Köln; KG, AfP 2000, S. 296–20 Minuten Köln.

1066 Vgl. BGH, NJW 2004, S. 2085–20 Minuten Köln; GRUR NJW 1985, S. 1624 – Bliestal-Spiegel.

1067 Vgl. *v. Danwitz*, Gratisvertrieb, S. 53; *Köhler*, WRP 1998, S. 460 ff.

c) *Die Konkretisierung der Strukturprinzipien der Pressefreiheit: Schutz der Qualität*

Für die exakte Definition des Schutzbereichs der Pressefreiheit in ihrer objektiv-rechtlichen Dimension kommt es „im einzelnen darauf an, was notwendige Bedingungen des Funktionierens einer freien Presse“ sind.[1068] Als ein Strukturprinzip der Pressefreiheit kommt dabei insbesondere die redaktionelle Qualität als Voraussetzung für die öffentliche Meinungsbildung in Betracht, aber auch die Auswahl- und Entscheidungsfreiheit der Leser, die Pressevielfalt und redaktionelle Unabhängigkeit. Es ist zunächst zu untersuchen, welchen genauen Inhalt das Strukturprinzip „redaktionelle Qualität“ hat und inwieweit es im Rahmen der Güterabwägung für oder gegen das Verbot von Anzeigenblättern ausschlägt. Es soll offen auseinandergesetzt und dargelegt werden, ob der objektiv-rechtliche Aspekt der Pressefreiheit als Gemeinschaftsgut herangezogen werden kann, um das Individualrecht aus Art. 5 Abs. 1 Satz 2 GG einzuschränken. Dabei soll ein Muster entwickelt werden, anhand dessen die Angemessenheit eines Verbots von Anzeigenblättern geprüft werden kann.

aa) Darstellung des Strukturprinzips Qualität

Es ist eine in höchstrichterlicher Rechtsprechung[1069] und Literatur[1070] vertretene Auffassung, dass die Pressefreiheit als Strukturprinzip ein Mindestmaß an Qualität im Pressewesen schütze. Diese Maxime müsse sich im wettbewerbsrechtlichen Konflikt zwischen Kaufpresse und Anzeigenblättern – und das gleichgültig welcher Ausprägung – dann aber grundsätzlich zugunsten der herkömmlichen Zeitungen auswirken.[1071] Der Ansicht liegt die Annahme zugrunde, dass selbst vollwertige Anzeigenblätter Qualität weder bieten könnten noch wollten, weil sie sich für den Gratisvertrieb entschieden haben. Der Verleger konzentriere sich demnach allein auf den Anzeigenmarkt und den Erfolg bei den Inserenten, wodurch die Wahrnehmung der „öffentlichen Aufgabe“ der Information und Meinungsbildung der Bevölkerung in den Hintergrund trete.[1072] Der Leser werde „in die Rolle des Statisten gedrängt, dem kaum Beachtung geschenkt werden

---

1068 BVerfGE 66, S. 134 – Wallraff; 77, S. 354.

1069 BGHZ 51, S. 298.

1070 *v. Danwitz,* Gratisvertrieb, S. 74 f.; *Ahrens,* WRP 1999, S. 129; *Teplitzky,* GRUR 1999, S. 111 mit Fn. 49; *Kübler,* AfP 1988, S. 319; LG Berlin, AfP 2000, S. 292 ff.

1071 Vgl. BGHZ 51, S. 298, *v. Danwitz,* Gratisvertrieb, S. 74 f.; *Ahrens,* WRP 1999, S. 129; *Teplitzky,* GRUR 1999, S. 111 mit Fn. 49.; *Kübler,* AfP 1988, S. 319; LG Berlin, AfP 2000, S. 292 ff.

1072 Vgl. *v. Danwitz,* Der Gratisvertrieb, S. 83; *Kübler,* AfP 1988, S. 319.

braucht,"[1073] da die Kaufentscheidung wegfalle. Vor diesem Hintergrund wird dann folgendes Szenario entworfen: Der Leser, der seine Tageszeitung auch kostenlos erhalten kann, wende sich von seiner bisherigen entgeltlichen Zeitung ab. Das schmälere bei der Kaufzeitung die Einnahmen aus dem Verkauf. Gleichzeitig müssten mit dem Auflagenrückgang die Anzeigenpreise gesenkt werden, was insgesamt dazu führe, dass im redaktionellen Bereich Einsparung vorgenommen werden müssten, indem entweder der redaktionelle Umfang gekürzt oder Redakteure entlassen würden. Dadurch sinke die redaktionelle Qualität der entgeltlichen Zeitungen und damit die im Pressewesen insgesamt.[1074] Zu klären ist nun, ob dieser Ansatz überzeugen kann. Dafür ist darzustellen, dass „Qualität" auch unter dem verfassungsrechtlich geforderten Zensurverbot als Abwägungsmerkmal in Betracht kommen kann (1). Im Anschluss ist der Begriff der Qualität selbst zu untersuchen (2). Nach einer Suche nach möglicherweise hilfreichen Parallelen oder Ansatzpunkten zu Qualität im Rundfunkrecht (3) wird schließlich analysiert, wie die Rechtsprechung die Bedeutung journalistischer Qualität für die öffentliche Meinungsbildung bewertet. Im Anschluss wird dann zu untersuchen sein, inwieweit insbesondere die klassisch-anspruchsvollen und vollwertigen Anzeigenblätter unter diesen Voraussetzungen verboten werden dürfen.

(1) Das Gebot redaktioneller Qualität und das Zensurverbot

Ein Abwägungskriterium sui generis kann die Qualität eines Presseerzeugnisses von vornherein nicht sein, sobald die Anlegung von Qualitätsmaßstäben Zensur im Sinne des Art. 5 Abs. 1 Satz 3 GG wäre. Das Zensurverbot macht die Rechtfertigung eines Eingriffs durch Zensur unmöglich; es ist insoweit eine absolute Schranke, die einer Abwägung (einer „Schranken-Schranke") nicht zugänglich ist.[1075] Wäre das Verbot eines Anzeigenblatts durch die Anlegung von Qualitätsmaßstäben eine Zensurmaßnahme, wäre die Pressefreiheit des Anzeigenblattverlegers also immer durch einen nicht gerechtfertigten Eingriff verletzt. Auf eine solche Weise würde, so eine Auffassung, „eine Beurteilung der Qualität von Zeitungen in die Pressefreiheit als zensurähnlicher Vorgang eingreif[en]."[1076]

Dies ist allerdings nicht zutreffend, denn mit Zensur ist die Vor- oder Präventivzensur gemeint.[1077] Darunter fallen „einschränkende Maßnahmen vor der

1073 Vgl. LG Berlin, AfP 2000, S. 292–20 Minuten Köln.

1074 Vgl. *Ahrens*, WRP 1999, S. 123 ff.; *Teplitzky*, GRUR 1999, S. 108 ff.; LG Berlin, AfP 2000, S. 293.

1075 Vgl. BVerfGE 33, S. 53.

1076 KG, AfP 2000, S. 296–20 Minuten Köln.

1077 Vgl. BVerfGE 33, S. 72; 87, S. 230; *Groß*, Presserecht, S. 63.

Herstellung oder Verbreitung eines Geisteswerkes, insbesondere das Abhängigmachen von behördlicher Vorprüfung und Genehmigung seines Inhalts".[1078] Nicht erfasst wird nach Art. 5 Abs. 1 Satz 3 GG aber die sogenannte Nachzensur, die an das öffentliche Erscheinen des Presseerzeugnisses in der Öffentlichkeit anknüpft.[1079] Das Zensurverbot wird also nicht dadurch verletzt, dass eine Gratiszeitung mit dem Argument mangelnder Qualität untersagt wird, denn der Verleger ist nicht verpflichtet, die Zeitung vor der Verbreitung einer staatlichen Stelle zur Prüfung ihres Inhalts, ihrer Ausrichtung und Qualität zur Freigabe vorzulegen.[1080] Das wettbewerbsrechtliche Verbot verstößt demnach nicht gegen Art. 5 Abs. 1 Satz 3 GG, sondern stellt lediglich eine Beschränkung im Sinne des Art. 5 Abs. 2 GG dar. Damit kommt man also um die Beantwortung der Frage, ob Qualitätserwägungen im Rahmen einer Güterabwägung zulässig sind oder ob sie in Widerspruch zum wertfreien Pressebegriff in Art. 5 Abs. 1 Satz 2 GG stehen, nicht herum.

(2) Definition von (redaktioneller) Qualität

Laut Duden bedeutet Qualität „Beschaffenheit, Güte, Wert".[1081] Tatsächlich bietet diese Umschreibung zwar zutreffende Synonyme, erklärt das Wort selbst aber nicht. Sie offenbart aber einen Dualismus: „Beschaffenheit" kann durchaus objektiv erkannt werden, während „Wert" immer subjektiv vom Einzelnen wahrgenommen wird und damit kaum objektivierbar ist.[1082] Bereits in der Antike wurde in der Philosophie zwischen „objektiver" und „subjektiver" Qualität unterschieden. Eine „objektive Qualität" wiesen die Dinge von Natur aus auf, während die „subjektive Qualität" erst durch die menschliche Wahrnehmung als solche erkannt (bzw. interpretiert) wurde.[1083] In der Qualitätsdiskussion der Philosophie war die Beantwortung der Frage, welches Merkmal das entscheidende für Qualität sei, dann auch umstritten: während das eine Lager an die Objektivierbarkeit von Qualität glaubte, wollte die andere Qualität allein aufgrund persönlicher Erfahrung und Intuition für erkennbar halten.[1084]

1078 BVerfGE 33, S. 72.

1079 Vgl. BVerfGE 33, S. 72; *Schulze-Fielitz*, in: *Dreier*, GG, Bd. I, Art. 5 I, II Rdnr. 171.

1080 Vgl. BVerfGE 87, S. 230; 73, S. 166; *Rohde*, Die Nachzensur in Art. 5 Abs. 1 S. 3 GG, S. 121 ff.

1081 *Wissenschaftlicher Rat der Dudenredaktion*, Duden – Die deutsche Rechtschreibung, S. 598.

1082 Vgl. *Wallisch*, Journalistische Qualität, S. 81.

1083 Vgl. *Gessmann*, Philosophisches Wörterbuch, S. 602.

1084 Vgl. *Wallisch*, Journalistische Qualität, S. 95.

Auch im Bereich des Journalismus und der Kommunikationsforschung gibt es keine allgemeingültige Definition von journalistischer Qualität.[1085] Nach *Ruß-Mohl* gleicht das Unterfangen, Qualität im Journalismus definieren zu wollen, dem Versuch, „einen Pudding an die Wand zu nageln."[1086] So vermeidet auch die Charta „Initiative Qualität im Journalismus" des Deutschen Journalisten-Verbandes eine Begriffsklärung, sondern beschränkt sich darauf, die allgemeinen Voraussetzungen und Anforderungen für Qualität im Journalismus aufzuführen.[1087] Analog zur Qualitätsunterscheidung in der Philosophie kann aber auch journalistische Leistung zumindest vom Grundsatz her nach objektiver und subjektiver Qualität unterschieden werden, wobei sich beide Kriterien ihrerseits nicht trennscharf voneinander unterscheiden lassen.[1088] Während die objektive Qualität eher das „was" beschreibt, bezieht sich die subjektive Qualität auf das „wie" einer journalistischen Leistung. Insbesondere der Aspekt der Begabung, wie „journalistisches Gespür" oder „guter Stil", fließt in die subjektive Qualität hinein.[1089] Qualität auf eine dieser beiden Dimensionen zu reduzieren, würde der Frage nach dem Wesen journalistischer Qualität nicht gerecht werden. Andernfalls müsste eine sauber recherchierte, aber unverständlich geschriebene Reportage bereits als Qualitätsjournalismus verstanden werden. Würde man andererseits bloß Ansprüche an Stil und Sprache stellen, liefe man Gefahr, nur literarischen Journalismus als Qualitätsjournalismus anzuerkennen.[1090] Journalistische Leistung lässt sich also nie ganz exakt und objektiv messen, da immer auch subjektive Wertungen einfließen:[1091] „Jeder Beobachter fällt zunächst sein eigenes Qualitätsurteil auf der Basis seiner Position, seiner Perspektive, seiner Interessen und seiner Standards."[1092] Qualität lässt sich demnach auch im Journalismus nicht auf eine alleingültige Formel bringen. Als Indizien für eine „gute" journalistische Arbeit gelten aber die tendenziell objektiven Kriterien, wie

1085 Vgl. *Ruß-Mohl*, Publizistik 1992, S. 85; *Arnold*, Qualität im Journalismus, S. 488 ff. (Qualität ist ein komplexer Gegenstand mit verschiedenen Qualitätsaspekten).

1086 *Ruß-Mohl*, Publizistik 1992, S. 85.

1087 Vgl. *Deutscher Journalistenverband*, Charta Initiative Qualität im Journalismus, http://www.initiative-qualitaet.de/fileadmin/IQ/Qualitaet/Sicherung/charta.pdf (2012).

1088 Vgl. *Wallisch*, Journalistische Qualität, S. 94; *Hohlfeld*, Objektivierung des Qualitätsbegriffs, in: *Bucher/Altmeppen*, Qualität im Journalismus, S. 205.

1089 Vgl. *Wallisch*, Journalistische Qualität, S. 100 f.

1090 Vgl. *Wallisch*, Journalistische Qualität, S. 98.

1091 Vgl. *Wolff*, Publizistik 1998, S. 265.

1092 *Bucher*, in: *Bucher/Altmeppen*, Qualität im Journalismus, S. 12.

Präzision in Wahrnehmung und Wiedergabe durch saubere Recherche, Faktentreue, Vermittlung angemessener Hintergrundinformationen und Aktualität. Hinzu treten die tendenziell subjektiven Merkmale, wie Sprach- und Schreibstil, der überlegte Einsatz der unterschiedlichen journalistischen Darstellungsformen, die angemessene Vereinfachung komplexer Zusammenhänge zur besseren Verständlichkeit sowie Originalität.[1093] Sie leiten sich aus der Funktion und dem Leitcode des Journalismus ab.[1094]

In ein Qualitätsurteil fließen aber letztlich auch Maßstäbe, Normen und Regelungen aus den Bereichen des Medienrechts, insbesondere des Persönlichkeitsschutzes, sowie weltanschauliche und religiöse Prinzipien oder Gefühle, redaktionsspezifische Vereinbarungen oder medienethische Grundsätze ein.[1095] Für den Bereich des Rundfunks gehören dazu etwa als zentrale Programmanforderungen das Gebot der *Vielfalt*, der *Relevanz* und *Professionalität* sowie das der *Rechtmäßigkeit* und *Akzeptanz*.[1096] Vielfalt als Dimension von Qualität leitet sich aus der demokratietheoretischen Auffassung ab, dass der Bürger sein Recht auf Information, Meinungsbildung und Meinungsäußerung umso besser wahrnehmen kann, je vielfältiger das Medienangebot ist.[1097] Begriffe wie „Breite", „Vollständigkeit" und „Ausgewogenheit" beschreiben diese Anforderung.[1098] Mit dem Gebot der Relevanz ist die Leistung gemeint, einen Sachverhalt oder einen Vorgang in einen geeigneten Bezug zu setzen, der sich beispielsweise durch räumliche, ethnische oder soziale Nähe ergibt.[1099] Die Qualitätsdimension der Professionalität bezieht sich auf die Trennung von Kommentar und Nachricht, auf Ausgewogenheit und Fairness sowie Sachlichkeit und Sachgerechtigkeit von Aussagen. Das Gebot der Rechtmäßigkeit fordert von den Programmveranstaltern, die rundfunkrechtlichen Vorschriften einzuhalten. Akzeptanz als letzte Qualitätsdimension bezieht sich darauf, wie man quantitativ oder qualitativ die

---

1093 Vgl. *Ruß-Mohl*, Publizistik 1992, S. 85 f.; *Deutscher Journalistenverband*, Charta Initiative Qualität im Journalismus, http://www.initiative-qualitaet.de/fileadmin/IQ/Qualitaet/Sicherung/charta.pdf (2012); *Gleich*, MP 2006, S. 139; *Gärtner*, Man schreibt DEUTSH; *Schneider*, Deutsch für Profis.

1094 Vgl. *Arnold*, Publizistik 2008, S. 488.

1095 Vgl. *Arnold*, Publizistik 2008, S. 496 ff.

1096 Vgl. *Hohlfeld*, in: *Bucher/Altmeppen*, Qualität im Journalismus, S. 205 ff.; *Schulz*, Qualität von Fernsehprogrammen, in: *Hömberg/Pürer*, Medien-Transformation, S. 47 ff.; *Diem*, MP 1994, S. 67; *Schatz/Schulz*, MP 1992, S. 693; *Zeller/Wolling*, MP 2010, S. 144.

1097 Vgl. *Schulz*, Qualität von Fernsehprogrammen, in: *Hömberg/Pürer*, Medien-Transformation, S. 47 f.

1098 Vgl. *Diem*, MP 1994, S. 67.

1099 Vgl. *Schatz/Schulz*, MP 1992, S. 696 ff.

Ansprüche des Publikums ermittelt.[1100] Das zuletzt genannte Qualitätsmerkmal leitet sich nicht von einer normativ-demokratieorientierten, sondern von einer publikumsbezogenen Perspektive ab.[1101] Die Qualitätskriterien des Rundfunks lassen sich auf das Pressewesen zwar – wie insbesondere in Bezug auf das Merkmal der Vielfalt noch darzustellen sein wird – nicht vollständig eins zu eins übertragen, trotzdem geben sie dem Begriff „Qualität" mehr Kontur.

Abschließend bleibt festzuhalten, dass es keinen allgemein- und letztgültigen Begriff der Qualität von Presseerzeugnissen gibt. Dennoch ist es möglich, sich dem Begriff durch die Anlegung objektiver und subjektiver Maßstäbe zumindest zu nähern. Faktentreue durch saubere Recherche, Aktualität und Schreibstil sind aber ebenso wie Vielfalt, Relevanz und Rechtmäßigkeit der Berichterstattung Attribute, über die die Bewertung einer journalistischen Arbeit als „Qualitätserzeugnis" erfolgen kann. Sie sollen deshalb auch der weiteren Arbeit als Kennzeichen von „Qualität" zugrunde gelegt werden.

(3) Die (Un-)Übertragbarkeit rundfunkrechtlicher Maßstäbe auf das Pressewesen

Das Qualitätsmerkmal Vielfalt nimmt im Rundfunkrecht eine zentrale Rolle ein.[1102] So ist der sogenannte Binnenpluralismus des öffentlich-rechtlichen Rundfunks ein wesentliches Strukturprinzip der grundrechtlich geschützten Rundfunkfreiheit.[1103] Die Rundfunkfreiheit verpflichtet über das Gebot der Grundversorgung den öffentlich-rechtlichen Rundfunk[1104] nicht nur zu technischer Erreichbarkeit und Spartenpluralismus, sondern auch dazu, Meinungsvielfalt innerhalb seiner Programme zu garantieren.[1105] Es stellt sich daher die Frage, ob auch die Presse dazu verpflichtet ist, Meinungsvielfalt herzustellen. Zunächst aber sollen die Unterschiede zwischen Rundfunk und Presse skizziert werden, bevor auf die Übertragbarkeit und Unübertragbarkeit der rundfunkrechtlichen Maßstäbe eingegangen werden soll.

1100 Vgl. *Hohlfeld*, in: *Bucher/Altmeppen*, Qualität im Journalismus, S. 209; *Arnold*, Publizistik 2008, S. 499.

1101 Vgl. *Arnold*, Publizistik 2008, S. 499.

1102 Vgl. BVerfGE 57, S. 320; *Hesse*, Rundfunkrecht, S. 65 ff.

1103 Vgl. BVerfGE 74, S. 324 ff.; *Ricker/Schiwy*, Rundfunkverfassungsrecht, E 7, E 84 ff.

1104 Vgl. BVerfGE 73, S. 118, 157; 74, S. 297.

1105 Vgl. BVerfGE 73, S. 118, 152 ff.

Unterschiede zwischen Rundfunk und Presse

Nach der Rechtsprechung des BVerfG wird die Rundfunkfreiheit als dienende Freiheit interpretiert: „Im Unterschied zu anderen Freiheitsrechten des Grundgesetzes handelt es sich bei der Rundfunkfreiheit [...] nicht um ein Grundrecht, das seinem Träger zum Zweck der Persönlichkeitsentfaltung oder Interessenverfolgung eingeräumt ist. Die Rundfunkfreiheit ist vielmehr eine dienende Freiheit. Sie dient der freien individuellen und öffentlichen Meinungsbildung."[1106] Um diese Anforderung adäquat zu erfüllen, muss der Rundfunk durch gesetzliche, organisatorische und verfahrensmäßige Regelungen für eine ausgewogene Darstellung der Meinungsvielfalt sorgen.[1107] Der Grund für die besondere Ausgestaltungsabhängigkeit der grundrechtlich geschützten Rundfunkfreiheit liegt (im Gegensatz zur Presse) im Fehlen einer „gewachsenen" Rundfunklandschaft und in der besonderen Breitenwirkung und Suggestivkraft von Rundfunkveranstaltungen.[1108] In der dualen Rundfunkordnung kommt dem öffentlich-rechtlichen Rundfunk eine herausragende Stellung zu. Diese basiert auf seiner Aufgabe, eine sogenannte „Grundversorgung" zu leisten,[1109] die sich aus der Pflicht zu Meinungsvielfalt, Spartenpluralismus und technischer Erreichbarkeit zusammensetzt.[1110] Die Meinungsvielfalt stellt sich durch das Gesamtprogramm des öffentlich-rechtlichen Rundfunks ein (binnenplurales System). Im gesamten Rundfunkangebot müssen alle gesellschaftlichen Kräfte zu Wort kommen können und die Vielfalt der Themen und Meinungen, die in Gesellschaft und Staat wichtig sind, möglichst breit dargestellt werden.[1111] Im Rahmen der binnenpluralen Grundversorgung müssen auch Minderheiten und entsprechend geringe Einschaltquoten in Kauf genommen werden.[1112] Im Dienste des Allgemeinwohls soll der öffentlich-rechtliche Rundfunk im dualen Rundfunksystem die Grenzen und Defizite des privaten Rundfunks ausgleichen, die das Bundesverfassungsgericht eben insbesondere durch die ausschließliche Finanzierung durch Werbung verursacht sieht.[1113] Die Notwendigkeit privater Rundfunkanbieter, massenattraktive Inhalte zu bieten, lasse keine umfassende Information in der ganzen Breite zu; die Grundversorgungsaufgabe des öffentlich-rechtlichen Rundfunks

---

1106 BVerfGE 87, S. 197–7. Rundfunkurteil.
1107 Vgl. BVerfGE 87, S. 197 f.; 57, S. 320 – FRAG.
1108 Vgl. BVerfGE 90, S. 87; BVerfGE 12, S. 261.
1109 Vgl. BVerfGE 73, S. 157 f.; 74, S. 297.
1110 Vgl. BVerfGE 73, S. 152 f.; *Hesse*, Rundfunkrecht, S. 120 f.
1111 Vgl. BVerfGE 73, S. 152 f.; 74, S. 324.
1112 Vgl. BVerfGE 73, S. 155 f.
1113 Vgl. BVerfGE 73, S. 155 f.; *Hesse*, Rundfunkrecht, S. 192 f.

sei auf dieser Basis von privaten Anbietern nicht zu erbringen.[1114] Nur allein aufgrund der dualen Ordnung wird die Zulässigkeit der reinen Werbefinanzierung des privaten Rundfunks gerechtfertigt.[1115]

Im Pressewesen existiert eine Vielzahl von Presseunternehmen, die nach privatwirtschaftlichen Grundsätzen und in privatrechtlichen Organisationsformen tätig sind[1116] und unterschiedliche Presseerzeugnisse herausgeben. Dabei kann jeder ein eigenes Presseunternehmen frei gründen[1117] und seine Tendenz in Freiheit verwirklichen.[1118] Diese Freiheiten der Grundrechtsträger werden durch die objektiv-rechtliche Seite der Pressefreiheit noch verstärkt, indem sie die privatrechtliche und privatwirtschaftliche Struktur der Presse anerkennen und garantieren.[1119] Dadurch setzt die Pressefreiheit von vornherein auf das Prinzip des Wettbewerbs. Gerade die „Vielfalt der Presseerzeugnisse unterschiedlicher politischer Färbung und weltanschaulicher Grundhaltung", die gegenseitig in Konkurrenz zueinander stehen, gehören zur „Substanz der Pressefreiheit."[1120] Die Meinungsvielfalt auf dem Pressemarkt stellt sich durch den geistigen und wirtschaftlichen Wettbewerb der Presseunternehmen „von selbst" ein.[1121] Besteht auf dem Pressemarkt ein Bedarf an Qualitätspresseerzeugnissen, so die – durch die Erfahrung bislang auch bestätigte – Grundannahme, werden sich auch Unternehmer finden, die dieses Bedürfnis befriedigen.[1122]

Die wettbewerbsimmanente Ausrichtung des Angebots an der Rezipienten-Nachfrage muss in der Tat nicht eine Absage an publizistische Qualität sein, wenn eine Nachfrage nach anspruchsvoller publizistischer Presse besteht und von den Presseunternehmen erfüllt wird.[1123] Man könnte hier sagen, dass die Leser das Pressewesen haben, das sie wollen. Allerdings besteht gleichzeitig eine Tendenz zur Informationsökonomie, bei der wirtschaftlicher Erfolg nicht mehr auf etwa gleicher Ebene angesiedelt wird wie die verlegerischen Ambitionen und Ansprüche, sondern zum Maß *aller* Dinge erhoben wird.[1124] Dann führt die Tendenz zu

---

1114 Vgl. BVerfGE 87, S. 199; BVerfGE 73, S. 155 ff.
1115 Vgl. BVerfGE 87, S. 199.
1116 Vgl. BVerfGE 20, S. 175 – Spiegel.
1117 Vgl. BVerfGE 20, S. 175 f. – Spiegel.
1118 Vgl. BVerfGE 37, S. 91; 48, S. 278.
1119 Vgl. BVerfGE 20, S. 175 – Spiegel.
1120 BVerfGE 52, S. 262.
1121 Vgl. BVerfGE 20, S. 175; *Ahrens*, WRP 1999, S. 125 f.
1122 Vgl. *Mann*, WRP 1999, S. 742.
1123 Vgl. *Wolf*, Medienfreiheit und Medienunternehmen, S. 415.
1124 Vgl. *Wolff*, Publizistik 1998, S. 269.

Kostenersparnis und Risikoarmut, wie sie sich im gnadenlosen Ausschlachten von bewährten Konzepten zeigt, zu einer immer stärkeren Standardisierung der redaktionellen Qualität.[1125] Diesem Trend können die Leser wiederum nur begrenzt mit ihrer Kauf- oder Nutzungsentscheidung entgegenwirken, da sie aus dem Angebot auswählen, das vorhanden ist. Nur bei einer mutigen Entscheidung eines Verlags für ein neues Konzept kann der Leser seine Zustimmung bei gleichzeitiger Ablehnung des bisherigen Angebots geben. Dann setzt sich aber wieder die Entwicklung in Gang, dass die anderen Marktteilnehmer dieses Format kopieren und modifizieren, bis wieder eine hohe Ähnlichkeit innerhalb eines Genres herrscht.

So sehen die Rezipienten bei einer repräsentativen Parity-Studie, die nach der wahrgenommen Vielfalt oder Ähnlichkeit von Medien in allen Mediengattungen befragt wurden, die meisten Unterschiede noch bei TV- und Radiosendern.[1126] Das bedeutet jedoch nicht, dass in den verschiedenen TV-Genres wie Realityshow, Talkshow oder Vorabendserie die unterschiedlichen Sender von den Zuschauern auseinandergehalten werden könnten. Bei den Printmedien zeigt sich ein ähnliches Phänomen: Frauen-, Wohn- und Wirtschaftszeitschriften können von den Lesern kaum auseinander gehalten werden. Die Tageszeitungen kommen bei den Printmedien in der Bewertung am besten weg. Sie werden noch als am vielfältigsten und unterschiedlichsten wahrgenommen.[1127] Folglich scheint in diesem Pressesegment das Prinzip der Informationsökonomie am wenigsten ausgeprägt oder sichtbar zu sein.

Die Übertragbarkeit der rundfunkrechtlichen Maßstäbe

Für die Allgemeinheit sei, so eine vertretene Ansicht, nicht nur eine umfassende und vielfältige Berichterstattung via Rundfunk von Bedeutung, sondern auch die Presse müsse die Vielzahl der Tatsachen und vertretenen Meinungen in einer pluralistischen Gesellschaft wiedergeben, um dadurch Meinungsbildung zu ermöglichen.[1128] Nur so könne sich schließlich der Einzelne ein fundiertes Urteil über alle Angelegenheiten des öffentlichen Lebens bilden. Diese Anforderung, erfülle aber, so eine vertretene Meinung, allein die entgeltliche Tagespresse als

1125 Vgl. *Ruß-Mohl*, Publizistik 1992, S. 95 (auch stärkere Professionalisierung und Qualitätssicherung führen möglicherweise zu stromlinienförmigem „Consensus Journalism“); *Wolff*, Publizistik 1998, S. 269; *Treckmann/Schwab*, media & marketing 11/2007, S. 53 f.

1126 Vgl. *Treckmann/Schwab*, media & marketing 11/2007, S. 54.

1127 Vgl. *Treckmann/Schwab*, media & marketing 11/2007, S. 54.

1128 Vgl. *Lerche*, Verfassungsrechtliche Aspekte der „inneren Pressefreiheit“, S. 94.

Institution,[1129] da nur sie die unterschiedlichen Tatsachen und Meinungen zu verschiedenen Themen bei den Printmedien darstelle und kommentiere, die für die individuelle (und damit) öffentliche Meinungsbildung unentbehrlich seien. Würden insbesondere vollwertige Anzeigenblätter – die reinen und klassischen Anzeigenblätter scheinen in diesem Konflikt von vornherein keine Rolle zu spielen – ohne sorgfältige Vor-Ort-Berichte, Hintergrundinformationen und Kommentare beim Leser Interesse finden, dann würde – so eben das Szenario – die inhaltliche Qualität der Tageszeitungen insgesamt sinken und der seriöse Journalismus leiden.[1130]

Nur die entgeltliche, herkömmliche Tagespresse garantiere demnach – vergleichbar mit dem öffentlich-rechtlichen Rundfunk – die notwendige Meinungsvielfalt *innerhalb* des Pressewesens.[1131] Auch der BGH vertritt die Auffassung, dass die entgeltlichen Abonnementzeitungen am ehesten dem öffentlich-rechtlichen Bezahlfernsehen entsprechen.[1132] Kritiker dieser Auffassung halten einschränkend sogar nur jene Kaufpresse für mit dem öffentlich-rechtlichen Rundfunk vergleichbar, die auch tatsächlich eine umfassende Berichterstattung biete.[1133] Die Gratispresse entspräche dann dem privaten Rundfunk. Aus dieser Vergleichbarkeit von Kaufpresse und öffentlich-rechtlichem Rundfunk wird nun geschlossen, dass die Grundsätze des Bundesverfassungsgerichts zur Meinungsvielfalt im Rundfunk auch eins zu eins auf die Presse anwendbar seien, wobei der Kaufpresse dann analog zum öffentlich-rechtlichen Rundfunk eine privilegierte Stellung zukommen müsse, weil sie ebenfalls eine „Grundversorgung" im Sinne der Herstellung von Meinungsvielfalt im Pressewesen leiste.[1134] Und wenn das Bundesverfassungsgericht für den Rundfunk von der Prämisse ausgeht, dass die Qualität der Grundversorgung – und damit die breite Darstellung der Meinungsvielfalt – sinke, sobald sich das Informationsmedium allein aus Werbeeinnahmen finanziere,[1135] müsse diese Annahme auch für das Pressewesen Gültigkeit beanspruchen und damit zugunsten der Kaufpresse ausschlagen. Das Erreichen und Halten eines gewissen Standards an Meinungsvielfalt sei generell „ein rechtlich erwünschtes Ziel der Regelung des Wettbewerbs meinungsbildender

1129 Vgl. *Groß*, DVP 1993, S. 92.

1130 Vgl. *v. Wallenberg*, MMR 2001, S. 513.

1131 Vgl. *Ahrens*, WRP 1999, S. 128.

1132 Vgl. BGH, NJW 2004, S. 2085–20 Minuten Köln.

1133 Vgl. *Ahrens*, WRP 1999, S. 127 ff.; *Teplitzky*, GRUR 1999, S. 111 f.; dagegen LG Köln, AfP 2000, S. 312; *Lahusen*, GRUR 2005, S. 221.

1134 Vgl. *Ahrens*, WRP 1999, S. 127 ff.; *Teplitzky*, GRUR 1999, S. 111 f.

1135 Vgl. BVerfGE 73, S. 155 f.; 83, S. 311; 90, S. 90 f.

Medien"[1136] und müsse daher auch im wettbewerbsrechtlichen Konflikt der Pressefreiheit (als institutioneller Garantie) gerade der entgeltlichen Tagespresse über ein Strukturprinzip „redaktionelle Qualität" oder „Meinungsvielfalt" mehr Gewicht verleihen.[1137] Ob aber die Grundsätze, die das Bundesverfassungsgericht zur Meinungsvielfalt im Rundfunk entwickelt hat,[1138] überhaupt auf das Pressewesen übertragbar sind und ob damit gerade die entgeltliche Tagespresse durch ein Strukturprinzip „redaktionelle Qualität" oder „Meinungsvielfalt" besonders geschützt wird, ist allerdings fraglich.

Die Unübertragbarkeit der rundfunkrechtlichen Maßstäbe

Aufgrund der privatrechtlichen und privatwirtschaftlichen Struktur der Presse müssen sich die Presseunternehmen im publizistischen und ökonomischen Wettbewerb auf dem Leser- und Anzeigenmarkt behaupten.[1139] Er sorgt einerseits für einen Wettbewerb um die bessere publizistische Qualität,[1140] aber andererseits schließt er auch die Tendenz zur Effizienz und damit zur Standardisierung von Presseprodukten sowie eine Orientierung am Massengeschmack der Leser ein.[1141] Würde aus diesem Grund der Staat im Bereich der Presse dasselbe Mitspracherecht bei der Vielfaltsicherung eingeräumt bekommen wie beim Rundfunk, dann könnte die Presse in ihrer Funktion als Vierte Gewalt oder als Kontrollorgan des Staates beschränkt werden. Das hätte zur Folge, „dass kein Massenkommunikationsmedium [neben dem Internet] mehr zur Verfügung stünde, in dem der öffentlichen Hand von vornherein eine Einflussnahme durch Qualitätskontrolle und damit Inhaltslenkung unmöglich wäre."[1142] Die Nachteile des ökonomischen Primats sind daher zugunsten einer freiheitlichen Presse in Kauf zu nehmen.[1143] So ist *Berst* in seiner Auffassung zuzustimmen, „dass Zeitschriften [...] den Schutz des Art. 5 GG nicht [nur dann genießen], wenn und soweit sie qualitativ hochwertig oder meinungsbildend sind. Sie genießen diesen

1136 Vgl. *Ahrens*, WRP 1999, S. 129.

1137 Vgl. BGHZ 19, S. 398; BGHZ 51, S. 249 – SWB I; BGH, GRUR 1971, S. 478 f. – SWB II; NJW 1985, S. 1625 – Bliestal-Spiegel; siehe auch: BGH, GRUR 1996, S. 780 – Stumme Verkäufer I.

1138 Vgl. *Ricker*, in: *Ricker/Schiwy*, Rundfunkverfassungsrecht, B Rdnr. 138 ff.

1139 Vgl. *Degenhart*, AfP 1987, S. 651; BVerfGE 20, S. 175 – Spiegel.

1140 Vgl. *Gesellensetter*, GRUR 2001, S. 711 f.

1141 Vgl. *Ruß-Mohl*, Publizistik 1992, S. 95; *Wolff*, Publizistik 1998, S. 269; *Treckmann/Schwab*, media & marketing 11/2007, S. 53 f.

1142 *Weidenbach*, Anzeigenblätter im Wettbewerbs- und Kartellrecht, S. 171 f.

1143 Vgl. *Bullinger*, in: *Isensee/Kirchhof*, HdbStR VII, § 163 Rdnr. 49 ff.

Schutz schlechthin, weil sie nur hierdurch meinungsbildend sein können."[1144] Pressefreiheit ist demnach primär als individuelle Chance zu verstehen, an der gesellschaftlichen Kommunikation teilzunehmen und sich aufgrund der eigenen Überzeugungskraft durchzusetzen.[1145] Der (gewünschte) Effekt, den Willensbildungsprozess von unten nach oben herzustellen, ist am größten, wenn möglichst viele verschiedene private Anbieter ihr Grundrecht auf Pressefreiheit ausüben und auf diese Weise das Meinungsspektrum in einer pluralistischen Gesellschaft möglichst vollständig abbilden.

Meinungsvielfalt bzw. inhaltliche Vielfalt ist keine Rahmenbedingung oder Funktionsvoraussetzung einer freien Presse, sondern sie ist das Ziel oder das Ergebnis des Schutzes des Instituts „Freie Presse".[1146] „Ebenso wie die Rundfunkfreiheit eine dienende Freiheit sei," so *Kohl*, „gelte dies in gewisser Weise auch für die Presse, wenngleich als Unterschied zwischen der Presse- und Rundfunkfreiheit beachtet werden müsse, dass die Pressefreiheit mehr eine Freiheit des Einzelnen sei."[1147] Nach *Di Fabio* geht sogar die Verfassung bei der Pressefreiheit „fundamental vom Schutz der Freiheit des Einzelnen aus, die es zu schützen und zu bewahren gelte."[1148] Die kultur- und pressepolitischen Funktionen der Presse erfüllen sich also (primär) über das Individual- und Selbstbestimmungsprinzip, das sich im ökonomischen Wettbewerb zwischen unabhängigen Presseunternehmen ausdrückt.[1149] Eine rechtliche Verpflichtung zur Herstellung von Meinungsvielfalt wie im Rundfunk gibt es daher nicht.[1150] Grundlegende Annahme und Voraussetzung dafür ist allerdings, dass die historisch gewachsene Presselandschaft auch in Zukunft einen funktionierenden Pressewettbewerb hervorbringt.

Das Strukturprinzip Meinungsvielfalt aus dem Rundfunkbereich lässt sich demnach nicht einfach auf das Pressewesen übertragen. Rundfunk und Presse stellen Meinungsvielfalt nicht nur auf unterschiedliche Art und Weise her,[1151]

1144 *Berst*, AfP 1999, S. 428.

1145 Vgl. *Lerche*, Verfassungsrechtliche Fragen zur Pressekonzentration, S. 34; *Di Fabio*, in: *Bringe*: NJW 2001, S. 1478.

1146 Vgl. *Bott*, Die Gratiszeitung, S. 170.

1147 *Kohl*, in: *Bringe*, NJW 2001, S. 1477.

1148 *Di Fabio*, in: *Bringe*, NJW 2001, S. 1478.

1149 Vgl. *Kantzenbach*, Zum Verhältnis von publizistischem und ökonomischen Wettbewerb aus ökonomischer Sicht, in: *Hoffmann-Riem*, Rundfunk im Wettbewerbsrecht, S. 80 f.

1150 Vgl. BVerfGE 12, S. 243 – Deutschland-Fernsehen-GmbH; 57, S. 325 – FRAG.

1151 Vgl. *Ricker/Schiwy*, Runfunkverfassungsrecht, B Rdnr. 159.

sondern auch unter verschiedenen finanziellen und rechtlichen Voraussetzungen. Der öffentlich-rechtliche Rundfunk verfügt über sichere Gebühreneinnahmen und ist deshalb im Rahmen der Grundversorgung zu einem weltanschaulichen Pluralismus verpflichtet, der im Gesamtprogramm dargeboten werden muss.[1152] Entsprechend betont die Rechtsprechung des Bundesverfassungsgerichts die objektiv-institutionelle Dimension der Rundfunkfreiheit in Form des öffentlich-rechtlichen Rundfunks[1153] sowie das individuelle Abwehrrecht der Pressefreiheit für die Pressetätigen.[1154] Unter dem subjektivrechtlichen Aspekt der Pressefreiheit darf die Presse gerade nicht zu Meinungsvielfalt und Ausgewogenheit verpflichtet werden, selbst bei der Monopolstellung einer Zeitung.[1155] Jeder Verleger kann seine Tendenz, seine Vorstellungen in seiner Publikation frei verwirklichen.[1156] Das schließt auch ein rein kommerziell ausgerichtetes Blatt ein. Jede Maßnahme, um ein „hochwertigeres", „meinungsvielfältigeres" oder „anspruchsvolleres" Pressewesen zu schaffen, muss demnach der Neutralitätspflicht des Staates von Art. 5 Abs. 1 Satz 2 GG widersprechen.[1157] Die Grundsätze, die für die Meinungsvielfalt im Rundfunk bestehen, sind deshalb nach geltendem Recht nicht mit der Pressefreiheit vereinbar.[1158] Damit lässt sich auch für die (entgeltliche) Tagespresse keine privilegierte Stellung im Pressewesen analog dem öffentlich-rechtlichen Rundfunk im Rundfunkbereich ableiten.[1159] Auch der Vergleich zwischen dem Bezahlfernsehen und den entgeltlichen Abonnementzeitungen hinkt angesichts der verschiedenen strukturellen Wesensmerkmale zwischen Rundfunk- und Pressewesen sowie der grundlegenden rechtlichen Unterschiede zwischen der Presse- und Rundfunkfreiheit.[1160] Das bedeutet jedoch nicht, dass eine vielfältige und meinungsbildende Berichterstattung als eine Dimension von redaktioneller Qualität kein zulässiges Abwägungskriterium darstellen kann, wenn es um die verfassungsrechtliche Beurteilung des Gratisvertriebs von Anzeigenblättern geht.

1152 Vgl. BVerfGE 73, S. 157 f.; 74, S. 325.

1153 Vgl. BVerfGE 12, S. 260 f.

1154 Vgl. BVerfGE 7, S. 198 – Lüth.

1155 Vgl. BVerfG, NJW 1976, S. 1627 – Montabaur.

1156 Vgl. BVerfGE 52, S. 296.

1157 Vgl. BVerfGE 80, S. 133 f. – Postzeitungsdienst.

1158 Vgl. *Degenhart*, in: *Dolzer/Vogel*, BK, Art. 5 Abs. 1 und 2 Rdnr. 440 f.

1159 Vgl. *Schmid*, WRP 2000, S. 995 f.; kein präventiver Schutz für entgeltliche Tagespresse: BGH, WRP 2004, S. 748 – Zeitung zum Sonntag; NJW 2004, S. 2085–20 Minuten Köln; siehe auch: BGH, AfP 2010, S. 243 – Stumme Verkäufer II.

1160 Vgl. *Lahusen*, GRUR 2005, S. 222.

(4) Qualität und öffentliche Meinungsbildung in der Rechtsprechung

Aufgrund des Neutralitätsgebots und der Staatsfreiheit von Art. 5 Abs. 1 Satz 2 GG wurde in der Rechtsprechung vereinzelt die Auffassung vertreten, dass die inhaltliche Qualität einer Zeitung unter dem Gesichtspunkt der Pressefreiheit grundsätzlich nicht relevant sein dürfe.[1161] Überwiegend wird aber mit dem Kriterium „Qualität" gearbeitet. Es ist deshalb nun zu untersuchen, wie der Begriff „Qualität" durch die Rechtsprechung des BGH und der Instanzgerichte (objektiv und subjektiv) definiert und spezifiziert worden ist und inwieweit dieser Ansatz mit der verfassungsgerichtlichen Rechtsprechung korrespondiert.

In der Rechtsprechung wird der Begriff der Qualität an der Leistung bzw. an der Bedeutung der (entgeltlichen) Tagespresse für die Allgemeinheit festgemacht. „Ihre hohen staatspolitischen Aufgaben als Trägerin und Gestalterin der öffentlichen Meinung, als Organ des Nachrichtenwesens und als gesundes Gegengewicht gegenüber unerwünschten Machtkonzentrationen kann die [entgeltliche Tages-]Presse nur erfüllen, wenn sie auch den gebührenden Schutz erfährt."[1162] Die traditionelle Tagespresse befriedige nicht allein „das allgemeine tagespolitische Informationsbedürfnis,"[1163] sondern greife selbst in die geistige Auseinandersetzung zwischen den einander begegnenden sozialen Kräften ein[1164] und wirke dabei „informierend und kommentierend an der Bildung der öffentlichen Meinung" mit[1165] bzw. diene „der gesellschaftlichen und politischen Information und Meinungsbildung."[1166] Bis in die Mitte der 90er-Jahre – damit allerdings noch *vor* Auftreten der vollwertigen Anzeigenblätter – wurde der entgeltlichen Tagespresse allein deshalb eine höhere redaktionelle Leistungsfähigkeit zugesprochen, weil sie einen höheren Beitrag zur öffentlichen Meinungsbildung leiste als Anzeigenblätter, schließlich entspräche auch „das Interesse der Allgemeinheit am Bestand von Anzeigenblättern […] nicht demjenigen am Bestand der berichtenden Tagespresse".[1167] Indizien für das Bestehen der meinungsbildenden Wirkung einer Publikation (und damit eben für das von Qualität) waren – ohne diesen genauer zu bestimmen – der redaktionelle Umfang[1168] sowie eine möglichst

1161 LG Heilbronn, AfP 2000, S. 306 – Zeitung zum Sonntag.
1162 BGHZ 19, S. 399 – FWB.
1163 KG, AfP 1997, S. 727 – Stadtmagazin.
1164 BGH, GRUR 1971, S. 478 f. – SWB II.
1165 BGH, NJW 1985, S. 1625 – Bliestal-Spiegel.
1166 OLG Naumburg, WRP 1995, S. 62.
1167 BGH, AfP 1992, S. 67 – Amtsanzeiger.
1168 LG Münster, AfP 1984, S. 171 – Sonntagsanzeigenblatt; OLG Nürnberg, AfP 1984, S. 167.

breite Berichterstattung sowohl über politische, wirtschaftliche und kulturelle Themen von allgemeinem Interesse[1169] als auch über aktuelle Tagesereignisse.[1170] Weitere Elemente meinungsbildender (Qualitäts-)Presse seien eine saubere Vor-Ort-Recherche und die Bereitstellung von Hintergrundinformationen sowie die Vielfalt journalistischer Darstellungsformen. Nicht nur die Verbreitung von Nachrichten, sondern auch die von Kommentaren, Glossen und Exklusivreportagen sollen demnach einen meinungsbildenden Journalismus (und damit eben Qualitätsjournalismus) auszeichnen.[1171] Die bereits herausgearbeiteten Kriterien für „Qualität" finden sich also auch in der Rechtsprechung wieder.

Die Unterstellung, dass Anzeigenblätter den für Qualitätsjournalismus aufgestellten Standard nicht erfüllen könnten, entsprach bis Mitte der 90er-Jahre des vorherigen Jahrhunderts auch weitgehend der Realität, da bis zu diesem Zeitpunkt vornehmlich reine und klassische Anzeigenblätter auf dem Markt existierten.[1172] Die Frage nach der redaktionellen Qualität stellt sich bei reinen Anzeigenblättern ohne redaktionellen Teil von vornherein nicht. Auch bei den klassischen Anzeigenblättern ist es schon aufgrund des überwiegenden Anzeigenanteils und des hohen lokalen Bezugs der Berichterstattung schwer möglich, den geforderten Standards zu genügen. Selbst bei den vollwertigen Anzeigenblättern, deren redaktioneller Umfang und Themenspektrum mit einer herkömmlichen Zeitung vergleichbar sind,[1173] wurde zumindest von den Instanzgerichten die „unkommentierte Wiedergabe der von Presseagenturen verbreiteten Meldungen"[1174] moniert sowie das Fehlen von aktuellen journalistischen Beiträgen[1175] und Kommentaren als meinungsbildenden Darstellungsformen, in der die Presse eigentlich zu den unterschiedlichen Themen Stellung bezieht bzw. beziehen sollte.[1176]

Als (weiteres) Qualitätskriterium neben Umfang, Themenspektrum und der Mischung aus informierenden und kommentierenden journalistischen Darstellungsformen, zog die Rechtsprechung, und zwar namentlich die des BGH, den

1169 BGH, NJW 1985, S. 1625 – Bliestal-Spiegel; BGH, NJW 2004, S. 2085–20 Minuten Köln; BGH, WRP 2004, S. 748 – Zeitung zum Sonntag.

1170 OLG Karlsruhe, WRP 1996, S. 119 – Wieslocher Woche.

1171 Vgl. LG Berlin, AfP 2000, S. 293–20 Minuten Köln; OLG Köln, AfP 2000, S. 312–20 Minuten Köln.

1172 Vgl. Kap. 2 B.

1173 Vgl. Kap. 1 B III.

1174 LG Berlin, AfP 2000, S. 293–20 Minuten Köln.

1175 Vgl. OLG Hamm, WRP 1985, S. 171 – Sonntag in L.

1176 Vgl. OLG Köln, AfP 2000, S. 312–20 Minuten Köln.

Herausgabezweck der (entgeltlichen) Tageszeitungsverleger heran.[1177] Verleger entgeltlicher Tageszeitungen verfolgten nicht in erster Linie kommerzielle Interessen, nämlich Gewinnerzielung durch das Anzeigengeschäft, sondern wollten vor allem zur Bildung öffentlichen Meinung beitragen.[1178] Die Qualität einer Zeitung, also welchen Beitrag eine Zeitung für die öffentliche Meinungsbildung tatsächlich leisten kann, wird nicht nur an objektiven Kriterien festgemacht, sondern muss durch ein subjektives Merkmal ergänzt werden. Es geht darum, welchen Beitrag ein Verleger für die öffentliche Meinungsbildung leisten *will.*

Laut BGH liegt der (entgeltlichen) Tagespresse ein leserorientierter Ansatz zugrunde, der den Leser ins Zentrum des Interesses stelle – im Gegensatz zu den vollständig anzeigenfinanzierten Blättern, die „das Anzeigengeschäft zum ausschließlichen Parameter des Printmediums machen und damit auf das [...] Element der publizistisch-redaktionellen Leistung systematisch verzichten."[1179] Dies gelte nicht nur für reine,[1180] sondern auch für klassische Anzeigenblätter, so der BGH zum Fall des klassischen Anzeigenblatts „Freiburger Wochenbericht": „Das individuelle Interesse eines einzelnen Verlegers an seiner möglichst ungehinderten Entfaltung verliert im Gegenteil eher an Gewicht, wenn er – wie im Streitfall – mit der Verteilung seines Blattes weniger zur Bildung der öffentlichen Meinung beitragen will, sondern in allererster Linie eigennützige kommerzielle Interessen, nämlich Gewinnerzielung aus dem Anzeigengeschäft verfolgt."[1181] Selbst bei Urteilen zur Gratisverteilung von Fachzeitschriften ist dieser Ansatz erkennbar.[1182] In den jüngsten BGH-Entscheidungen zu den vollwertigen Anzeigenblättern „20 Minuten Köln"[1183] und „Zeitung zum Sonntag"[1184] wird auf das subjektive Moment der Gratisverteilung jedoch kein Bezug mehr genommen. Man könnte daraus den Schluss ziehen, dass der BGH den Verlegern vollwertiger Anzeigenblätter sowohl die Absicht als auch die Leistung, ebenfalls einen Beitrag zur öffentlichen Meinungsbildung zu leisten, gerade *nicht* absprechen will.

1177 Vgl. BGHZ 51, S. 249 – SWB I.

1178 Vgl. BGHZ 51, S. 249 – SWB I.

1179 *Kübler*, AfP 1988, S. 319; vgl. auch *v. Danwitz*, Gratisvertrieb, S. 93–97.

1180 Vgl. BGH, WRP 1990, S. 268 – Annocen-Avis; LG Berlin, AfP 2000, S. 293–20 Minuten Köln.

1181 BGH 51, S. 249 – SWB I.

1182 BGH, GRUR 1991, S. 617 – Motorboot-Fachzeitschrift.

1183 Vgl. BGH, NJW 2004, S. 2083 ff. – 20 Minuten Köln.

1184 Vgl. BGH, WRP 2004, S. 746 ff. – Zeitung zum Sonntag.

Die BGH-Judikatur, die auch von den Instanzgerichten aufgegriffen wurde,[1185] ist schließlich um den Zusatz ergänzt worden, wonach der meinungsbildende Charakter von Zeitungen eine entscheidende Rolle nur dann spiele, wenn das konkurrierende Gratisblatt dessen meinungsbildende Funktion nicht ebenfalls wahrnehmen könne,[1186] es also keine „Kompensationswirkung"[1187] entfalte. Es bedarf demnach zweierlei, damit in der Abwägung das Kriterium der Qualität zugunsten der entgeltlichen Zeitung und zu ungunsten des Gratisblatts ausschlägt: Erstens muss die entgeltliche Publikation durch ihren Beitrag zur öffentlichen Meinungsbildung ein Qualitätsprodukt sein, und zweitens darf das Anzeigenblatt, das (vermeintlich) einen verdrängenden Effekt ausübt, keinen entsprechenden Beitrag zur Bildung öffentlicher Meinung leisten. Es ist also immer die Frage zu beantworten, ob die öffentliche Meinungsbildung, die bislang von einer entgeltlichen Zeitung geleistet worden ist, nicht auch durch das Gratisblatt sichergestellt werden kann.

Es ist insoweit konsequent, dass die Bedeutung einer Publikation für die öffentliche Meinungsbildung ein Qualitätsmerkmal darstellt und in den Abwägungsprozess einfließen soll, als der Schutz der öffentlichen Meinungsbildung von der verfassungsgerichtlichen Rechtsprechung zum Maßstab erhoben worden ist.[1188] So muss seit dem Lüth-Urteil der Schutz eines durch eine Meinungsäußerung betroffenen Rechtsguts in der Abwägung zurücktreten, „je mehr es sich um einen Beitrag zum geistigen Meinungskampf in einer die Öffentlichkeit wesentlich berührenden Frage durch einen dazu Legitimierten handelt; hier spricht die Vermutung für die Zulässigkeit der freien Rede."[1189] Speziell für die Pressefreiheit bestätigte das Bundesverfassungsgericht im Soraya-Urteil, dass bei „der Abwägung zwischen der Pressefreiheit und anderen verfassungsrechtlich geschützten Rechtsgütern [...] berücksichtigt werden [muss], ob die Presse im konkreten Fall eine Angelegenheit von öffentlichem Interesse ernsthaft und sachbezogen erörtert [...] oder ob sie lediglich das Bedürfnis [...] nach oberflächlicher Unterhaltung befriedigt."[1190] Die „Vermutung zugunsten der freien

1185 Vgl. LG Münster, AfP 1984, S. 171; OLG Hamm, WRP 1985, S. 171 f.; OLG Karlsruhe, AfP 1997, S. 713 f.; OLG Köln, AfP 2001, S. 328 ff.

1186 Vgl. BGH, WRP 2004, S. 748 – Zeitung zum Sonntag; NJW 2004, S. 2085–20 Minuten Köln.

1187 Vgl. *Ring*, DZWir 1996, S. 169.

1188 Vgl. *Streinz*, AfP 1997, S. 869.

1189 BVerfGE 7, S. 198 – Lüth.

1190 BVerfGE 34, S. 283 – Soraya; später bekräftigt durch BVerfGE 66, S. 134 – Wallraff; vgl. auch BVerfGE 80, 135 – Postzeitungsdienst.

Rede“[1191] ist dann einschlägig, wenn eine umstrittene Äußerung einen Beitrag zur öffentlichen Meinungsbildung leistet.[1192] Diese Differenzierung wird allerdings insoweit eingeebnet, als unter den Begriff der öffentlichen Meinungsbildung nahezu alle Themen mit auch nur begrenztem öffentlichen Bezug fallen, also nicht nur wirtschaftliche,[1193] kulturelle[1194] und (tages-)politische Themen, sondern auch grundsätzliche gesellschaftliche Fragen,[1195] das Erziehungsverhalten von Lehrern,[1196] die Volksgesundheit[1197] und sogar die Frage nach der Zulässigkeit von Windkrafträdern.[1198] Ihre Begründung findet die Vermutungsformel in der besonderen Bedeutung der Kommunikationsfreiheiten für den demokratischen Staat.[1199] Die Bedeutung der Meinungsfreiheit erschöpft sich nicht nur in ihrer Funktion als Abwehrrecht, sondern auch im Schutz der offenen Kommunikation, auf die der demokratische Meinungs- und Willensbildungsprozess angewiesen ist.[1200] Wenn es „um Auseinandersetzungen in Fragen geht, die die Öffentlichkeit wesentlich berühren, tritt zu den individuellen Interessen [...] sozusagen als dritte Dimension ein überindividueller Gesichtspunkt hinzu, nämlich der demokratische.“[1201] Wenn die Vermutungsformel nicht nur auf einzelne Äußerungen in der öffentlichen Auseinandersetzung in einem Presseerzeugnis anwendbar ist, sondern auch auf die Differenzierung von Presseerzeugnissen, dann ist die qualitative Unterscheidung, wie sie der BGH in seiner oben aufgeführten Rechtsprechung vorgenommen hat, eine konsequente Fortschreibung der verfassungsgerichtlichen Judikatur.

Zusammenfassend bleibt damit festzustellen, dass die Rechtsprechung des BGH und der Instanzgerichte im Einklang mit der verfassungsgerichtlichen Judikatur steht. Dabei misst sie die Qualität eines Presseerzeugnisses objektiv an seiner Bedeutung für die öffentliche Meinungsbildung,[1202] die wiederum umso größer sein soll, je umfangreicher der redaktionelle Teil und je breiter das Themenspektrum der

1191 BVerGE 93, S. 294 – Soldaten sind Mörder.
1192 Vgl. BVerfGE 7, S. 208, 212 – Lüth; 12, S. 125 – Schmidt/Spiegel.
1193 Vgl. BVerfGE 60, S. 240 – Kredithai.
1194 Vgl. BVerfGE 54, S. 137 – Kunstkritik.
1195 Vgl. BVerfGE 42, S. 170 – Deutschland-Stiftung und BVerfGE 102, S. 363 – Benetton.
1196 Vgl. BVerfG, AfP 2003, S. 46.
1197 Vgl. BVerfG, NJW 2000, S. 3415.
1198 Vgl. BVerfG, NJW 2003, S. 3761.
1199 Vgl. BVerfGE 7, S. 212 – Lüth; 12, S. 125 – Schmidt/Spiegel.
1200 Vgl. BVerfGE 7, S. 208 – Lüth.
1201 *Grimm*, ZRP 1994, S. 276.
1202 Vgl. BGHZ 19, S, 399 – FWB; BGH, GRUR 1971, S. 478 f. – SWB II; BGH, NJW 1985, S. 1625 – Bliestal-Spiegel; BGH, AfP 1992, S. 67 – Amtsanzeiger.

Publikation ist.[1203] Außerdem kennzeichnet das Vorhandensein der verschiedenen journalistischen Darstellungsformen, wie Nachricht, Reportage, Kommentar oder Glosse, ob das vorliegende Presseerzeugnis ein Qualitätsprodukt ist.[1204] Darüber hinaus wird der Herausgabezweck als subjektives Qualitätskriterium verwendet, wobei in Entsprechung zu den genannten objektiven Kriterien entscheidend ist, ob der Verleger zur öffentlichen Meinungsbildung beitragen will oder primär aus Gewinninteressen auf dem Pressemarkt agiert.[1205] Eine Spezifizierung erfährt diese Judikatur insoweit, als dem meinungsbildenden Wert eines entgeltlichen Presseerzeugnisses nur dann eine entscheidende Bedeutung in der Abwägung zukommen kann, wenn das konkurrierende Gratisblatt die meinungsbildende Funktion nicht ebenfalls leisten und die Verdrängung der entgeltlichen Zeitung somit nicht kompensieren kann.[1206]

(5) Qualität und öffentliche Meinungsbildung im Spiegel der Literatur

In der Rechtsprechung wird, wie im vorherigen Abschnitt dargestellt, die Qualität eines Presseerzeugnisses als Kriterium der Abwägung als zulässig eingestuft. In der Literatur wird dieses Abwägungskriterium auch vollständig abgelehnt, weil nur so ein „Presserichtertum" verhindert und die Neutralitätspflicht des Staates gewahrt werden könne.[1207] „Das Gebot der Auslegung allgemeiner Gesetze an dem Grundwert der Pressefreiheit zu orientieren fordert zuerst, den Umschlag wirtschaftsrechtlicher Korrekturen in eine Bewertung der vertretenen Meinungen zu verhindern,"[1208] schließlich bestehe die Gefahr, dass der Richter im wettbewerbsrechtlichen Konflikt nach *seinen* eigenen Überzeugungen über die redaktionelle Qualität eines Presseorgans entscheidet und darüber letztlich Meinungskontrolle betreibe.[1209] Auf diese Weise entstehe im Verfassungsrecht

---

1203 Vgl. LG Münster, AfP 1984, S. 171 – Sonntagsanzeigenblatt; OLG Nürnberg, AfP 1984, S. 167; BGH, NJW 1985, S. 1625 – Bliestal-Spiegel; BGH, NJW 2004, S. 2085–20 Minuten Köln.

1204 Vgl. LG Berlin, AfP 2000, S. 293–20 Minuten Köln; OLG Köln, AfP 2000, S. 312–20 Minuten Köln.

1205 Vgl. BGHZ 51, S. 249 - SWB I.

1206 Vgl. BGH, WRP 2004, S. 748 – Zeitung zum Sonntag; NJW 2004, S. 2085–20 Minuten Köln.

1207 Vgl. *Friauf/Höfling*, AfP 1985, S. 255.

1208 *Mestmäcker*, in: *Immenga/Mestmäcker*, GWB, Vor § 35 Rdnr. 54.

1209 Vgl. *Mestmäcker*, in: *Immenga/Mestmäcker*, GWB, Vor § 35 Rdnr. 54; *Gesellensetter*, GRUR 2001, S. 712; *Köhler*, in: *Köhler/Bornkamm*, UWG, § 4 UWG Rdnr. 12.22; *Schmid*, WRP 2000, S. 996; vgl. auch KG, AfP 2000, S. 291.

aber eine unzulässige „Einbruchstelle subjektiver Wertungen.“[1210] Deshalb stehe das „Prinzip der formalen Meinungs- und Pressefreiheit [...] einem staatlichen Meinungs- und Presserichtertum, in welcher Form es auch auftreten mag, entgegen.“[1211]

Eine Differenzierung nach publizistischen Inhalten und ein darauf basierendes Verbot von Gratisblättern stehen außerdem nicht nur im Widerspruch zur Meinungs- und Wettbewerbsneutralität des Staates, sondern müssen auch den publizistischen Wettbewerb verzerren.[1212] Als Beleg wird unter anderem die verfassungsgerichtliche Rechtsprechung im Postzeitungsdienst-Urteil zitiert:[1213] Die Erfüllung der öffentlichen Aufgabe, zur freien individuellen und öffentlichen Meinungsbildung beizutragen, sei zwar ein zulässiges Kriterium der Differenzierung für die Vergabe staatlicher Pressesubventionen. Gleichwohl verlange das BVerfG selbst, dass „jede Einflussnahme auf Inhalt und Gestaltung einzelner Presseerzeugnisse sowie Verzerrungen des publizistisches Wettbewerbes insgesamt vermieden werden“, das heißt, dass „Druckschriften, die gleichartige Zwecke verfolgen und deswegen untereinander in einem Konkurrenzverhältnis stehen können“, auch in gleicher Weise zu behandeln sind.[1214] Insoweit aber auch Anzeigenblätter und entgeltliche Zeitungen miteinander im Wettbewerb auf dem Lesermarkt stünden, müssten – so die nun gezogene Schlussfolgerung – staatliche Eingriffe den publizistischen Wettbewerb verzerren.[1215] Der Staat habe auch insoweit die inhaltliche Neutralitätspflicht nach Art. 5 Abs. 1 Satz 2 GG einzuhalten, die inhaltslenkende Wirkungen auf Presseerzeugnisse ausschließt und eine Gleichbehandlung im publizistischen Wettbewerb garantiert.[1216] Deshalb sei „eine an publizistischen Erwägungen ausgerichtete Differenzierung zwischen Tageszeitungen und Anzeigenblättern jeglicher Art [...] nicht erlaubt und eine verfassungsrechtlich begründete Modifikation des rein wettbewerbsrechtlichen Ergebnisses unzulässig.“[1217] Erscheint demnach ein Anzeigenblatt auf dem Pressemarkt – unabhängig davon, ob es sich dabei um ein reines, klassisches oder vollwertiges handelt –, dann ist die Wettbewerbssituation prinzipiell nicht anders zu bewerten, als wenn eine neue entgeltliche Zeitung mit geringer

1210 *Lahusen*, GRUR 2005, S. 224.
1211 *Friauf/Höfling*, AfP 1985, S. 255.
1212 Vgl. *Weidenbach*, Anzeigenblätter im Wettbewerbs- und Kartellrecht, S. 181.
1213 BVerfGE 80, S. 124 ff. – Postzeitungsdienst.
1214 Vgl. BVerfGE 80, S. 135 f. – Postzeitungsdienst.
1215 Vgl. *Weidenbach*, Anzeigenblätter im Wettbewerbs- und Kartellrecht, S. 181.
1216 Vgl. BVerfGE 80, S. 134 – Postzeitungsdienst.
1217 *Weidenbach*, Anzeigenblätter im Wettbewerbs- und Kartellrecht, S. 181.

redaktioneller Qualität, aber größerer Lesernachfrage, am Markt auftritt.[1218] Außerdem untersage das Prinzip der formalen Pressefreiheit[1219] von vornherein eine verfassungsrechtliche Differenzierung nach qualitativen Kriterien nicht nur im Schutzbereich des Art. 5 Abs. 1 Satz 2 GG, sondern auch auf (Schranken-)Schrankenebene, weil andernfalls „die aus einer staatlichen Regelung des Presseinhalts erwachsenden Gefahren für die Demokratie [...] ungleich größer [sind] als die, die von einer teilweise ‚fehlerhaft' arbeitenden Presse verursacht [werden]."[1220] Nach alledem müsse also allein der Leser entscheiden, was und wieviel er liest und ob und wieviel er dafür bezahlt.[1221]

Der Wert einer auch durch das Medium Presse verbreiteten Aussage wird daran gemessen, welchen Beitrag sie zur öffentlichen Meinungsbildung leisten kann. Das gilt für die Pressefreiheit sowohl als Abwehr-[1222] als auch als Leistungsrecht.[1223] Dabei ist eine staatliche Einflussnahme auf den Inhalt der verbreiteten Meinung und auf die Tendenz des Presseerzeugnisses unzulässig.[1224] Eine staatliche Einflussnahme finde aber, so eben die Kritiker der Rechtsprechung, durch die Berücksichtigung der Qualität einer Zeitung gerade statt.[1225] Das Verbot einer Gratiszeitung soll aber nach der Rechtsprechung des BGH gerade nicht an dessen Inhalt und Tendenz festgemacht werden, da weder die politische Ausrichtung noch die ideologische Tendenz oder der Schwerpunkt der Berichterstattung Anknüpfungspunkte sind.[1226] Es kommt allein darauf an, *ob* überhaupt ein Beitrag zur öffentlichen Meinungsbildung erfolgt. Welchen Inhalt dieser hat, spielt keine Rolle. Eine Inhaltslenkung im Sinne eines staatlichen Zwangs hin zu einer bestimmten (gesellschafts-)politischen oder ideologischen Ausrichtung findet damit also nicht statt.

Sobald die unentgeltliche Verteilung eines Anzeigenblatts zu einer Marktstörung auf dem Pressemarkt führt, mehrere Wettbewerber aus dem Pressewettbewerb ausscheiden müssen und der Selbststeuerungsmechanismus des Markts

1218 Vgl. *Köhler*, WRP 1998, S. 462.

1219 Vgl. *Schulte-Nölke/Hawxwell*, EWiR 2004, S. 1054. (Der Schutzbereich der Pressefreiheit ist rein formal nach Herstellungs- und Vervielfältigungsmethode und nicht nach Inhalt eines Druckerzeugnisses zu bestimmen.).

1220 *Lahusen*, Inhalt und Schranken der Pressefreiheit, S. 140.

1221 Vgl. *Knöpfle*, Die marktbezogene Unlauterbarkeit, S. 73.

1222 BVerfGE 34, S. 283 – Soraya; BVerfGE 66, S. 134 – Wallraff.

1223 BVerfGE 80, 135 – Postzeitungsdienst.

1224 Vgl. *Ricker*, in: *Löffler/Ricker*, Handbuch des Presserechts, 6. Kap. Rdnr. 2, 10.

1225 Vgl. *Friauf/Höfling*, AfP 1985, S. 255.

1226 Vgl. Kap. 3 E 4c aa) (4).

nicht mehr funktioniert, ist der Staat weniger zur Neutralität als im Gegenteil dazu verpflichtet, einen konkreten Schaden für den publizistischen Wettbewerb selbst abzuwenden. Der Bedeutung der Pressefreiheit für die öffentliche Meinungsbildung und damit für die pluralistische Demokratie soll damit zu ihrem Recht verholfen werden.[1227] Das verfassungsrechtliche Gebot der Neutralität wirkt sich hier nur noch insofern aus, als einer Kauf- und Abonnementzeitung nicht von vornherein ein höherer Schutz zugebilligt wird als einem vollständig durch Anzeigen finanzierten klassischen bzw. vollwertigen Anzeigenblatt.[1228] Der Gegenauffassung wäre nur dann zuzustimmen, wenn eine Vielzahl von Presseerzeugnissen auf dem Markt bestünde und nur eine meinungsbildende, entgeltliche Zeitung durch ein Anzeigenblatt substituiert würde, dass seinerseits keine Kompensation für die verdrängte Zeitung leisten könnte. Eine Abwägung nach publizistischen Kriterien ist unter diesen Umständen in der Tat unzulässig, denn es gibt keinen Bestandsschutz für einzelne, meinungsbildende Blätter, die sich im Wettbewerb zu einem anderen Presseorgan befinden, in einer marktwirtschaftlichen Gesamtordnung.[1229] In dieser Konstellation ließe sich aber auch mit der BGH-Rechtsprechung ein Verbot nicht begründen, unterstellt, dass auch sie den *totalen* Ausfall an Kompensation als Tatbestandsvoraussetzung für ein Verbot verlangt. Eine vollständige Ablehnung des Ansatzes der Rechtsprechung aus Gründen der Neutralitätspflicht ist demnach also nicht überzeugend.

Konkreter ist die Kritik an der Rechtsprechung, die gegen die redaktionelle Qualität als Beitrag zur Meinungsbildung als Abwägungskriterium einwendet, dass die Freiheit der Presse „demokratie-staatlich funktionalisiert" werde, wenn die „grundlegende Bedeutung der Pressefreiheit für die freiheitlich demokratische Ordnung in der Abwägung mit dem ihr zukommenden besonderen Gewicht" berücksichtigt werde.[1230] Denn nach der Rechtsprechung des Bundesverfassungsgerichts im Soraya-Urteil sei nicht nur die Garantie der Freiheitlichkeit Schutzgut der Pressefreiheit, sondern auch eine funktionierende Demokratie.[1231] Die Verfassungsrechtsprechung befinde sich aber dann „inmitten der Inanspruchnahme der Presse für (demokratie-) staatliche Zwecke, die

---

1227 Vgl. BGHZ 19, S. 396 f. – FWB; BGHZ 51, S. 248 f. – SWB I; BGH, GRUR 1971, S. 478 f. – SWB II; NJW 1985, S. 1625 f. – Bliestal-Spiegel; WRP 2004, S. 748 f. – Zeitung zum Sonntag; NJW 2004, S. 2084 ff. – 20 Minuten Köln; *Streinz*, AfP 1997, S. 860.

1228 Vgl. BGH, NJW 2004, S. 2083–20 Minuten Köln.

1229 Vgl. BGHZ 51, S. 242 – SWB I; BGH, WRP 2004, S. 748 – Zeitung zum Sonntag; AfP 2010, S. 242 f. – Stumme Verkäufer II.

1230 Vgl. *Bringe*, Gratisvertrieb meinungsbildender Tagespresse, S. 158.

1231 Vgl. BVerfGE 34, S. 283 – Soraya.

dem rein privatwirtschaftlich organisierten Pressewesen fremd" seien.[1232] Es werde damit die Grenze des objektiv-rechtlichen Grundrechtsgehalts überschritten, der allein die Freiheit der Grundrechtsausübung absichere und die damit verbundenen positiven Effekte für eine funktionierende Demokratie.[1233]

Es wird zwar richtig erkannt, dass das Bundesverfassungsgericht von der Prämisse ausgeht, dass es auf die prinzipielle Überlegenheit einer möglichst offenen Kommunikation für die Leistungsfähigkeit eines demokratischen Verfassungsstaates ankommt.[1234] Die allgemeinen Gesetze, die Art. 5 Abs. 1 GG einschränken können, sind deshalb nach der Wechselwirkungslehre ihrerseits „aus der Erkenntnis der wertsetzenden Bedeutung dieses Grundrechts im freiheitlich demokratischen Staat auszulegen und so in ihrer das Grundrecht beschränkenden Wirkung selbst wieder einzuschränken,"[1235] womit eben auf Ebene von Art. 5 Abs. 2 GG sowohl Freiheitlichkeit als auch Demokratiebezug der Presse zu würdigen sind. Dabei können die „positiven Effekte" für eine funktionierende Demokratie variieren, je nachdem, in welchem Umfang die Presse zur individuellen und öffentlichen Meinungsbildung beigetragen hat. Trägt ein Blatt mit seiner Berichterstattung zum öffentlichen Informationsinteresse bei, dann erhält diese Publikation bei einer Abwägung kollidierender Grundrechte zusätzliches Gewicht.[1236] An der Aufdeckung eines politischen Skandals hat nicht nur der einzelne Pressetätige Interesse, um seine persönliche Freiheit zu „entfalten", sondern auch die Allgemeinheit bzw. die freiheitliche Demokratie profitiert von dieser Leistung der Presse.[1237] Das Kriterium „Beitrag zur öffentlichen Meinungsbildung" ist dabei ausschließlich im Rahmen der Grundrechts*einschränkung* zu würdigen, nicht jedoch für die Frage nach der Eröffnung des Schutzbereichs.[1238] Andernfalls bestünde tatsächlich die Gefahr, dass die Pressefreiheit für demokratische Zwecke in die Pflicht genommen würde und der Grundrechtsschutz vom Beitrag eines Blatts zur öffentlichen Meinungsbildung abhinge.[1239] Auf der Ebene der Grundrechtsbeschränkung geht es jedoch weniger um eine unzulässige Inanspruchnahme der Presse für staatliche Zwecke,

1232 *Bringe,* Gratisvertrieb meinungsbildender Tagespresse, S. 158.
1233 Vgl. *Bringe,* Gratisvertrieb meinungsbildender Tagespresse, S. 158.
1234 Vgl. BVerfGE 90, S. 20 f.; *Schulze-Fielitz,* in: *Dreier,* GG, Bd. I, Art. 5 I, II Rdnr. 164.
1235 Vgl. BVerfGE 61, S. 11–Wahlkampf; 64, S. 115 – Zeugnisverweigerungsrecht.
1236 Vgl. BGH, WRP 2004, S. 748 – Zeitung zum Sonntag; BGHZ 51, S. 249 – SWB I.
1237 Vgl. *Seitz,* NJW 1997, S. 3216.
1238 Vgl. BGHZ 51, S. 247 – SWB I; BVerfGE 34, S. 283.
1239 Vgl. *Mallmann,* Pressepflichten und öffentliche Aufgabe der Presse, S. 626; *Schneider, F.,* NJW 1963, S. 666; *Scheer,* Deutsches Presserecht, S. 183.

sondern um eine dem Einzelfall gerecht werdende Güterabwägung. Dabei soll unter dem Gebot der Angemessenheit die Bedeutung der Pressefreiheit im demokratischen Staat gegenüber anderen Rechtsgütern gewichtet werden.[1240] Die BGH-Rechtsprechung verlangt diesem Gebot folgend nicht nur, dass ein Anzeigenblatt die Mitbewerber auf dem betreffenden Pressemarkt aufgrund seiner unentgeltlichen Verteilung verdrängt, sondern gleichzeitig auch die meinungsbildende Funktion des oder der bedrohten Kaufblätter nicht gleichwertig erfüllen kann.[1241] Nur dann ist gerechtfertigt, dass ein Blatt bei der Güterabwägung mehr Gewicht erhält, das einen größeren Beitrag zur Meinungsbildung leistet und damit die Meinungsbildungs- und Kontrollfunktion auf dem Pressemarkt sicherstellt. Eine Differenzierung nach öffentlichem Informationsinteresse, wie es der BGH (in Übereinstimmung mit der verfassungsgerichtlichen Rechtsprechung) im Rahmen der Abwägung über Art. 5 Abs. 2 GG vornimmt, ist also unter diesen Umständen zulässig und geboten.

Einige Stimmen in der Literatur argumentieren, dass es im Konfliktfall gar nicht um die Entscheidung gehe, welches der Presseerzeugnisse die höhere redaktionelle Leistung biete, da es nicht um den Inhalt, sondern um den Vertrieb von Presseerzeugnissen gehe.[1242] Anzeigenblätter „verfehlen die ‚Funktion der freien Presse im demokratischen Staat' nicht deshalb, weil sie sich durch ein abweichendes redaktionelles Konzept von den herkömmlichen Zeitungen und Zeitschriften unterscheiden, sondern weil sie sich planmäßig dem strukturprägenden und für die objektivrechtliche Gewährleistung der Pressefreiheit konstitutiven Merkmal des publizistisch-redaktionellen Leistungswettbewerbs um den Leser entziehen"[1243] – das heißt, weil sie nicht am traditionellen Vertriebswettbewerb teilnehmen. Es werde keine unmittelbare Qualitätsbeurteilung verlangt, sondern nur der befürchtete ökonomische Druck auf Medienobjekte berücksichtigt, dessen Einfluss auf die journalistische Leitung in Wechselwirkung mit den Finanzierungs- bzw. Vertriebsbedingungen stehe.[1244] Im Rahmen einer umfassenden Beurteilung des Gratisvertriebs von Zeitungen als Wettbewerbsinstrument könne es dann nur darum gehen, wie sich der Gratisvertrieb *„seinem Wesen nach* […] auf die redaktionelle Qualität sowie den zu erbringenden Beitrag für

---

1240 Vgl. *Gounalakis/Rhode*, AfP 2000, S. 326;

1241 Vgl. BGH, WRP 2004, S. 748 – Zeitung zum Sonntag; NJW 2004, S. 2085–20 Minuten Köln.

1242 Vgl. *Kübler*, AfP 1988, S. 319; *v. Danwitz*, Gratisvertrieb, S. 76.

1243 *Kübler*, AfP 1988, S. 319.

1244 Vgl. *Ahrens*, in: *Gloy/Loschelder/Erdmann*, Handbuch des Wettbewerbsrechts, § 70 Rdnr. 16.

die Information und Meinungsbildung der Öffentlichkeit“[1245] auswirke. Das Problem wird dadurch aber bloß von der Rechtsanwendung im konkreten Einzelfall auf eine abstrakt-generelle Ebene verschoben. Um dem Einzelfall und dem Grundsatz der Verhältnismäßigkeit gerecht zu werden, muss eine Güterabwägung erfolgen, deren Ergebnis davon abhängig ist, welchen Beitrag die tatsächlich konkurrierenden Presseerzeugnisse tatsächlich jeweils zur öffentlichen Meinungsbildung leisten.[1246]

Soweit der BGH objektive Kriterien anlegt, ist seine Rechtsprechung zur Bedeutung von Qualität im Abwägungsprozess gerechtfertigt. Anders verhält es sich, wenn das Gericht auf den Herausgabezweck abstellt und sich damit eines subjektiven Kriteriums bedient.[1247] Kommerzieller Herausgabezweck und der qualitative Beitrag eines Presseerzeugnisses zur öffentlichen Meinungsbildung lassen sich dem Gericht zufolge zumindest vom Grundsatz her nur schwer miteinander vereinbaren. Das trifft aber selbst nach der Rechtsprechung vor allem für die reinen und klassischen, weniger aber für die vollwertigen Anzeigenblätter zu. Dieser Ansatz ist allerdings schon insoweit angreifbar, als dass sich Motivation als innere Tatsache nur schwer feststellen lässt. Der Nachweis, ob auch bei den Verlegern traditioneller Presseerzeugnisse primär publizistische oder kommerzielle Gründe die journalistische Berichterstattung bedingen, ist praktisch nicht zu führen.[1248] Zwar kann die Finanzierung einen Rückschluss auf publizistische oder kommerzielle Motive geben. Es ist aber eben nicht völlig ausgeschlossen, dass auch der Verleger eines Anzeigenblatts mit geringem Textteil ein publizistisches Anliegen hat, das er mit seinem Blatt verbreiten möchte.[1249] Zahlreiche Alternativzeitungen, die häufig kostenlos verbreitet werden bzw. wurden, zeichneten sich gerade durch eine besonders hohe publizistische Motivation aus, die eine möglichst unabhängige Berichterstattung zu politischen, ökologischen oder feministischen Themen bieten wollten.[1250] Auch an den Inhalten des vollwertigen Anzeigenblatts „Zeitung zum Sonntag“ aus Freiburg war ein besonderes politisches und soziales Interesse des Verlegers erkennbar.[1251] Zumindest bei den vollwertigen Anzeigenblättern und damit tendenziell auch bei den diesen

---

1245 *v. Danwitz,* Gratisvertrieb, S. 76.

1246 Vgl. BGHZ 19, S. 398 – FWB; *Ahrens,* WRP 1999, S. 129; *Teplitzky,* GRUR 1999, S. 111; *Lahusen,* GRUR 2005, S. 224.

1247 Vgl. BGHZ 51, S. 249 – SWB I.

1248 Vgl. *Gounalakis/Rhode,* AfP 2000, S. 326; *Berst,* AfP 1999, S. 428.

1249 Vgl. *Bott,* Die Gratiszeitung, S. 198.

1250 Vgl. *Rösch-Sondermann,* Bibliographie der lokalen Alternativpresse, S. 23 f., 44 ff.

1251 Vgl. *Ueckert,* Die Entwicklung regionaler Sonntagszeitungsmärkte, S. 48.

angenäherten klassischen Anzeigenblättern mit publizistischem Anspruch zeigt sich also, dass gerade auch der Gratisvertrieb von Presseerzeugnissen ein ideales Mittel darstellen kann, um ein möglichst breites Publikum mit anspruchsvollen publizistischen Inhalten zu erreichen und damit einen Beitrag zur öffentlichen Meinungsbildung zu leisten.

Umgekehrt spielen auch bei der Kaufpresse kommerzielle Interessen eine entscheidende Rolle. Der Zeitungswissenschaftler *Karl Bücher* konstatierte bereits 1921: „Der redaktionelle Teil ist bloßes Mittel zum Zweck. Dieser besteht allein in dem Verkauf von Anzeigenraum; nur um für dieses Geschäft möglichst viele Abnehmer zu gewinnen, wendet der Verleger auch dem redaktionellen Teil seine Aufmerksamkeit zu und sucht durch Ausgaben für ihn seine Beliebtheit zu vergrößern. Denn je mehr Abonnenten, umso mehr Inserenten."[1252] Der Herausgabezweck eines Presseerzeugnisses scheidet daher als Indiz für redaktionelle Qualität aus, denn „Gewinnerzielung ist nun wahrlich keine Domäne der Verleger unentgeltlicher Zeitungen."[1253]

(6) Ergebnis zur Darstellung des Strukturprinzips Qualität

Der Schutz von redaktioneller Qualität als Strukturprinzip der Presse widerspricht zunächst einmal nicht dem Zensurverbot nach Art. 5 Abs. 1 Satz 3 GG, da das Erscheinen von Anzeigenblättern bzw. von Presseerzeugnissen nicht von ihrer journalistischen Leistung abhängig gemacht wird. Die Diskussion um die Qualität eines Presseprodukts ist verfassungsrechtlich also nicht von vornherein bedenklich. Der Begriff „Qualität" setzt sich aus vielen objektiven und subjektiven Merkmalen zusammen und kann daher nicht auf eine einzige allgemeingültige Definition gebracht werden. Dennoch ist es möglich, sich anhand dieser Merkmale dem Gegenstand zumindest anzunähern und danach die Qualität von journalistischer Arbeit zu beurteilen. Dazu gehören Faktentreue, Aktualität, Schreibstil, sinnvoller Einsatz von journalistischen Darstellungsformen, Vielfalt, Relevanz und Rechtmäßigkeit der Berichterstattung.

Auch im Rundfunkrecht spielt Vielfalt als Qualitätskriterium eine zentrale Rolle. Auf das Pressewesen lassen sich jedoch die Grundsätze, die das Bundesverfassungsgericht zur Meinungsvielfalt im Rundfunk entwickelt hat, nicht eins zu eins übertragen. Presse und Rundfunk stellen Meinungsvielfalt nicht nur auf unterschiedliche Art und Weise her (binnen- und außenpluralistisches Modell),

---

1252 *Fischer/Minte*, Karl Bücher – Auswahl der publizistikwissenschaftlichen Schriften, S. 219.

1253 Vgl. *Gounalakis/Rhode*, AfP 2000, S. 326.

sondern auch unter verschiedenen finanziellen, rechtlichen und organisatorischen Voraussetzungen. Der Rundfunk verfügt über Beitragseinnahmen und ist deshalb im Rahmen der Grundversorgung zur Darstellung von Meinungsvielfalt verpflichtet. Die objektiv-institutionelle Dimension der Rundfunkfreiheit ist besonders stark ausgeprägt und findet ihre „Verkörperung" im öffentlich-rechtlichen Rundfunk. Im Gegensatz dazu dominiert bei der Pressefreiheit das individuelle Abwehrrecht der Presseverleger. Unter dem subjektivrechtlichen Aspekt der Pressefreiheit ist die Presse gerade nicht zu Meinungsvielfalt oder Ausgewogenheit verpflichtet. Für die entgeltliche Tagespresse lässt sich also keine privilegierte Stellung im Pressewesen analog zum öffentlich-rechtlichen Rundfunk im Rundfunkwesen ableiten.

Die redaktionelle Qualität eines Presseerzeugnisses ist nun nicht per se Strukturprinzip, sondern gewinnt erst über den Beitrag der Presse für die öffentliche Meinungsbildung an Bedeutung. Nur wenn der Pressewettbewerb durch den Gratisvertrieb von Anzeigenblättern gefährdet wird, weil dieser das Presseangebot oder den Anbieterpluralismus der Tagespresse erheblich reduziert, kann die redaktionelle Qualität als Kriterium bei der Abwägung über Art. 5 Abs. 2 GG herangezogen werden. Dieser Fall würde konkret dann eintreten, wenn erstens die meinungsbildenden entgeltlichen Publikationen durch Anzeigenblätter ersetzt würden und diese zweitens keinen vergleichbaren Beitrag zur öffentlichen Meinungsbildung leisten könnten. Gerade auch die aktuelle BGH-Rechtsprechung lässt sich auf diesen Nenner bringen. Es ist nun zu untersuchen, inwieweit der Konflikt zwischen entgeltlichen Zeitungen und Anzeigenblättern unter dieser Vorgabe aufzulösen ist.

(bb) Kein generelles Verbot wegen mangelnder Qualität von Anzeigenblättern

Die redaktionelle Qualität ist als Strukturprinzip insoweit für die Güterabwägung relevant, als eine entgeltliche Tageszeitung nicht durch ein kostenloses Konkurrenzprodukt verdrängt werden darf, das selbst keinen Beitrag zur öffentlichen Meinungsbildung leistet.[1254] Unter dieser Prämisse wäre das Verbot von klassischen und vollwertigen Anzeigenblättern zumindest dann immer zu rechtfertigen, wenn die redaktionelle Qualität von diesen Anzeigenblättern *generell* schlechter wäre als die der Kaufpresse und der Gratisvertrieb ihr gegenüber dennoch *immer* eine Verdrängungswirkung ausüben würde. Die reinen Anzeigenblätter können mangels redaktionellem Teils hier vernachlässigt werden. Bei einem gänzlichen

1254 Vgl. BGH, WRP 2004, S. 748 – Zeitung zum Sonntag; BGHZ 51, S. 249 – SWB I; NJW 2004, S. 2085–20 Minuten Köln.

Fehlen entgeltlicher Zeitungen bestünde die Gefahr, dass die Funktion der Presse als unabhängige, kritische und darin meinungsbildende Instanz gegenüber den Vorgängen in Staat und Gesellschaft zugunsten einer bloß umsatzorientierten, unkritischen Berichterstattung geschwächt werde.[1255] Dass die Voraussetzungen dazu allerdings nicht vorliegen, soll nachfolgend bewiesen werden.

(1) Die redaktionelle Qualität von Anzeigenblättern

Niedrigere Qualität durch fehlenden Vertriebserlös

Die grundsätzlich niedrigere Qualität von Anzeigenblättern wird zunächst über den fehlenden Vertriebserlös zu begründen versucht. Anzeigenblätter seien nur zu einer geringeren redaktionellen Leistung fähig, da ihnen die Finanzierung aus den Vertriebserlösen fehle.[1256] Dieser Auffassung ist entgegenzuhalten, dass sich auch die entgeltliche Presse überwiegend aus Anzeigeneinnahmen finanziert. Der Preis von Presseprodukten müsste um ein Vielfaches erhöht werden, wenn sie ihre Kosten ausschließlich aus Vertriebserlösen bestreiten müssten. Insbesondere auflagenschwache Blätter würden dann so teuer werden, dass sie keine Leser mehr fänden.[1257] Der Kaufpresse steht aber durch die Vertriebseinnahmen eine nicht unerhebliche, zusätzliche Einnahmequelle zur Verfügung, die der Gratispresse fehlt.[1258] Das könnte sich in der Tat auf die redaktionelle Leistungsfähigkeit und letztlich auf die redaktionelle Qualität auswirken, zumal der Gratisvertrieb in besonderem Maße wirtschaftlichen Schwankungen ausgesetzt sein könnte.[1259] Allerdings haben die beiden Konjunktureinbrüche 2001 und 2008 gezeigt, dass Anzeigenblätter weniger heftig davon betroffen waren als entgeltliche Zeitungen.[1260] Der Wegfall der Vertriebserlöse muss also nicht zwangsläufig zu einem besonderen Kostendruck für den Anzeigenblattverlag führen.[1261]

1255 Vgl. *Teplitzky*, GRUR 1999, S. 111 f.

1256 Vgl. *Ahrens,* WRP 1999, S. 128 (zieht Parallele zwischen redaktioneller Leistung des öffentlich-rechtlichen Rundfunks und den Kaufzeitungen); *Lahusen*, GRUR 2005, S. 224.

1257 Vgl. *Altmeppen*, Märkte der Medienkommunikation, in: *ders.*, Ökonomie der Medien und des Mediensystems, S. 269.

1258 Vgl. *Reitze*, Media Perspektiven Basisdaten Daten zur Mediensituation 2008, S. 44 (Netto-Umsatz bei der Tagespresse 2007: Vertrieb 3,2 Mrd. Euro und Anzeigen 3,6 Mrd. Euro); *o. V.*, w&v 36/2007, S. 86.

1259 Vgl. *Schütz*, Pressewirtschaft, in: *Noelle-Neumann/Schulz/Wilke,* Fischer Lexikon Publizistik, S. 551 (Anzeigengeschäft ist konjunkturanfälliger als Vertriebsgeschäft).

1260 Vgl. *Zabel*, media spectrum 10/09, S. 22 f.; *Schütz*, MP 2009, S. 473.

1261 Vgl. *Bott*, Die Gratiszeitung, S. 202.

Die Vorteile, die ein Anzeigenblatt auf dem Anzeigenmarkt den Inserenten anbieten kann, können sich durchaus dazu eignen, fehlende Vertriebseinnahmen durch zusätzliche Anzeigeneinnahmen zu kompensieren.[1262] So bietet der Gratisvertrieb eine komplette Haushaltsabdeckung eines Verbreitungsgebiets und erzielt eine größere Reichweite als die entgeltlichen Zeitungen.[1263] Besonders für lokale Werbetreibende kann das Gratispresseerzeugnis interessanter sein als die entsprechende überregional erscheinende Kaufzeitung, da eine Anzeige im Anzeigenblatt geringere Streuverluste hat.[1264] Für diese Vorteile sind Anzeigenkunden auch bereit, einen entsprechenden Preis zu zahlen – und das umso mehr, je hochwertiger der redaktionelle Teil des Blatts ist.[1265] Je attraktiver das publizistische Angebot, desto höher ist das Leserinteresse und damit die Wahrscheinlichkeit, dass auch die Anzeige von den Lesern beachtet wird.[1266] Die höheren Anzeigeneinnahmen schaffen wiederum die Basis, Geld in die redaktionelle Arbeit zu investieren. Gleichzeitig fallen bei Anzeigenblättern keine Kosten für die Abonnementverwaltung und -werbung an, die einen Teil der Verkaufserlöse der entgeltlichen Zeitungen verbrauchen.[1267] Es sprechen deshalb gute Gründe dafür, dass zumindest klassische Anzeigenblätter mit publizistischer Motivation und erst recht die vollwertigen Anzeigenblätter in der Lage sein können (und wollen), vergleichbare Mittel für die publizistische Arbeit aufzubringen wie die Kaufpresse. Es bleibt damit festzuhalten, dass die Mischfinanzierung nicht die einzige Finanzierungsform ist, die Qualität hervorbringen kann. Bei den reinen oder klassischen Anzeigenblättern ohne publizistische Motivation mag das nicht gelten, weil die redaktionelle Qualität in geringerem Maße als Hebel zum Anzeigenverkauf genutzt werden soll als bei Gratiszeitungen. Ein Interesse an publizistischem Niveau besteht bei diesen Blättern von vornherein nicht.

Gegen eine zwingende Wechselbeziehung zwischen ausschließlicher Anzeigenfinanzierung und redaktioneller Qualität spricht auch folgende Überlegung: Mehr Wettbewerb auf den meist von Monopolzeitungen beherrschten Zeitungsmärkten motiviert sowohl entgeltliche Zeitungen als auch Anzeigenblätter zu

1262 Vgl. *Heinrich*, Medienökonomie, S. 372 f.
1263 Vgl. *Passauer*, Anzeigenblätter und ihre Auswirkungen im Wettbewerb, S. 53.
1264 Vgl. *BDZV*, Zeitungen '87, S. 79.
1265 Vgl. *Elstermann*, in: *Heymann*, AfP 2001, S. 118.
1266 Vgl. BGHZ 51, S. 238 – SWB I.
1267 Vgl. *Reitze*, Media Perspektiven Basisdaten Daten zur Mediensituation 2008, S. 44. Der Anteil der Gesamtkosten bei Tageszeitungen beträgt ca. sieben bis zehn Prozent von den Gesamtausgaben.

mehr Qualität:[1268] Bei der Kaufzeitung, um „im redaktionellen Bereich unter Beweis stellen [zu] können, dass sie doch unverzichtbar ist, weil der Leser Geschichten und Themen in einer bestimmten Form eben nur bei ihr abgehandelt findet“[1269] und damit Leser zu binden oder wiederzugewinnen, bei den Gratiszeitungen, um überhaupt von den Lesern akzeptiert zu werden.[1270] Auch die unentgeltlichen Blätter müssen den Inserenten nachweisen können, dass sie gelesen werden, sind also ihrerseits darum bemüht, einen attraktiven Lesestoff zu bieten. Ein qualitatives Absinken eines vollwertigen Anzeigenblatts und ein damit einhergehender Leserschwund hat nämlich für Gratis- wie für Kaufzeitungen den gleichen Effekt: Die Werbekunden wenden sich ab, und das unabhängig davon, ob das Blatt entgeltlich oder unentgeltlich vertrieben wird.[1271] Dasselbe gilt – wenn auch in geringerem Maß – für die klassischen Anzeigenblätter. Der Gratisvertrieb von Presseerzeugnissen schließt daher seinem Wesen nach Qualitätssteigerungen nicht zwingend aus, was gerade auch der BGH in seiner Back-Journal-Entscheidung feststellte: „Das wirtschaftliche System der Finanzierung durch Gratisverteilung kann die redaktionelle Qualität des redaktionellen Teils beeinträchtigen; es kann aber andererseits der Kampf um den Anzeigenmarkt zur Qualitätssteigerung führen.“[1272]

Zum Schluss zeigt auch der Blick auf den Medienmarkt deutlich, dass kein unmittelbarer Zusammenhang zwischen mangelnder Qualität und ausschließlicher Anzeigenfinanzierung besteht.[1273] Enorme Qualitätsunterschiede gibt es auch unter den entgeltlichen Presseerzeugnissen. Die Qualitätsspanne reicht auch dort von sensationsbetonten Boulevardzeitungen bis zu seriösen Tageszeitungen. Gerade die Publikationen, die, nach journalistischem Anspruch, als Qualitätsprodukte auf dem deutschen Markt für Publikumszeitschriften (General-Interest-Titel) gelten, finanzieren sich überwiegend aus Anzeigenerlösen, „während der Anzeigenanteil an der Finanzierung in dem Maße abnimmt, in dem die Inhalte boulevardesker werden. Gerade die Inserenten hochwertiger Markenware schätzen ein qualitativ hochwertiges redaktionelles Umfeld, um die von ihnen anvisierte Zielgruppe zu

1268 Vgl. *Kopper*, Anzeigenblätter als Wettbewerbsmedien, S. 215.
1269 LG Köln, AfP 2000, S. 312–20 Minuten Köln.
1270 Vgl. *Köhler*, WRP 1998, S. 461.
1271 Vgl. *Lahusen*, GRUR 2005, S. 224.
1272 BGHZ 81, S. 297 – Back Journal.
1273 Vgl. *Schmid*, WRP 2000, S. 994 („Unterschied zwischen dem verkauften und dem kostenlos verteilten Presseerzeugnis nur ein gradueller“).

erreichen."[1274] Damit wird deutlich, dass bei Presseprodukten Anzeigenfinanzierung und Qualität nicht zwangsläufig voneinander abhängen.

Niedrigere Qualität aus konzeptionellen Gründen

Neben den fehlenden Einnahmen aus dem Vertriebserlös wird auf das Konzept der Anzeigenblätter als Werbeträger verwiesen, das es unmöglich mache, einen Beitrag zur öffentlichen Meinungsbildung leisten zu können und zu wollen.[1275] Und tatsächlich leisten – wie bereits untersucht[1276] – zumindest reine und klassische Anzeigenblättern ohne publizistischen Anspruch eindeutig einen geringeren Beitrag zur öffentlichen Meinungsbildung als lokale Wochen-, Tages- oder Sonntagszeitungen. Das Themenspek-trum des redaktionellen Teils – sofern überhaupt vorhanden – beschränkt sich auf die Lokalberichterstattung bei gleichzeitig erheblich geringerem Textumfang.[1277] Anzeigenblätter meiden in der Regel kritische Themen, weil man über „unerfreuliche, dissensträchtige, weil problembeladene, inhumane, einfach unangenehme Dinge nicht positiv-neutral und unverbindlich berichten kann."[1278] Deshalb beschränkt sich die Berichterstattung meist auf reine Nachrichten oder Informations-, Service- und Ratgeberthemen. Kommentare zu umstrittenen Themen entfallen oder sind als journalistische Darstellungsform überhaupt nicht im Konzept vorgesehen.[1279] Der Vorwurf, keinen Beitrag zur öffentlichen Meinungsbildung leisten zu können und zu wollen, trifft für die reinen und klassischen Anzeigenblätter ohne publizistischen Anspruch zu.

Die klassischen Anzeigenblätter mit publizistischem Anspruch bewegen sich in dem Spektrum zwischen klassischen Anzeigenblättern ohne publizistische Motivation und den vollwertigen Anzeigenblättern.[1280] Sie enthalten sowohl Elemente des Service- und Ratgeberjournalismus als auch eigene Berichte zu lokalpolitischen oder allgemeinen Themen. Sie leisten – je nach der Höhe des Anteils an journalistischer Eigenarbeit –einen eigenen Beitrag zur lokalen und regionalen Meinungsvielfalt, der auf dem Niveau entgeltlicher lokaler Wochenblätter sein *kann*. So stellte das OLG Karlsruhe beispielsweise im Fall „Wieslocher

1274 *Mann*, WRP 1999, S. 742.

1275 Vgl. BGHZ 51, S. 249 – SWB I; *Kübler*, AfP 1988, S. 319; *v. Danwitz*, Gratisvertrieb, S. 83.

1276 Vgl. Kap. 1 B III.

1277 Vgl. Kap. 1 B III.

1278 *Thierauf/Lerch-Stumpf*, Inwieweit können Anzeigenblätter, Bd. I, S. 67.

1279 Vgl. KG, AfP 2000, S. 292–20 Minuten Köln; *v. Wallenberg*, MMR 2001, S. 512.

1280 Vgl. Kap. 1 A I; Kap. 1 B III.

Woche" keinen nennenswerten Unterschied zwischen einem kostenlosen und entgeltlichen lokalen Wochenblatt fest.[1281]

Die vollwertigen Anzeigenblätter „Zeitung zum Sonntag", „15 Uhr Aktuell" oder „20 Minuten Köln" wurden von den Gerichten zumindest als durchschnittliche Boulevardzeitungen, die mit Kauferzeugnissen vergleichbar sind, qualifiziert und ihnen einen vergleichbarer Beitrag zur öffentlichen Meinungsbildung mit der Kaufpresse durchaus anerkannt.[1282] Der „Zeitung zum Sonntag" bescheinigte das LG Heilbronn sogar, dass es von gleichem, wenn nicht gar höherem redaktionellen Niveau sei als die entgeltliche „Bild am Sonntag" des klagenden Axel Springer Verlags.[1283] Auch ein Beispiel aus dem Ausland zeigt, dass Gratisblätter anspruchsvolle Konzepte, die über die Boulevardzeitung hinausgehen, verfolgen können. In Dänemark gibt das isländische Unternehmen Dagsbrun (Fusion aus drei Telekommunikationsunternehmen) seit Anfang 2006 erstmals eine qualitativ hochwertige Gratiszeitung, „Nyhedsavisen" (Nachrichtenzeitung) heraus, die kurz gefassten, aber „originellen Qualitätsjournalismus" bietet.[1284] Hundert Reporter wurden dazu angestellt, Nachrichten werden selbst geschrieben und Agenturmeldungen ausschließlich für die Auslandsberichterstattung genutzt. Entsprechend sieht der Dagsbrun-Verlag seine Konkurrenz nicht in den im Pendlerverkehr verteilten Kostenlosblättern, sondern in den herkömmlichen Abonnementzeitungen.[1285] Die genannten Beispiele zeigen, dass der Gratispresse zumindest nicht *grundsätzlich* abgesprochen werden kann, dass sie trotz ausschließlicher Werbefinanzierung einen Beitrag zur öffentlichen Meinungsbildung leistet.

Ergebnis

Im Ergebnis sind reine und klassische Anzeigenblätter allgemein als von geringerer publizistischer Qualität als entgeltliche lokale Wochen-, Sonntags- oder Tageszeitungen zu bewerten. Für klassische Anzeigenblätter mit publizistischem Anspruch und vollwertige Anzeigenblätter lässt sich diese Feststellung jedoch nicht treffen. Hier gibt es auch die umgekehrten Fälle, nämlich dass ein Anzeigenblatt von höherer redaktioneller Qualität ist als eine konkurrierende entgeltliche Publikation. Diese Anzeigenblätter sind nicht per se von schlechterer Qualität als die Kaufpresse. Unbeantwortet ist damit aber noch die Frage, ob Anzeigenblätter

---

1281 Vgl. OLG Karlsruhe, WRP 1996, S. 118 ff. – Wieslocher Woche.

1282 BGH, WRP 2004, S. 746 – Zeitung zum Sonntag; LG Berlin, AfP 2000, S. 304–15 Uhr aktuell; BGH, NJW 2004, S. 2083–20 Minuten Köln.

1283 Vgl. LG Heilbronn, AfP 2000, S. 306.

1284 Vgl. *Anwar*, HORIZONT 41/2007, S. 60.

1285 Vgl. *Anwar*, HORIZONT 41/2007, S. 60.

die entgeltlichen Zeitungen zwangsläufig verdrängen müssen und *dadurch* das redaktionelle Niveau im Pressewesen tatsächlich absinken würde.

(2) Keine generelle Verdrängungswirkung von Anzeigenblättern

Verdrängungswirkung auf dem Lesermarkt

Auf dem Pressemarkt konnte für reine und klassische Anzeigenblätter ohne publizistische Motivation aus der langjährigen Erfahrung heraus keine generelle Verdrängungswirkung festgestellt werden – und das trotz deren enormer Auflagen und Reichweiten.[1286] Aufgrund der fehlenden und geringen publizistischen Leistung, die diese Blätter erbringen, können sie keine erkennbare Substitutionswirkung entfalten. Das gilt auch für die klassischen Anzeigenblätter mit publizistischem Anspruch.[1287] Bislang ist kein Fall bekannt, in dem eine Kaufzeitung durch ein reines oder klassisches Anzeigenblatt substituiert wurde, was schon deshalb nicht verwundern kann, weil die meisten reinen und klassischen Anzeigenblätter selbst von Tochterunternehmen der klassischen Zeitungsverlage herausgegeben werden.[1288] Diese Blätter haben in den letzten 50 Jahren als (bloßes) Komplementärmedium einen eigenen Platz neben der Zeitung etabliert. Eine generelle Verdrängungswirkung kann daher bei reinen und klassischen Anzeigenblättern ausgeschlossen werden. Das gilt selbst für die klassischen Anzeigenblätter mit publizistischem Anspruch.

Für die vollwertigen Anzeigenblätter lässt sich diese Diagnose weniger einfach stellen. Das Szenario wäre, dass Verlage über den Vertrieb qualitativ anspruchsvoller Gratistageszeitungen einen Verdrängungswettbewerb gegen Kaufzeitungen führen,[1289] der zwangsläufig gewonnen wird, weil sich der Konsument bei gleichwertigen Produkten ökonomisch verhält und folglich das Gratisblatt auswählt: „[Niemand] gibt Geld für eine Ware aus, die er auch umsonst bekommen kann."[1290] Dadurch sind auch die entgeltlichen Zeitungen gezwungen, auf die unentgeltliche Verteilung ihrer Blätter umzustellen.[1291] Wenn schließlich nur noch Gratiszeitungen existieren, dann intensiviert sich, da eine Finanzierungssäule

---

1286 Vgl. BGH, NJW 1985, S. 1625 f. – Bliestal-Spiegel; Kap. 2 B.

1287 Vgl. KG, AfP 2000, S. 296–20 Minuten Köln (Es gibt gewichtige Anzeichen dafür, „dass Kaufzeitungen gegenüber anzeigenfinanzierten Zeitungen durchaus Chancen haben, im Wettbewerb zu bestehen."); *Köhler*, WRP 1998, S. 465 („friedliche Koexistenz").

1288 Vgl. Kap. 2 B III.

1289 Vgl. *Ahrens*, WRP 1999, S. 125 f.

1290 LG Berlin, AfP 2000, S. 294.

1291 Vgl. KG Berlin, AfP 2000, S. 293.

wegfällt, der Kostendruck auf die Verlage.[1292] Um die Kosten zu senken, liegt eine naheliegende Einsparmöglichkeit beim Redaktionspersonal.[1293] Die finale Folge ist, dass die Qualität der redaktionellen Berichterstattung im Pressewesen insgesamt absinkt.[1294] Vor dem Hintergrund der bestehenden Erfahrung mit Gratiszeitungen kann dieses Szenario jedoch keinen Bestand haben.[1295]

Verdrängungswirkung auf dem Anzeigenmarkt

Auch auf dem Anzeigenmarkt sprechen Gründe dafür, dass keine generelle Verdrängungswirkung von den Gratiszeitungen auf die traditionellen Tageszeitungen ausgeht. Zunächst einmal stellen Gratiszeitungen für etwa 20 Prozent des Werbegeschäfts der klassischen Tageszeitungen von vornherein keine Konkurrenz dar.[1296] Eine größere Überschneidung der Akquisitionsfelder findet sich nur bei den lokalen Geschäftsanzeigen, den überregionalen Anzeigen und den Stellen- und Immobilienanzeigen.[1297] Aufgrund der Ansprache unterschiedlicher Zielgruppen ist aber auch in diesen Bereichen die Substitutionswirkung begrenzt. Möglicherweise sind Gratiszeitungen zwar in der Lage, Anzeigen zu akquirieren, die vornehmlich für Produkte werben, die von jungen Leuten gekauft werden, aber auch Veranstaltungshinweise zu geben und Werbung für Treffpunkte junger Leute zu machen.[1298] In diesem Segment stehen sie aber eher im Wettbewerb mit Szene- und Veranstaltungsmagazinen als mit der Tageszeitung.[1299]

Die Kommunikationsforschung stellt zu diesem Komplex fest: „Bei der Werbung liegen die genannten Schätzungen von Werbeverlusten an Gratiszeitungen unter einem Prozent. Der Rückgang war niedrig, weil die führenden Werbungtreibenden in Gratisblättern sich signifikant von den führenden Werbungtreibenden in bezahlten Tageszeitungen unterscheiden.“[1300] Allerdings wurden bei der europäischen

---

1292 Vgl. *Ahrens*, WRP 1999, S. 129.

1293 Vgl. KG Berlin, AfP 2000, S. 293.

1294 Vgl. *Ahrens*, WRP 1999, S. 129.

1295 Vgl. Kap. 2 B IV und V.

1296 Vgl. *BVDZ*, Zeitungen 2005, S. 94; *Röper*, MP 2006, S. 525 (Familienanzeigen, Gelegenheits- und Wortanzeigen, amtliche oder kirchliche Bekanntmachungen, Handelsregistereintragungen spielen bei den Gratiszeitungen keine Rolle).

1297 Vgl. *Röper*, MP 2006, S. 525.

1298 Vgl. *Röper*, MP 2006, S. 526.

1299 Vgl. *Röper*, MP 2006, S. 526; *Ikas*, WRP 1997, S. 398. (Der Anzeigenteil von Stadtmagazinen besteht überwiegend aus privaten Kleinanzeigen zu Konsumgütern, Dienstleistungen und Sozialkontakten sowie gewerblichen Anzeigen. Die Anzeigen richten sich an eine junge, kulturinteressierte Zielgruppe.).

1300 Vgl. *Picard*, JMM 2001, S. 12.

Untersuchung der Auswirkungen von Gratiszeitungen durch *Haas* deutliche Anzeigenverschiebungen weg von den großen Tageszeitungen hin zu den Sonntags- und Gratiszeitungen verzeichnet.[1301] Die Ursachen für diese Rückgänge konnten nicht eindeutig bestimmt werden. Sie könnten auch, so die Studie, mit dem generellen Rückgang des Anzeigenaufkommens der Tagespresse zusammenhängen. Zu einer Bestandsgefährdung der Kaufzeitungen durch hohe Werbeeinnahmenverluste hat jedoch noch keine Gratiszeitung – auch nicht in Deutschland – geführt.[1302]

Ergebnis

Weder für den Leser- noch für den Anzeigenmarkt kann von einem generellen Verdrängungseffekt von Anzeigenblättern gegenüber der entgeltlichen Konkurrenz ausgegangen werden. Reine und klassische Anzeigenblätter besitzen nicht das journalistische Format, um den entgeltlichen Zeitungen Konkurrenz zu machen. Die vollwertigen Anzeigenblätter bewegen sich qualitativ zwar bisweilen auf gleichem Niveau wie die entgeltliche Presse, die Leserschaft von Gratiszeitungen und entgeltlichen Zeitungen überschneidet sich aber nur bedingt, und wo sie es tut, führt die Konkurrenzsituation nicht zwingend zur Verdrängung, da sich Presseerzeugnisse nicht wie andere Konsumgüter maßgeblich über den Preis definieren. Für den Anzeigenmarkt ist diese Diagnose weniger eindeutig zu stellen. Es spricht aber auch hier einiges dafür, dass keine generelle Verdrängungswirkung von den Gratiszeitungen auf die traditionellen Zeitungen ausgeht.

cc) Verbot wegen mangelnder Qualität des Anzeigenblatts im Einzelfall

Es ist bislang nur untersucht worden, ob Anzeigenblätter an sich eine geringere Qualität aufweisen als Kaufzeitungen und ob sie diesen gegenüber zwangsläufig verdrängende Wirkung entfalten müssen, denn in diesem Fall müsste die Güterabwägung grundsätzlich zu ungunsten des Anzeigenblatts ausfallen. Beides konnte, auch mithilfe empirischer Studien, verneint werden. Unbeantwortet ist damit noch die Frage, anhand welcher Parameter ein möglicher zukünftiger Konflikt aufzulösen ist bzw. ab welcher Gefahrenschwelle die mögliche Verdrängung einer entgeltlichen Tageszeitung das Verbot des konkurrierenden Anzeigenblatts im Einzelfall rechtfertigt. Eine Gefahr für das Pressewesen und die Interessen der Allgemeinheit können Anzeigenblätter nur dann darstellen, wenn sie sich den redaktionellen Leistungen der lokalen Tages-, Sonntags- und

---

1301 Vgl. *Haas*, MP 2006, S. 519.
1302 Vgl. *Holznagel*, MP 2006, S. 531.

Wochenzeitungen angleichen.[1303] Sind für eine Marktstörung *konkrete* Anhaltspunkte für eine Gefahr notwendig, wie es das UWG verlangt,[1304] oder genügt aus verfassungsrechtlichen Gründen bereits die *abstrakte* Möglichkeit einer Gefährdung, um aus Gründen des staatlichen Funktions- und Bestandsschutzes der Presse einzugreifen und ein Verbot des Anzeigenblatts zu begründen? Letzteres würde eine niedrigere Gefahren- und damit auch Verbotsschwelle für den Gratisvertrieb von Anzeigenblättern bedeuten, da in diesem Fall keine konkreten Beweise erbracht werden müssten, sondern allgemeine Erfahrungssätze ausreichen würden. Dagegen sind für den Nachweis einer konkreten Gefahr tatsächliche Anhaltspunkte für eine Marktstörung durch die Anzeigenblätter im Einzelfall notwendig.

(1) Das Nicht-Ausreichen einer abstrakten Gefahrenlage

Die frühere Rechtsprechung des BGH

Der BGH hat in früheren Entscheidungen[1305] unter Zustimmung von Teilen der Literatur[1306] die These vertreten, dass der staatliche Funktions- und Bestandsschutz aus Art. 5 Abs. 1 Satz 2 GG bereits bei einer geringen Wahrscheinlichkeit einer Marktstörung durch den Gratisvertrieb von klassischen Anzeigenblättern eingreifen müsse. Angesichts der „politischen und kulturellen Aufgaben, die die [entgeltliche] Presse gegenüber der Allgemeinheit in einem demokratischen Staat zu erfüllen hat", so der BGH in seiner FWB-Entscheidung, könne keine „Schädigung oder auch nur eine ernstliche Gefährdung des Bestands der übrigen Tageszeitungen" hingenommen werden,[1307] vielmehr müsse eine „rechtzeitige Vorsorge" für besonders schützenswerte Verfassungsgüter wie der Pressefreiheit getroffen werden.[1308] Es werden außerdem Parallelen zum Allgemeinen Sicherheits- und Ordnungsrecht gezogen,[1309] wonach umso niedrigere

1303 Vgl. BGHZ 19, S. 397 – FWB; BGHZ 51, S. 239 – SWB I; BGH, GRUR 1971, S. 478 f. – SWB II; NJW 1985, S. 1625 – Bliestal-Spiegel; NJW 2004, S. 2085–20 Minuten Köln; WRP 2004, S. 748 – Zeitung zum Sonntag; *Gesellensetter*, NJW 2001, S. 712.

1304 Vgl. Kap. 3 D II 3d.

1305 Vgl. BGHZ 19, S. 398 f. – FWB; 51, S. 240 – SWB I; BGH, GRUR 1971, S. 479 – SWB II.

1306 Vgl. *Kübler*, Pressefreiheit als Entscheidungsfreiheit des Lesers, S. 169 ff.; *Assmann/Brinkmann*, NJW 1982, S. 313, *Gloy*, GRUR 1996, S. 588; *Thümmel/Wilde*, AfP 1978, S. 189; *Kohl*, in: *Bringe*, NJW 2001, S. 1477.

1307 BGHZ 19, S. 398 – FWB.

1308 Vgl. *Kohl*, in: *Bringe*, NJW 2001, S. 1477.

1309 Vgl. *Ahrens*, WRP 1999, S. 124 f.; *v. Danwitz*, Gratisvertrieb, S. 107 ff.

Anforderungen an die Wahrscheinlichkeit des Schadenseintritts zu stellen sind, je wichtiger das bedrohte Rechts- und Gemeinschaftsgut ist.[1310] Danach könne aber die elementare Bedeutung des Instituts „Freie Presse" keine unmittelbare Gefährdung von erstrangigen Verfassungsgütern oder gar einen verfassungswidrigen Zustand durch den Gratisvertrieb „nur um seiner bloßen Beweisbarkeit willen" zulassen.[1311] Gerade die negativen Auswirkungen auf die Meinungsvielfalt und die redaktionelle Unabhängigkeit seien kaum nachweisbar, da es dabei sich in der Regel „um äußerst subtil ablaufende Vorgänge" handele, die „einem konkreten Nachweis im rechtlichen Sinne nicht zugänglich" sind.[1312] *Ahrens* zieht den Vergleich mit der Gefahrenabwehr des Allgemeinen Polizeirechts noch enger, indem er auf die Güterabwägung bei Bombendrohungen oder dem damaligen EU-Exportverbot für britisches Rindfleisch zum Schutze vor BSE verweist.[1313] Bei einer Bombendrohung genüge bereits die entfernte Möglichkeit eines Schadenseintritts als hinreichende Gefährdung. Das vom EuGH gebilligte Exportverbot von britischem Rindfleisch[1314] sei in der Sache ebenfalls richtig, weil der eintretende wirtschaftliche Schaden für die Exporteure eben eher hinzunehmen sei als ein möglicher schwerer Schaden für die Gesundheit. Analog wird dazu gefordert, „keine zu strengen Anforderungen an die Wahrscheinlichkeit einer Gefährdung der freien Presse" zu stellen.[1315] Erkenne man bereits die abstrakte Gefahrenlage nicht an, die durch die vollständige Werbefinanzierung auf die Konkurrenz ausgehe, würden irreparable Schäden für die grundrechtlich geschützte Presse- und Informationsfreiheit in Kauf genommen.[1316]

Kritik an der früheren Rechtsprechung

Zwar ist der Auffassung zuzustimmen, dass der Staat nicht erst dann eingreifen darf, wenn die Entwicklung bereits irreversibel fortgeschritten ist.[1317] Der Tatbestand der Schutzpflicht umfasst im Allgemeinen nicht nur die aktuelle Rechtsverletzung, sondern auch das Risiko eines fernen, unbekannten oder bloß

1310 *Prümm/Sigrist*, Allgemeines Sicherheits- und Ordnungsrecht, Rdnr. 58; BVerwG, NJW 1975, S. 132.

1311 Vgl. *v. Danwitz,* Gratisvertrieb, S. 109.

1312 Vgl. *v. Danwitz,* Gratisvertrieb, S. 107 f.

1313 Vgl. *Ahrens,* WRP 1999, S. 124 f.

1314 Vgl. EuGH, Slg. 1996-I, S. 3935.

1315 Vgl. *Ahrens,* WRP 1999, S. 125.

1316 Vgl. *v. Danwitz,* Gratisvertrieb, S. 109; *Kohl,* in: *Bringe,* NJW 2001, S. 1477.

1317 Vgl. *v. Danwitz,* Gratisvertrieb, S. 104 ff.

denkbar möglichen Schadens.[1318] Aber auch das Vorliegen einer abstrakten Gefahr muss sich beweisen lassen. Ob eine abstrakte Gefahr vorliegt, kann in drei Schritten sauber begründet werden:[1319] Erstens über die Analyse des Sachverhalts, zweitens durch die Aktivierung des allgemeinen Erkenntnisstands bzw. der Lebenserfahrung und drittens mit der Prognose des Schadenseintritts. Die Prognose bezieht sich also auf Wahrnehmung von Tatsachen in der Umwelt, demnach auf konkrete Anhaltspunkte, und setzt sich aus mehr oder weniger gesicherten Erfahrungssätzen zusammen.[1320] Wie ausführlich dargestellt, lassen aber gerade die vorhandenen Erfahrungssätze nicht zu, beim Gratisvertrieb von einer abstrakten Gefahr für die konventionelle, entgeltliche Presse zu sprechen.[1321] Stimmen in Rechtsprechung und Literatur befürworten jedoch eine niedrige Gefahrenschwelle, da sich negative Auswirkungen auf die Meinungsvielfalt im Pressewesen durch den Gratisvertrieb von vollwertigen Anzeigenblättern erst mittel- bis langfristig zeigen werden.[1322] Bei der Beurteilung der Gefahr, die vom Gratisvertrieb von Presseerzeugnissen auf das Pressewesen ausgeht, komme es deshalb auch darauf an, „mit welchen allgemeinen Auswirkungen für den *künftigen* Wettbewerb auf dem Gebiet des Pressewesens unter Berücksichtigung der Nachahmungsgefahr ernstlich zu rechnen ist."[1323]

Überzeugen kann dieser Einwand nicht. Die Auswirkungen eines Gratisvertriebs auf den künftigen Wettbewerb lassen sich nur von einer nachvollziehbaren Prognose her begründen, die auf Fakten beruhen muss.[1324] Eine spekulative und nicht näher substantiierte Berücksichtigung ferner Folgen für den Markt ist auch unter dem Gesichtspunkt der Nachahmungsgefahr unzulässig.[1325] Der Mangel an hellseherischen Fähigkeiten von Marktteilnehmern und Wettbewerbsrichtern erlaubt zwar keine richterliche Tatenlosigkeit; auch der Wettbewerbsrichter „muß sich mit den Erkenntnismöglichkeiten zufrieden geben, die ihm zur Verfügung stehen. Dazu gehört die richterliche Lebenserfahrung, auf

---

1318 Vgl. *Isensee,* in: HbdStR IX, § 191 Rdnr. 235.

1319 Vgl. *Prümm/Sigrist,* Allgemeines Sicherheits- und Ordnungsrecht, Rdnr. 52.

1320 Vgl. *Prümm/Sigrist,* Allgemeines Sicherheits- und Ordnungsrecht, Rdnr. 52.

1321 Vgl. Kap. 2 B IV und V.

1322 Vgl. *Teplitzky*, GRUR 1999, S. 111 f.; *Ahrens*, WRP 1999, S. 127 ff.; *v. Danwitz,* Gratisvertrieb, S. 107 ff.; LG Berlin, AfP 2000, S. 292.

1323 BGH, GRUR 1971, S. 479 – SWB II.

1324 Vgl. BGHZ 30, S. 297 f. – Back Journal; *Köhler*, WRP 1998, S. 460; *Krüger*, AfP 2000, S. 258.

1325 Vgl. *Ahrens*, in: *Gloy/Loschelder/Erdmann*: Handbuch des Wettbewerbsrechts, § 70 Rdnr. 9; *Osterrieth*, in: *Fezer*, UWG, § 4-S1 Rdnr. 140.

die wettbewerbsrechtliche Entscheidungen völlig legitim regelmäßig gestützt werden."[1326] Damit solche Prognoseentscheidungen nicht „die Trefferquote der Wettervorhersage haben,"[1327] dürfen die vorhandenen Beurteilungsgrundlagen für wettbewerbsrechtliche Vorhersagen aber auch nicht einfach ignoriert werden.[1328] Stützt sich also ein Verbot allein auf unbegründete Mutmaßungen des Gerichts, dann widerspricht das dem grundgesetzlichen Verhältnismäßigkeitsgrundsatz und dem Rechtsstaatsgebot.[1329] Für die Prognose einer Marktstörung durch den Gratisvertrieb von Anzeigenblättern sind deshalb auch objektive Anhaltspunkte für eine Gefährdung im konkreten Einzelfall notwendig, um seine Untersagung zu begründen.[1330] Diese Anforderung ist zu befürworten, da bislang selbst die anspruchsvollen Anzeigenblätter keine Verdrängungswirkung gegenüber der entgeltlichen Presse entfaltet haben.

Auch die Betonung der Bedeutung der Pressefreiheit kann die Notwendigkeit einer Prognose nicht aushebeln, zumal die Pressefreiheit auch Anzeigenblätter zulässt und schützt.[1331] Andernfalls wäre ein (generelles oder frühzeitiges) Verbot der Anzeigenblätter möglich, das allein auf bloßen Vermutungen beruhen würde.[1332] Das würde bereits im Vorfeld einen (starken) Konkurrenzkampf zwischen Gratis- und Kaufpresse auf dem Lesermarkt unterbinden, was den Marktzutritt neuer Presseerzeugnisse und damit die Voraussetzung für Pressevielfalt verhindern müsste.[1333] Dies würde in der Konsequenz zu einem Schutz für den Bestand der bereits existierenden Presseprodukte führen.[1334] Ein solcher Bestandsschutz ist aber eben mit Art. 5 Abs. 1 Satz 2 GG unvereinbar.[1335] Damit bleibt abschließend festzuhalten, dass auch bei Übertragung der Grundsätze des Sicherheits- und Ordnungsrechts die Annahme einer abstrakten Gefahr im Sinne einer Gefahr für den Pressewettbewerb durch den Gratisvertrieb von Anzeigenblättern kaum zu begründen ist.

1326 *Ahrens*, WRP 1999, S. 124.

1327 *Ahrens*, in: *Gloy/Loschelder/Erdmann*, Handbuch des Wettbewerbsrechts, § 70 Rdnr. 26.

1328 Vgl. BGHZ 43, S. 283 – Kleenex.

1329 Vgl. *Krüger*, AfP 2000, S. 259; BGH, WRP 2004, S. 748 – Zeitung zum Sonntag.

1330 Vgl. BGH, NJW 2004, S. 2085–20 Minuten Köln: „In keinem Fall reicht eine abstrakte Gefährdung aus."; siehe auch: BGH, AfP 2010, S. 243 – Stumme Verkäufer II.

1331 Vgl. *Degenhart*, in: *Dolzer/Vogel*, BK, Art. 5 Abs. 1 und 2 Rdnr. 530.

1332 Vgl. OLG Bremen, WRP 1999, S. 1054.

1333 Vgl. BGH, NJW 2004, S. 2086–20 Minuten Köln; WRP 2004, S. 749; *Krüger*, AfP 2000, S. 259.

1334 Vgl. *Köhler*, WRP 1998, S. 460 f.

1335 Vgl. Kap. 3 E II 4b.

Es widerspricht dem grundgesetzlichen Verhältnismäßigkeitsgebot, allein aufgrund einer abstrakt möglichen Gefährdungslage ein Verbot auszusprechen, das das Freiheitsrecht des Anzeigenblattverlegers massiv einschränkt, indem es die gewählte Pressetätigkeit unmöglich macht.[1336] So erklärt das OLG Karlsruhe zutreffend: „Dabei ist es doch gerade auch die Vielfalt, die das Pressewesen in einer freiheitlichen Demokratie ausmacht. Deshalb erscheint es insbesondere auch mit Blick auf die in Art. 5 GG geregelte Pressefreiheit nur dann gerechtfertigt, den Vertrieb einer Zeitung aus Wettbewerbsgründen zu untersagen, wenn die Gefahr einer aus der Sicht der Allgemeinheit schweren Störung des Pressemarkts und damit der Funktion der Presse *konkret* zu fürchten ist. Auf Grund allgemeiner Überlegungen denkbare abstrakte Gefahren für den Pressemarkt sind für eine solche Untersagung nicht genügend. Andernfalls wirkte sich das Wettbewerbsrecht als unangemessener Bestandsschutz für die bereits bestehenden Zeitungen aus mit der Folge, daß ohne einen von der Sache her gebotenen und damit hinreichenden Anlaß unter dem Aspekt des Erhalts der Institution der Presse gerade der Vielfalt entgegengewirkt wird, die zu ihrem Wesen gehört und nicht nur ihren Reiz, sondern vor allem ihre Bedeutung in der demokratischen Gemeinschaft ausmacht."[1337]

Der BGH konstatierte schließlich auch in seiner Back-Journal-Entscheidung zutreffend, dass „sich gerade auch im Bereich des Verschenkens oder der Gratisverteilung von Zeitungen und Zeitschriften nicht abstrakt Merkmale feststellen" lassen, die „ohne Rücksicht auf die konkrete Fallgestaltung und deren besondere Umstände die Wettbewerbswidrigkeit indizieren."[1338] Nur wenn die Entwicklung zu befürchten sei, dass Anzeigenblätter die meinungsbildende Presse verdrängen, aber selbst nicht in der Lage seien, eine gleichwertige publizistische Leistung zu erbringen, sei ein Eingreifen des Staats gerechtfertigt, das den Gratisvertrieb von Presseerzeugnissen verbiete.[1339] Solange aber Wettbewerb zwischen Kauf- und Gratispresse auf dem Pressemarkt bestehe, reichen bloße Vermutungen für die Annahme einer Gefährdung nicht aus.[1340] Um eine Marktstörung auf dem Pressemarkt festzustellen, müsse also eine konkrete

1336 Vgl. *Krüger*, AfP 2000, S. 259; BGH, WRP 2004, S. 748 – Zeitung zum Sonntag.

1337 OLG Karlsruhe, NJW-RR 1998, S. 914 [Hervorhebung durch Verfasserin].

1338 BGHZ 81, S. 293 f. – Back Journal.

1339 Vgl. BGH, WRP 2004, S. 748 – Zeitung zum Sonntag; BGH, NJW 2004, S. 2085–20 Minuten Köln.

1340 Vgl. LG Berlin, K & R 2001, S. 62–20 Minuten Köln.

Gefährdung des Wettbewerbsbestands im Einzelfall nachgewiesen werden.[1341] Der Richter benötige dafür „tatsächliche Ansatzpunkte“ für den Eintritt einer solchen Wettbewerbsgefährdung,[1342] die sich aus einer Analyse der konkreten Wettbewerbsverhältnisse und einer substantiierten Prognose ergeben.[1343]

(2) Die Notwendigkeit einer konkreten Gefahrenlage

Die verfassungsgerichtlich gebotene Abwägung zwischen den Interessen des Verlegers von Anzeigenblättern und denen des bzw. der Verleger(s) der konkurrierenden entgeltlichen Zeitung(en) muss zu Lasten des Verlegers des Anzeigenblatts ausschlagen, sobald von der Gratispublikation eine verdrängende Wirkung ausgeht, ohne dass dabei ein Beitrag zur öffentlichen Meinungsbildung geleistet würde.[1344] Eine abstrakte Gefährdung des Pressemarktes durch Anzeigenblätter ist insoweit nicht ausreichend. Es muss deshalb eine konkrete Gefährdung des Pressemarkts nachgewiesen werden. Eine konkrete Bedrohung des Pressewesens liegt vor, wenn nicht nur einzelne Mitbewerber, sondern der Bestand oder die Funktion des Wettbewerbs gefährdet ist.[1345] Diese Gefahr besteht insbesondere dann, wenn der Vertrieb von Anzeigenblättern dazu führt, dass (fast) alle anderen Wettbewerber aus dem Markt ausscheiden[1346] und damit der Wettbewerb im Ganzen bedroht ist.[1347] Ein Nachweis des Marktaustritts oder der Existenzbedrohung von Mitbewerbern ist jedoch nicht erforderlich, da sonst ein gerichtliches Verbot zu spät käme.[1348] Auch eine Monopolisierung des Marktes muss nicht drohen.[1349] Es genügt, eine konkrete, ernsthafte Gefahr der Marktbehinderung zu beweisen,[1350] wenn beispielsweise eine Wettbewerbsmaßnahme dazu

---

1341 Vgl. BGH, NJW 1985, S. 1624 – Bliestal-Spiegel; BGH, GRUR 1992, S. 193 – Amtsanzeiger; KG, NJWE-WettbR 1997, S. 84; OLG Köln, ZUM-RD 2000, S. 377; *Ring*, DZWir 1996, S. 169.

1342 Vgl. BGH, WRP 1990, S. 267 – Annoncen-Avis; *Ahrens*, in: *Gloy/Loschelder/Erdmann*, Handbuch des Wettbewerbsrechts, § 70 Rdnr. 8.

1343 Vgl. auch *Gounalakis/Rhode*, AfP 2000, S. 328; *Schricker*, AfP 2001, S. 106; OLG Hamm, WRP 1985, S. 171; OLG Bremen, WRP 1999, S. 1053; OLG Karlsruhe, WRP 1998, S. 529; LG Köln, AfP 2000, S. 310.

1344 Vgl. BGH, WRP 2004, S. 748 – Zeitung zum Sonntag, NJW 2004, S. 2085–20 Minuten Köln.

1345 Vgl. *Schricker*, AfP 2001, S. 105; *Köhler*, WRP 1998, S. 459.

1346 Vgl. *Köhler*, WRP 1998, S. 459.

1347 Vgl. KG, AfP 2000, S. 295; *Köhler*, in: UWG/Großkomm., § 1 Rdnr. D 61.

1348 Vgl. *Köhler*, in: *Köhler/Bornkamm*, § 4 UWG Rdnr. 12.7.

1349 Vgl. *Köhler*, in: *Köhler/Bornkamm*, § 4 UWG Rdnr. 12.6.

1350 Vgl. BGH, GRUR 1991, S. 617 – Motorboot-Fachzeitschrift.

führt, dass kleinere Wettbewerber ausscheiden.[1351] Der Wettbewerbsbestand ist nicht gefährdet, wenn einzelne schwache und schlecht wirtschaftende Unternehmen ausscheiden oder bloße Strukturveränderungen und Umschichtungen von Marktanteilen eintreten.[1352] Dies ist wettbewerbsimmanent und führt nicht zwangsläufig zu einer Funktionsstörung des Wettbewerbs insgesamt.[1353]

Es muss die Grenze gefunden werden zwischen den Auswirkungen des Gratisvertriebs, die eine konkrete Bestands- oder Funktionsgefährdung des Pressewettbewerbs indizieren, und solchen, die im Rahmen zulässigen Wettbewerbs liegen. Dabei liegt die Beweislast nach allgemeinen Grundsätzen beim Kläger.[1354] Als schwierig erweist sich dabei aber, was er im Einzelnen darlegen und beweisen muss, damit eine auf Fakten basierte Schadensprognose erstellt werden kann.[1355] Die Rechtspraxis gibt zu diesem Problem wenige Anhaltspunkte. Denn bisher stand immer nur die Vermutung einer Gefährdung des Pressewettbewerbsbestands durch den Gratisvertrieb im Raum, eine konkrete Gefährdung konnte noch kein Kläger nachweisen.[1356]

Um eine angemessene Gefahrenprognose erstellen zu können, müssen nicht nur die bereits nachweisbaren Auswirkungen der Anzeigenblätter auf die Mitbewerber gezeigt werden, sondern sie müssen auch im Gesamtkontext des Pressemarkts betrachtet werden.[1357] Der Pressemarkt ist ein komplexes System, das zahlreichen Einflussfaktoren unterliegt, die untereinander in Wechselbeziehung stehen. Da der Gratisvertrieb nur unter bestimmten Umständen eine konkrete Gefährdung für die Funktion und den Bestand des Pressewettbewerbs darstellt, sind alle den Einzelfall prägenden Umstände in die Beurteilung mit einzubeziehen,[1358] wie z. B. die Zahl der Wettbewerber im betroffenen Bereich, die Zeitdauer, in der das System der Gratisverteilung von einem oder mehreren Mitbewerber(n) angewendet wird, sowie das Verhalten der übrigen Mitbewerber. Ein isoliertes Abstellen auf einzelne Faktoren wäre verfehlt, da es nur ein verzerrtes Bild der Wirklichkeit wiedergeben und keine gesicherte Aussage über den Ursache-Wirkungs-Zusammenhang zwischen Gratisvertrieb und Marktstörung

---

1351 Vgl. *Ohly*, in: *Piper/Ohly/Sosnitza*, UWG, § 4.10 Rdnr. 10/98.

1352 Vgl. *Köhler*, GRUR 1980, S. 202 (zum Gratisvertrieb von Fachzeitschriften).

1353 Vgl. *Schricker*, GRUR 1980, S. 201.

1354 Vgl. BGH, WRP 1992, S. 240 – Amtsanzeiger; OLG Köln, ZUM-RD 2000, S. 377 f.

1355 Vgl. *Ahrens*, in: *Gloy/Loschelder/Erdmann*, Handbuch des Wettbewerbsrechts, § 70 Rdnr. 10.

1356 Vgl. Kap. 2 B IV 2.

1357 Vgl. *Ikas*, WRP 1997, S. 397.

1358 Vgl. BGHZ 81, S. 297 – Back Journal.

erlauben würde.[1359] Ein Umsatzrückgang bei den entgeltlichen Zeitungen beispielsweise gibt per se noch keine Auskunft darüber, ob er tatsächlich durch den Gratisvertrieb verursacht wurde und nicht etwa durch eine allgemeine wirtschaftliche Rezession. Für eine realitätsnahe Gefahrenprognose müssen also die tatsächlichen Verhältnisse auf dem betroffenen Pressemarkt ermittelt werden. Dazu ist der relevante Markt in sachlicher, örtlicher und zeitlicher Hinsicht zu bestimmen, um im Einzelfall eine konkrete Gefahr für den Bestand des Pressewettbewerbs zu begründen.[1360] Dazu könnten die Maßstäbe der Marktabgrenzung verwendet werden, die das Kartellrecht entwickelt hat,[1361] um eine unzulässige Marktbeherrschung eines Unternehmens oder mehrerer Unternehmen festzustellen. Erst auf der Grundlage einer Marktanalyse kann das Gericht eine Prognose erstellen.

(3) Die Feststellung einer konkreten Gefahrenlage durch Marktanalyse

Die „konkrete Marktbetrachtung" ist eine wichtige Voraussetzung, um gefährliche Auswirkungen des Gratisvertriebs von Presseerzeugnissen auf den Pressewettbewerb nachzuweisen.[1362] Das Gericht muss dazu folgende „Koordinaten" und Merkmale bestimmen: den sachlichen, räumlichen und zeitlichen Markt, den relevanten Analysezeitrahmen, die Marktstruktur und die konkreten Auswirkungen auf die Mitbewerber.[1363]

Sachlich-funktionale, räumliche und zeitliche Marktbestimmung

In der Praxis der wettbewerbsrechtlichen Rechtsprechung, der Praxis des Bundeskartellamts und in der Literatur hat sich das Bedarfsmarktkonzept oder das Konzept der *funktionellen Austauschbarkeit* aus der Sicht der Nachfrager durchgesetzt, um den sachlich relevanten Markt zu bestimmen.[1364] Es gilt dabei zu untersuchen, welche Güter und Leistungen für den Verbraucher austauschbar

1359 Vgl. *Ikas*, WRP 1997, S. 397.

1360 Vgl. *Ahrens*, in: *Gloy/Loschelder/Erdmann*, Handbuch des Wettbewerbsrechts, § 70 Rdnr. 24; BGH, GRUR 1985, S. 882 – Bliestal-Spiegel (örtliches Verbreitungsgebiet); OLG Karlsruhe, WRP 1998, S. 527 (Sonntagszeitungen sind auf den Sonntagszeitungsmarkt abzustellen); OLG Köln, AfP 2001, S. 331 (örtlich begrenzter Markt).

1361 Vgl. *Köhler*, in: UWG/Großkomm., § 1 D 24; *Kotthoff*, in: *Ekey*, Heidelberger Kommentar zum Wettbewerbsrecht, I UWG § 4 Rdnr. 606.

1362 Vgl. *Ikas*, WRP 1997, S. 397; *Köhler*, WRP 1998, S. 459; KG, AfP 2007, S. 580.

1363 Vgl. *Köhler*, in: *Köhler/Bornkamm*, UWG, § 4 UWG Rdnr. 12.4 f.

1364 Vgl. *Richter*, in: *Wiedemann*, Handbuch des Kartellrechts, § 20 Rdnr. 7 f.

sind.[1365] Danach gehören auf der Angebotsseite solche Güter zu demselben Markt, die nach dem Urteil des verständigen Verbrauchers geeignet sind, denselben Verwendungszweck zu befriedigen.[1366] Auf eine physikalisch-technische Identität kommt es nicht an, sondern allein auf eine funktionelle Austauschbarkeit.[1367] Grundsätzlich zählen also nur solche Güter und Leistungen zu demselben Markt, wenn sie „marktgleichwertig" sind, das heißt, wenn die Abnehmer zwischen ihnen ohne große Überlegung oder Anpassungslasten selektieren können.[1368] Deshalb sind einem Markt alle Produkte sachlich zuzurechnen, „die der Verbraucher nach Eigenschaft, Verwendungszweck und Preislage zur Deckung eines bestimmten Bedarfs als austauschbar ansieht."[1369]

Auf dem Pressemarkt ist zunächst nach Tageszeitungen, Wochenzeitungen, Sonntagszeitungen, Fachzeitschriften und Anzeigenblättern zu differenzieren. Innerhalb der Lesermärkte ist dann nach den unterschiedlichen Zielgruppen, Absatzwegen, Aufmachungen zu unterscheiden.[1370] Bei den Anzeigenblättern muss das Gericht also prüfen, ob die Publikation als Ersatz oder als ähnliche Informationsquelle wie das Kaufpresseerzeugnis von den Lesern eingeschätzt wird.[1371] Davon ist umso mehr auszugehen, je ähnlicher sich Gratis- und Kaufpresse sind bzw. je mehr zwei oder mehr Verleger denselben Leserkreis ansprechen.[1372] Es muss also festgestellt werden, ob ein vollwertiges oder ein klassisches Anzeigenblatt mit publizistischem Anspruch vorliegt, dessen Berichterstattung der Kaufpresse gleichwertig ist oder sich ihr zumindest angleicht. Dazu muss keine Inhaltsanalyse vorgenommen werden, der richterliche Augenschein genügt. Handelt es sich dagegen um ein reines Anzeigenblatt oder um ein klassisches Anzeigenblatt ohne publizistische Motivation, dann scheidet die Publikation als Ersatz für die Kaufpresse aus, da ihr redaktioneller Inhalt schon ob ihres nicht vorhandenen, zumindest aber erheblich geringeren redaktionellen Umfangs von vornherein nicht den der entgeltlichen Zeitung substituieren kann. Kriterien für die Abgrenzung existieren,[1373] die Bestimmung des Anzeigenblattcharakters ist

---

1365 Vgl. *Osterrieth*, in: *Fezer*, UWG, § 4-S1 Rdnr. 106.

1366 Vgl. *Kotthoff*, in: *Ekey*, Heidelberger Kommentar zum Wettbewerbsrecht, I UWG § 4 Rdnr. 607.

1367 Vgl. *Möschel*, in: *Immenga/Mestmäcker*, GWB, § 19 Rdnr. 24.

1368 Vgl. BGHZ 73, S. 71 f. – Erdgas Schwaben; *Emmerich*, Kartellrecht, § 4 Rdnr. 68.

1369 *Köhler*, in: *Köhler/Bornkamm*, UWG, UWG, § 4 Rdnr. 12.4.

1370 Vgl. *Osterrieth*, in: *Fezer*, UWG, § 4-S1 Rdnr. 106.

1371 Vgl. *Ricker*, ZUM 1986, S. 252.

1372 Vgl. Begr RegE UWG zu § 2 Abs. 1 Nr. 3, BT-Drucks. 15/1487, S. 16.

1373 Vgl. Kap. 1 A und B I u. III.

damit nachvollziehbar bestimmbar. Bei Presseerzeugnissen ist, wie bereits erwähnt, außerdem zu beachten, dass sie nicht nur auf dem Leser-, sondern auch auf dem Anzeigenmarkt aktiv sind. Sie werden also gleichzeitig auf zwei sachlich relevanten Teilmärkten wirksam.[1374] Dementsprechend muss auch für den Anzeigenteil eines Presseerzeugnisses der sachlich relevante Markt bestimmt und nach lokalen, regionalen und überregionalen Inserentenkreisen und Anzeigenkategorien (Stellen-, Kfz-, Immobilienanzeigen usw.) unterschieden werden.[1375] Wie bereits im Abschnitt „Das Wettbewerbsverhältnis zwischen Anzeigenblatt- und Kaufzeitungsverleger" geprüft wurde, besteht bei allen Formen von Anzeigenblättern, vor allem aber bei den Gratiszeitungen, mit den (lokalen und regionalen) Tageszeitungen eine deutliche Überschneidung bei den Anzeigenkategorien und bei den Anzeigenkunden.[1376]

Der *räumlich* relevante Markt wird bei der Fusionskontrolle ebenfalls aus der Perspektive der Nachfrage betrachtet.[1377] Es kommt für die Angebotsseite darauf an, wo die Verbraucher sich mit den betreffenden Produkten eindecken können. Bei regionalen oder lokalen Zeitungen oder Anzeigenblättern beschränkt sich der Zeitungsverkauf oder die Gratisverteilung auf ihr tatsächliches Verbreitungsgebiet.[1378] Die räumliche Marktbestimmung gestaltet sich also bei diesen Presseerzeugnissen als unproblematisch, da sie grundsätzlich auf einem geographisch begrenzten Gebiet angeboten und nachgefragt werden.[1379] Bei Zeitungen bilden die großen Märkte jeweils eigene Märkte, da nicht die überregionalen Zeitungen, sondern die lokalen Zeitungen das besondere Informationsbedürfnis der Stadtbewohner befriedigen.[1380] Falls sich in den Grenzgebieten Märkte überlappen sollten, dann ist maßgeblich, wo bei einer Gesamtwürdigung der Marktverhältnisse der Schwerpunkt des Wettbewerbsgeschehens liegt.[1381]

1374 Vgl. *Paschke,* Medienrecht, 2. Aufl., § 10 Rdnr. 484.

1375 Vgl. *Osterrieth,* in: *Fezer,* UWG, § 4-S1 Rdnr. 107, 218.

1376 Vgl. Kap. 3 D II 2.

1377 Vgl. *Osterrieth,* in: *Fezer,* UWG, § 4-S1 Rdnr. 107.

1378 Vgl. OLG Köln, ZUM-RD 2000, S. 377 („wenn hiermit eine konkrete Bestandsgefährdung der im selben räumlichen Bereich erscheinenden (Boulevard-) Zeitungen einhergeht").

1379 Vgl. BGH WuW/E, S. 1691 – Springer/Elbe Wochenblatt.

1380 Vgl. BGHZ 82, S. 6 – SZ/Münchner Wochenblatt; BGH, NJW 1980, S. 1382 – Springer/Elbe Wochenblatt.

1381 Vgl. BGH, GRUR 1982, S. 440 – SZ/Münchner Wochenblatt; NJW 1980, S. 1390 – Zementmahlanlage II.

Die *zeitliche* Dimension der Marktabgrenzung ist nur dann von Bedeutung, wenn der Wettbewerb für eine kurze Zeitspanne oder einen bestimmten Zeitpunkt stattfindet, z.B. bei Messen, Volksfesten oder großen Fußball-Länderspielen.[1382] Für einen auf Dauer ausgelegten Gratisvertrieb von Presseerzeugnissen kommt folglich diesem Aspekt keine Bedeutung zu, wenn der relevante Markt bestimmt werden muss, um eine konkrete Gefährdung des Pressewettbewerbs festzustellen.

Relevanter Analysezeitraum

Die Marktanalyse muss sich über einen angemessenen Zeitraum erstrecken, um Auswirkungen des Gratisvertriebs von Anzeigenblättern überhaupt glaubhaft darlegen zu können. Dazu sind die wirtschaftlichen Verhältnisse bei den entgeltlichen Zeitungen zu prüfen und ist eine gewisse Zeit zuzuwarten, „um eine ausreichende Beurteilungsgrundlage zu haben, wie sich die Verhältnisse nach dem Erscheinen des unentgeltlichen Blatts entwickelt haben."[1383] Dafür muss mindestens die Zeitspanne von einem Jahr veranschlagt werden, da sich vorher nur schwer ein dauerhafter Anzeigen- oder Leserverlust nachweisen lässt. Denn das anfängliche Interesse der Konsumenten bzw. der Leser ist in der Regel groß, wenn neue Produkte eingeführt werden. Diese Erprobungsphase muss beendet sein, da sie nicht repräsentativ für die Marktentwicklung eines neuen Blatts ist.[1384] Erst nachdem die Leser getestet und entschieden haben, ob sie bei der alten, entgeltlichen Zeitung bleiben oder stattdessen das neue Produkt nutzen oder auch beide lesen, können die tatsächlichen Auswirkungen festgestellt werden.

Marktstruktur

Ein entscheidender Faktor für die Marktanalyse ist die Anzahl der Wettbewerber auf dem Markt.[1385] Ebenfalls zu berücksichtigen sind der Anteil der Anzeigenblätter an der Gesamtauflage aller Blätter des betroffenen Markts und das Marktpotential.[1386] Hohe Relationen sprechen eher für eine allgemeine Marktbehinderung, niedrige eher dagegen. Sowohl die Marktstellung bzw. -macht der entgeltlichen Zeitungen und ihre finanziellen Ressourcen müssen in die Analyse mit einbezogen werden[1387] als auch der Marktzugang für

---

1382 Vgl. *Emmerich*, Kartellrecht, § 27 Rdnr. 32.
1383 *Köhler*, WRP 1998, S. 459.
1384 Vgl. KG, AfP 2000, S. 294.
1385 Vgl. BGHZ 81, S. 297 – Back Journal.
1386 Vgl. *Ikas*, WRP 1997, S. 397.
1387 Vgl. *Schricker*, AfP 2001, S. 106.

Newcomer.[1388] Es ist ein Unterschied, ob ein Konzern mit einem Anzeigenblatt auf einen mittelständisch geprägten Pressemarkt tritt oder ob ein mittelständisches Unternehmen auf einem Monopolmarkt neu auftreten möchte.[1389] Im erstgenannten Fall stellt sich die Frage, ob der Wettbewerb durch die Ausübung von Marktmacht in Kombination mit dem wenig leistungskonformen Gratisvertrieb in Gefahr geraten wird, während gegen Konstellation zwei von vornherein keine Bedenken zu erheben sind.

Grundsätzlich haben es Newcomer schwer, sich gegen etablierte Blätter mit hoher Auflage durchzusetzen. Die Marktzutrittsbarrieren sind gerade bei den Monopolstrukturen extrem hoch.[1390] Neuzugänge entgeltlicher Zeitungen sind auf dem deutschen Pressemarkt die absolute Ausnahme. In rund dreißig Jahren (zwischen 1954 und 1983) gab es insgesamt nur 25 Neugründungen, von denen allein 19 (vor allem lokale Abonnementzeitungen) wieder eingestellt werden mussten.[1391] Die fünf durch Gratiszeitungen neu geschaffenen „publizistischen Einheiten" zwischen 1999 und 2001 bezeichnete *Schütz* als „Gründungsboom", wie es ihn seit der deutschen Einheit nicht mehr gegeben hatte.[1392] Von diesen fünf vollwertigen Anzeigenblättern konnte sich kein einziges etablieren.[1393] Es ist also nicht so, dass in der Regel optimale Wettbewerbsverhältnisse auf den lokalen oder regionalen Zeitungsmärkten vorliegen, die erst durch den Gratisvertrieb gestört werden. Die Realität auf dem deutschen Pressemarkt ist vielmehr die, dass lokale und regionale Tageszeitungen, aber auch Sonntagszeitungen, in ihren Verbreitungsgebieten vielfach Monopolanbieter auf dem Lesermarkt sind.[1394] Nur wo sich die Verbreitungsgebiete benachbarter Lokal- und Regionalzeitungen überschneiden, herrscht Pressewettbewerb. In Deutschland hat sich der Anteil der Ein-Zeitungs-Kreise seit 1954 von 15 Prozent auf 60 Prozent aller Kreise und kreisfreien Städte vervierfacht;[1395] 1999 waren mehr als die Hälfte aller Kreise oder kreisfreien Städte sogenannte Ein-Zeitungs-Kreise[1396] und diese

1388 Vgl. *v. Gamm*, UWG, § 1 Rdnr. c.3; *Köhler*, in: *Köhler/Bornkamm*, UWG, § 4 UWG Rdnr. 12.5.

1389 Vgl. *Schricker*, GRUR 1980, S. 201.

1390 Vgl. BGH, WRP 2004, S. 749 – Zeitung zum Sonntag; AfP 2010, S. 242 f. – Stumme Verkäufer II.

1391 Vgl. *Haas*, Die geschenkte Zeitung, S. 228 Fn. 1026.

1392 Vgl. *Schütz*, MP 2001, S. 605.

1393 Vgl. *Haas*, Die geschenkte Zeitung, S. 112.

1394 Vgl. *Groß*, Presserecht, S. 91.

1395 Vgl. *Möhring/Stürzebecher*, MP 2008, S. 92.

1396 Vgl. *Trappel*, Die gesellschaftlichen Folgen der Medienkonzentration, S. 42 f.

entgeltlichen Zeitung über einen bestimmten Zeitraum oder über eine Leserbefragung nachgewiesen werden. Allerdings bedrohen Abbestellungen alleine noch nicht den Bestand des Wettbewerbs. Die Kölner Verlagsgesellschaft verwies auf Absatzrückgänge zwischen sechs und 20 Prozent bei ihren Presseerzeugnissen „Express“, „Kölner Stadtanzeiger“ und „Kölner Rundschau“, die sie auf die Einführung der Gratiszeitung „20 Minuten Köln“ zurückführte.[1405] Das OLG Köln und der BGH sahen darin aber zu Recht noch keine Bestandsgefährdung des Kölner Pressewesens.[1406] Eine solche Einbuße liege im Rahmen dessen, was bisherige Mitbewerber üblicherweise hinnehmen müssten, wenn neue Mitbewerber auf den Markt treten.[1407] Es liege in der Natur des Wettbewerbs, dass jeder neue Marktteilnehmer zu Umsatzrückgängen bei den bisherigen Wettbewerbern führe, insbesondere dann, wenn die entgeltlichen Blätter bis dato keinem Wettbewerb ausgesetzt gewesen seien.[1408] An die Glaubhaftmachung einer Bestandsgefährdung sind deshalb hohe Anforderungen zu stellen:[1409] Erhebliche Umsatzrückgänge oder Veränderungen der Marktanteile von etwa 30 Prozent auf dem Lesermarkt sind für den Nachweis einer konkreten Gefährdung erforderlich, um sie mit dem Gratisvertrieb zu begründen.

Gleiches gilt für den Anzeigenmarkt. Es bedarf eines dauerhaft starken Rückgangs des Anzeigenaufkommens, den die Tagespresse wirtschaftlich nicht verkraften kann.[1410] Ansonsten müssen Zeitungen auf dem Anzeigenmarkt Konkurrenz und damit Einbußen hinnehmen.[1411] Für den konkreten Nachweis eines gravierenden Umsatzrückgangs bei den Anzeigeneinnahmen muss geprüft werden, ob Inserenten von der Zeitung weg zum Anzeigenblatt hin gewandert sind. Es ist durchaus denkbar, dass die lokalen Anzeigenkunden in beiden Medien Inserate schalten.[1412] Deshalb muss der Kläger belegen, dass die Inserenten auf Dauer von der Kaufzeitung zum Anzeigenblatt abgezogen sind. Das kann er entweder

---

1405 Vgl. OLG Köln, AfP 2001, S. 331; vgl. auch KG, AfP 2010, S. 580 – Stumme Verkäufer II; BGH, AfP 2010, S. 243 – Stumme Verkäufer II: Eine konkrete Gefährdung des Wettbewerbsbestandes sei bei einem Absatzrückgang von 10 % auf dem Berliner Tageszeitungsmarkt nicht dargetan.

1406 Vgl. OLG Köln, AfP 2001, S. 331; BGH, NJW 2004, S. 2085–20 Minuten Köln; weiter bestätigt in: BGH, AfP 2010, S. 242 ff. – Stumme Verkäufer II.

1407 Vgl. OLG Köln, AfP 2001, S. 331.

1408 Vgl. BGH, NJW 2004, S. 2085–20 Minuten Köln; *Berst*, AfP 1999, S. 429.

1409 Vgl. OLG Köln, AfP 1984, S. 45; KG, NJWE-WettbR 1997, S. 85.

1410 Vgl. OLG Bremen, WRP 1999, S. 1054; KG, AfP 2000, S. 295.

1411 Vgl. BGHZ 19, S. 398 – FWB; *Vieregge*, AfP 1977, S. 363 f.; *Ring*, DZWir 1996, S. 169.

1412 Vgl. OLG Hamm, WRP 1985, S. 172 – Sonntag in L.

mit Hilfe der Anzeigenteile der beiden Publikationen über einen bestimmten Zeitraum belegen oder auch über eine Befragung der Inserenten beweisen.

Unterschiedliche Auffassungen bestehen hinsichtlich der Frage, ob die Auswirkungen auf dem Leser- *und* Anzeigenmarkt nachweisbar sein müssen[1413] oder ob alleine die konkreten Auswirkungen auf dem Leser- *oder* Anzeigenmarkt genügen.[1414] Die Befürworter der ersten Meinung argumentieren, dass alleine der Auflagenrückgang das entscheidende Kriterium für die Auswirkungen des Gratisvertriebs von Anzeigenblättern sei,[1415] da nur er Aufschluss darüber gebe, ob die Leser der entgeltlichen Zeitung das Anzeigenblatt als Substitut oder als Komplementärmedium nutzen.[1416] Von einer Marktstörung durch die unentgeltliche Verteilung von Presseerzeugnissen könne deshalb nur gesprochen werden, wenn er sich nicht nur auf dem Anzeigen-, sondern auch auf dem Lesermarkt auswirke. Die Kläger müssten folglich gravierende Auflagen- *und* Anzeigenrückgänge nachweisen.[1417]

Dagegen wird die Auffassung vertreten, dass bereits ein wesentlicher Abzug von Inserenten bestandsgefährdend für den Wettbewerb sei, ohne dass sich ein Abonnentenrückgang hinzugeselle.[1418] Dem ist insofern zuzustimmen, als sich Zeitungen zu mehr als der Hälfte aus Anzeigen finanzieren und Einbußen in diesem Bereich existenzgefährdend für ein Presseunternehmen sein können.[1419] Das hat der drastische Anzeigenrückgang in den Jahren 2003 und 2004 im Rahmen der allgemeinen wirtschaftlichen Rezession, der zu Stellenabbau, Rationalisierungsmaßnahmen und Einstellungen von Publikationen geführt hat, eindrucksvoll bewiesen.[1420] Leser- und Anzeigenmarkt stehen demnach von vornherein in einem „engen Reaktionsverbund."[1421] Nach alledem reichen also erst gravierende Rückgänge auf dem Leser- *oder* Anzeigenmarkt von etwa 30 Prozent und mehr aus, um als stichhaltiger Beweis für eine Marktstörung zu gelten.

1413 Vgl. *Ikas*, WRP 1997, S. 397; *Köhler*, WRP 1998, S. 459; *Ring*, DZWir 1996, S. 168.

1414 Vgl. *Schricker*, GRUR 1980, S. 201; KG, AfP 2000, S. 295; OLG Bremen, WRP 1999, S. 1054.

1415 Vgl. LG Münster, AfP 1984, S. 171.

1416 Vgl. *Köhler*, WRP 1998, S. 459.

1417 Vgl. LG Karlsruhe, AfP 2000, S. 307.

1418 Vgl. *Schricker*, GRUR 1980, S. 201.

1419 Vgl. *Schütz*, in: *Noelle-Neumann/Schulz/Wilke*, Fischer Lexikon Publizistik, S. 548, 550, 552 (Verhältnis von Vertriebs- und Anzeigenerlösen ist allerdings abhängig von der allgemeinen wirtschaftlichen Situation).

1420 Vgl. *ZAW*, Werbung in Deutschland 2003, S. 9 ff.; *ders.*, Werbung in Deutschland 2004, S. 9 ff.

1421 *Osterrieth*, in: *Fezer*, UWG, § 4-S1 Rdnr. 205.

(4) Die Bedeutung der Prognose bei der Feststellung der konkreten Gefahrenlage

Jede Prognose enthält ihrem Wesen nach ein spekulatives Element. Das Rechtsstaatlichkeitsgebot und der Grundsatz der Verhältnismäßigkeit fordern allerdings, dass die Prognose einer Marktstörung im Einzelfall das Wahrscheinlichkeitsurteil zulässt, dass die mit klassischen Anzeigenblättern mit publizistischen Anspruch, vor allem aber die mit vollwertigen Anzeigenblättern konkurrierenden entgeltlichen Zeitungen auf Dauer mit großer Gewissheit Gefahr laufen, von der Gratispresse vom Markt verdrängt zu werden.[1422] Es muss daher eine Prognose auf Grundlage der vorher nach den genannten Kriterien bestimmten Fakten erstellt werden.[1423] Die Prognose ist auf die künftige Entwicklung des Pressewettbewerbs des betroffenen Markts gerichtet, die eine Marktstörung begründen oder verstärken könnte.[1424] Sie muss auch das Nachahmungsverhalten einbeziehen, das bei der gegebenen Struktur von den Marktteilnehmern zu erwarten ist.[1425] Dabei muss am Zustand vor oder direkt nach der Einführung des Gratisvertriebs von Anzeigenblättern angesetzt werden. Der aktuelle, veränderte Zustand des Bestands des Pressewettbewerbs muss dann im Hinblick auf seine zukünftige Entwicklung hin betrachtet werden, damit entschieden werden kann, ob mit hoher Wahrscheinlichkeit eine Marktstörung begründet bzw. verstärkt wird oder nicht.[1426] Bei einer Prognoseentscheidung hinsichtlich einer Marktbeherrschung nach § 36 Abs. 1 GWB geht der BGH von einem Prognosezeitraum von fünf bis acht Jahren aus.[1427] Da sich GWB und UWG gerade auch im Bereich der Marktstörung überschneiden, erscheint es sinnvoll, bei einer Marktstörung, die durch den Gratisvertrieb von Presseerzeugnissen hervorgerufen wird, ebenfalls eine Zeitspanne von fünf Jahren zu veranschlagen.

Resistenz und Gegenmaßnahmen der betroffenen Presseunternehmen

Liegen Daten über einen starken Rückgang von Auflage oder Anzeigenumsatz vor, ist zu prüfen, ob die betroffene entgeltliche Presse mit den Einbußen

1422 Vgl. OLG Karlsruhe, AfP 1997, S. 237 f. – 20 Minuten; *Köhler*, WRP 1998, S. 459.

1423 Vgl. LG Köln, AfP 2000, S. 310 (Prognose muss auf „tatsächlichen Erfahrungen" beruhen) – 20 Minuten Köln; OLG Köln, ZUM-RD 2000, S. 380–20 Minuten Köln.

1424 Vgl. KG, AfP 2000, S. 294–20 Minuten Köln.

1425 Vgl. BGHZ 51, S. 245 f. – SWB I; BGH, GRUR 1971, S. 479 – SWB II.

1426 Vgl. KG, AfP 2000, S. 293–20 Minuten Köln; LG Karlsruhe, AfP 2000, S. 306 f. – Zeitung zum Sonntag.

1427 Vgl. BGH, WuW/E 1501, S. 1508 – Kfz-Kupplungen; *Richter*, in: *Wiedemann*, Handbuch zum Kartellrecht, § 20, Rdnr. 150.

umgehen kann, indem sie Kosteneinsparungen oder andere Gegenmaßnahmen vornimmt.[1428] Um die „Resistenz“ der angegriffenen Unternehmen zu berücksichtigen, müssen Daten über die wirtschaftliche Situation, die Marktstärke und Größe[1429] sowie die finanziellen Ressourcen der Zeitungsverlage eingeholt werden. Über eine Gewinn- und Verlustrechnung kann der Kläger konkret eine Bestandsaufnahme über die wirtschaftliche Lage seines Unternehmens im Zeitverlauf geben.[1430] Bewegt sich die entgeltliche Zeitung, seitdem der Gratisvertrieb eingeführt wurde, nach einer gewissen Zeitspanne in die Verlustzone, dann spricht dies für ihre zukünftige Bestandsbedrohung; wenn nicht, stellt sich die Frage, ob die örtliche, herkömmliche Presse nicht ausreichend Potenzial hat, um sich über zusätzliche Wettbewerbsmaßnahmen gegenüber der neuen Konkurrenz zu behaupten.[1431] Auf dem Lesermarkt kämen dafür Qualitätsverbesserungen, Verbesserungen des Vertriebs, Rationalisierungsmaßnahmen, aber auch Marketingmaßnahmen, wie Probeabonnements, Werbeaktionen, Leserreisen usw. in Betracht, um die Auflage wieder zu steigern.[1432] Auf die Konkurrenz im Anzeigengeschäft könnte die entgeltliche Zeitung ebenfalls mit Preissenkungen, Rationalisierungsmaßnahmen oder einem verbesserten Service reagieren.[1433] Liegt bereits der Nachweis solcher Gegenmaßnahmen vor, ohne dass diese zu einem Erfolg geführt haben, kann das als ein starkes Indiz dafür gewertet werden, dass der Gratisvertrieb von Anzeigenblättern zukünftig den Leistungs- und Pressewettbewerb ausschalten wird.

Nachahmungsgefahr

Eine Nachahmungsgefahr wird dann angenommen, wenn Mitbewerber sich in einer tatsächlichen Wettbewerbssituation gezwungen sehen, eine Wettbewerbshandlung nachzuahmen.[1434] Sie soll dann Ausschlag für das Unwerturteil geben, wenn die Nachahmung die negativen Auswirkungen des Wettbewerbsverhaltens steigert und diese im Sinne der Allgemeinheit nicht hinzunehmen sind.[1435] Ob eine Nachahmungsgefahr tatsächlich besteht, dazu muss

---

1428 Vgl. *Gesellensetter*, GRUR 2001, S. 711.

1429 Vgl. *Kübler/Simintis*, JZ 1969, S. 451 f.

1430 Vgl. *Köhler*, WRP 1998, S. 459.

1431 Vgl. *Gesellensetter*, GRUR 2001, S. 711.

1432 Vgl. *Wilke*, Presse, in: *Noelle-Neumann/Schulz/Wilke,* Fischer Lexikon Publizistik, S. 478; *Gesellensetter*, GRUR 2001, S. 711.

1433 Vgl. *Köhler*, WRP 1998, S. 459 f.

1434 Vgl. *Fezer*, in: *Fezer*, UWG, § 3 Rdnr. 233; BGH, GRUR 1977, S. 612 – Feld und Wald II.

1435 Vgl. BGH, GRUR 1992, S. 624 – Verdeckte Laienwerbung.

im Einzelfall festgestellt werden, wie die konkreten Marktverhältnisse aussehen, was die Wettbewerbsmaßnahme kennzeichnet und wie die Mitbewerber darauf reagieren, insbesondere auch in Bezug auf ihre Finanzkraft.[1436] Auf dieser Basis muss eine Prognose erstellt werden, die glaubhaft begründet, dass die Nachahmungsgefahr mitursächlich für eine ernstlich drohende Bestandsgefährdung sein kann.[1437] Das wäre beispielsweise der Fall, wenn das aggressive Auftreten eines Newcomers auf dem Markt von den großen Mitbewerbern nachgeahmt werden kann, aber nicht von den kleineren und mittleren.[1438]

Die bisherigen Erfahrungen bei den Produkteinführungen der reinen, klassischen und vollwertigen Anzeigenblätter haben gezeigt,[1439] dass die entgeltliche Zeitungspresse in diesen Situationen stets aktiv geworden ist und Abwehr- und Anpassungsmaßnahmen ergriffen hat.[1440] Als die traditionellen Zeitungsverleger beispielsweise die klassischen Anzeigenblätter als zusätzliches Geschäft entdeckten, um den lokalen Anzeigenmarkt besser abschöpfen zu können, haben sie selbst Anzeigenblätter mit publizistischem Anspruch, etwa Sonntagsanzeigenblätter und vollwertige Anzeigenblätter als Abwehrmaßnahme eingesetzt, um ihre (alleinige) Marktposition zu behaupten.[1441] Das Kammergericht hat dann auch im Streitfall zwischen der Gratiszeitung „20 Minuten Köln" und den Kaufzeitungen des Axel Springer Verlags und des DuMont Schauberg Verlags zutreffend festgestellt:„In diesem Zusammenhang ist darauf hinzuweisen, dass die Rückgänge nicht nur von ‚20 Minuten Köln' verursacht worden sind, sondern auch darauf beruhen, dass die Antragstellerin und der DuMont Schauberg Verlag ihrerseits auch Gratisblätter verteilen ließen. In deren Verhalten zeigt sich nicht etwa eine unerwünschte Nachahmungsgefahr, die das Vorgehen der Antragsgegnerin ausgelöst hat, sondern die Marktmacht der von diesem Vorgehen betroffenen alteingesessenen Unternehmen. Sie sehen ersichtlich die Gratisverteilung von Tageszeitungen als zwar unerfreulich, aber nicht als unredlich an. Sonst hätten sie sich daran nicht flugs beteiligt, ohne auch nur ansatzweise abzuwarten, wie die Entwicklung verläuft. In diesem Zusammenhang ist

1436 Vgl. *Köhler*, in: *Köhler/Bornkamm*, UWG, § 4 UWG Rdnr. 12.11.

1437 Vgl. BGHZ 43, S. 282 f. – Kleenex.

1438 Vgl. BGH, GRUR 1990, S. 371 – Preiskampf; *Köhler*, in: *Köhler/Bornkamm*, UWG, § 4 UWG Rdnr. 12.11.

1439 Vgl. Kap. 2 B.

1440 Vgl. *Röper*, MP 2000, S. 301; Kap. 2.

1441 Vgl. Kap. 2 B IV.

daran zu erinnern, dass sich Herausgeber von Tageszeitungen auch gegen die Gratisverteilung von Anzeigenblättern gewehrt haben."[1442]

Die Feststellung des Kammergerichts, dass die Gratiszeitungen der traditionellen Verleger kein Ausdruck von Nachahmung, sondern von Marktmacht sind, bestätigt die Tatsache, dass sie ihre Abwehrblätter sofort vom Markt nahmen, nachdem die unliebsame Gratiskonkurrenz verschwunden war.[1443] Die Nachahmungsgefahr steht also in einem engen Zusammenhang mit der Marktstruktur bzw. mit der Finanzkraft von großen Mitbewerbern. Für mittelständische oder kleinere Zeitungsverlage, die nicht über die finanziellen Ressourcen für solche Zusatzpublikationen verfügen wie alteingesessene Unternehmen mit Monopolstellung, kann die Nachahmungsgefahr sehr wohl eine Existenzbedrohung bedeuten, wenn sie mit gratis vertriebenen Konkurrenz- und Abwehrblättern konfrontiert sind.[1444] Hieraus kann eine konkrete, ernsthafte Gefahr bestehen, dass die kleineren und mittleren Mitbewerber aus dem Markt ausscheiden und eine „hochgradige Vermachtung des Marktes" droht.[1445]

Die Gefahr, dass Mitbewerber den Gratisvertrieb von Presseerzeugnissen nachahmen, hängt neben der Finanzkraft der Mitbewerber auch von der Anzahl der Gratispublikationen auf dem betreffenden Markt, von der Substituierbarkeit der Produkte und von Imagefragen ab.[1446] Anhaltspunkte für diese Faktoren werden bereits im Rahmen der Marktanalyse gesammelt.[1447] Die Nachahmungsgefahr dient damit auch unter verfassungsrechtlichen Gesichtspunkten nur als Verstärker und Mitverursacher von bereits vorliegenden Anhaltspunkten für eine Marktstörung. Sie ist jedoch kein selbstständiges Unwertkriterium, um die staatliche Abwehr einer Marktstörung zu begründen.[1448]

(5) Exkurs: Vorrang des GWB?

Im Vergleich zum Wettbewerbsrecht bietet das Kartellrecht ein umfangreiches Instrumentarium, um Erkenntnisse und Prognosen über Märkte und Wettbewerbsentwicklungen zu gewinnen.[1449] Deshalb soll die Frage beantwortet werden,

---

1442 KG, AfP 2000, S. 295 f. – 20 Minuten Köln.

1443 Vgl. Kap. 2 B IV 2.

1444 Vgl. BGH, GRUR 1990, S. 317; *Köhler*, in: *Köhler/Bornkamm*, UWG, § 4 UWG Rdnr. 12.11.

1445 Vgl. *Osterrieth*, in: *Fezer*, UWG, § 4-S1 Rdnr. 146.

1446 Vgl. *Ikas*, WRP 1997, S. 397.

1447 Vgl. *Köhler*, in: *Köhler/Bornkamm*, UWG, § 4 UWG Rdnr. 12.8.

1448 Vgl. *Krüger*, AfP 2000, S. 259.

1449 Vgl. *Osterrieth*, in: *Fezer*, UWG, § 4-S1 Rdnr. 140.

ob es nicht sinnvoller wäre, das Kartellrecht anzuwenden, wenn Marktstörungen im Pressebereich festzustellen sind. So wird die Auffassung vertreten, dass eine umfassende Marktbeurteilung, wie sie vorgestellt wurde, die Zivilgerichte möglicherweise überfordern würde.[1450] Nach der Dispositionsmaxime, die für Zivilverfahren gültig ist, bestimmen die Parteien den Streitgegenstand.[1451] Die Entscheidung, ob der Gratisvertrieb von Anzeigenblättern im Einzelfall eine allgemeine Marktstörung konkret verursacht, ist deshalb davon abhängig, welche Fakten und Beweise die Parteien in das zivilrechtliche Verfahren einbringen.[1452] Es könne jedoch nicht davon ausgegangen werden, dass der Gesetzgeber so schwierige Fragen wie nach der Marktstruktur, der Marktbeherrschung oder der Marktentwicklung in Zukunft „qua richterlicher Lebenserfahrung“ lösen lässt, die von dem unvollständigen Material abhängig ist, das den Gerichten im Verfahren vorgelegt wird.[1453] Deshalb solle die Zuständigkeit der Kartellbehörde auf wettbewerbliches Handeln im sensiblen Bereich des Pressewesens ausgeweitet werden bzw. dem konkurrierenden Kartellrecht der Vorrang gelassen werden.[1454]

Das würde im Vergleich zum Zivilprozess folgende Vorteile mit sich bringen: Nach § 57 GWB kann eine Kartellbehörde alle Ermittlungen führen und alle Beweise erheben, die für ein Verfahren erforderlich sind.[1455] Nach dem Untersuchungsgrundsatz ermittelt sie den entscheidungserheblichen Tatsachenstoff von Amts wegen und ist unabhängig von den Darlegungen und Beweisen der Beteiligten.[1456] Eine Kartellbehörde braucht sich also nicht mit dem (begrenzten) Material der Kläger zufriedenzugeben, sondern kann zusätzlich auf wirtschaftswissenschaftlich fundierte Analysen zum Marktgeschehen zurückgreifen.[1457] Das Urteil im Wettbewerbsprozess basiert dann (noch) weniger auf der juristischen Lebenserfahrung der Richter. Die Wirkungen von geschäftlichen Handlungen auf das Marktgeschehen ließen sich dadurch viel besser feststellen.[1458] Das träfe insbesondere auf einen so sensiblen Bereich wie die Unabhängigkeit des freiheitlichen Pressewesens oder

---

1450 Vgl. *Schricker*, GRUR 1980, S. 197.

1451 Vgl. *Greger*, in: *Zöllner*, ZPO, Vor § 128 Rdnr. 9 f.

1452 Vgl. *Baumbach/Lauterbach*, ZPO, Bd. 1, Grdz § 128 Rdnr. 22 f.

1453 Vgl. *Kraft*, GRUR 1980, S. 967.

1454 Vgl. *Schricker*, AfP 2001, S. 106; *Bringe*, Gratisvertrieb meinungsbildender Tagespresse, S. 198 ff.; *Osterrieth*, in: *Fezer*, UWG, § 4-S1 Rdnr. 149.

1455 Vgl. *Klose*, in: *Wiedemann*, Handbuch des Kartellrechts, § 54 Rdnr. 13 ff., 90 ff.

1456 Vgl. *Schmidt*, in: *Immenga/Mestmäcker*, GWB, § 57 Rdnr. 1 f.

1457 Vgl. *Schricker*, GRUR 1980, S. 198.

1458 Vgl. *Ohly*, in: *Piper/Ohly/Sosnitza*, UWG, § 4.10 Rdnr. 10/97; *Bringe*, Gratisvertrieb meinungsbildender Tagespresse, S. 199 f.

Entwicklung setzt sich fort: 2006 lag der Anteil der Ein-Zeitungs-Kreise bei 59 Prozent.[1397] Die Marktzutrittschancen für Kauf- oder Abonnementzeitungen bei Sonntagszeitungen sind sehr hoch, da an diesem Wochentag nur sehr wenige Verkaufsstellen für Zeitungen zur Verfügung stehen und es schwierig ist, potenzielle Leser dazu zu bewegen, am Sonntagmorgen eine solche Verkaufsstelle (etwa den Zeitungskiosk am Bahnhof aufzusuchen), um eine neue, bislang noch nicht eingeführte Sonntagszeitung zu erwerben.[1398] Darüber hinaus bedeutet es für Newcomer, die nicht über bestehende Vertriebsstrukturen für eine Tageszeitung verfügen, einen erheblichen Aufwand, einen flächendeckenden sonntäglichen Zustelldienst aufzubauen.[1399] Bei Tageszeitungen sind die Marktzugangsschranken sogar „extrem hoch", da dort überwiegend Monopolstrukturen anzutreffen sind.[1400]

Die unentgeltliche Verteilung von vollwertigen Anzeigenblättern scheint momentan das einzige Erfolg versprechende Mittel, um „Außenseitern" eine Chance zu bieten, in den gefestigten Zeitungsmarkt einzudringen.[1401] Das zeigt, dass eine Gefährdung des Wettbewerbsbestands durch den Gratisvertrieb von vollwertigen Anzeigenblättern auch Ausdruck einer erwünschten Fortentwicklung des Marktes sein kann.[1402] Die Feststellung der Gefährdung genügt daher zur Begründung der Unlauterkeit des Gratisvertriebs von Anzeigenblättern nicht. Es bedarf zusätzlich einer umfassenden Interessenabwägung.[1403]

Konkrete Auswirkungen auf die Mitbewerber

Ein starkes Indiz für eine konkrete Gefährdung auf dem Lesermarkt durch den Gratisvertrieb von Anzeigenblättern stellt der Rückgang der Abonnements der entgeltlichen Presseerzeugnisse oder deren rückläufige Verkaufsentwicklung dar.[1404] Das kann entweder über die Entwicklung der Auflagenzahlen der

---

1397 Vgl. *o. V.*, w&v 8/2008, S. 62.

1398 Vgl. BGH, WRP 2004, S. 749 – Zeitung zum Sonntag; AfP 2010, S. 242 f. – Stumme Verkäufer II.

1399 Vgl. *v. Wallenberg*, K & R 2004, S. 329.

1400 Vgl. BGH, NJW 2004, S. 2086–20 Minuten Köln.

1401 Vgl. BGH, AfP 2010, S. 242 f. – Stumme Verkäufer II.

1402 Vgl. *Ohly*, in: *Piper/Ohly/Sosnitza*, UWG, § 4.10; BGH, GRUR 2004, S. 604 f. – 20 Minuten Köln.

1403 Vgl. *Osterrieth*, in: *Fezer*, UWG, § 4-S1 Rdnr. 151; *Emmerich*, Unlauterer Wettbewerb, § 19 Rdnr. 7.

1404 Vgl. *Schricker*, GRUR 1980, S. 201.; *Ohly*, in: *Piper/Ohly/Sosnitza*, UWG, § 4.10 Rdnr. 10/98.

den publizistischen Wettbewerb zu. Dabei würde es nicht der Gesetzessystematik widersprechen, wenn die Kartellbehörden ebenfalls für Wettbewerbshandlungen auf den Pressemärkten zuständig wären, denn mit der Fallgruppe der allgemeinen Marktbehinderung rage ja bereits das UWG in das GWB hinein.[1459] Die Normen des GWB lassen sich aber nicht per se auf unlautere geschäftliche Handlungen im Pressewesen übertragen.[1460] Zu den Aufgaben der Kartellbehörden gehört, negative Folgen bestehender und zukünftiger Marktmacht von Unternehmen festzustellen.[1461] Der Schwerpunkt liegt also auf der Untersuchung, ob die behindernden Wirkungen einer Maßnahme ihre Ursache letztlich in der Marktstärke des fraglichen Unternehmens haben,[1462] und nicht darauf, ob sie den Prinzipien des Leistungswettbewerbs entsprechen oder nicht.

Zutreffend ist allerdings, dass das GWB bessere und umfassendere Erkenntnismöglichkeiten über die Marktzusammenhänge eröffnet auch die Einleitung eines Verfahrens von Amts wegen im Pressewesen kann unter bestimmten Voraussetzungen sinnvoll sein. Das wäre etwa der Fall, wenn sich die Gratispresse weitgehend durchsetzen würde und es (fast) nur noch anzeigenfinanzierte Presse gäbe. Dann bestünde die Möglichkeit, dass die Unabhängigkeit und Meinungsvielfalt der Presse konkret bedroht sein könnte. Für den Kläger wäre es dann sehr schwer, einen erhöhten Einfluss der werbetreibenden Wirtschaft auf Meinungsvielfalt und redaktionelle Gestaltung nachzuweisen. Die Gefahr ließe sich streng genommen nur durch wissenschaftliche Inhaltsanalysen untermauern, die das Presseangebot an Zeitungen auf einem Zeitungsmarkt vor und nach der Umstellung auf den Gratisvertrieb auf Meinungsvielfalt vergleichen. Daher wäre es in diesem Fall sinnvoll, wenn die Kartellbehörden auch auf fundierte Analysen der Publizistikwissenschaft zurückgreifen und selbstständig gegen die Gefährdung der redaktionellen Unabhängigkeit tätig werden könnten. Sie würde dann in gewisser Weise „eine Grundrechtssicherung in Gestalt von Verfahrensregelungen" garantieren.[1463] Die Entwicklung hin zu einer ausschließlich anzeigenfinanzierten Presse ist jedoch extrem unwahrscheinlich.[1464] Deshalb besteht keine Notwendigkeit, auf die Instrumentarien des Kartellrechts zurückzugreifen und damit die Gesetzessystematik zwischen GWB und UWG zu verändern.

1459 Vgl. *Bringe*, Gratisvertrieb meinungsbildender Tagespresse, S. 200.

1460 Vgl. *Schricker*, GRUR 1980, S. 197 f.

1461 Vgl. *Schmidt*, in: *Immenga/Mestmäcker*, GWB, § 57 Rdnr. 1 (z. B. vor einem Zusammenschluss von Unternehmen).

1462 Vgl. *Emmerich*, Kartellrecht, § 29 Rdnr. 48.

1463 Vgl. *Bringe*, Gratisvertrieb meinungsbildender Tagespresse, S. 199.

1464 Vgl. *Teplitzky*, GRUR 1999, S. 112; *Schricker*, AfP 2001, S. 105 f.

Wenn es allerdings darum geht, ob der Gratisvertrieb von Presseerzeugnissen dazu führt, dass der Bestand des Wettbewerbs ernsthaft bedroht ist, weil die anderen Mitbewerber ausscheiden müssen, lässt sich das auch durch einen Zivilrichter feststellen, wie in den vorangegangenen Abschnitten dargestellt wurde.[1465] Die Gerichte vermeiden die Gefahr einer Fehleinschätzung der komplexen Zusammenhänge von Marktvorgängen am besten, wenn sie sich „auf den konkreten Fall konzentrieren."[1466] Denn das Vorliegen einer konkreten Gefährdung als Verbotsschwelle erfordert stichhaltige Anhaltspunkte für eine drohende Marktstörung durch den Gratisvertrieb von Anzeigenblättern. Dabei spielen die Anzeigen- und Auflagenverluste eine zentrale Rolle, die auf der Klägerseite stark zugenommen haben müssen.[1467] Dieser Nachweis ist nicht schwer zu erbringen, da diese Zahlen von den betroffenen Verlagen ohnehin erfasst werden. Auch die übrigen aufgeführten Kriterien lassen sich problemlos ohne wirtschaftswissenschaftliche Analysen feststellen. Deshalb ist es aus heutiger Sicht weder notwendig noch sinnvoll, den Tatbestand der allgemeinen Marktstörung nach dem UWG-Recht – auch wenn er den Pressebereich betrifft – dem GWB-Recht zuzuordnen.

(6) Die Bewertung des aktuellen Pressemarkts

Die Marktstruktur der lokalen Pressemärkte ist durch eine Monopol- bzw. Oligopolstellung der regionalen Abonnementzeitungen gekennzeichnet.[1468] Bereits Anfang der 90er-Jahre des vorigen Jahrhunderts war für die Zeitungskreise in der Bundesrepublik Deutschland kennzeichnend, dass dort durchschnittlich pro Stadt oder Landkreis nur 1,6 Lokalzeitungen vertreten waren.[1469] An dieser Situation hat sich heute wenig verändert, der Quotient ist seit 2004 sogar auf 1,5 gesunken (1954: 2,7).[1470] Auf eine redaktionelle Ausgabe einer Tageszeitung kommen wiederum im Durchschnitt zwei Anzeigenblätter. Die Gesamtauflage von Anzeigenblättern liegt etwa viermal so hoch wie die der lokalen und regionalen Abonnementzeitungen. Die meisten Zeitungsverleger geben selbst

1465 Vgl. Kap. 2 B.

1466 Vgl. *Schricker*, GRUR 1980, S. 197.

1467 Vgl. OLG Köln, AfP 2001, S. 331; KG, AfP 2000, S. 295; *Schricker*, GRUR 1980, S. 201.

1468 Vgl. BGH, NJW 2004, S. 2086–20 Minuten Köln; *Wilke*, Presse, in: *Noelle-Neumann/Schulz/Wilke,* Fischer Lexikon Publizistik, S. 465 f.

1469 Vgl. *Wilke*, Presse, in: *Noelle-Neumann/Schulz/Wilke,* Fischer Lexikon Publizistik, S. 465.

1470 Vgl. *Schütz*, MP 2007, S. 580; *Schütz*, MP 2009, S. 454 f.

Anzeigenblätter heraus.[1471] Die Marktzutrittshürden für weitere lokale Printmedien sind daher sehr hoch. Neugründungen von lokalen und regionalen Abonnement- und Sonntagszeitungen oder auch von überregionalen Zeitungen stellen auf dem deutschen Zeitungsmarkt die Ausnahme dar.[1472]

Zwischen tageszeitungsunabhängigen Anzeigenblättern und Lokalzeitungen besteht ein konkretes Wettbewerbsverhältnis auf dem Leser- und Anzeigenmarkt.[1473] Sie sind auf demselben sachlich, räumlich und zeitlich relevanten Markt tätig. Die Konkurrenz beschränkt sich bei den reinen Anzeigenblättern alleine auf die lokalen Anzeigen, bei den klassischen Anzeigenblättern auf die Lokalberichterstattung und die lokalen Geschäftsanzeigen. Bei den Anzeigenblättern mit publizistischem Anspruch sowie bei den vollwertigen Anzeigenblättern besteht dagegen die größte Konkurrenz auf dem Leser- und Anzeigenmarkt,[1474] da sich Leser- und Inserentenkreis vielfach überschneiden.

Weder die reinen noch die klassischen Anzeigenblätter mit geringer publizistischer Motivation haben im Zeitraum der letzten 50 Jahre auch nur ein einziges Kaufpresseerzeugnis ersetzt.[1475] Auch im Falle der Anzeigenblätter mit publizistischem Anspruch konnte in den letzten zehn Jahren kein Auflagen- und Verkaufsrückgang bei den konkurrierenden entgeltlichen Zeitungen nachgewiesen werden.[1476] Allerdings sind sie bisher mit wesentlich weniger Titel- und Auflagenzahlen auf dem Pressemarkt vertreten gewesen als die klassischen, publizistisch anspruchslosen Anzeigenblätter. Es gibt bislang keine aktuelle Inhaltsanalyse, die den genauen Anteil von klassischen Anzeigenblättern mit publizistischem Anspruch ermittelt hätte. Im Jahr 2010 machte der Anteil der Sonntagsanzeigenblatt-Titel 19 Prozent an der Gesamtzahl der Anzeigenblatt-Titel aus, ihr Anteil an der Gesamtauflage betrug 23 Prozent.[1477] Dabei ist jedoch in Rechnung zu stellen, dass nicht zwangsläufig alle Sonntagsanzeigenblätter publizistisch anspruchsvoller sind. Die Spanne dürfte von acht Prozent – so das Ergebnis einer

1471 Vgl. Kap. 1 B II.

1472 Vgl. BGH, NJW 2004, S. 2086–20 Minuten Köln; WRP 2004, S. 749 – Zeitung zum Sonntag; *Schulte-Nölke/Hawxwell*, EWiR 2004, S. 1054; *Schütz*, MP 2009, S. 455.

1473 Vgl. Kap. 3 D II 2.

1474 Vgl. Kap. 3 D II 2.

1475 Vgl. Kap. 2 B.

1476 Vgl. *Ahrens*, in: *Gloy/Loscheder/Erdmann*, Handbuch des Wettbewerbsrechts, § 70 Rdnr. 12; BGH, GRUR 2004, S. 603–20 Minuten Köln; OLG Köln, ZUM-RD 2000, S. 380 f. – 20 Minuten Köln; OLG Hamm, WRP 1985, S. 172 – Sonntag in L.

1477 Vgl. *Wadlinger*, w&v 16/2010, S. 46.

Inhaltsanalyse aus dem Jahr 1983[1478] – bis 18 Prozent reichen.[1479] Trotz der wachsenden Verbreitung von klassischen Anzeigenblättern mit publizistischem Anspruch konnten keine negativen Auswirkungen auf die Kaufpresse festgestellt werden. Auch die vollwertigen Anzeigenblätter konnten im Zeitraum von 2001 bis 2005 keine einzige Kaufzeitung in ihrer Existenz gefährden, vielmehr sind umgekehrt die Gratiszeitungen im Konkurrenzkampf mit der Kaufpresse gescheitert und vom Markt verschwunden.[1480]

Die entgeltliche Tagespresse hat in den vergangenen zehn Jahren keinen starken Rückgang der Auflagen- und Vertriebszahlen sowie der Anzeigeneinnahmen durch die Konkurrenz mit Anzeigenblättern verzeichnet.[1481] Das Aufkommen von reinen und klassischen Anzeigenblättern hat den lokalen Pressemarkt nicht gestört, sondern ihn im Gegenteil zum Florieren gebracht.[1482] Viele traditionelle Zeitungsverleger haben mit der Herausgabe eines eigenen Anzeigenblatts eine zusätzliche attraktive Einnahmequelle gefunden.[1483] Eine aktuelle, konkrete Gefährdung des Pressemarkts in Deutschland durch Anzeigenblätter kann daher eindeutig verneint werden. Das Strukturprinzip der redaktionellen Qualität als Voraussetzung der öffentlichen Meinungsbildung konnte nach alledem bislang nicht zu Lasten der Anzeigenblätter ausschlagen – und auch in Zukunft ist anderes kaum denkbar.

Es existiert nach alledem keine Regel, wonach selbst vollwertige Anzeigenblätter immer Kaufzeitungen verdrängen müssen.[1484] Eine Gefährdung der entgeltlichen Tages-, Sonntags- oder Wochenpresse durch reine, klassische oder vollwertige Anzeigenblätter war bisher auf keinem (Boulevard-)Zeitungsmarkt feststellbar – und erst recht nicht für das Pressewesen im Bundesgebiet.[1485] Weder konnten bislang gravierende Absatzrückgänge bei der herkömmlichen Tagespresse durch vollwertige Anzeigenblätter bewiesen werden,[1486] noch kam es

1478 Vgl. *Thierauf/Lerch-Stumpf*, Inwieweit können Anzeigenblätter, Bd. I, S. 51.

1479 Vgl. Kap. 1 B III 3.

1480 Vgl. Kap. 2 B IV u. V.

1481 Vgl. Kap. 2 B VI; *Blödorn/Gerhards*, MP 2004, S. 4; *Klingler*, MP 2008, S. 627 (Hauptfaktor für Auflagenrückgang der Tagespresse ist veränderte Mediennutzung).

1482 Vgl. *Ahrens*, in: *Gloy/Loschelder/Erdmann*, Handbuch des Wettbewerbsrechts, § 70 Rdnr. 12; BGH, GRUR 1985, S. 883 – Bliestal-Spiegel.

1483 Vgl. *Wöste*, MP 1982, S. 374; *Wenzel*, AfP 1975, S. 887; *Ridder-Aab*, MP 1985, S. 635.

1484 Vgl. *Haas*, MP 2006, S. 514 ff.; *Röper*, MP 2006, S. 521 ff.

1485 Vgl. OLG Köln, ZUM-RD 2000, S. 380–20 Minuten Köln.

1486 Vgl. *Schulte-Nölke/Hawxwell*, EWiR 2004, S. 1054.

zu einer Ausdünnung oder Gleichförmigkeit des Zeitungsmarkts.[1487] Die Gefahr, dass Anzeigenblätter meinungsbildende Kaufzeitungen verdrängen, besteht ohnehin nur dann, wenn sich Anzeigenblatt und Kaufpresse ähnlich sind.[1488] Dies gilt von vornherein nicht für die reinen und klassischen Anzeigenblätter ohne publizistischen Anspruch. Es ist also undenkbar, dass ein reines oder klassisches Anzeigenblatt ohne publizistische Ambitionen eine entgeltliche Lokalzeitung in ihrer Existenz gefährdet.

Anderes könnte überhaupt nur für die klassischen Anzeigenblätter mit publizistischem Anspruch und erst recht für vollwertige Anzeigenblätter gelten. In dieser Konstellation liegt aber wiederum keine Gefahr für den Bestand einer Qualitätspresse.[1489] Gesetzt den Fall, dass ein klassisches Anzeigenblatt mit publizistischem Anspruch oder ein vollwertiges Anzeigenblatt dieselbe oder eine bessere publizistische Leistung erbringt als die konkurrierende und *dadurch* in ihrer Existenz bedrohte Kaufzeitung, dann kann aber wiederum nicht von einer Marktstörung gesprochen werden, die die Belange der Allgemeinheit beeinträchtigt.[1490] Genau darauf nimmt auch das OLG Karlsruhe in seiner Entscheidung zur „Wieslocher Woche" Bezug, nachdem der Verleger eines entgeltliches lokalen Nachrichtenblatts gegen des Vertrieb eines unentgeltlichen (vollwertigen) Anzeigenblatts geklagt hatte: „Liegt hier für die Übermittlung von Ortsnachrichten und für die Wiedergabe lokalpolitischer Diskussionen ein Strukturwandel in dem Sinne vor, daß einzeln verkaufte oder im Abonnement vertriebene Lokalzeitschriften durch Anzeigenblätter mit einem *entsprechenden redaktionellen Teil* ersetzt werden", dann reicht die Befürchtung, die Anzeigenblätter „könnten zu einer ernsthaften Gefährdung der meinungsbildenden Presse führen," nicht aus, um einen Eingriff in das Marktgeschehen zu rechtfertigen.[1491]

Die Frage nach der Qualität einer Zeitung und eines Anzeigenblatts kann mit den bekannten Kriterien bearbeitet werden: Während die (ideologische) Tendenz einer Zeitung nicht Bewertungsmaßstab sein darf, sind sachliche und meinungsneutrale Leistungskriterien wie redaktioneller Umfang, Themenbreite, Mischung

---

1487 Vgl. *v. Wallenberg*, MMR 2001, S. 513; LG Köln, AfP 2000, S. 312–20 Minuten Köln.

1488 Vgl. BGHZ 19, S. 397 f. – FWB; BGH, GRUR 1971, S. 478 – SWB II; NJW 1985, S. 1625 – Bliestal-Spiegel.

1489 Vgl. OLG Karlsruhe, WRP 1996, S. 120 – Wieslocher Woche.

1490 Vgl. *Degenhart*, AfP 1987, S. 653.

1491 OLG Karlsruhe, WRP 1996, S. 120 – Wieslocher Woche [Hervorhebung durch Verfasserin]; OLG Köln, ZUM-RD 2000, S. 379.

aus Information und Kommentar heranzuziehen.[1492] Es muss die Anzahl der redaktionellen Seiten, die Anzahl der unterschiedlichen Themen/Themengebiete sowie die Anzahl und der Umfang der Nachrichten und Berichte (Information) sowie der Kommentare (Meinung) ermittelt werden. Sie geben konkrete Anhaltspunkte zum Beitrag zur Meinungsvielfalt als zentrale Dimension der redaktionellen Qualität eines Presseorgans im Sinne von Art. 5 Abs. 1 Satz 2 GG, sind leicht zu ermitteln und verhindern gleichzeitig eine Meinungskontrolle über Art. 5 Abs. 2 GG. Leistet danach das Anzeigenblatt dieselbe publizistische Leistung wie das Kaufprodukt (und nur dann kann es überhaupt zu einer Verdrängungswirkung kommen), liegt unter verfassungsrechtlichen Gesichtspunkten eine Marktstörung nicht vor, wenn der öffentliche Meinungsbildungsprozess weiterhin gewährleistet bleibt.[1493]

(7) Ergebnis der Einzelfallprüfung

Reine und klassische Anzeigenblätter sind allgemein von geringerer publizistischer Qualität als entgeltliche lokale Wochen-, Sonntags- oder Tageszeitungen. Bei den klassischen Anzeigenblättern mit publizistischem Anspruch und vor allem bei den vollwertigen Anzeigenblättern lässt sich dagegen nicht per se ein qualitativer Vorsprung der Kaufpresse erkennen. Hier sind auch Fälle bekannt, bei denen das Anzeigenblatt von höherer redaktioneller Qualität war als eine konkurrierende entgeltliche Publikation. Zumindest diese beiden Varianten von Anzeigenblättern sind also nicht per se qualitativ schlechter als die Kaufpresse.

Eine generelle Verdrängungswirkung entfalten Anzeigenblätter auf dem Leser- und Anzeigenmarkt nicht. Die reinen und klassischen Anzeigenblätter ohne publizistischen Anspruch stellen von vornherein keine echte Konkurrenz für die entgeltlichen Zeitungen dar. Die klassischen Anzeigenblätter mit publizistischem Anspruch sowie die vollwertigen Anzeigenblätter, die wegen ihrer höheren Qualität potenziell eine verdrängende Wirkung entfalten könnten, erreichen wiederum eine andere Leserschaft. Gerade auch die anspruchsvolleren Anzeigenblätter bedienen eine Leserschaft, die normalerweise überhaupt keine Zeitung abonniert. Und dort, wo das Anzeigenblatt auch von Kaufzeitungsabonnementen gelesen wird, wird es zusätzlich und nicht anstelle der entgeltlichen Zeitung konsumiert. In beiden Fällen bleibt also eine deutlich messbare

1492 Vgl. BGH, WRP 2004, S. 748 – Zeitung zum Sonntag; BGH, NJW 2004, S. 2085–20 Minuten Köln.

1493 Vgl. BGH, NJW 2004, S. 2085–20 Minuten Köln; WRP 2004, S. 748 – Zeitung zum Sonntag.

Substitutionswirkung aus. Erkennbar lassen sich Presseerzeugnisse eben nicht wie andere Konsumgüter einfach austauschen, nur weil sie billiger oder sogar gratis sind. Auf dem Anzeigenmarkt ist die Situation weniger eindeutig. Die bisherigen auch auf Studien gestützten Erfahrungen in Deutschland und Europa konnten zumindest bislang keinen Beleg dafür liefern, dass Gratisblätter die entgeltliche Konkurrenz gerade auch in Hinsicht auf das Anzeigengeschäft in ihrer Existenz gefährden.

Auch eine abstrakte, bloß denkbare Gefährdung der Presse durch den Gratisvertrieb von Anzeigenblättern reicht beim Wettbewerbsrecht und bei der Pressefreiheit nicht aus, um aus Gründen des staatlichen Funktions- und Bestandsschutzes der Presse das Verbot eines bestimmten Anzeigenblatts zu rechtfertigen. Es bestehen gerade keine Erfahrungssätze, die eine abstrakt-generelle Gefahr rechtfertigen würden. Allein auf unbegründete Vermutungen hin den Gratisvertrieb eines Anzeigenblatts zu untersagen, würde dem Verhältnismäßigkeitsgebot widersprechen. Selbst der Rückgriff auf das Sicherheits- und Ordnungsrecht, das sich zentral mit der Frage der Gefahrenabwehr befasst, würde bei einer analogen Anwendung auf den Pressebereich ebenfalls zu dem Ergebnis führen, dass Anhaltspunkte für eine Marktstörung immer im konkreten Einzelfall vorliegen müssen. Daher muss eine Marktanalyse die Klärung der Frage vorbereiten, ob eine Marktstörung durch den Gratisvertrieb von Anzeigenblättern feststellbar ist.

Für die Marktanalyse muss zunächst der sachlich, räumlich und zeitlich relevante Markt bestimmt werden. Der Analysezeitraum sollte etwa ein Jahr betragen. Über die Marktstruktur geben die Anzahl der Wettbewerber, der Anteil der Anzeigenblätter an der Gesamtauflage der Blätter des betroffenen Markts sowie ihr Marktpotenzial Aufschluss. Darüber hinaus müssen Markstellung und finanzielle Ressourcen der konkurrierenden Verlage sowie die Marktzugangsmöglichkeiten für Newcomer ermittelt werden. Aussagen über die konkreten Auswirkungen der Anzeigenblätter auf die Mitbewerber müssen sowohl für den Anzeigen- als auch für den Lesermarkt getroffen werden. Ein starkes Indiz für eine Verdrängungswirkung sind erhebliche Rückgänge der Auflagen *oder* der Anzeigeneinnahmen. Dabei ist davon auszugehen, dass die Verdrängungswirkung umso stärker ist, je mehr die Gratisblätter die Kaufpresse hinsichtlich des Inhalts, des redaktionellen Umfangs und der Erscheinungsweise substituieren können. Kann der Nachweis nicht erbracht werden, dass ein Anzeigenblatt in der Lage ist, ein oder mehrere entgeltliche Blätter zu verdrängen, dann erübrigt sich eine weitere Prüfung. Eine Marktstörung liegt nicht vor. Gehen aber die Auflagen oder Anzeigeneinnahmen deutlich zurück, ist weiter in Rechnung zu stellen, inwieweit die betroffenen Presseunternehmen nicht noch genügend Potenzial haben, um sich durch zusätzliche Wettbewerbsmaßnahmen gegen die Konkurrenz durchzusetzen anstatt ihre Position mit gerichtlicher Hilfe zu verteidigen.

Der Tatbestand der allgemeinen Marktstörung nach dem UWG-Recht muss dabei nicht dem GWB-Recht zugeordnet werden, weil dort die vermeintlich besseren Instrumentarien zur Marktbeurteilung zur Verfügung stehen. Zentrale Größen für den negativen Einfluss des Gratisvertriebs von Anzeigenblättern auf die Kaufpresse sind rückläufige Anzeigenerlöse und Auflagenverluste. Diese Zahlen können die betroffenen Verlage leicht ermitteln und vor Gericht vorlegen. Es ist daher sinnvoll, eine Marktstörung durch den Gratisvertrieb von Anzeigenblättern weiterhin nach dem dafür anwendbaren UWG per „einfacher Marktanalyse“ im Einzelfall zu ermitteln und nicht dem konkurrierenden Kartellrecht den Vorrang einzuräumen. Bislang hat sich dabei aber eben kein Erfahrungssatz gewinnen lassen, wonach der Gratisvertrieb von Anzeigenblättern gegenüber der entgeltlichen Konkurrenz Verdrängungswirkung entfaltet, er also den öffentlichen Meinungsbildungsprozess und damit den Pressewettbewerb konkret gefährden kann.

dd) Ergebnis zum Strukturprinzip Qualität

Als Kriterien für die Qualität einer Zeitung kommen der redaktionelle Umfang, das Themenspektrum und die Mischung aus informierenden und kommentierenden journalistischen Darstellungsformen in Betracht. Der Herausgabezweck als subjektives Merkmal scheidet dagegen aus, weil sowohl die Gratis- als auch die Kaufpresse kommerzielle Interessen verfolgen. Der Schutz redaktioneller Qualität gewinnt aber nur dann an Bedeutung, wenn das vielfältige Angebot an qualitativ hochwertigen (entgeltlichen) Presseerzeugnissen durch den Vertrieb von Gratisblättern reduziert würde, ohne dass diese den gleichen Beitrag zur öffentlichen Meinungsbildung leisten könnten. Der Pressewettbewerb darf also durch den Vertrieb von Gratispublikationen nicht gefährdet werden. Auf diese Formel lässt sich auch die aktuelle BGH-Rechtsprechung bringen.

Reine und klassische Anzeigenblätter ohne publizistischen Anspruch erreichen schon aus konzeptionellen Gründen regelmäßig nicht das qualitative Niveau entgeltlicher Zeitungen. Für die klassisch-anspruchsvollen und vollwertigen Anzeigenblätter gilt diese Aussage so nicht. Eine Verdrängungswirkung konnten aber selbst die qualitativ anspruchsvolleren Anzeigenblätter bislang nicht entfalten, schon weil sich die Leserschaft von Anzeigenblättern und entgeltlichen Zeitungen nur teilweise überschneidet. Auf dem Anzeigenmarkt wirkt sich die Konkurrenz zwar stärker, aber ebenfalls nicht existenziell bedrohlich für die Kaufpresse aus. Dennoch kann in jedem zukünftigen Einzelfall noch eine Marktstörung nachgewiesen werden. Dabei ist dann aber auf Grundlage einer Marktanalyse des sachlich, räumlich und zeitlich relevanten Markts konkret festzustellen, inwieweit die Auflage oder das Anzeigengeschäft einer Kaufzeitung gerade durch das klassisch-anspruchsvolle bzw. vollwertige Anzeigenblatt zurückgegangen ist. Diese Daten sind von den Zeitungsverlegern zu erbringen. Dabei ist zumindest bislang aber nicht erkennbar, dass der Gratisvertrieb von Anzeigenblättern den Pressewettbewerb konkret hat gefährden können. Das Strukturprinzip der redaktionellen Qualität hat damit bislang in der Güterabwägung nicht zugunsten der Verleger entgeltlicher Zeitungen ausschlagen können.

d) Die Konkretisierung der Strukturprinzipien der Pressefreiheit: Auswahl- und Entscheidungsfreiheit der Leser

aa) Darstellung des Strukturprinzips Auswahl- und Entscheidungsfreiheit

Als Strukturprinzip der Pressefreiheit steht neben der Qualität die sogenannte Auswahl- und Entscheidungsfreiheit der Leser.[1494] Die privatwirtschaftliche Struktur der Presse schließt den Leser ein, der auf dem Pressemarkt die Presseerzeugnisse frei nachfragen kann.[1495] Die Entscheidung des Lesers, ein Blatt zu beziehen und zur Kenntnis zu nehmen, ist deshalb auch Teil der privatwirtschaftlichen Ordnung. Wählt er eine Publikation aus, dann ist das zunächst Ausdruck des Rechts, sich frei aus allgemein zugänglichen Quellen zu unterrichten, das von der Informationsfreiheit nach Art. 5 Abs. 1 GG geschützt wird.[1496] Das Grundrecht wird dem elementaren Bedürfnis des Menschen gerecht, „sich aus möglichst vielen Informationsquellen zu unterrichten, das eigene Wissen zu erweitern und sich so als Persönlichkeit zu entfalten."[1497] Abgesehen von dieser individualrechtlichen, aus Art. 1, Art. 2 Abs. 1 GG hergeleiteten Komponente steht die Informationsfreiheit in Bezug zum demokratischen Prinzip des Art. 20 Abs. 1 GG. So führt das Bundesverfassungsgericht aus: „Ein demokratischer Staat kann nicht ohne freie und möglichst gut informierte öffentliche Meinung bestehen. [...] Das Grundrecht der Informationsfreiheit ist wie das Grundrecht der freien Meinungsäußerung eine der wichtigsten Voraussetzungen der freiheitlichen

1494 Vgl. *Degenhart*, in: *Dolzer/Vogel*, BK, Art. 5 Abs. 1 und 2 Rdnr. 440 („ein wesentliches Element freier Kommunikation").

1495 Vgl. *Plenge*, Die Zulässigkeit staatlicher Zeitungen und Zeitschriften, S. 33.

1496 Vgl. *Antoni*, in: *Seifert/Hömig*, GG, Artikel 5 Rdnr. 8.

1497 Vgl. BVerfGE 27, S. 81 – Leipziger Volkszeitung.

Demokratie."[1498] Die Informationsfreiheit enthält daher einen Auftrag an den Staat, Informationsquellen der Allgemeinheit für die Bürger frei zugänglich zu halten.[1499] Nur dann hat der Bürger nicht nur die Freiheit, sondern auch die Möglichkeit, mehrere Informationsquellen als Grundlage eigener Entscheidungen zu nutzen.[1500] Die Informationsfreiheit ist daher auch als objektives Prinzip zu verstehen.[1501] Der freie Meinungsmarkt wäre unvollkommen, wenn die freie Informationsaufnahme und -auswahl der Empfänger vom Schutz ausgenommen wäre.[1502] Der Leser gibt mit seiner Auswahlentscheidung zugleich ein Feedback an die Massenmedien, woraus die Verlage schließen können, welche Themen die Bevölkerung interessieren und welche nicht. Deshalb nimmt der unverfälschte Informationsaustausch zwischen Publikum und Massenmedien ebenfalls eine schlechthin konstituierende Bedeutung innerhalb des individuellen und öffentlichen Meinungsbildungsprozesses ein.[1503] Deshalb gehört auch die Auswahl- und Entscheidungsfreiheit der Leser zu einem wesentlichen Element der Funktionsfähigkeit einer freien Presse[1504] – und mit ihr der unverfälschte Steuerungs- und Rückkopplungseffekt. Sie komplettieren die Pressefreiheit des Verlegers.

bb) Einfluss der Anzeigenblätter auf den Steuerungs- und Rückkopplungseffekt

Es wird die Befürchtung ausgesprochen, dass mit dem Gratisvertrieb von Presseerzeugnissen die Steuerungs- und Rückkopplungsfunktion des Pressewettbewerbs zwischen Verlagen und Leser verzerrt werde.[1505] Das sei der Fall, wenn die Verlage die Leserorientierung zugunsten einer Inserentenorientierung aufgeben würden, da bei allen Erscheinungsformen von Anzeigenblättern die Kaufentscheidung wegfalle, weil sich das Blatt alleine aus Anzeigeneinnahmen finanziert. Dieser Effekt werde dabei umso stärker, je zeitungsähnlicher das Anzeigenblatt gestaltet sei. Die befürchtete Verzerrung des Pressewettbewerbs ist danach und

1498 BVerfGE 27, S. 81 – Leipziger Volkszeitung.

1499 Vgl. BVerfGE 28, S. 188; 27, S. 83 f.; *Ricker*, in: *Löffler/Ricker*, Handbuch des Presserechts, 7. Kap. Rdnr. 5 f.

1500 Vgl. *Wendt*, in: *v. Münch/Kunig*, GG, Art. 5 Rdnr. 28.

1501 Vgl. BVerfGE 27, S. 81 f.

1502 Vgl. *Bethge*, in: *Sachs*, GG, Art. 5 Rdnr. 52; BVerfGE 90, S. 31 – Parabolantenne.

1503 Vgl. BVerfGE 20, S. 175 – Spiegel (Presse als Verbindungsorgan zwischen Volk und seinen gewählten Vertretern in Parlament und Regierung).

1504 Vgl. *Degenhart*, in: *Dolzer/Vogel*, BK, Art. 5 Abs. 1 und 2 Rdnr. 440.

1505 Vgl. *Kübler*, FS Löffler, S. 180; *ders.*, AfP 1988, S. 319; *v. Danwitz*, Gratisvertrieb, S. 90; *Assmann/Brinkmann*, NJW 1982, S. 315.

hier werden Parallelen zum Problem des Anzeigenblatts unter dem Strukturprinzip Qualität erkennbar – bei reinen und klassischen Anzeigenblättern gering, und umso größer, je mehr das Blatt als klassisches Anzeigenblatt mit publizistischem Anspruch oder sogar als vollwertiges Anzeigenblatt qualifiziert werden kann. Fehle also die Kaufentscheidung, werde der Rückkopplungs- und Steuerungsmechanismus auf dem Pressemarkt beeinträchtigt, der die Verlage zwinge, gerade die Leserwünsche zu befriedigen.[1506] Der Leser könne damit nicht mehr unmittelbaren Einfluss auf die redaktionelle Qualität und den Erfolg eines Presseerzeugnisses nehmen. Vielmehr würde der Anzeigenmarkt Vorrang vor dem Lesermarkt gewinnen, das heißt, es käme zu einem Prioritätenwandel auf dem Pressemarkt.[1507] Die Leser wären dann in erster Linie Werbezielgruppe, die Medien primär Werbeträger, und die Redaktionen würden sich hauptsächlich am Erfolg bei den Inserenten orientieren. Durch den Wegfall der Kaufentscheidung werde der Weg geebnet, die Presse für außerpublizistische Zwecke in den Dienst zu stellen, nämlich zu Werbezwecken.[1508] *Kübler* befürchtet sogar, dass Anzeigenblätter, wenn sie sich nicht mehr dem Vertriebswettbewerb auf dem Lesermarkt und damit der Kaufentscheidung stellen müssen, auf das „im Mittelpunkt der grundrechtlichen Funktionsgewährleistung stehende Element der publizistisch-redaktionellen Leistung systematisch verzichten“[1509] würden. Die Kaufentscheidung werde damit zum wesensmäßig qualifizierenden Merkmal des Lesermarkts erhoben,[1510] denn nur über die Kaufentscheidung oder -verweigerung könne der Leser Einfluss auf Art, Umfang und Qualität der Information nehmen.

Die Rechtsprechung ging dagegen bereits Anfang der 80er-Jahre davon aus, dass auch ohne Kaufentscheidung eine Leserorientierung möglich sei.[1511] Wenn an die Stelle der Kauf- die Nutzungsentscheidung bei Zeitungen trete, schalte das auch den publizistischen Leistungswettbewerb nicht aus.[1512] Die Ansicht der Rechtsprechung überzeugt, wenngleich zugegebenermaßen ein gewisser qualitativer Unterschied zwischen den Kategorien Kauf- und Nutzungsentscheidung

---

1506 Vgl. *Kübler*, FS Löffler, S. 180.

1507 Vgl. BGHZ 51, S. 249 – SWB I. Das Anzeigenblatt verfolge – im Gegensatz zur entgeltlichen Tagespresse – „in allererster Linie eigennützige kommerzielle Interessen, nämlich Gewinnerzielung aus dem Anzeigengeschäft“.

1508 Vgl. *v. Danwitz,* Gratisvertrieb, S. 90.

1509 *Kübler*, AfP 1988, S. 319.

1510 Vgl. *Teplitzky*, GRUR 1999, S. 111.

1511 Vgl. BGHZ 81, S. 298 – Back Journal.

1512 Vgl. BGHZ 81, S. 298 – Back Journal; zustimmend *Sachon*, WRP 1980, S. 667; *Degenhart*, AfP 1987, S. 652.

besteht, insoweit es vom Leser mehr Motivation und Investition von Zeit und Geld erfordert, eine Zeitung zu kaufen, anstatt sie kostenlos zugestellt zu bekommen.[1513] Entscheidend ist jedoch, dass sowohl reine, klassische als auch die vollwertigen Anzeigenblätter, wie die Kaufpresse auch, darauf angewiesen sind, gelesen zu werden. Findet ein Gratisblatt kein Leseinteresse, wird das Blatt auch für die Inserenten als Werbeträger uninteressant.[1514] Ob entgeltliches oder unentgeltliches Presseprodukt – die Verleger sind in jedem Fall gezwungen, Geschmack und Wünsche der Leser in punkto Inhalt und Qualität zu treffen. Jedoch wird der Leser der Gratispresse gewisse qualitative Abstriche eher in Kauf nehmen als bei einer vergleichbaren Kaufzeitung.[1515]

Die Nutzung von Anzeigenblättern kann wie die der Kaufpresse gemessen werden – und wird es auch. Zwar kann bei den Gratispresseerzeugnissen die Auflage keinen Aufschluss über die Leseentscheidung geben, diese lässt sich aber etwa über Leserumfragen ermitteln.[1516] *Assmann/Brinkmann* geben zwar zu bedenken, dass den demoskopischen Untersuchungen Grenzen gesetzt seien beim Versuch, Klarheit über das Leserurteil zu erlangen. Einmal würden häufig keine interessenneutralen Daten vorgelegt, da die Befragungen von den Verlagen selbst in Auftrag gegeben oder durchgeführt werden, und zum anderen bestünden systematische Schwächen bei demoskopischen Erhebungen, z. B. bei der Selektivität der Fragen.[1517] Die Kaufentscheidung gibt dagegen sofort Aufschluss über die Leserakzeptanz, erlaubt aber strenggenommen auch keine Aussage über die tatsächliche Nutzung. Selbst die Kaufzeitungen verlassen sich nicht alleine auf die Verkaufszahlen, sondern ermitteln zusätzlich über Umfragen die „Leser je Exemplar", da diese Maßeinheit deutlicheren Aufschluss über die tatsächliche Leserzahl gibt und meist zwei- bis dreimal so hoch liegt wie die verkaufte Auflagenzahl.[1518] Die Verleger von reinen, klassischen und vollwertigen Anzeigenblättern können diese Einheit aber eben auch ermitteln. Andere Mediadaten (unter anderem die Lesemenge und Lesehäufigkeit der Publikation), die von externen, unabhängigen Instituten herausgegeben werden, wie die AWA (Allensbacher Markt- und Werbeträgeranalyse) oder AG.MA (Arbeitsgemeinschaft Media-Analyse), geben ohnehin ein aussagekräftigeres Bild, welcher Werbeträger für

1513 Vgl. *Teplitzky*, GRUR 1999, S. 111.
1514 Vgl. BGHZ 51, S. 238 – SWB I.
1515 Vgl. *v. Danwitz*, Gratisvertrieb, S. 92.
1516 Vgl. LG Karlsruhe, AfP 2000, S. 307.
1517 Vgl. *Assmann/Brinkmann*, NJW 1982, S. 315.
1518 Vgl. *Schmid*, WRP 2000, S. 996.

einen Inserenten interessant ist, als die Verkaufszahlen alleine.[1519] Auf dem Weg der Leserbefragung lässt sich also feststellen, wie ein Presseorgan von seinen Lesern bewertet und gelesen wird. Eine Rückkopplung durch die Leser ist also auch bei Anzeigenblättern gewährleistet.

cc) Exkurs: Verpflichtung des Staats zur Bereitstellung kostenloser Information

Abzulehnen ist die Ansicht, wonach der Staat aufgrund der objektiv-rechtlichen Dimension der Informationsfreiheit *verpflichtet* ist, ein gewisses Maß kostenloser Informationen bereit zu halten bzw. diese unentgeltlichen Informationsquellen besonders zu schützen.[1520] Dabei liege es „im Hinblick auf den gebotenen Ausbau des Sozialstaates (Art. 20 Abs. 1 GG), der die Grundrechte für *jeden* Bürger effektiv machen soll" nahe zu fragen, „ob nicht wenigstens ein gewisses Maß an Informationen kostenlos zugänglich gemacht werden muß (Staatsaufgabe?)."[1521] Gerade Anzeigenblätter böten für sozial schwächere Bevölkerungskreise eine zusätzliche Informationsquelle. Es erscheine also sogar geboten, „diese Personen von der regelmäßigen Lektüre einer Zeitung nicht dadurch auszuschließen, dass die Gratisverteilung als wettbewerbswidrig unterbunden wird".[1522] Dabei könnten insbesondere die anspruchsvollen vollwertigen Anzeigenblätter eine adäquate Alternative zur entgeltlichen Tageszeitung darstellen. Die Pressefreiheit des Gratisblattverlegers würde danach durch die objektiv-rechtlichen Dimensionen der Informationsfreiheit verstärkt, wobei die vollwertigen Anzeigenblätter größeren Schutz genießen würden als die klassischen Anzeigenblätter, weil nur jene eine echte Alternative zur Kaufpresse darstellen und die geforderte Informationsleistung erbringen. Die reinen Anzeigenblätter ohne redaktionellen Teil blieben von vornherein unberücksichtigt.

Der Staat ist aber aufgrund der Informationsfreiheit als allgemeiner Grundsatznorm allein verpflichtet, freien Zugang zu Presseerzeugnissen als allgemein zugänglichen Quellen zu gewähren.[1523] Es obliegt ihm nicht, darüber zu entscheiden, ob eine Informationsquelle für alle zugänglich sein soll.[1524] Darüber befindet alleine der Presseverleger, indem sein Medium technisch dazu geeignet und

---

1519 Vgl. *ZMG*, Zeitungen und Anzeigenblätter, S. 11–15.
1520 Vgl. *Schmitt Glaeser*, NJW 1971, S. 2015.
1521 *Schmitt Glaeser*, NJW 1971, S. 2015.
1522 *Schmid*, WRP 2000, S. 997.
1523 Vgl. *Bethge*, in: *Sachs*, GG, Art. 5 Rdnr. 55.
1524 Vgl. *Schmidt-Jortzig*, in: HbdStR VII, § 162 Rdnr. 37.

bestimmt ist, der Allgemeinheit Informationen zu bieten.[1525] Für die Informationsfreiheit wäre die Schranke des Art. 5 Abs. 2 GG weitgehend gegenstandslos, wenn der Staat die Allgemeinzugänglichkeit bestimmen und auf diesem Wege bereits den Umfang des Grundrechts beliebig begrenzen könnte.[1526] Außerdem ist die Allgemeinzugänglichkeit im Sinne von Informationsbestimmung durch den Verleger und Empfangseignung für die Allgemeinheit auch nicht dadurch beeinträchtigt, dass die Informationen aus den allgemein zugänglichen Quellen nur gegen ein Leistungsentgelt zu erhalten sind.[1527] Denn wenn jemand ein stärkeres Informationsbedürfnis hat, als ihm Mittel zur Beschaffung der Information zur Verfügung stehen, so liegt darin keine staatliche Behinderung, noch erwächst daraus ein Anspruch auf kostenlose Informationsunterrichtung.[1528] Das Grundrecht auf Informationsfreiheit ist für den Einzelnen nicht erst dann effektiv, wenn Presseerzeugnisse kostenlos sind. So steht auch der Rundfunkfreiheit eine maßvolle (sozialadäquate) Rundfunkgebühr nicht entgegen:[1529] „Eine Garantie kostenloser Information enthält Art. 5 I 1 GG jedoch nicht. Staatlich festgesetzte Entgelte für die Rundfunknutzung könnten das Grundrecht unter diesen Umständen nur dann verletzen, wenn sie darauf zielten oder wegen ihrer Höhe objektiv dazu geeignet wären, nutzungswillige Interessenten von Informationen aus bestimmten Quellen fernzuhalten."[1530]

Übertragen auf die Pressefreiheit bedeutet dies, dass es keinen Anspruch auf die unentgeltliche Verteilung von Presseerzeugnissen gibt.[1531] Ein solcher wäre, wenn überhaupt, nur denkbar, wenn der Preis für Presseerzeugnisse geeignet wäre oder darauf abzielen würde, nutzungswillige Interessenten von Informationen bewusst fernzuhalten, woran Verleger von Kaufpresseerzeugnissen aber gerade kein Interesse haben. Auch der BGH hat schließlich betont, dass allein das mögliche Informationsbedürfnis sozial schwacher Bevölkerungsgruppen keinen besonderen Schutz von Gratiszeitungen begründet: „Das Informationsbedürfnis solcher Bevölkerungsteile, die keinerlei Entgelt für Information aufbringen wollen, rechtfertigt nicht die Billigung auch solcher Wettbewerbsmethoden, die

1525 Vgl. *Lerche*, Jura 1995, S. 565.

1526 Vgl. BVerfGE 27, S. 84 f. – Leipziger Volkszeitung.

1527 Vgl. *Wendt*, in: *v. Münch/Kunig*, GG, Art. 5 Rndr. 28.

1528 Vgl. BVerwGE 29, S. 218; *Starck*, in: *v. Mangoldt/Klein/Starck*, GG, Bd. I, Art. 5 Abs. 1, 2 Rdnr. 52 f.

1529 Vgl. *Bethge*, in: *Sachs*, GG, Art. 5 Rdnr. 57.

1530 BVerfG, NJW 2000, S. 649.

1531 Vgl. *Gounalakis/Rhode*, AfP 2000, S. 327 Fn. 106.

wegen ihrer Auswirkungen für das übrige Pressewesen dem Allgemeininteresse zuwiderlaufen."[1532]

dd) Ergebnis zum Strukturprinzip Auswahl- und Entscheidungsfreiheit

Die Auswahl- und Entscheidungsfreiheit der Leser kann als Strukturprinzip der Pressefreiheit weder zugunsten noch zu ungunsten der unentgeltlichen Pressepublikationen ausschlagen. Die mediale und informative Selbstbestimmung der Leser wird durch den Gratisvertrieb von Anzeigenblättern nicht gefährdet. Tatsächlich kann der Leser weiterhin frei entscheiden, ob er ein Anzeigenblatt liest oder ignoriert. Außerdem treten Gratispublikationen nicht anstelle von entgeltlichen Zeitungen, sondern neben sie. Eine Verdrängung findet nicht statt. Desweiteren kann auch die Entscheidung zur Nutzung von reinen, klassischen und vollwertigen Anzeigenblättern ein unverfälschter Steuerungsmechanismus für einen funktionierenden Pressewettbewerb auf dem Leser- und Anzeigenmarkt sein. Die Nutzungsentscheidung der Leser, die ihrerseits auch feststellbar ist, gibt wie die Kaufentscheidung Aufschluss über Interesse und Wünsche der Leser und hat damit den notwendigen Steuerungs- und Rückkopplungseffekt.

Für den Staat ergibt sich allerdings keine Verpflichtung, Anzeigenblätter als kostenlose, allgemein zugängliche Quellen wegen Art. 20 Abs. 1 GG besonders zu schützen. Eine Effektuierung des Grundrechts der Informationsfreiheit in Art. 5 Abs. 1 Satz 1 GG, etwa unter sozialstaatlichen Gesichtspunkten, hängt nicht von der Unentgeltlichkeit von Presseerzeugnissen ab. Sie käme nur dann in Betracht, wenn der Preis für Presseerzeugnisse dazu geeignet wäre bzw. darauf abzielen würde, nutzungswillige Interessenten von Informationen fernzuhalten. Daran besteht aber bei den Verlegern von Kaufpresseerzeugnissen gerade kein Interesse. Ein höherer verfassungsrechtlicher Schutz von unentgeltlichen Presseerzeugnisse gegenüber entgeltlichen Publikationen scheidet damit im Hinblick auf Art. 20 Abs. 1 GG aus.

e) Die Konkretisierung der Strukturprinzipien der Pressefreiheit: Pressevielfalt

aa) Darstellung des Strukturprinzips Pressevielfalt

Die Pressevielfalt ist ebenfalls Schutzobjekt[1533] bzw. Strukturprinzip der Pressefreiheit.[1534] Das BVerfG geht von dem Leitbild aus, dass eine Vielzahl von

---

1532 BGHZ 51, S. 250 – SWB I.

1533 Vgl. *v. Wallenberg*, MMR 2001, S. 513.

1534 Vgl. *Köhler*, WRP 1998, S. 460 f.; *Bullinger*, in: HbdStR VII, § 163 Rdnr. 40.

Presseerzeugnissen, die in Tendenz, politischer Färbung und weltanschaulicher Grundhaltung miteinander konkurrieren,[1535] Kennzeichen und Voraussetzung einer freien Presse sind.[1536] Erst aus der Zusammenschau verschiedener Darstellungen und Meinungen kann eine ausgewogene oder annähernd objektive Information über Tatsachen und Ereignisse erzielt werden. Für den Bürger bedeutet das konkret, dass er nur dann in die Lage versetzt wird, sich über die unterschiedlichsten Meinungen und Tatsachen zu informieren, wenn er aus verschiedenen Nachrichtenquellen auswählen kann, die aus verschiedenen Blickwinkeln berichten; ohne Vielfalt besteht keine Wahlmöglichkeit und ohne Wahlmöglichkeit keine Freiheit.[1537] Eine umfassende Information ist außerdem notwendig, damit eine möglichst freie und informierte öffentliche Meinung entstehen kann und die Bürger eine verantwortungsbewusste Wahlentscheidung in einer Demokratie treffen können.[1538] Ein breites Angebot unterschiedlichster Presseerzeugnisse ist dabei unabdingbare Voraussetzung, um sich über die widerstreitenden Ideen, Auffassungen und Standpunkte einer pluralistischen Gesellschaft unterrichten zu können.[1539]

Vielfalt als zentrale „Leitvorstellung zur massenmedialen Funktionserfüllung in einem demokratischen politischen Prozeß"[1540] setzt sich aus zwei Komponenten zusammen, die zur gewünschten inhaltlichen Vielfalt im Pressewesen führen: Erstens aus einer Vielzahl unterschiedlicher *Pressetypen und -erzeugnisse* und zweitens aus mehreren *Zeitungsanbietern* von Presseprodukten.[1541] Ein vielfältiges Presseangebot besteht aus verschiedenen Pressetypen, Segmenten, wie überregionalen Zeitungen, Lokalpresse, Publikums- oder Fachzeitschriften, die wiederum innerhalb dieser Pressetypen unterschiedliche Presseprodukte hervorbringen. Vielfalt bedeutet nicht nur eine gewisse Anzahl von Presseprodukten vor Ort. Es hat beispielsweise auch einen eigenständigen Vielfaltswert, wenn sich

1535 Vgl. BVerfGE 12, S. 243 – Deutschland-Fernsehen-GmbH; 57, S. 325 – FRAG.

1536 Vgl. *Groß*, Die Institution Presse, S. 167.

1537 Vgl. *Kull*, DÖV 1968, S. 863.

1538 Vgl. *Schmidt-Jortzig*, in: HbdStR VII, § 162 Rdnr. 34.

1539 Vgl. *Lerche*, Verfassungsrechtliche Aspekte der „inneren Pressefreiheit", S. 94; *Czajka*, Pressefreiheit und „öffentliche Aufgabe" der Presse, S. 154 f.

1540 *Uwer*, Medienkonzentration und Pluralismussicherung, S. 13.

1541 Vgl. *Bott*, Die Gratiszeitung, S. 223 f.; *Kübler/Simitis*, JZ 1969, S. 448; *Passauer*, Anzeigenblätter und ihre Auswirkungen im Wettbewerb, S. 103 ff.; *Bringe*, Gratisvertrieb, S. 107.

Lokalzeitungen gegenüber der Konkurrenz der überregionalen Pressemedien behaupten können.[1542]

Das Moment der Produktvielfalt darf jedoch nicht isoliert betrachtet werden. Selbst wenn viele unterschiedliche Presseerzeugnisse auf dem Pressemarkt erhältlich sind, kann trotzdem ein Presse- und Meinungsmonopol vorliegen, wenn die vorhandenen Presseerzeugnisse nur noch von wenigen Verlegern stammen.[1543] Die Marktmacht dieser Oligopole oder Monopole be- bzw. verhindert dann den individuellen Gestaltungsspielraum anderer Marktteilnehmer. Einer solchen Tendenz zur wirtschaftlichen Konzentration ist die Presse, wie alle anderen Branchen auch, im freien Wettbewerb ausgesetzt. Damit verbunden ist jedoch gleichzeitig eine Entstehung oder Verstärkung von Meinungsmonopolen und -macht. Das hat die Pressekonzentration in den 70er-Jahren des vorigen Jahrhunderts deutlich gezeigt, die durch zahlreiche Unternehmensfusionen hervorgerufen wurde und mit einem drastischen Rückgang der publizistischen Einheiten bei der Tagespresse einherging.[1544] Im Zeitraum von 1954 bis 1976 gingen die publizistischen Einheiten von 225 auf 121 zurück, ein Rückgang von 46 Prozent. Parallel dazu stieg der Anteil der fünf größten bundesdeutschen Zeitungskonzerne an der Gesamtauflage der Tagespresse auf 45 Prozent. Die zehn größten Zeitungskonzerne mit insgesamt 35 Zeitungen hatten einen Marktanteil von 54,6 Prozent.[1545] Der Gesetzgeber sah sich daher gezwungen, das Kartellrecht für den Bereich der Presse mit dem sogenannten Pressefusionskontrollgesetz von 1976 zu verschärfen, um weitere Fusionen von größeren Presseunternehmen zu verhindern.[1546] Eine größere Anzahl von verschiedenen selbstständigen Verlagen ist deshalb der zweite Faktor für Pressevielfalt. Das bedeutet jedoch nicht, dass jede Alleinstellung einer Zeitung auf einem lokalen Zeitungsmarkt eine Gefährdung der Pressefreiheit darstellt.[1547] Vielfalt als Grundanforderung

1542 Vgl. *Degenhart*, AfP 1987, S. 651 Fn. 72.

1543 Vgl. BVerfGE 20, S. 176 – Spiegel.

1544 Vgl. *Wilke*, Presse, in: *Noelle-Neumann/Schulz/Wilke*, Fischer Lexikon Publizistik, S. 464.

1545 Vgl. *Diedrichs*, MP 1976, S. 200 ff.

1546 § 23 Abs. 1 Satz 7 GWB a. F., heute einschlägig: § 38 Abs. 3 GWB; *Löffler*, AfP 1976, S. 156 ff.; *Mestmäcker*, Medienkonzentration und Meinungsvielfalt, S. 88 f.

1547 Vgl. *Lerche*, Verfassungsrechtliche Fragen zur Pressekonzentration, S. 65 ff. (starke Stellung einer Zeitung kann auch Voraussetzung für publizistische Leistungsfähigkeit sein; *Degenhart*, in: *Dolzer/Vogel*, BK, Art. 5 Abs. 1 und 2 Rdnr. 448 f.; *Noelle-Neumann*, in: *Noelle-Neumann/Ronneberger/Stuiber*, Streitpunkt lokales Pressemonopol, S. 44 ff. (Alleinstellung einer Zeitung bedeutet nicht automatisch geminderte Meinungsvielfalt).

an eine verfassungsrechtlich in ihrem Bestand gewährleistete Presse darf nicht schematisierend verstanden werden in dem Sinne, dass etwa auf jedem regionalen Teilmarkt zumindest zwei konkurrierende Zeitungen existieren müssen.[1548] Nur wenn beispielsweise wie bei der Pressekonzentration auf dem gesamten Pressemarkt die Fusionen und Monopolstellungen von Presseverlagen stark zunehmen, ist der Staat gezwungen, das Strukturprinzip Pressevielfalt als wesentliche Rahmenbedingung eines funktionierenden Pressewesens zu schützen.[1549]

bb) Pressevielfalt und Wettbewerb

In einer freien Marktwirtschaft kann kein Unternehmen, auch kein Presseunternehmen, einen verfassungsrechtlichen Anspruch auf Bestandsschutz geltend machen,[1550] gerade auch wenn sich traditionelle Produkte nicht mehr gegen innovativere oder wirtschaftlicher agierende Konkurrenz durchsetzen können.[1551] Auch beim Funktionsschutz der freien Presse als solchem, der sich aus der institutionellen Dimension von Art. 5 Abs. 1 Satz 2 GG ableitet, geht es nicht um den Bestandsschutz einzelner Presseerzeugnisse, selbst wenn es sich um sogenannte „Flaggschiffe“ der freien Presse handelt.[1552] Nur die Institution „Freie Presse“ ist in ihrem Bestand und ihrer Funktion geschützt. *Bullinger* meint daher zu Recht, dass „auch die Presse im ganzen […] aus der Pressefreiheit keinen Bestandsschutz in dem Sinne [genießt], daß ihre publizistische Leistungsfähigkeit und Finanzgrundlage uneingeschränkt und gegen auszehrenden Wettbewerb geschützt werden müßten. Ihre sog. ‚öffentliche Aufgabe‘ gibt kein Recht darauf, durch staatliche Maßnahmen gegen Konkurrenz geschützt […] zu werden.“[1553] Die institutionelle Dimension der Pressefreiheit begründet daher keine individuellen Rechtspositionen und deshalb auch keine Bestandsgarantie für ein bestimmtes Presseerzeugnis oder einen bestimmten Verlag im Wettbewerb: „Die Interdependenzen von verfassungsrechtlichen Freiheiten und Wettbewerb im Pressewesen lassen sich auf die – gewiß vereinfachende – Formel bringen: Pressefreiheit ist sowohl Voraussetzung als auch Ergebnis des Zeitungswettbewerbs.“[1554] Mit anderen

1548 Vgl. *Degenhart*, AfP 1987, S. 651.

1549 Vgl. *Bullinger*, in: HdbStR VII, § 163 Rdnr. 60; BVerfGE 20, S. 176.

1550 Vgl. BVerfGE 25, S. 268 – Blinkfüer; *Schulze-Fielitz*, in: *Dreier*, GG, Bd. I, Art. 5 I, II Rdnr. 196.

1551 Vgl. *Bullinger*, in: HbdStR VII, § 163 Rdnr. 52 f.; *Degenhart*, AfP 1987, S. 653 f.

1552 Vgl. *Stammler*, AfP 1987, S. 660; *Degenhart*, AfP 1987, S. 649 f.; BGHZ 51, S. 247 ff. – SWB I.

1553 *Bullinger*, AöR 108 (1983), S. 184.

1554 *Uwer*, Medienkonzentration und Pluralismussicherung, S. 24.

Worten kann die Bildung der individuellen und öffentlichen Meinung ungehindert und unabhängig in und durch konkurrierende Printmedien stattfinden, wenn und soweit die Pressefreiheit gewährleistet ist. Andererseits ist ein öffentlicher Meinungsmarkt als Resultat freier Meinungsäußerung nur dann gewährleistet, wenn die verschiedenen Pressemedien in einem Wettbewerbsverhältnis zueinander stehen.[1555]

Es ist Kennzeichen für eine pluralistische Gesellschaft, dass die unterschiedlichen und miteinander in Wettstreit stehenden politischen Überzeugungen durch die verschiedenen Presseorgane, die miteinander in Wettbewerb stehen, repräsentiert werden. Genau wie die „öffentliche Meinung" als Ergebnis eines Kampfs von Überzeugungen gebildet wird, so muss auch der Kampf auf dem Pressemarkt unter Chancengleichheit und den Bedingungen reiner Konkurrenz geführt werden.[1556] Diese Voraussetzung „reiner Konkurrenz" ist allerdings in der Realität kaum anzutreffen. Vielmehr herrschen gerade auf den Zeitungsmärkten Monopol- und Oligopolstrukturen vor.[1557] Das Strukturprinzip der Vielfalt verweist daher weniger auf die Zementierung bestehender „Vielfaltsstrukturen" als auf die Notwendigkeit eines wirtschaftlichen Ordnungsrahmens für die Presse, damit eine relativ große Zahl selbstständiger Zeitungen bestehen kann.[1558] Mit der freien Unternehmensgründung und der Privatautonomie der Verleger schafft der Staat auf der einen Seite die Voraussetzungen für Vielfalt und Wettbewerb, auf der anderen Seite schützt er durch das Kartellrecht vor einer zu großen Machtballung von einigen wenigen Verlagen auf dem Pressemarkt und versucht auf diese Weise zu verhindern, dass die Vielzahl der Presseprodukte sowie der Presseanbieter durch Monopolbildung zurückgeht.

Eine freie Berichterstattung als entscheidender Faktor für eine pluralistische Meinungsbildung benötigt jedoch noch mehr als einen „Wirtschaftsordnungsrahmen". Sie bedarf einer staatsunabhängigen Stellung und Finanzierung der Medien.[1559] Nach dem Gebot der Staatsfreiheit der Presse darf der Staat nicht in die wirtschaftliche und publizistische Konkurrenz von Presseunternehmen eingreifen.[1560] Ein staatlicher Schutz von einzelnen Presseunternehmen, die in ihrer Existenz durch Konkurrenz bedroht werden, würde einen innovationsfähigen

1555 Vgl. *Uwer*, Medienkonzentration und Pluralismussicherung, S. 24 f.

1556 Vgl. *Czajka*, Pressefreiheit und „öffentliche Aufgabe" der Presse, S. 100.

1557 Vgl. *Heinrich*, Medienökonomie, S. 278 (nur in 7,2 Prozent der Gebiete gibt es eine Konkurrenz von mehr als zwei Zeitungsanbietern).

1558 Vgl. *Kull*, DÖV 1968, S. 863.

1559 Vgl. *Fechner*, Medienrecht, 1. Kap. Rdnr. 21.

1560 Vgl. *Degenhart*, in: *Dolzer/Vogel*, BK, Art. 5 Abs. 1 und 2 Rdnr. 444 ff.

freien Wettbewerb verzerren, was weder im Interesse der Mitbewerber noch der Allgemeinheit ist.[1561] Beispielsweise würde ein Schutz der bestehenden Presseerzeugnisse oder -unternehmen einen massiven Verstoß gegen die Pressefreiheit bedeuten, da die freie Pressetätigkeit der Newcomer behindert oder sogar verhindert würde. Das könnte den Pressemarkt vollkommen vor Wettbewerb abschotten, insbesondere da auf einem Zeitungsmarkt meist nur eine Lokalzeitung mit Monopolstellung vertreten ist. Deshalb bedingen sich Pressevielfalt – sowohl an Produkten als auch an Anbietern – und der Bestand des Pressewettbewerbs gegenseitig. Nur in diesem Sinne ist Pressevielfalt eine zentrale Voraussetzung für ein funktionierendes Pressewesen und damit als Strukturprinzip des Instituts „Freie Presse" institutionell zu schützen.

cc) Anzeigenblätter unter dem Strukturprinzip Pressevielfalt

Es stellt sich nun die Frage, ob sich der Gratisvertrieb von Anzeigenblättern negativ auf die Vielfalt von Presseunternehmen und Presseerzeugnissen auswirken kann. Grundsätzlich erhöht sich zunächst einmal mit jeder weiteren Publikation auf dem Pressemarkt – sei sie nun entgeltlich oder unentgeltlich – die Pressevielfalt. Das ist auch insoweit wünschenswert, als von Pressevielfalt auf den lokalen oder regionalen Zeitungsmärkten in Deutschland bislang ohnehin nur in Ausnahmefällen die Rede sein kann. Die meisten Zeitungskreise sind durch die Monopolstellung einer Lokalzeitung gekennzeichnet.[1562] In weit mehr als der Hälfte der Kreise und kreisfreien Städte ist bundesweit bereits nur noch eine lokale Tageszeitung erhältlich.[1563] Kernproblem der Zeitungsvielfalt ist die sogenannte „Auflagen-Anzeigen-Spirale".[1564] Je niedriger die Auflage einer im Markt nachrangigen Tageszeitung, umso geringer ist die Reichweite und umso niedriger sind die Anzeigeneinnahmen.[1565] Die geringen Werbeeinnahmen verhindern wiederum eine Verbesserung der redaktionellen Qualität. Bei nachlassender redaktioneller Leistung kann aber wiederum die Auflage sinken, wodurch der Titel auf dem Anzeigenmarkt weiter an Gewicht verliert. Seit Jahrzehnten werden nachrangige Zeitungen entweder vollständig aufgegeben, einzelne Lokalredaktionen geschlossen oder Lokalausgaben eingestellt.[1566] Daher nimmt

1561 Vgl. *Bullinger*, in: HbdStR VII, § 163 Rdnr. 52.

1562 Vgl. *Schulte-Nölke/Hawxwell*, EWiR 2004, S. 1054; *Schütz*, MP 2009, S. 455.

1563 Vgl. *Schütz*, MP 2005, S. 224 ff.

1564 Vgl. *Röper*, MP 2004, S. 281.

1565 Vgl. *Schütz*, Pressewirtschaft, in: *Noelle-Neumann/Schulz/Wilke*, Fischer Lexikon Publizistik, S. 551, 553.

1566 Vgl. *Röper*, MP 2004, S. 281.

die Zahl der Zeitungskreise mit nur einer Zeitung zu und parallel dazu der Grad der Monopolisierung auf den lokalen Pressemärkten.[1567] In dieser Situation stellt der Gratisvertrieb von Presseerzeugnissen, der sofort eine hohe Auflage beim Markteinstieg ermöglicht, das einzige Erfolg versprechende Konzept dar, um in die gefestigten lokalen Pressemärkte einzudringen und für mehr Pressevielfalt zu sorgen.[1568]

Die Pressevielfalt verringert sich gleichfalls nicht, wenn ein traditionelles, entgeltliches Blatt durch ein neues ersetzt wird. Eine solche Entwicklung weist eher auf einen Strukturwandel hin.[1569] Das gilt aber selbst dann, wenn ein Anzeigenblatt eine vergleichbare Kaufpublikation substituieren würde, was aufgrund der Qualitätsunterschiede zwischen den Anzeigenblättern von vornherein nur bei klassischen Anzeigenblättern mit publizistischem Anspruch und vor allem bei vollwertigen Anzeigenblättern denkbar ist. Innerhalb eines Pressetyps – etwa dem der lokalen Wochenzeitung – würde nur das Presseprodukt ausgetauscht werden. Selbst in der Konstellation, dass eine entgeltliche Monopolzeitung durch ein (vollwertiges) Anzeigenblatt in ihrem Bestand bedroht wird, besteht zunächst kein Grund, zum Schutz der Pressevielfalt einzugreifen – eine solche Vielfalt hat schließlich auch vorher nicht bestanden. Die Gefährdung mehrerer entgeltlicher Zeitungen durch ein Anzeigenblatt kann ebenfalls nicht als Kriterium für die Gefährdung des Strukturprinzips Pressevielfalt herangezogen werden, solange der Wettbewerb der übrigen Zeitungen auf einem jeweiligen Zeitungsmarkt noch funktioniert und nicht im Bestand bedroht ist.[1570] Alles andere muss auf einen Bestandsschutz einzelner, meinungsbildender Presseerzeugnisse hinauslaufen. Das Strukturprinzip der Pressevielfalt kann also, wenn überhaupt, nur dann die Pressefreiheit der entgeltlichen Verleger schützen, wenn auf einem bestimmten Zeitungsmarkt ein unentgeltliches Blatt mehrere entgeltliche Zeitungen nachweisbar in ihrer Existenz bedroht und der Bestand des Wettbewerbs in seiner Existenz gefährdet wird.[1571] Hier findet also die einfachrechtliche, wettbewerbsrechtliche Schranke des Gratisvertriebs ihr verfassungsrechtliches Pendant. Gehen zahlreiche Mitbewerber (mit großen Auflagen) in Konkurs,

---

1567 Vgl. *Röper*, MP 2004, S. 281; *Heinrich*, Medienökonomie, S. 277 (Rückgang der Zeitungsdichte von 2,7 auf 1,6 Zeitungen je kreisfreie Stadt und Kreis).

1568 Vgl. *Berst*, AfP 1999, S. 429.

1569 Vgl. *Köhler*, WRP 1998, S. 461; OLG Karlsruhe, WRP 1996, S. 120 – Wieslocher Woche.

1570 Vgl. *Hefermehl*, Anmerkungen zum BGH-Urteil SWB II, GRUR 1971, S. 479.

1571 Vgl. BGH, GRUR 1956, S. 223 – FWB; GRUR 1969, S. 288 – SWB I; GRUR 1971, S. 478 – SWB II; GRUR 1977, S. 669 – WAZ-Anzeiger.

dann kann das dazu führen, dass erstmals ein die ursprünglich vorhandene Pressevielfalt ersetzendes Monopol auf diesem Zeitungsmarkt entsteht. Eine Gefährdung der Pressevielfalt durch Anzeigenblätter würde dann vorliegen. Diese Konstellation ist aber eine rein theoretische, da zum einen auf den meisten Zeitungsmärkten nur eine entgeltliche (Monopol-)Zeitung existiert und zum anderen Anzeigenblätter, wie bereits mehrfach erwähnt, bislang keinerlei Verdrängungswirkungen gehabt haben.[1572]

dd) Anzeigenblätter und das System des Presse-Grossos

Die Beeinträchtigung des Systems des Presse-Grossos durch Anzeigenblätter könnte die Schwelle für die Annahme einer Gefährdung des Strukturprinzips Pressevielfalt absenken. Das wird vor allem im Zusammenhang mit den vollwertigen Anzeigenblättern bzw. Gratiszeitungen diskutiert.[1573] Es wird befürchtet, dass sich die kostenlosen Zeitungen in den Großstädten oder anderen Ballungsgebieten durchsetzen und dabei die herkömmliche Presse weitgehend verdrängen könnten.[1574] Das kann vor allem für die vollwertigen Anzeigenblätter angenommen werden. Das könnte das Prinzip der „Überall-Erhältlichkeit“ von Presseerzeugnissen, das das Presse-Grosso in besonderem Maße erfüllt,[1575] gefährden und zu einer drastischen Verringerung des publizistischen Angebots in ländlichen Gebieten führen.[1576] Eine solche Entwicklung stünde dann im Widerspruch zu den Interessen der Allgemeinheit an einer umfangreichen und vielfältigen Berichterstattung. Das Individualrecht des Presseverlegers, über sein Vertriebssystem frei zu entscheiden, müsste in dieser Fallkonstellation zurücktreten. Die Gegenauffassung richtet sich gegen die Propagierung von irgendwelchen Schutzmaßnahmen, da es keine Garantie für bestimmte Wettbewerbsparameter (z. B. Einzelhändler oder Grossisten) gibt, die sich auf die herkömmliche Vertriebsstruktur auf dem Pressemarkt beziehen.[1577] Vorrangig zu beantworten ist aber die Frage, ob eine größere Verbreitung von vollwertigen Anzeigenblättern sich in der gezeigten Weise auf die Pressemärkte in Großstädten und Ballungsgebieten auswirkt und damit dem Presse-Grosso, das bei der

---

1572 Vgl. *Schütz,* MP 2005, S. 224 ff.

1573 Vgl. *Bott,* Die Gratiszeitung, S. 240 ff.

1574 Vgl. *v. Danwitz,* Gratisvertrieb, S. 100.

1575 Vgl. *Kloepfer*, Presse-Grosso unter dem Schutz des Verfassungsrecht und Europarecht, S. 24 f.

1576 Vgl. *Bott,* Die Gratiszeitung, S. 241 f.

1577 Vgl. LG Berlin, K & R 2001, S. 63–20 Minuten Köln.

„Sicherung der Zeitungs- und Meinungsvielfalt“ mitwirkt, im Bestand gefährden kann.[1578]

In Deutschland kommt dem Presse-Grosso eine herausragende Rolle beim Vertrieb von Presseerzeugnissen zu. Mit Ausnahme des Zeitschriftenverkaufs über den Bahnhofsbuchhandel, den werbenden Buch- und Zeitschriftenhandel, Lesezirkel und verlagseigene Abonnements vertreibt diese besondere Art von Pressegroßhändler etwa 50 Prozent der insgesamt vertriebenen Zeitungen.[1579] Das Presse-Grosso ist ein spezielles Großhandelssystem, dessen Waren, anders als üblich, einer Preisbindung unterliegen.[1580] Dabei schließen die Verlage einen Vertrag mit einem bestimmten Grossisten und räumen ihm ein räumliches Alleinvertriebsrecht ein. Der Grossist wird im Gegenzug verpflichtet, die Presseprodukte zu den vom Verlag festgelegten Preisen und Mengen zu vertreiben. Der Grossist vereinbart wiederum mit dem Einzelhändler, dass auch dieser die Preisbindung einhält und ein bestimmtes Sortiment führt.[1581] Die Verleger verpflichten sich ihrerseits, die nicht verkauften Presseerzeugnisse im Rahmen der Remission wieder zurückzunehmen. Damit bleibt das Absatzrisiko beim Verleger.[1582] Dem Grossisten kommt die Rolle eines Dienstleistungsanbieters für Verlage und Einzelhandel zu, indem er einen effektiven Vertrieb organisiert, der eine möglichst niedrige Remissionsquote realisiert.[1583]

Die Bestimmung der Menge, das Dispositionsrecht, liegt zunächst beim Verlag. Nach der Neueinführung und während einer angemessenen Einführungsphase übernimmt der Grossist das Dispositionsrecht insbesondere gegenüber dem Einzelhandel. „Die Ausübung dieses Dispositionsrechts durch den Grossisten ist jedoch extrem *nachfrageorientiert*, und es ist gerade dieses Kennzeichen der Branche, das eine *optimale Befriedigung der Leserbedürfnisse* gewährleistet.“[1584] Das Alleinvertriebsrecht mit Preisbindung verhindert zwar einerseits die Unternehmer-Selbständigkeit[1585] und den Wettbewerb zwischen den Presse-Grossisten. Andererseits wirkt sich das System positiv auf den Wettbewerb zwischen den

1578 Vgl. *Kohl*, in: *Bringe*, NJW 2001, S. 1478.

1579 Vgl. *Ascherfeld*, Presse-Grosso und Europarecht, S. 6; *Kaiser*, Das Recht des Presse-Grosso, S. 13.

1580 Vgl. *Kloepfer/Kutzschbach*, AfP 1999, S. 1.

1581 Vgl. *Kloepfer/Kutzschbach*, AfP 1999, S. 1.

1582 Vgl. *Ascherfeld*, Presse-Grosso und Europarecht, S. 13.

1583 Vgl. *Miller*, Das deutsche Presse-Grosso, S. 32 ff.

1584 *Kaiser*, Das Recht des Presse-Grosso, S. 70.

1585 Vgl. *Ipsen*, Presse-Grosso im Verfassungsrahmen, S. 69.

konkurrierenden Presseprodukten aus,[1586] da das System die Markteinführung oder -durchdringung von neuen oder weniger gewinnträchtigen Presseerzeugnissen erleichtert. Die Verleger entlasten den Grossisten und die Einzelhändler von dem finanziellen Risiko, die Produkte nicht absetzen zu können. Auf diese Weise fördert das Großhandelssystem des Presse-Grossos die Bereitschaft, auch die Titel in ihr System aufzunehmen, die weniger Gewinn abwerfen oder noch unbekannt sind.[1587] Das gilt „in gesteigertem Maß für neue, finanzschwache oder minderheitenorientierte Presseunternehmen, die zum Aufbau eines eigenen Vertriebsnetzes außerstande wären und ihr Publikum allein durch Grossisten zu erreichen vermögen."[1588] Auch für die Allgemeinheit bietet das Presse-Grosso Vorteile: ein einheitlicher Bezugspreis und eine flächendeckende Versorgung mit vielfältigen Presseerzeugnissen.[1589] Beide Vorteile tragen dazu bei, dass das Vertriebssystem des Presse-Grossos eine geradezu optimale Verbreitung von Presseerzeugnissen für die Gesellschaft sicherstellt. Deshalb erfüllt das Presse-Grosso die Aufgabe der „informatorischen Grundversorgung" auf dem deutschen Pressemarkt in besonders effizienter Weise.[1590]

Die gratisvertriebenen Anzeigenblätter beteiligen sich nicht am System des Presse-Grossos, sondern verteilen ihre Exemplare entweder durch ein eigenes Vertriebssystem an alle Haushalte, per Auslage in Zeitungsboxen, durch Verteilung von Hand an Knotenpunkten des öffentlichen Nahverkehrs[1591] oder durch Auslage in Zeitungsboxen in Unternehmen. Der Gratisvertrieb von vollwertigen Anzeigenblättern bzw. kostenlosen Tageszeitungen beschränkte sich allerdings bisher auf Städte, wovon auch in Zukunft auszugehen ist. In eher ländlichen Gebieten mit geringer Bevölkerungsdichte wäre der Gratisvertrieb von hochwertigen, zeitungsähnlichen Presseerzeugnissen kaum rentabel.[1592] Der Vertriebsaufwand und die Anzeigeneinnahmen auf der einen Seite und die redaktionellen Kosten auf der anderen Seite stünden nicht in einem angemessenen Verhältnis. Deshalb ist auch für das Segment der klassischen Anzeigenblätter mit publizistischem Anspruch in Zukunft nicht davon auszugehen, dass sie in

1586 Vgl. *v. Danwitz*, Gratisvertrieb, S. 98.
1587 Vgl. *Ascherfeld*, Presse-Grosso und Europarecht, S. 14.
1588 BVerfGE 77, S. 355 – Presse-Grossist.
1589 Vgl. *Roggen*, Pressevertrieb und Kartellrecht, S. 56 f.
1590 Vgl. *v. Danwitz*, Gratisvertrieb, S. 97 f.
1591 Vgl. *Vogel*, MP 2001, S. 584.
1592 Vgl. *Bott*, Die Gratiszeitung, S. 241.

nennenswertem Umfang in ländlichen Gebieten eingeführt werden.[1593] Dagegen erweist sich der Gratisvertrieb von reinen Anzeigenblättern und klassischen Anzeigenblättern ohne publizistischen Anspruch auch in den ländlichen Gebieten als lohnendes Geschäft.[1594] Beide Anzeigenblatt-Typen stehen jedoch nicht in starker Konkurrenz zu den Kaufpresseerzeugnissen, die das Presse-Grosso vertreibt, und haben dieses auch bisher nicht – trotz langjähriger und weiter Verbreitung – in seiner Existenz gefährdet. Daher könnte eine Gefahr für das Presse-Grosso allein von einer großen Anzahl „anspruchsvoller" klassischer, vor allem aber von den vollwertigen Anzeigenblättern ausgehen.

Würde der unwahrscheinliche Fall eintreten, dass die Gratiszeitungen die herkömmliche Presse in den bevölkerungsreichen Gebieten so stark verdrängen würde, dann hätte dies auch Auswirkungen auf das Presse-Grosso.[1595] Nur wenn es in den Ballungsgebieten einen großen Teil der Auflage einer Zeitung verkauft, hat es die finanziellen Ressourcen, um auch im ländlichen Raum ein umfassendes Angebot bereitzuhalten. Fallen jedoch die Einnahmen aus den Ballungsgebieten aus, dann wirkt sich das zwangsläufig auf die Gebiete mit geringerer Bevölkerungsdichte aus: Entweder es kommt zu einer Verteuerung der Presseerzeugnisse oder zu einer Verarmung des Presseangebots.[1596]

Träte eine solche Abnahme des publizistischen Angebots in strukturschwachen Gebieten tatsächlich ein, da das Presse-Grosso in seinem Bestand gefährdet wäre, müsste das Individualrecht des Anzeigenblattverlegers zugunsten der Interessen der Allgemeinheit, des Presse-Grossos und der entgeltlichen Zeitungsverleger zurücktreten. Nur haben selbst die anspruchsvollen Anzeigenblätter bisher keine Verdrängungswirkung entfaltet, womit das Szenario einer Gefährdung des Presse-Grossos bislang nicht eingetreten ist und auch keine Anhaltspunkte dafür bestehen, dass eine eintreten wird.[1597] Folglich kann nur von einer sehr geringen abstrakten Gefahr ausgegangen werden, dass die Bevölkerung in ländlichen Gebieten nur noch unzureichend mit Presseerzeugnissen versorgt wird.

1593 Vgl. „Kostenlose Zeitung ‚20 Minuten' expandiert", in: Der Tagesspiegel vom 29.08.2000.

1594 Vgl. *Ridder-Aab*, MP 1985, S. 638; Koschnick, FOCUS-Lexikon, S. 184. („Mit der Reichweite von 92 % erreichen Anzeigenblätter fast alle Bevölkerungsschichten.").

1595 Vgl. *Bott*, Die Gratiszeitung, S. 241.

1596 Vgl. *v. Danwitz*, Gratisvertrieb, S. 101; *Bott*, Die Gratiszeitung, S. 243.

1597 Vgl. *Bott*, Die Gratiszeitung, S. 243.

ee) Ergebnis zum Strukturprinzip Pressevielfalt

Pressevielfalt im Sinne des Bestehens einer Vielzahl von Pressetypen und Produkten, die in ihrer Tendenz, politischen Ausrichtung und weltanschaulichen Grundhaltung miteinander konkurrieren, ist Kennzeichen und Voraussetzung einer freien Presse. Das Strukturprinzip der Pressevielfalt verweist dabei weniger auf eine Konservierung bereits existierender „Vielfaltsstrukturen" als auf die Notwendigkeit von Bedingungen, unter denen eine große Zahl selbstständiger Zeitungen bestehen kann. Bestandsschutz für bestimmte Presseunternehmen oder ihre Publikationen gewährt das Strukturprinzip Pressevielfalt also gerade nicht.

Im Konflikt zwischen Anzeigenblättern und entgeltlicher Presse stärkt das Strukturprinzip Pressevielfalt die Interessen traditioneller Zeitungsverleger grundsätzlich erst dann, wenn ein unentgeltliches Blatt die anderen entgeltlichen Zeitungen oder Verlage auf einem Zeitungsmarkt konkret in ihrem Bestand gefährdet. Außerdem muss das Individualrecht des Anzeigenblattverlegers zurücktreten, wenn sich der Gratisvertrieb von anspruchsvollen klassischen Anzeigenblättern und vollwertigen Anzeigenblättern in den Großstädten und Ballungsgebieten zu Lasten der Kaufpresse ausbreitet und damit das Presse-Grosso in seinem Bestand gefährdet. Für die Allgemeinheit ergäben sich daraus erhebliche Nachteile, weil der einheitliche Bezugspreis und die flächendeckende Versorgung mit vielfältigen Presseerzeugnissen gefährdet wären. Der Vertrieb von Anzeigenblättern wäre dann (auch) unter verfassungsrechtlichen Gesichtpunkten unzulässig. Es ist allerdings zu bedenken, dass selbst die anspruchsvollen Anzeigenblätter zumindest bislang keinen verdrängenden Effekt gegenüber ihrer entgeltlichen Konkurrenz ausgeübt haben, das beschriebene Szenario ausgeblieben und somit eine rein theoretische Überlegung darstellt.

f) Die Konkretisierung der Strukturprinzipien der Pressefreiheit: Redaktionelle Unabhängigkeit

aa) Darstellung des Strukturprinzips redaktionelle Unabhängigkeit

Eine freie Presse kann sich nur dann entfalten, wenn die redaktionelle Arbeit von Einflüssen Dritter unabhängig ist.[1598] Diese Einsicht ist auch historisch begründet. Bis in das 19. Jahrhundert hinein war die Freiheit der Presse in Deutschland durch kirchliche oder staatliche Zensurmaßnahmen beschränkt.[1599] Heute geht die Gefahr einer inhaltlichen Einflussnahme weniger vom Staat als von

1598 Vgl. BVerfGE 20, S. 162 – Spiegel.

1599 Vgl. *Ricker*, in: *Löffler/Ricker*, Handbuch des Presserechts, 4. Kap. Rdnr. 6–24.

wirtschaftlichen Mächten aus, wie z. B. den Werbetreibenden,[1600] die das Vertrauen, das die Leser dem redaktionellen Teil entgegenbringen, für ihre Werbung nutzen wollen.[1601] Der Staat hat deshalb Sorge zu tragen, dass der redaktionelle Teil der Presse vor Fremdbestimmung geschützt wird, indem er eine scharfe Trennung von Anzeigenteil und redaktionellem Teil vorschreibt. Das schützt nicht nur die Presse davor, aufgrund wirtschaftlichen Drucks Schleichwerbung für die Anzeigenkunden zu betreiben, indem sie Reklame für Produkte oder Dienstleistungen als redaktionellen Beitrag tarnt,[1602] sondern bewahrt auch die Leser vor Irreführung.[1603] Es ist nämlich grundsätzlich davon auszugehen, dass der Verbraucher „einem redaktionellen Beitrag als einer objektiven Meinungsäußerung oder Berichterstattung einer unabhängigen Redaktion immer noch größere Bedeutung bemisst und unkritischer gegenübersteht als den werbenden Behauptungen von Inserenten."[1604]

Gerade für die öffentliche Meinungsbildung ist es entscheidend, dass für jeden Einzelnen ersichtlich ist, wer Absender der jeweiligen Botschaft ist, ob es sich bei einem Beitrag um unabhängige oder erkennbar interessengebundene Berichterstattung handelt.[1605] Wirken Werbekunden auf die inhaltliche Gestaltung der Pressebeiträge in einer Weise ein, dass nicht klar ist, wer letztendlich der tatsächliche Absender der Information ist, muss das den Prozess der individuellen und öffentlichen Meinungsbildung verfälschen.[1606] Die Unabhängigkeit der Presse ist demnach ein wesentliches Strukturprinzip der Pressefreiheit, das deswegen gerade auch vor wirtschaftlichen Machtgruppen geschützt werden muss.

bb) Anzeigenblätter unter dem Strukturprinzip redaktioneller Unabhängigkeit

Der Gratisvertrieb von Anzeigenblättern wird an diesem Strukturprinzip der Pressefreiheit zu messen sein, weil sich Anzeigenblätter zu 100 Prozent aus Anzeigen finanzieren. Es besteht deshalb die Befürchtung, dass Inserenten ihre Machtstellung dazu einsetzen, auf den redaktionellen Teil Einfluss zu nehmen,

---

1600 Vgl. *Ricker*, in: *Löffler/Ricker*, Handbuch des Presserechts, 14. Kap. Rdnr. 2.

1601 Vgl. *Sedelmeier*, in: *Löffler*, Presserecht, § 10 LPG Rdnr. 3.

1602 Vgl. *Ricker*, in: *Löffler/Ricker*, Handbuch des Presserechts, 14. Kap. Rdnr. 2 und 75. Kap. Rdnr. 24 ff.

1603 Vgl. *Köhler*, in: *Köhler/Bornkamm*, UWG, § 4 Rdnr. 3.20.

1604 OLG Hamm, Entscheidung vom 27.09.2011, in: juris, 4 U 102/11, I-4 U 102/11, Rdnr. 39.

1605 Vgl. *Lahusen*, GRUR 2005, S. 224.

1606 BGH, AfP 1981, S. 458; *Groß*, Presserecht, S. 209 f.

ihre Potenz also über den „redaktionellen Hebel" missbrauchen[1607] und so ein „empfindliches Einbruchstor für sachfremde Einflüsse der Anzeigenkunden"[1608] geöffnet wird. Eine freie publizistische Arbeit sei nicht mehr möglich, sobald wirtschaftliche Mächte festlegen, eine bestimmte Tendenz in der Berichterstattung zu verfolgen oder zu unterlassen.[1609] Denn bei einer ausschließlichen Werbefinanzierung steige die Wahrscheinlichkeit, dass die Zahl der unentbehrlichen Anzeigenkunden zunehme und damit ihr Einfluss.[1610] Wirkten Anzeigenkunden auf diese Weise auf den redaktionellen Inhalt ein, sei das nicht mehr „ein Ausfluss der gegebenen Marktsituation", sondern Resultat der Machtposition der Werbetreibenden, „die die freiheitliche Grundrechtsausübung in gleicher Weise bedroht wie staatliche Eingriffe."[1611] Dabei ist wiederum zwischen den verschiedenen Ausformungen der Anzeigenblätter zu differenzieren: Eine mögliche Einflussnahme ist schließlich vor allem dort zu befürchten, wo ein umfangreicherer redaktioneller Teil vorliegt, wie es bei den klassischen Anzeigenblättern (mit publizistischem Anspruch) und den vollwertigen Anzeigenblättern der Fall ist. Die reinen Anzeigenblätter sind von dem Problem von vornherein nicht betroffen, weil es an dem „redaktionellen Hebel" fehlt, über den Einfluss geltend gemacht werden könnte.

Auch die Rechtsprechung hat insoweit Bedenken ausgesprochen. Mit dem „praktisch völligen Verzicht auf den Lesermarkt" beim Gratisvertrieb von Gratiszeitungen, so das LG Berlin, gehe eine „überproportionale Steigerung von Macht und Einfluss der werbenden Industrie" einher, der „auf längere Sicht ernsthafte Gefahren für den Bestand einer unabhängigen Presse" darstelle.[1612] Es liege auf der Hand, dass ein Verleger, der sein Blatt „vollständig aus Anzeigeneinnahmen finanziert, Gefahr läuft, sich den Interessen der Inserenten auszuliefern und unterzuordnen"[1613] aus Angst, andernfalls Anzeigeneinnahmen zu verlieren. Wegen dieser möglichen Auswirkung, so auch der BGH zum Gratisvertrieb von Fachzeitschriften, sei im Pressebereich allen Werbeformen, die sich negativ auf die Objektivität der Berichterstattung auswirken könnten, mit „besonderer

1607 Vgl. *Ahrens*, WRP 1999, S. 128.
1608 *Petersen*, WRP 1979, S. 430.
1609 Vgl. *Bringe*, Gratisvertrieb meinungsbildender Tagespresse, S. 151.
1610 Vgl. *Ahrens*, WRP 1999, S. 128 f.
1611 *Bringe*, Gratisvertrieb meinungsbildender Tagespresse, S. 151.
1612 Vgl. LG Berlin, AfP 2000, S. 292; *Lehmann*, Die Verteilung von kostenlosen Presseerzeugnissen, in: *Fischer/Baerns*, Wettbewerbswidrige Praktiken auf dem Pressemarkt, S. 81 f.
1613 LG Berlin, AfP 2000, S. 293.

Zurückhaltung"[1614] zu begegnen. Es ist jedoch fraglich, inwieweit diese Befürchtungen auf klassische und vollwertige Anzeigenblätter zutreffen und ob ihr Verbot damit zu rechtfertigen wäre.

Die Abhängigkeit von der Werbewirtschaft und die Einflussnahme der Inserenten auf den redaktionellen Inhalt stellen grundsätzlich *kein* spezifisches Problem von (reinen, klassischen oder vollwertigen) Anzeigenblättern dar.[1615] Die entgeltliche Tagespresse, die sich zu 50 bis 75 Prozent aus Anzeigenerlösen finanziert,[1616] ist ebenfalls existenziell auf ihre Werbeeinnahmen angewiesen. Die Gerichtsverfahren zum Tatbestand der Schleichwerbung[1617] belegen denn auch, dass die Gefahr unzulässiger Werbung im redaktionellen Teil gerade auch die Kaufpresse betrifft. Das Problem der wirtschaftlichen Einflussnahme der Werbewirtschaft auf den redaktionellen Inhalt ist daher nicht erst durch Anzeigenblätter aufgeworfen worden, sondern „eine generelle Frage der journalistischen Kultur" überhaupt.[1618] Der „Versuchung standzuhalten, zahlenden Inserenten die Möglichkeit zu geben, auf den redaktionellen Teil einer Zeitung Einfluß zu nehmen, ist eine Frage der Pressekultur, die ihrerseits stark davon abhängt, wie fest die Überzeugung von der Wichtigkeit und Notwendigkeit einer unabhängigen Presse in der Gesellschaft verankert ist."[1619] Als Gegenmaßnahmen wurden die presse- und lauterkeitsrechtlichen Regelungen in §§ 3 und § 4 Abs. 1 Nr. 3 UWG sowie in § 13 LMG Rh-Pf[1620] eingeführt, die eine deutliche Trennung zwischen Anzeige und redaktionellem Text vorsehen. Sie haben sich in langjähriger Praxis in allen Medienbereichen als wirksame Instrumentarien bewährt,[1621] was natürlich nicht bedeutet, dass ihre Grenzen nicht von den Werbetreibenden und Medienschaffenden in allen Medien, ob gratis oder unentgeltlich, immer wieder ausgelotet werden.

1614 BGH, GRUR 1977, S. 611.

1615 Vgl. *Gounalakis/Rhode*, AfP 2000, S. 327.

1616 Vgl. LG Heilbronn, AfP 2000, S. 305; *Schütz*, in: *Noelle-Neumann/Schulz/Wilke*, Fischer Lexikon Publizistik, S. 548, 550, 552.

1617 Vgl. BGH, WRP 1990, S. 270 ff. – Schönheits-Chirurgie; BGH, WRP 1993, S. 476 ff. – Produktinformation I; BGH, WRP 1994, S. 728 ff. – Produktinformation II; BGH, WRP 1994, S. 862 ff. – Bio-Tabletten; BGH, GRUR 1997, S. 145 ff. – Preisrätselgewinnauslobung IV; OLG München, ZUM 1998, S. 842 ff.; OLG Nürnberg, WRP 2002, S. 585 ff.; BVerfG, WRP 2003, S. 69 ff.

1618 Vgl. *Gounalakis/Rhode*, AfP 2000, S. 327.

1619 OLG Karlsruhe, AfP 1998, S. 238.

1620 In den anderen Bundesländern steht die Vorschrift in § 10 LPG.

1621 Vgl. *Lahusen*, Inhalt und Schranken der Pressefreiheit, S. 59; a. A.: *Kohl*, in: *Bringe*, NJW 2001, S. 1477.

Zu beantworten bleibt zuletzt noch die Frage, ob die Anzeigenblattverleger aufgrund ihrer 100-prozentigen Anzeigenfinanzierung besonders anfällig sind, dem Druck der Inserenten nachzugeben,[1622] oder ob zwischen einer 70-prozentigen und einer 100-prozentigen Anzeigenabhängigkeit tatsächlich nur noch ein zu vernachlässigender gradueller Unterschied besteht.[1623] Zwar erscheint die Annahme plausibel, dass eine größere Anzeigenabhängigkeit mit einer größeren Bereitschaft zu „redaktionellen Zugeständnissen" einhergeht.[1624] Erfahrungen auf dem Pressemarkt sprechen jedoch dagegen, dass Werbekunden einen umso höheren Einfluss auf die redaktionellen Inhalte auszuüben versuchen, je stärker die Publikationen von Inserenten abhängig sind.[1625] Als eine der typischen Formen redaktioneller Einflussnahme gilt die sogenannte Schleichwerbung, in der Werbeaussagen gegen Entgelt in den redaktionellen Teil integriert werden.[1626] *Mann* hat die Fälle von Schleichwerbung bei Zeitschriften analysiert und festgestellt, dass ein Großteil der Fälle nicht in den stark anzeigenfinanzierten Publikationen auftritt, sondern hauptsächlich in Boulevardzeitschriften, die sich kaum aus Anzeigeneinnahmen finanzieren.[1627] Keine Anhaltspunkte für eine gesteigerte Gefährdung der unabhängigen Berichterstattung der Presse geben auch die langjährigen Erfahrungen auf dem Fachzeitschriftenmarkt, der zur Hälfte mit Gratisblättern bestückt ist.[1628] Gleiches gilt auch für die bisher erschienen kostenlosen Sonntags-, Wochen- und Tageszeitungen,[1629] die sich redaktionell kaum oder gar nicht von vergleichbaren Kaufprodukten unterschieden. Die Annahme eines proportionalen Zusammenhangs zwischen der Höhe der Anzeigenfinanzierung und der Gefahr von redaktioneller Einflussnahme durch Inserenten erscheint demnach nicht zwingend.[1630] Überraschen dürfte dieses Ergebnis nicht. Aus der Perspektive eines Inserenten, der Einfluss auf den redaktionellen Inhalt nehmen möchte, dürfte es keine Rolle spielen, ob das Presseerzeugnis entgeltlich

1622 Vgl. BGHZ 114, S. 85 f. – Motorboot-Fachzeitschrift; OLG Karlsruhe, WRP 1998, S. 528.

1623 Vgl. *Schricker*, AfP 2001, S. 103.

1624 Vgl. OLG Köln, ZUM-RD 2000, S. 380–20 Minuten Köln; BGH, AfP 2010, S. 242 f. – Stumme Verkäufer II.

1625 Vgl. *Mann*, WRP 1999, S. 742.

1626 Vgl. *Ricker*, in: *Löffler/Ricker*, Handbuch des Presserechts, 75. Kap. Rdnr. 24 ff.

1627 Vgl. *Mann*, WRP 1999, S. 742.

1628 Vgl. *Sachon*, Wettbewerbsrechtliche Probleme des Vertriebs von Freistücken auf dem Fachzeitschriftenmarkt, S. 104; *ders.*; WRP 1982, S. 187.

1629 Vgl. *Krüger*, AfP 2000, S. 259.

1630 Vgl. BGH, NJW 1982, S. 336.

oder unentgeltlich vertrieben wird.[1631] Der ökonomische Beweggrund, die Werbekraft der Werbeaussage durch die Positionierung im redaktionellen Teil zu erhöhen, bleibt der gleiche.[1632] Die Gefahr, dass wenige, wirtschaftlich potente Stammkunden eine dauerhafte Machtposition einnehmen, die ihnen einen größeren Einfluss auf den redaktionellen Text ermöglichen kann, oder dass starker Konkurrenzdruck[1633] gerade in wirtschaftlich angespannten Zeiten die Erpressbarkeit des Verlegers zur werbewirtschaftsfreundlichen Arbeit steigert, ist ebenfalls von der Vertriebsart unabhängig. Selbst interne oder externe Schutzvorrichtungen, wie etwa freiwillige Redaktionsstatuten, würden im Falle der existentiellen wirtschaftlichen Bedrohung eines Blatts wohl kaum greifen.[1634] Die Gefahr der Erpressbarkeit wird bei Gratisblättern aufgrund der 100-prozentigen Anzeigenabhängigkeit im Gegensatz zur entgeltlichen Presse nur schneller virulent, weil dort kein Puffer durch zusätzliche Vertriebseinnahmen existiert. Der Einfluss der Werbewirtschaft auf die redaktionelle Unabhängigkeit ist somit bei klassischen Anzeigenblättern mit publizistischem Anspruch, den Gratiszeitungen und der entgeltlichen Presse nahezu identisch. Das Strukturprinzip der redaktionellen Unabhängigkeit kann in der Güterabwägung somit nicht zugunsten der entgeltlichen Presse ausschlagen.[1635]

cc) Die Bedeutung der redaktionellen Unabhängigkeit bei Anzeigenblättern

Selbst wenn generell eine höhere Einflussnahme der Inserenten auf den redaktionellen Text von Anzeigenblättern bestünde, dürfte die Gruppe der Zeitungsleser ein Anzeigenblatt ohnehin mit anderen Augen betrachten als ein entgeltliches Presseerzeugnis[1636] – das gilt selbst für vollwertige Anzeigenblätter.[1637] Trotz Ähnlichkeit in Aufmachung und Berichterstattung werden sich die Leser der

1631 Vgl. *Gesellensetter*, GRUR 2001, S. 712.

1632 Vgl. *Mann*, WRP 1999, S. 742.

1633 Vgl. *Bringe*, Gratisvertrieb meinungsbildender Tagespresse, S. 117.

1634 a. A. *Krüger*, AfP 2000, S. 259; LG Köln, AfP 2000, S. 312.

1635 Vgl. BGHZ 157, S. 63–20 Minuten Köln; BGH, WRP 2004, S. 748 – Zeitung zum Sonntag; AfP 2010, S. 242 f. – Stumme Verkäufer II.

1636 Vgl. OLG des Landes Sachsen-Anhalt, Entscheidung vom 23.04.2010, in: juris,10 U 31/09 (Hs), Rdnr. 40; OLG Hamm, Entscheidung vom 27.09.2011, in: juris, 4 U 102/11, I-4 U 102/11, Rdnr.40.

1637 Vgl. KG, AfP 2007, S. 581.

Werbefinanzierung bewusst sein[1638] und die Berichterstattung entweder mit größerem Vorbehalt oder zumindest gleichgültiger lesen,[1639] wodurch eine Einflussnahme durch Schleichwerbung eher ins Leere ginge. Das (Vor)Urteil der Verbraucher „Was nichts kostet, taugt auch nichts" besteht nach wie vor,[1640] sodass sich der geringere Wert des Produkts auf seine Glaubwürdigkeit auswirkt. Die Resonanz der Berichterstattung dürfte danach bei Anzeigenblättern generell geringer sein als beim entgeltlichen Pendant. Die Studie von mediaedge:cia im Auftrag des BVDA aus dem Jahr 2004 belegt das zumindest für die klassischen Anzeigenblätter.

Nach dieser Studie schreiben die Leser den klassischen Anzeigenblättern zwar einen hohen Informationsgehalt zu, aber nur eine geringe Glaubwürdigkeit.[1641] Nur 18 Prozent der Anzeigenblattleser nutzen das Blatt, weil sie seinen Inhalt für in hohem Maße glaubwürdig halten.[1642] Darüber hinaus sind die Leser bei klassischen Anzeigenblättern auf Werbung eingestellt. Im Vergleich zu Zeitungen, Zeitschriften, Fernsehen und Radio lesen sie sie dort sogar am liebsten. Nach einer IMAS-Untersuchung im Auftrag der Zeitschrift HORIZONT sehen sich ca. 53 Prozent der Befragten Werbung in klassischen Anzeigenblättern gerne an.[1643] Das zeigt nicht nur eine hohe Akzeptanz von klassischen Anzeigenblättern bei den Lesern, sondern auch einen souveränen Umgang mit dem werbefinanzierten Medium. Eine Manipulation des Publikums durch redaktionelle Werbung dürfte daher im klassischen Anzeigenblatt wesentlich schwieriger sein als bei einer vergleichbaren Maßnahme in einer Kaufzeitung.[1644] Das dürfte – wenn auch in abgeschwächter Form – wohl auch bei vollwertigen Anzeigenblättern zutreffen, wenn man dem Moment der Unentgeltlichkeit den entscheidenden Einfluss zuschreibt. Wenn der Leser bei Anzeigenblättern Abstriche in der Glaubwürdigkeit der Berichterstattung macht, ist umgekehrt anzunehmen, dass seine Ansprüche

---

1638 Vgl. OLG Hamm, Entscheidung vom 14.07.2011, in: juris, I-4 U 42/11, 4 U 42/11, Rdnr. 28.

1639 Vgl. *Dense*, Die rechtliche Problematik der Anzeigenblätter, S. 141.

1640 Vgl. *Sjurts*, Strukturen und Strategien im Markt der Anzeigenblätter, S. 12; KG, AfP 2007, S. 581.

1641 Vgl. *mediaedge:cia*, Anzeigenblätter, S. 7.

1642 Vgl. *mediaedge:cia*, Anzeigenblätter, S. 7. In der aktuellen repräsentativen Befragung „Anzeigenblatt-Qualität 2008 AQ 2008" wird beim Image von Anzeigenblätter das Merkmal „glaubwürdig" nicht abgefragt, vgl. *BVDA*, Anzeigenblatt-Qualität AQ 2008, S. 13.

1643 Vgl. *o. V.*, HORIZONT 3/2005, S. 23.

1644 Vgl. *Dense*, Die rechtliche Problematik der Anzeigenblätter, S. 141.

bei entgeltlichen Zeitungen steigen.[1645] Daher könnte die mögliche höhere Gefahr von wirtschaftlicher Einflussnahme durch Werbekunden auf den Inhalt von Anzeigenblättern durch eine kritischere Rezeption kompensiert werden.[1646]

dd) Die redaktionelle Unabhängigkeit unter dem Diktat des Massengeschmacks

Stimmen in der Literatur sehen bei der ausschließlichen Werbefinanzierung von Presseerzeugnissen weniger die Gefahr der redaktionellen Werbung, die auch bei der herkömmlichen Presse bestehe, sondern die eines „sachfremden" Einflusses auf die inhaltliche Ausrichtung und Zielrichtung der einzelnen Publikation.[1647] Die vom Anzeigenmarkt abhängige Presse diene nicht mehr primär der Information und Meinungsbildung, sondern böte zuvorderst Dritten eine Plattform für ihre wirtschaftliche Entfaltung.[1648] Es wird dabei auch auf die verfassungsgerichtliche Rechtsprechung zur Werbefinanzierung im Rundfunk rekurriert,[1649] wonach die Werbeabhängigkeit keine unabhängige Informationsvermittlung gewährleistet.[1650] Es könne vom „privatem Rundfunk kein in seinem Inhalt breit angelegtes Angebot erwartet werden, weil die Anbieter zur Finanzierung ihrer Tätigkeit nahezu ausschließlich auf Einnahmen aus Wirtschaftswerbung angewiesen sind. Diese können nur dann ergiebig fließen, wenn die privaten Programme hinreichend hohe Einschaltquoten erzielen. Die Anbieter stehen deshalb vor der wirtschaftlichen Notwendigkeit, möglichst massenattraktive, unter dem Gesichtspunkt der Maximierung der Zuschauer- und Hörerzahlen erfolgreiche Programme zu möglichst niedrigen Kosten zu verbreiten. Sendungen, die nur für eine geringere Zahl von Rezipienten von Interesse sind und die oft – wie namentlich anspruchsvolle kulturelle Sendungen – einen hohen Kostenaufwand erfordern, werden in der Regel zurücktreten, wenn nicht gänzlich fehlen, *obwohl erst mit ihnen die ganze Breite umfassender Information zu erreichen ist, ohne die es keine ‚Meinungsbildung' im Sinne der Garantie des Art. 5 Abs. 1 Satz 2 GG geben kann.*"[1651]

1645 Vgl. KG, AfP 2007, S. 581.

1646 Vgl. *Dense*, Die rechtliche Problematik der Anzeigenblätter, S. 141.

1647 Vgl. *Teplitzky*, GRUR 1999, S. 111 f.; *Bringe,* Gratisvertrieb meinungsbildender Tagespresse, S. 114.

1648 Vgl. LG Berlin, AfP 2000, S. 293.

1649 Vgl. *v. Danwitz*, Gratisvertrieb, S. 77 ff.

1650 Vgl. BVerfGE 31, S. 344 f.; 83, S. 311; 90, S. 90 f.

1651 BVerfGE 73, S. 155 f. [Hervorhebung durch Verfasserin].

Mit dem Zusammenhang zwischen Grundversorgung und Unabhängigkeit von einer überwiegenden Werbefinanzierung begründet das Bundesverfassungsgericht bis heute die Pflicht zur Rundfunkgebühr auch ohne tatsächliche Nutzung des Empfangsgeräts: „Mit der Grundversorgungsaufgabe, die der öffentlichrechtliche Rundfunk, jedenfalls unter den gegenwärtigen Bedingungen, im dualen System hat, wäre es unvereinbar, ihn insoweit überwiegend auf Werbeeinnahmen zu verweisen. Das ergibt sich aus den Rückwirkungen, die die Finanzierungsart auf die Programmgestaltung hat. Aus der Sicht der Werbung treibenden Wirtschaft stellt sich das Rundfunkprogramm in erster Linie als Umfeld von Werbesendungen dar. Ob und in welchem Maß Rundfunkwerbung ihre Adressaten erreicht, hängt für die werbende Wirtschaft von der Attraktivität des Programmumfeldes ab. Diese bemißt sich nach der Einschaltquote. *Ein von Werbeeinnahmen abhängiger Rundfunkveranstalter muß darauf Rücksicht nehmen und seine Programmplanung in starkem Maß an den Einschaltquoten ausrichten.*“[1652]

Diese Diagnose des Bundesverfassungsgerichts zum Wirkungszusammenhang von ausschließlicher Werbefinanzierung und inhaltlicher Ausrichtung der privaten Rundfunkprogramme soll nun auch für den Presse zutreffend sein:[1653] Es bestünden keine qualitativen Unterschiede zwischen der als Garantin der redaktionellen Unabhängigkeit geltenden Mischfinanzierung des öffentlichrechtlichen Rundfunks und der der herkömmlichen, entgeltlichen Presse. Daraus wird gefolgert, dass für die entgeltliche Presse eine vergleichbare Bestandsgarantie wie für den gebührenfinanzierten öffentlich-rechtlichen Rundfunk existieren müsse.[1654]

Die Überlegungen des Bundesverfassungsgerichts, wie sich eine ausschließliche Werbefinanzierung auf die redaktionelle Unabhängigkeit im Rundfunk auswirkt, sind in der Tat „nicht außerhalb jeder Lebenserfahrung.“[1655] Es handelt sich dabei um die Beschreibung der ökonomischen Zwänge und Gesetze des Markts, weil dem Massengeschmack des Publikums oder einer bestimmten Zielgruppe und damit auch dem der Inserenten Genüge getan werden muss, was zu einer Standardisierung des Angebots führt.[1656] So bestehen, wie auch das Bundesverfassungsgericht in seinem aktuellen Urteil zur bedarfsgerechten

---

1652 BVerfGE 83, S. 311 [Hervorhebung durch Verfasserin].

1653 Vgl. *v. Danwitz,* Gratisvertrieb, S. 82 f.

1654 Vgl. *v. Danwitz,* Gratisvertrieb, S. 83 ff.

1655 BGH, WRP 2004, S. 748 – Zeitung zum Sonntag; NJW 2004, S. 2085–20 Minuten Köln.

1656 Vgl. BVerfG, AfP 2007, S. 460.

Festsetzung der Rundfunkgebühr unterstrichen hat, Risiken einseitiger publizistischer Betätigung und damit Einflussnahme durch wirklichkeitsverzerrende Darstellungsweisen, wie die überwiegende Berichterstattung über Sensationelles und Skandalöses, um die immer schwerer zu gewinnende Aufmerksamkeit der Zuschauer zu gewinnen.[1657] Diese Mechanismen haben medienübergreifende Gültigkeit.[1658] Sie treten aber nicht nur bei einer ausschließlichen Werbefinanzierung in Kraft, sondern bestehen bereits seit jeher auch bei der herkömmlichen, mischfinanzierten Presse. Das zeigen Sonntags- oder Sonderbeilagen zu Reisen oder Autos, die in Hinblick auf die entsprechenden Inserentenkreise konzipiert werden. Sehr deutlich wird es beispielsweise bei Frauenzeitschriften, die mit ihrer redaktionellen Themenwahl (Kosmetik, Körperpflege, Mode) eine attraktive Werbeplattform für ihre Anzeigenkunden schaffen. Darüber hinaus wird von vielen Lesern der Service-Journalismus, also die Vorstellung von Produktneuheiten, die Funktion eines Einkaufsratgebers und die Bestellmöglichkeit von Produkten über Zeitschriften, als Teil der „journalistischen Kultur"[1659] akzeptiert. Diese beiden Faktoren führen in der Tat dazu, dass sich beispielsweise die Frauenzeitschriften wie ein Ei dem anderen gleichen. So unterscheiden sich Frauenzeitschriften für 92 Prozent einer Gruppe von mehr als 1.000 Befragten „eher nicht".[1660] Bei den entgeltlichen Tageszeitungen ist diese Tendenz nicht so stark ausgeprägt. Hier haben „nur" 36 Prozent der Befragten den Eindruck, dass sich die einzelnen Zeitungen immer ähnlicher geworden sind.[1661]

Die Bewertung von wirtschaftlich bedingten Faktoren, die auf den redaktionellen Inhalt einwirken, verstößt jedoch gegen das verfassungsrechtliche Gebot, bei der Beurteilung redaktioneller Berichterstattung Neutralität zu wahren.[1662] Unabhängigkeit als Strukturprinzip der Pressefreiheit ist daher als Unabhängigkeit vom Staat und nicht als wirtschaftliche Abhängigkeit von Privaten zu sehen.[1663] Aufgrund der privatwirtschaftlichen Organisation der Presse kann gar nicht verhindert werden, dass ein Medium in die wirtschaftliche Abhängigkeit von Dritten, wie Anzeigenkunden, gerät.[1664] Der Gratisvertrieb macht den kommerziellen Aspekt des privatwirtschaftlichen Systems lediglich offensichtlicher

1657 Vgl. BVerfG, AfP 2007, S. 460.
1658 Vgl. *Teplitzky,* GRUR 1999, S. 112; *v. Danwitz,* Gratisvertrieb, S. 82 f.
1659 Vgl. *Gounalakis/Rhode,* AfP 2000, S. 327.
1660 Vgl. *Treckmann/Schwab,* media & marketing 11/2007, S. 54.
1661 Vgl. *Treckmann/Schwab,* media & marketing 11/2007, S. 54.
1662 Vgl. BGH, WRP 2004, S. 748 – Zeitung zum Sonntag.
1663 Vgl. *Köhler,* WRP 1998, S. 462.
1664 Vgl. *Gounalakis/Rhode,* AfP 2000, S. 327.

als andere Vertriebssysteme.[1665] Der Vergleich zwischen entgeltlicher Tagespresse und gebührenfinanziertem öffentlich-rechtlichen Rundfunk muss daher von vornherein hinken und kann auch nicht zugunsten der entgeltlichen Presse instrumentalisiert werden.

ee) Ergebnis zum Strukturprinzip redaktionelle Unabhängigkeit

Das Strukturprinzip der redaktionellen Unabhängigkeit verlangt, das die redaktionelle Arbeit von Einflüssen Dritter unabhängig ist. Der Einfluss auf die redaktionelle Arbeit ist dabei heute weniger von Seiten des Staats als von Seiten der Werbewirtschaft zu befürchten, die ihre Macht als Finanzier einer Publikation dazu nutzen (kann), nicht nur auf den Anzeigenteil, sondern auch auf den redaktionellen Inhalt Einfluss zu nehmen. Die klassischen und vollwertigen Anzeigenblätter scheinen für eine Einflussnahme von Seiten der Werbewirtschaft zwar besonders empfänglich zu sein, weil sie sich zu 100 Prozent durch das Anzeigengeschäft finanzieren. Die bisherigen Erfahrungen auf dem Pressemarkt, insbesondere die mit dem Phänomen der Schleichwerbung, zeigen aber, dass die Einflussnahme der Werbekunden auf den redaktionellen Teil bei Anzeigenblättern nicht größer ist als bei der entgeltlichen Konkurrenz, schließlich ist gerade auch die entgeltliche Presse maßgeblich vom Anzeigengeschäft abhängig. Allein in wirtschaftlich prekären Zeiten könnte ein Klima der Erpressbarkeit entstehen, das die Verlage dazu zwingt, ein werbefreundliches redaktionelles Umfeld zu schaffen oder Schleichwerbung zu betreiben. Ihre redaktionelle Unabhängigkeit werden klassische wie vollwertige Anzeigenblätter wohl früher aufgeben als die entgeltliche Presse, weil bei Anzeigenblättern nicht auf den Vertriebserlös zurückgegriffen werden kann. Diese erhöhte Gefährdung wird aber dadurch kompensiert, dass die Leser selbst vollwertige Anzeigenblätter von vornherein mit größerem Vorbehalt hinsichtlich ihrer Unabhängigkeit und Glaubwürdigkeit lesen.

Schließlich begründet der Vergleich zwischen gebührenfinanziertem Rundfunk und entgeltlichen Zeitungen keine Privilegierung der Kaufpresse gegenüber Gratisblättern, weil die traditionell vertriebenen Zeitungen es sich ebenfalls nicht wie der gebührenfinanzierte öffentlich-rechtliche Rundfunk leisten können, unabhängig von Werbeaufträgen zu leben. Auch bei der Kaufpresse ist das Phänomen anzutreffen, dass die Publikation sich an den Interessen der Anzeigenkunden orientiert. Nach alledem kann nicht auf das Strukturprinzip der redaktionellen Unabhängigkeit verwiesen werden, um die Güterabwägung zu

---

1665 Vgl. *Schmid*, WRP 2000, S. 996.

ungunsten der Gratispresse ausfallen zu lassen. Das Verbot eines (klassischen und vollwertigen) Anzeigenblatts, das sich allein aus der Annahme einer stärkeren Abhängigkeit von Werbeeinnahmen ergäbe, wäre deshalb unverhältnismäßig.[1666]

g) Ergebnis der Angemessenheitsprüfung

Das Primat der Angemessenheit soll sicherstellen, dass Belastungen des Einzelnen durch die durch den Eingriff hervorgerufene Einschränkung in einem vernünftigen Verhältnis zu den (auch der Allgemeinheit erwachsenen) Vorteilen stehen. Dies erfordert eine umfassende Abwägung der widerstreitenden Interessen im Einzelfall. Ausgangspunkt dieser Güterabwägung sind die divergierenden Interessen der Kontrahenten: Der Anzeigenblattverleger möchte, geschützt durch Art. 5 Abs. 1 Satz 2 GG, das Vertriebssystem und die Finanzierungsform für sein Presseprodukt frei wählen und es inhaltlich nach seinen eigenen Vorstellungen gestalten können. Der Verleger der konkurrierenden entgeltlichen Zeitung hat dagegen ein Interesse daran, dass der Pressewettbewerb weiterhin einen unverzerrten Produktvergleich nach Preis und Güte gewährleistet: Gerade durch die kostenlose und unaufgeforderte Verteilung von Presseerzeugnissen könnten Anzeigenblätter womöglich einen Wettbewerbsvorsprung erhalten, der sich auf die traditionellen Zeitungen existenzbedrohend auswirken könnte. Nur das Verbot von Anzeigenblättern kann diese Gefahr beseitigen und die Tätigkeit des Verlegers entgeltlicher Zeitungen schützen, die ihrerseits nach Art. 5 Abs. 1 Satz 2 GG geschützt ist.

Das Interesse der Verbraucher ist als Abwägungskriterium ambivalent. Die Informationsfreiheit der Leser wirkt sich dann zum Vorteil des Gratisvertriebs aus, wenn die Leser durch die Anzeigenblätter eine zusätzliche allgemein zugängliche Informationsquelle erhalten. Sollten die Anzeigenblätter aber Verdrängungswirkung gegenüber der entgeltlichen Konkurrenz entfalten, würden die Leser womöglich nicht mehr umfassend und objektiv über die lokalen, regionalen und vor allem nationalen und internationalen Ereignisse informiert. Vor diesem Hintergrund wäre ein Verbot der Gratispresse insbesondere mit der Informationsfreiheit der Gruppe der Nur-Zeitungsleser und der Anzeigenblatt-*und*-Zeitungsleser zu begründen.

Schließlich muss die objektiv-rechtliche Dimension der Pressefreiheit in die Abwägung mit einfließen, wonach die Pressefreiheit des Anzeigenblattverlegers

1666 Vgl. auch BGH, NJW 2004, S. 2085–20 Minuten Köln; *Schulte-Nölke/Hawxwell*, EWiR 2004, S. 1054; *Lahusen*, GRUR 2005, S. 223.

nur eingeschränkt werden darf, wenn der Gratisvertrieb die Strukturprinzipien der Pressefreiheit oder den Bestand der Presse als Institution gefährdet. Der Schutzbereich der Pressefreiheit in ihrer objektiv-rechtlichen Dimension schützt die Bedingungen, die für die Presse notwendig sind, um den öffentlichen Kommunikationsprozess in einer Massendemokratie zu gewährleisten. Zu diesen sogenannten Strukturprinzipien zählen die redaktionelle Qualität, die Auswahl- und Entscheidungsfreiheit der Leser, die Pressevielfalt und die redaktionelle Unabhängigkeit. Auch mit dem Rückgriff auf diese Strukturprinzipien kann man den Konflikt, den der Vertrieb von Anzeigenblättern mit den traditionellen Kaufzeitungen hervorgerufen hat, verfassungsrechtlich auflösen.

Der Schutz *redaktioneller Qualität* ist nicht per se Strukturprinzip der Pressefreiheit, denn andernfalls ließe sich daraus die Verpflichtung zur Sicherstellung einer qualitativ hochwertigen Presse ableiten, was aber mit der Wertneutralität der Pressefreiheit nicht zu vereinbaren wäre. Redaktionelle Qualität lässt sich an den Merkmalen Faktentreue, Aktualität, Schreibstil, Vielfalt, Rechtmäßigkeit der Berichterstattung festmachen. Sie bildet allein im Zusammenspiel mit der Funktion der Presse für die öffentliche Meinungsbildung ein Abwägungskriterium. Danach kann das Kriterium der redaktionellen Qualität nur zugunsten der entgeltlichen Presse ausschlagen, wenn es zu einer Verdrängung der qualitativ hochwertigen entgeltlichen Presse käme, ohne dass die Anzeigenblätter einen vergleichbaren Beitrag zur öffentlichen Meinungsbildung leisten könnten. Unter diesen Umständen wäre der bestehende Pressewettbewerb durch die Konkurrenz der Anzeigenblätter ernsthaft gefährdet.

Begründet werden kann das Verbot eines Anzeigenblatts dabei immer nur mit dem Nachweis einer konkreten Marktstörung im jeweiligen Einzelfall. Grundlage dafür ist wiederum eine umfassende Marktanalyse des sachlich und räumlich relevanten Markts. Eine Gefährdung der Kaufpresse durch Anzeigenblätter ist aber von vornherein nur bei den klassisch-anspruchsvollen und vollwertigen Anzeigenblättern denkbar, da nur sie eine vergleichbare Qualität wie die Kaufpresse anbieten und dadurch Verdrängungswirkung entfalten können; für die reinen und klassischen Anzeigenblätter ohne publizistischen Anspruch gilt dies gerade nicht. Aber selbst die qualitativ hochwertigeren Anzeigenblätter bewirkten bislang keinen Verdrängungseffekt: Die Zielleserschaft von Gratisblatt und Kaufzeitung ist nicht deckungsgleich, und soweit doch eine Schnittmenge besteht, werden Anzeigenblätter hauptsächlich neben und nicht anstatt der Kaufzeitung konsumiert. Für das Anzeigengeschäft gilt ähnliches. Der Gratisvertrieb von Anzeigenblättern hat also gegenüber der entgeltlichen Konkurrenz weder Verdrängungswirkung entfalten noch damit den öffentlichen Meinungsbildungsprozess und den Pressewettbewerb konkret gefährden können. Das Strukturprinzip der redaktionellen Qualität der Presse wurde also bislang durch den Gratisvertrieb von Anzeigenblättern noch nie negativ betroffen. Im Rahmen einer Abwägung kann es damit nicht für ein Verbot des Anzeigenblatts geltend gemacht werden.

Die *Auswahl- und Entscheidungsfreiheit der Leser* schützt als Strukturprinzip der Pressefreiheit die mediale und informative Selbstbestimmung der Leser, frei entscheiden zu können, ob sie ein Blatt lesen oder nicht. Dabei kann auch die Nutzungsentscheidung von reinen, klassischen und vollwertigen Anzeigenblättern einen unverfälschten Steuerungsmechanismus für einen funktionierenden Pressewettbewerb auf dem Leser- und Anzeigenmarkt entfalten, denn sie gibt wie die Kaufentscheidung auch einen empirisch feststellbaren Aufschluss über Interesse und Wünsche der Leser. Die notwendige Steuerungs- und Rückkopplungsfunktion zwischen Leserurteil und Medienmachern wird auch auf diese Weise gewährleistet. Ein höherer verfassungsrechtlicher Schutz von unentgeltlichen Presseerzeugnissen gegenüber entgeltlichen Publikationen kann auch mit dem Sozialstaatsprinzip aus Art. 20 Abs. 1 GG nicht begründet werden. Das Grundrecht der Informationsfreiheit ist für den Einzelnen nicht erst dann effektiv, wenn Presseerzeugnisse kostenlos sind. Es gibt demnach auch keinen Anspruch auf die unentgeltliche Verteilung von Presseerzeugnissen. Das Strukturprinzip der Auswahl- und Entscheidungsfreiheit schlägt daher weder zugunsten noch zu ungunsten der unentgeltlichen Pressepublikationen aus.

Pressevielfalt im Sinne des Bestehens einer Vielzahl von Pressetypen und Produkten, die in ihrer Tendenz, politischen Ausrichtung und weltanschaulichen Grundhaltung miteinander konkurrieren, ist Kennzeichen und Voraussetzung einer freien Presse. Im Konflikt zwischen Anzeigenblättern und entgeltlicher Presse kann das Strukturprinzip Pressevielfalt die Interessen der traditionellen Zeitungsverleger aber erst dann stärken, wenn in einem Zeitungskreis ein unentgeltliches Blatt die anderen entgeltlichen Zeitungen oder deren Verlage auf einem Zeitungsmarkt konkret in ihrem Bestand gefährdet. Das Individualrecht des Anzeigenblattverlegers kann aber auch dann zugunsten des Instituts der freien Presse zurücktreten, wenn sich der Gratisvertrieb von anspruchsvollen klassischen Anzeigenblättern und insbesondere von vollwertigen Anzeigenblättern zu Lasten der Kaufpresse in den Großstädten und Ballungsgebieten ausbreitet und damit das Presse-Grosso in seinem Bestand gefährdet. Tatsächlich haben die (vollwertigen) Anzeigenblätter aber bislang keinen verdrängenden Effekt gegenüber ihrer entgeltlichen Konkurrenz ausgeübt und damit keine Gefahr für das System des Presse-Grossos dargestellt.

Das Strukturprinzip der *redaktionellen Unabhängigkeit* verlangt, dass die redaktionelle Arbeit von Einflüssen Dritter unabhängig ist. Gerade die Anzeigenblätter scheinen für eine Einflussnahme von Seiten der Werbewirtschaft zwar besonders empfänglich zu sein, weil sie sich vollständig durch das Anzeigengeschäft finanzieren. Die bisherigen Erfahrungen auf dem Pressemarkt beweisen aber, dass die Gefahr einer Einflussnahme der Werbekunden auf den redaktionellen Teil bei den entgeltlichen Tageszeitungen nicht zwangsläufig geringer sein muss als bei Anzeigenblättern. Auch die entgeltliche Zeitung ist schließlich vom Anzeigengeschäft abhängig. Der Unterschied zwischen Gratispublikation und Kaufpresse ist damit nur ein gradueller, aber keiner in der Sache. Das Verbot eines klassischen oder auch vollwertigen Anzeigenblatts – das reine Anzeigenblatt ist in dieser Kategorie mangels eines redaktionellen Teils von vornherein nicht tangiert – lässt sich somit nicht mit der möglichen Verletzung des Strukturprinzips der redaktionellen Unabhängigkeit begründen.

5. *Ergebnis der Güterabwägung*

Die Tätigkeit des Anzeigenblattverlegers ist durch die Pressefreiheit in Art. 5 Abs. 1 Satz 2 GG geschützt. Das auf § 3 UWG gestützte gerichtliche Verbot eines Anzeigenblatts stellt auch einen Eingriff in die Pressefreiheit des Anzeigenblattverlegers dar. Die Pressfreiheit steht zwar gemäß Art. 5 Abs. 2 GG unter dem Schrankenvorbehalt der „allgemeinen Gesetze", wobei das UWG als allgemeines Gesetz zu qualifizieren ist. Dieser Schrankenvorbehalt wirkt aber nicht absolut, sondern die Schranke ist ihrerseits im Lichte der Bedeutung der Pressefreiheit zu interpretieren und anzuwenden. Mit dieser sogenannten Wechselwirkungslehre kommt auch im Bereich der Pressefreiheit ein materielles Abwägungselement zum Zug, wonach der Eingriff in die Pressefreiheit seinerseits verhältnismäßig sein muss. Danach hat der Eingriff einen legitimen Zweck zu verfolgen und muss außerdem geeignet, erforderlich und angemessen sein.

Das UWG als das einschlägige Gesetz dient dem Schutz der wettbewerbsrechtlich relevanten Interessen der Marktteilnehmer. In der vorliegenden Konstellation schützt das Verbot die Interessen der Konkurrenten mit entgeltlichen Presseerzeugnissen und gleichzeitig dem Schutz des Leistungswettbewerbs. Es dient damit einem legitimen Zweck. Das Verbot des Gratisvertriebs eines Anzeigenblatts, das vom Verleger einer Kaufzeitung angestrengt wird, ist auch geeignet und außerdem erforderlich, weil kein alternatives staatliches Mittel denkbar ist, das den gleichen Erfolg mit geringerer Beeinträchtigung erzielt. Allerdings ist ein Verbot in der Regel nicht angemessen. Ein Verbot von Anzeigenblättern ist nur dann angemessen, wenn die unentgeltliche Verteilung von Presseerzeugnissen den Pressewettbewerb konkret gefährdet, indem erstens die Anzahl der Presseerzeugnisse oder der Zeitungsverlage auf dem jeweiligen Zeitungsmarkt abnimmt, ohne dass zweitens die Anzeigenblätter denselben Beitrag zur öffentlichen Meinungsbildung erbringen. Bislang ist aber gerade nicht festzustellen, dass Anzeigenblätter, und das gilt unabhängig von ihrer konkreten Ausformung, gegenüber der entgeltlichen Presse einen Verdrängungseffekt entfalten. Die Koexistenz beider Publikationsformen verlangt dann aber auch, dass das Individualrecht des Anzeigenblattverlegers, sein Blatt frei zu gestalten, unentgeltlich zu verbreiten und ausschließlich aus Anzeigen zu finanzieren, nicht zugunsten der durch das Wettbewerbsrecht verteidigten Interessen der Marktteilnehmer, also der entgegenstehenden Interessen der entgeltlichen Konkurrenz, eingeschränkt werden darf.

Zusammenfassung der Ergebnisse

Kapitel 1:
Anzeigenblätter sind periodische, überwiegend einmal wöchentlich erscheinende Druckwerke, die sich ausschließlich aus Anzeigeneinnahmen finanzieren und kostenlos und unbestellt an die Haushalte verteilt werden.

Insgesamt lassen sich drei Anzeigenblatt-Typen unterschieden: die reinen, die klassischen (oder normalen) und die vollwertigen Anzeigenblätter. In der Schnittmenge zwischen Zeitungen und Anzeigenblättern liegen die vollwertigen Anzeigenblätter bzw. Gratiszeitungen. Sie erfüllen die wirtschaftlich-organisatorischen Bedingungen der Anzeigenblätter und die publizistische Leistung von Zeitungen.

Der Anteil der reinen Anzeigenblätter am Anzeigenblattmarkt liegt bei etwa einem Prozent. Die überwältigende Mehrheit bilden die klassischen Anzeigenblätter. Ihr Anteil liegt bei etwa 80 bis 85 Prozent. Seit Mitte der 90er-Jahre des vorigen Jahrhunderts hat sich der Anteil der klassischen Anzeigenblätter mit publizistischem Anspruch von etwa acht auf schätzungsweise 15 bis 20 Prozent erhöht. Außerdem waren in Deutschland im Zeitraum von 1997 bis 2002 und von 2006 bis 2007 auch erstmals vollwertige Anzeigenblätter vertreten, die mit entgeltlichen Wochen- oder Tageszeitungen vergleichbar waren. Allerdings wird zurzeit kein vollwertiges Anzeigenblatt auf dem deutschen Pressemarkt herausgegeben.

Mit 1.406 Anzeigenblatt-Titeln und einer Gesamtauflage von 91 Mio. Exemplaren sind reine und klassische Anzeigenblätter 2014 auf dem deutschen Pressemarkt vertreten. Die Gratisblätter zeichnen sich durch ein sehr heterogenes Erscheinungsbild aus. Gemeinsamkeiten sind vornehmlich in der zeitungsähnlichen Titelkopfgestaltung und beim Format festzustellen. Wie bei Tageszeitungen auch, sind bei Anzeigenblättern das Berliner, Rheinische und Nordische Format am häufigsten auf dem Markt vertreten.

Anzeigenblätter liegen seit 2012 auf dem dritten Platz der umsatzstärksten Werbeträger in Deutschland. Der Netto-Anzeigenumsatz von Anzeigenblättern betrug 2014 1,8 Mrd. Euro.

Die publizistische Leistungsfähigkeit von Anzeigenblättern unterscheidet sich bei reinen, klassischen und vollwertigen Anzeigenblättern. Die reinen Anzeigenblätter enthalten keinen redaktionellen Teil und bestehen ausschließlich aus Anzeigen. Sie können somit keine publizistische Leistung erbringen. Die klassischen Anzeigenblätter stehen, von wenigen sogenannten klassisch-anspruchsvollen

Anzeigenblättern abgesehen, der entgeltlichen Tagespresse in den Merkmalen redaktioneller Umfang, Aktualität und Themenvielfalt nach. Im Vergleich zur lokalen Wochen- oder gar Tagespresse leisten sie, wie auch empirisch belegt wurde, nur eine geringe redaktionelle Leistung und bereichern die publizistische Vielfalt im Pressewesen damit kaum. Die vollwertigen Anzeigenblätter bzw. Gratiszeitungen können dagegen die publizistische Leistung von entgeltlichen Zeitungen erbringen.

Reine, klassische und vollwertige Anzeigenblätter befriedigen ein Informationsinteresse des Verbrauchers, und zwar je nach Ausgestaltung nicht nur hinsichtlich der Werbeanzeigen, sondern auch der Lokalberichterstattung. Wie die Erfahrungen des Kölner Zeitungskriegs zeigten, werden selbst vollwertige Anzeigenblätter weniger als Ersatz, sondern als Zweitzeitung genutzt.

Kapitel 2:
Die Vorläufer der heutigen Anzeigenblätter blicken auf eine lange Tradition zurück, die bis ins Intelligenzwesen des 17. Jahrhunderts reicht. Zwischen Kaufzeitungen und Anzeigenblättern gab es von Beginn an immer wieder Konflikte. Insbesondere der Intelligenzzwang von Anzeigenblättern behinderte bis ins 19. Jahrhundert hinein die Entwicklung einer freien Presse. Nach dem Zweiten Weltkrieg sorgte dann das neue Konzept, reine und klassische Anzeigenblätter unaufgefordert und unentgeltlich an alle Haushalte zu verteilen, für Auseinandersetzungen zwischen den zeitungsfremden Anzeigenblattunternehmen und den entgeltlichen Zeitungen. Ende der 90er-Jahre folgten dann die vollwertigen Anzeigenblätter als Innovation auf dem deutschen Pressemarkt. Sie wurden ebenfalls von zeitungsfernen Unternehmen oder ausländischen Presseunternehmen herausgegeben. Beide Anzeigenblatt-Neueinführungen lehnte die Kaufpresse auf Anhieb entschieden ab. Die herkömmlichen Zeitungsverleger gingen dagegen zweigleisig vor: Sie kämpften sowohl vor den Gerichten als auch auf dem Pressemarkt selbst gegen die neu aufgekommene Konkurrenz, indem sie ihrerseits Anzeigenblätter herausgaben, um dadurch ihre eigene Marktposition zu festigen und die Konkurrenz zu verdrängen. Erfolg hatte nur die zweite Strategie. Der Streit wurde also nicht durch die Gerichte, sondern auf dem Pressemarkt zugunsten der etablierten Zeitungsunternehmen entschieden. Die reinen und die klassischen Anzeigenblätter wurden von den Zeitungsverlagen aber auch dann noch weitergeführt, nachdem die Konkurrenz verdrängt war. Die vollwertigen Anzeigenblätter wurden demgegenüber eingestellt, unmittelbar nachdem die Wettbewerber vom Markt ausgeschieden waren. In Zukunft sind vollwertige Anzeigenblätter hauptsächlich von branchenfremden Unternehmen

oder ausländischen Verlagen zu erwarten, da die deutschen Verleger Gratiszeitungen in Deutschland (nicht aber im Ausland) einhellig ablehnen.

Kapitel 3:
Bei der Beantwortung der Frage nach der rechtlichen Zulässigkeit von Anzeigenblättern unter einem verfassungsrechtlichen Ansatz ist festzustellen, dass das Grundrecht der Pressefreiheit die Tätigkeit des Anzeigenblattverlegers schützt. Im Gegensatz zu entgeltlichen Presseerzeugnissen kennzeichnen folgende Tätigkeiten des Verlegers die Finanzierung, Gestaltung und Verbreitung von Anzeigenblättern: Die ausschließliche Anzeigenfinanzierung, der vorwiegend kommerzielle Herausgabezweck, das Verhältnis zwischen redaktionellem Text und Anzeigenteil sowie der Gratisvertrieb. Diese Aktivitäten des Anzeigenblattverlegers fallen ebenfalls unter den Schutzbereich des Art. 5 Abs. 1 Satz 2 GG. Auch der Schutzbereich der Berufsfreiheit aus Art. 12 Abs. 1 GG und der Eigentumsfreiheit aus 14 Abs. 1 GG schützen die Pressetätigkeit des Anzeigenblattverlegers. Zwischen den einschlägigen Grundrechten besteht in der vorliegenden Konstellation Idealkonkurrenz. Das Schwergewicht des Eingriffs liegt bei einem wettbewerbsrechtlich begründeten Verbot eines Anzeigenblattes aber auf Art. 5 Abs. 1 Satz 2 GG.

Die objektiv-rechtliche Dimension der Pressefreiheit schützt den Bestand und die Funktionsfähigkeit eines freien Pressewesens in seiner Gesamtheit. Darunter fällt auch der Schutz des Pressewettbewerbs, der sich im Rahmen der wirtschaftlich-wettbewerbsrechtlichen Ordnung entfalten kann, deren Wesenselemente die Gründungsfreiheit, die Privatautonomie sowie die Tendenzautonomie der Verleger sind. Die privatwirtschaftliche Struktur der Presse ist selbst verfassungsrechtlich garantiert, da nur sie die von der Verfassung gebotene Staatsfreiheit garantieren kann. Grundlage für den besonderen Bestandschutz der Presse bildet ihre öffentliche Aufgabe, die sie gegenüber der Allgemeinheit in einem demokratischen Staat erfüllt. Der objektive Gehalt der Pressefreiheit verstärkt und ergänzt das klassische Abwehrrecht des Grundrechts. Er kann das Abwehrrecht eines Pressetätigen nur beschränken, wenn diese Begrenzung ihrerseits dem Schutz des individualrechtlichen Kerns der Pressefreiheit dient.

Die Grundrechte können nach der mittelbaren Drittwirkung der Grundrechte auch zwischen Privaten, also in dieser Konstellation zwischen Anzeigenblattverleger und traditionellem Zeitungsverleger, zur Anwendung kommen. Beide Kontrahenten können sich dabei auf das Grundrecht der Pressefreiheit berufen. Nach der Lehre von der mittelbaren Drittwirkung der Grundrechte gelten die Grundrechte auch zwischen Privaten. Die einschlägigen Grundrechte verpflichten die Privatrechtssubjekte dabei nicht unmittelbar, sondern der Staat bleibt der

Normverpflichtete der Grundrechte. § 3 UWG muss dabei als Einfallstor für die grundrechtlichen Wertungen verstanden werden. Die Lehre von den Schutzpflichten wird als eine Spielart der mittelbaren Drittwirkung begriffen.

Ein auf § 3 UWG gestütztes Verbot eines Anzeigenblatts stellt einen Eingriff in die Pressefreiheit des Anzeigenblattverlegers dar. Das UWG ist ein allgemeines Gesetz im Sinne von Art. 5 Abs. 2 Satz 1 GG. Es richtet sich nicht gegen die Pressefreiheit in Art. 5 Abs. 1 GG als solche, sondern wendet sich gegen unlautere geschäftliche Handlungen und Maßnahmen im geschäftlichen Konkurrenzkampf. Das UWG kommt damit als zulässige verfassungsrechtliche Schranke für die Pressefreiheit in Betracht und findet auch in der Rechtsprechung des BGH zur Zulässigkeit von Anzeigenblättern Anwendung.

Die unentgeltliche Verteilung von reinen, klassischen und vollwertigen Anzeigenblättern fällt unter den Anwendungsbereich des § 3 UWG. Beim Gratisvertrieb von Anzeigenblättern handelt es sich um eine geschäftliche Handlung, die nicht nur den Tatbestand einer auf Dauer angelegten wirtschaftlichen Betätigung erfüllt, sondern auch die Wettbewerbsabsicht verfolgt, Leser und Anzeigenkunden zur Förderung des Umsatzes zu gewinnen. Die lokalen Kaufzeitungen stehen dabei mit den reinen, klassischen und vollwertigen Anzeigenblättern in einem konkreten Wettbewerbsverhältnis, schließlich überschneiden sich auf diesem Zeitungsmarkt die gemeinsamen Leser- und Inserentenkreise. Als Mitbewerber sind die traditionellen Zeitungsverleger grundsätzlich berechtigt, gegen unlautere Wettbewerbsmaßnahmen von Konkurrenten auf Unterlassung zu klagen.

Der Gratisvertrieb aller Arten von Anzeigenblättern ist nach wettbewerbsrechtlichen Gesichtspunkten nicht der Wertreklame nach § 4 Nr. 1, Alt. 3 UWG und § 4 Nr. 4 UWG zuzuordnen, weil er weder eine unangemessen unsachliche Beeinflussung des Verbrauchers noch eine nicht transparente Verkaufsförderungsmaßnahme darstellt. Die Fallgruppe des psychischen Kaufzwangs im Sinne von § 4 Nr. 1, Alt. 3 UWG lässt sich ebenfalls auf Anzeigenblätter nicht anwenden. Die unentgeltliche und unaufgeforderte Zustellung des Anzeigenblatts dient nicht dem Zweck, den Leser später als Käufer zu gewinnen. Der Gratisvertrieb stellt auch kein unlauteres Anlocken nach § 4 Nr. 1, Alt. 3 UWG dar. Allerdings kann die Kombination aus Unentgeltlichkeit, Bequemlichkeit und Gewöhnung die Rationalität der Nachfrageentscheidung bei den Lesern von Straßenverkaufszeitungen und Nicht-Zeitungslesern beeinträchtigen. Bei klassisch-anspruchsvollen und vollwertigen Anzeigenblättern wird ein gewisses Informationsbedürfnis befriedigt, sodass die Leser auf dem Zeitungsmarkt den Vergleich nach Preis und Güte unterlassen. In der unentgeltlichen und unaufgeforderten Zustellung von Anzeigenblättern liegt hierin ein unlauteres Moment. Die Fallgruppe des unlauteren Anlockens kann jedoch nur in Ausnahmefällen einschlägig sein. Sie gilt erstens nur bei klassisch-anspruchsvollen und vollwertigen Anzeigenblättern, zweitens nur in Bezug auf Leser von Straßenverkaufszeitungen und Nicht-Zeitungsleser und drittens nur bei Personen, die noch nicht erwachsen sind und daher leichter als der Durchschnittskonsument zu beeinflussen sind. Darüber hinaus haben klassisch-anspruchsvolle und vollwertige Anzeigenblätter trotz der Unentgeltlichkeit des Vertriebs und des Bequemlichkeitsvorsprungs durch die unaufgeforderte Zustellung die entgeltlichen Zeitungen nicht substituiert. Das legt die Feststellung nahe, dass die Leser auf dem Zeitungsmarkt nicht in ihrer Entscheidungsfindung unangemessen unsachlich beeinflusst werden.

Der Gratisvertrieb von Anzeigenblättern erfüllt nur in Einzelfällen den Tatbestand einer gezielten Behinderung von Mitbewerbern nach § 4 Nr. 10 UWG, etwa im Falle der dauerhaften Quersubventionierung des Gratisblatts. Diese Bewertung deckt sich auch mit der neueren Rechtsprechung des BGH. Allerdings lässt sich die unentgeltliche Verteilung von Anzeigenblättern der Fallgruppe der allgemeinen Marktstörung zuordnen. Als Rechtsgrundlage für den Tatbestand der allgemeinen Marktbehinderung ist § 3 UWG (und nicht § 20 Abs. 1 GWB) einschlägig. Der Tatbestand der Massenverteilung von Originalware als Unterfall der allgemeinen Marktstörung kommt nicht in Betracht, da reine, klassische und vollwertige Anzeigenblätter von vornherein als „unentgeltliche Originalware" für die Empfänger konzipiert sind und nicht darauf abzielen, sie später als Käufer zu gewinnen. Diese Auffassung vertritt auch der BGH in seinen jüngsten Entscheidungen zum Gratisvertrieb von vollwertigen Anzeigenblättern.

Die Merkmale Unentgeltlichkeit und unaufgeforderte Zustellung beim Gratisvertrieb von Anzeigenblättern können unter bestimmten Umständen den Leistungswettbewerb beeinträchtigen, wenn bei gleichartigen entgeltlichen und unentgeltlichen Produkten der kundenseitige Leistungsvergleich durch das Zusammenwirken von Kostenersparnis, Bequemlichkeit und Gewöhnung vermindert oder ausgeschaltet wird. Das trifft insbesondere auf die klassisch-anspruchsvollen und vollwertigen Anzeigenblätter zu, die einen ähnlichen oder gleichwertigen redaktionellen Inhalt wie Kaufzeitungen haben. Dagegen ist eine redaktionelle Berichterstattung in den reinen Anzeigenblättern überhaupt nicht vorhanden und auch die klassischen Anzeigenblätter ohne redaktionellen Anspruch können sich unter Qualitätsaspekten nicht mit der entgeltlichen Konkurrenz messen. Nur bei gleichartigen Produkten besteht aber überhaupt die Gefahr, dass der Leistungswettbewerb auf dem Lesermarkt unzulässig verzerrt wird.

Die unentgeltliche Verteilung aller Arten von Anzeigenblättern schaltet – wie insbesondere die langjährige Erfahrung mit den klassischen Anzeigenblättern zeigt – *nicht per se* den kundenseitigen Leistungsvergleich nach Preis und Güte aus. Sie enthält aber nach § 3 UWG insofern ein unlauteres Moment, als eine wachsende Verbreitung von klassisch-anspruchsvollen und vollwertigen Anzeigenblättern (entgeltliche) Mitbewerber aufgrund des möglichen verminderten Leistungswettbewerbs verdrängen und den Wettbewerb als solchen bedrohen. Für die rechtliche Bewertung ist im Rahmen einer Gesamtwürdigung des Einzelfalls jeweils zu ermitteln, ob durch den Gratisvertrieb eines Anzeigenblatts ein Verstoß gegen § 3 UWG vorliegt oder nicht. Dazu müssen – und das eben gerade unter Berücksichtigung der Nachahmungsgefahr – konkrete Anhaltspunkte für eine Marktstörung bestehen. Nur unter dieser Voraussetzung können Verleger entgeltlicher Zeitungen einen wettbewerbsrechtlichen Anspruch auf Unterlassung begründen.

Die Pressefreiheit steht nicht absolut unter dem Vorbehalt des UWG als Grundrechtsschranke in Art. 5 Abs. 2 GG. Nach der Wechselwirkungslehre des Bundesverfassungsgerichts muss die Schranke in ihrer das Grundrecht beschränkenden Wirkung ihrerseits im Lichte der Bedeutung dieses Grundrechts ausgelegt und angewendet werden. Das gerichtliche Verbot eines Anzeigenblatts aufgrund eines Verstoßes gegen § 3 UWG muss daher einem legitimen Zweck dienen. Das Mittel, um dieses Ziel zu erreichen, muss geeignet, erforderlich und im engeren Sinne verhältnismäßig sein. Dabei sind alle betroffenen Interessen und Umstände, die der Gratisvertrieb von Anzeigenblättern tangiert, mit in eine Güterabwägung einzubeziehen. Dazu gehören die Interessen der Kontrahenten, der Leser und der Inserenten sowie die objektiv-rechtliche Dimension der Pressefreiheit.

Bei der Güterabwägung kommt der objektiv-rechtlichen, institutionellen Seite der Pressefreiheit als Wertmaßstab und Auslegungsgrundsatz für die allgemeine Rechtsordnung eine besondere Rolle zu. Sie konkretisiert sich in den Strukturprinzipien der Auswahl- und Entscheidungsfreiheit, der Pressevielfalt und der redaktionellen Unabhängigkeit. Diese Strukturprinzipien bilden die Rahmenbedingung für den Bestand und die Funktionsfähigkeit einer freien Presse, damit sie ihre öffentliche Aufgabe entfalten kann.

Die redaktionelle Qualität gilt nur unter Einschränkungen als Strukturprinzip der Pressefreiheit. Sie gewinnt erst über den Beitrag der Presse für die öffentliche Meinungsbildung an Bedeutung, wenn beispielsweise der Pressewettbewerb durch den Gratisvertrieb von Anzeigenblättern gefährdet wird. So kann die redaktionelle Qualität als Kriterium bei der Abwägung über Art. 5 Abs. 2 GG nur unter folgenden Bedingungen herangezogen werden: Die meinungsbildenden entgeltlichen Publikationen müssten erstens durch ein oder mehrere Anzeigenblätter in ihrer Existenz bedroht werden und könnten zweitens keinen vergleichbaren Beitrag zur öffentlichen Meinungsbildung erbringen.

Die Güterabwägung kommt zu dem Ergebnis, dass sich ein Verbot von reinen, klassischen und vollwertigen Anzeigenblättern nur dann rechtfertigen lässt, wenn die unentgeltliche Verteilung von Presseerzeugnissen den Pressewettbewerb konkret im Einzelfall gefährdet. Das ist der Fall, wenn eine Marktanalyse bestätigt, dass das Anzeigenblatt die konkurrierende(n) entgeltliche(n) Zeitung(en) aus einem Pressemarkt verdrängt, und nicht denselben Beitrag zur öffentlichen Meinungsbildung erbringt wie die in ihrer Existenz bedrohten Vertreter der Kaufpresse. Bislang haben Anzeigenblätter, unabhängig von ihrer jeweiligen Ausgestaltung, keine Verdrängungswirkung gegenüber der entgeltlichen Presse entfalten können. Vor diesem Hintergrund kann die Pressefreiheit des Anzeigenblattverlegers durch ein wettbewerbsrechtliches Verbot seines Anzeigenblatts also nicht beschränkt werden. Ein Verbot wäre ein ungerechtfertigter Eingriff in sein Grundrecht aus Art. 5 Abs. 1 Satz 2 GG.

Literaturverzeichnis

Ahrens, Hans-Jürgen: „Kostenloser" Vertrieb meinungsbildender Tagespresse, in: WRP 1999, S. 123 ff.

Altmeppen, Klaus-Dieter: Märke der Medienkommunikation. Publizistische und ökonomische Aspekte von Medienmärkten und Markthandeln, in: ders. (Hrsg.), Ökonomie der Medien und des Mediensystems, Opladen 1996, S. 251 ff.

Anwar, André: Kostenlos-Konkurrenz, in: HORIZONT 41/2007, S. 60.

Arndt, Adolf: Die Rolle der Massenmedien in der Demokratie, München, in: Löffler, Martin (Hrsg.), Die Rolle der Massenmedien in der Demokratie, München 1966, S. 1 ff.

Arnold, Klaus: Qualität im Journalismus – ein integratives Konzept, in: Publizistik 2008, S. 488 ff.

Arnould, Valérie / Peyrègne, Vincent: Kostenlose Zeitungen – eine internationale Marktstudie, in: ifra Special Report 6.25, Darmstadt 2002.

Ascherfeld, Nicolaus: Presse-Grosso und Europarecht, Frankfurt am Main 1999.

Assmann, Heinz-Dieter / Brinkmann, Thomas: Die Gratisverteilung anzeigenfinanzierter Fachzeitschriften, in: NJW 1982, S. 312 ff.

Ballmann, Jürgen: Der Machtaspekt des UWG, Frankfurt am Main 1990.

Baudenbacher, Carl: Zur funktionalen Anwendung von § 1 des deutschen und Art. 1 des schweizerischen UWG, in: ZHR 144 (1980), S. 145 ff.

Bauer, Ines: Kostenlose Zeitungen – neue Produkte auf einem umkämpften Markt, in: BDZV (Hrsg.), Zeitungen '99, Bonn 1999, S. 110 ff.

Baumbach, Adolf / Hefermehl, Wolfgang: Wettbewerbsrecht, 22. Aufl., München 2000.

Baumbach, Adolf / Lauterbach, Wolfgang u. a.: Zivilprozessordnung, Bd. 1, 67., völlig neu bearb. Aufl., München 2009.

Bauske, Franz und andere: Gratiszeitungen – Eine Herausforderung an den Kölner Zeitungsmarkt, Untersuchung am Zentralarchiv für Empirische Sozialforschung der Universität Köln, Köln 2000, S. 1 ff.

BDZV (Hrsg.), Zeitungen '87, Bonn 1987.

BDZV (Hrsg.), Zeitungen '99, Bonn 1999.

BDZV (Hrsg.), Zeitungen 2000, Bonn 2000.

BDZV (Hrsg.), Zeitungen 2001, Bonn 2001.

BDZV (Hrsg.), Zeitungen 2002, Bonn 2002.

BDZV (Hrsg.), Zeitungen 2003, Bonn 2003.

Bechtold, Rainer: GWB. Kartellgesetz, Gesetz gegen Wettbewerbsbeschränkungen, Kommentar, 6. Aufl., München 2010.

Berlit, Wolfgang: Wettbewerbsrecht, 9. Aufl., München 2010.

Berst, Sascha: Anzeigenblätter und Lesezeitungen zwischen Wettbewerbsrecht und Pressefreiheit, in: AfP 1999, S. 425 ff.

Bertkau, Friedrich: Die deutschen Zeitungen, in: Deutsches Institut für Zeitungskunde Berlin (Hrsg.), Handbuch der deutschen Tagespresse, 4. Auflage, Berlin 1932.

Bettermann, Karl August: Die allgemeinen Gesetze als Schranken der Pressefreiheit, in: JZ 1964, S. 601 ff.

Binkowski, Johannes: Zeitungen und Anzeigenblätter. Versuch einer Begriffsbestimmung, in: Publizistik 1969, S. 139 ff.

Blödorn, Sascha / Gerhards, Maria: Informationsverhalten der Deutschen, in: MP 2004, S. 2 ff.

Böckenförde, Ernst-Wolfgang: Grundrechtstheorie und Grundrechtsinterpretation, in: NJW 1974, S. 1529 ff.

Böhm, Franz: Wettbewerb und Monopolkampf, Berlin 1933/1964.

Boesche, Katharina Vera: Drum kopple, was sich (nicht) ewig bindet – Hohe Hürde der gemeinschaftsrechtlichen Unzulässigkeit von Kopplungsangeboten, in: WRP 2011, S. 1345 ff.

Bott, Dagmar: Die Gratiszeitung. Im Spiegel von Wettbewerbs- und Verfassungsrecht, Diss., Hamburg 2003.

Brand, Peter / Schulze, Volker: Medienkundliches Handbuch – Die Zeitung, Braunschweig 1982.

Brandner, Hans Erich: Der stumme Zeitungsverkäufer am Laternenmast, in: GRUR 1996, S. 531 ff.

Breunig, Christian: Programmqualität im Fernsehen. Entwicklung und Umsetzung von TV-Qualitätskriterien, in: Media Perspektiven 1999, S. 94 ff.

Bringe, Rüdiger: 88. Tagung des Studienkreises für Presserecht und Pressefreiheit: Gratisverbreitung von Tageszeitungen, in: NJW 2001, S. 1477 f.

Bringe, Rüdiger: Wettbewerbsrechtliche und verfassungsrechtliche Vorgaben für den Gratisvertrieb meinungsbildender Tagespresse, Diss., Münster 2002. (zitiert: Bringe, Gratisvertrieb meinungsbildender Tagespresse).

Brosius, Hans-Bernd: Alltagsrationalität in der Nachrichtenrezeption. Ein Modell zur Wahrnehmung und Verarbeitung von Nachrichteninhalten, Opladen, 1995.

Bucher, Hans-Jürgen: Journalistische Qualität und Theorien des Journalismus, in: Bucher, Hans-Jürgen / Altmeppen, Klaus-Dieter (Hrsg.): Qualität im Journalismus – Grundlagen – Dimensionen – Praxismodelle, Wiesbaden 2003, S. 11 ff.

Bullinger, Martin: Freiheit von Presse, Rundfunk, Film, in: Isensee, Josef / Kirchhof, Paul (Hrsg.), Handbuch des Staatsrechts, Bd. VII, Freiheitsrechte, 3., völlig neu bearb. und erw. Aufl., Heidelberg 2009, § 162 Rdnr. 1 ff. (zitiert: Bullinger, in: HbdStR VII).

Bullinger, Martin: Elektronische Medien als Marktplatz der Meinungen, in: AöR 108 (1983), S. 161 ff.

Busse, Caspar / Tieschky, Claudia: Ein Markt voller Mücken, in: Süddeutsche Zeitung vom 25. September 2007, S. 17.

BVDA (Hrsg.): Anzeigenblätter in der AWA. Leistungsdaten aus der Allensbacher Markt- und Werbeträgeranalyse, Berlin 2008.

BVDA (Hrsg.): Anzeigenblatt-Qualität 2003, Bonn 2003.

BVDA (Hrsg.): AQ '94. Anzeigenblatt-Qualität, Bonn 1994.

BVDA (Hrsg.): Medium im Fokus, Berlin 2007.

BVDA / HORIZONT productions (Hrsg.): 20 Jahre BVDA, Beilage in HORIZONT zum Jubiläum, Frankfurt 2007.

Canaris, Claus-Wilhelm: Grundrechte und Privatrecht, in: AcP (184) 1984, S. 201 ff.

Canaris, Claus-Wilhelm: Grundrechtswirkungen und Verhältnismäßigkeitsprinzip in der richterlichen Anwendung und Fortbildung des Privatrechts, in: JuS 1989, S. 161 ff.

Czajka, Dieter: Pressefreiheit und „öffentliche Aufgabe" der Presse, Diss., Berlin, Köln, Mainz 1968.

Dagtoglou, Prodomos: Wesen und Grenzen der Pressefreiheit, Stuttgart 1963.

Danwitz, Thomas v.: Der Gratisvertrieb anzeigenfinanzierter Tageszeitungen im Wettbewerb der Presseorgane, Baden-Baden 2002. (zitiert: von Danwitz, Gratisvertrieb).

Degen, Manfred: Pressefreiheit, Berufsfreiheit, Eigentumsgarantie, Diss., Berlin 1981.

Degenhart, Christoph: Bestandsschutz für die Presse?, in: AfP 1987, S. 649 ff.

Denninger, Erhard u. a. (Hrsg.), Kommentar zum Grundgesetz für die Bundesrepublik Deutschland (AK-GG), Bd. 1, 3. Aufl., Neuwied 2001.

Dense, Hans Georg: Die rechtliche Problematik der Anzeigenblätter, Diss., Münster 1974.

Dettmar, Heike: Steife Brise im hohen Norden, in: w&v 8/2008, S. 60 f.

Deutscher Journalistenverband: Charta Initiative Qualität im Journalismus, http://www.initiative-qualitaet.de/fileadmin/IQ/Qualitaet/Sicherung/charta.pdf (2012).

Diedrichs, Helmut H.: Ökonomische und publizistische Konzentration der Pressemedien in der Bundesrepublik 1975/76, in: Media Perspektiven 1976, S. 200 ff.

Diem, Peter: Leistungsindikatoren für den öffentlich-rechtlichen Rundfunk. Versuch einer mehrdimensionalen Operationalisierung der Qualität von Fernsehsendungen, in: Media Perspektiven 1994, S. 67 ff.

Di Fabio, Udo: Rechtsfragen zu unerkannten Gesundheitsrisiken elektromagnetischer Felder, in: DÖV 1995, S. 1 ff.

Doehring, Karl: Das Staatsrecht der Bundesrepublik Deutschland, 3. überarb. Aufl., Frankfurt am Main 1984.

Dohmen, Frank / Tuma, Thomas: „Jeder kämpft für sich", in: DER SPIEGEL 45/2007, S. 123 ff.

Dolzer, Rudolf / Vogel, Klaus (Hrsg.), Bonner Kommentar zum Grundgesetz, Bd. 2, Heidelberg 2006. (Art. 5 Abs. 1 und 2, 123. Lfg. Oktober 2006).

Dovifat, Emil / Wilke, Jürgen: Zeitungslehre. Bd. I, 6. neu bearb. Aufl., Berlin 1976.

Dreier, Horst: Grundgesetz Kommentar, Bd. I, 2. Aufl., Tübingen 2004.

Dürig, Günter: Grundrechte und Zivilrechtsprechung, in: Maunz, Theodor (Hrsg.), Vom Bonner Grundgesetz zur gesamtdeutschen Verfassung – Festschrift zum 75. Geburtstag von Hans Nawiasky, München 1956, S. 157 ff.

Elfers, Silja: Gratis-Lektüre findet Freunde, in: HORIZONT 43/2007, S. 34.

Eichmann, Helmut: Die Beurteilung neuer Werbemethoden durch die Rechtsprechung, in: Habersack, Mathias (Hrsg.), Mitarbeiterfestschrift zum 70. Geburtstag für Eugen Ulmer, Köln 1973, S. 287 ff.

Ekey, Friedrich L. / Klippel, Diethelm / Kotthoff, Jost u. a. (Hrsg.), Heidelberger Kommentar zum Wettbewerbsrecht, 2. neubearb. Aufl., Heidelberg 2005.

Emmerich, Volker: Das Recht des unlauteren Wettbewerbs, 8. Auflage, München 2009.

Emmerich, Volker: Kartellrecht, 11. Aufl., München 2008.

Enneccerus, Ludwig / Nipperdey, Hans Carl: Allgemeiner Teil des Bürgerlichen Rechts, 1. Halbband, 15. neu bearb. Aufl., Tübingen 1959.

Eppe, Mark: Der lauterkeitsrechtliche Tatbestand des übertriebenen Anlockens im Wandel – am Beispiel der Wertreklame, in: WRP 2004, S. 153 ff.

Epping, Volker: Grundrechte, Berlin, Heidelberg, New York 2004.

Faller, Joachim: Die öffentliche Aufgabe von Presse und Rundfunk. Begriff, Inhalt und Bedeutung, in: AfP 1981, S. 430 ff.

Fechner, Frank: Medienrecht, 10., überarb. und erg. Auflage, Tübingen 2009.

Fezer, Karl-Heinz: UWG Kommentar, Bd. 1, §§ 1–4, 2. Aufl., München 2010.

Fezer, Karl-Heinz: Modernisierung des deutschen Rechts gegen den unlauteren Wettbewerb auf der Grundlage einer Europäisierung des Wettbewerbsrechts, in: WRP 2001, S. 989 ff.

Forkel, Hans: Das Bundesverfassungsgericht, das Zitieren und die Meinungsfreiheit, in: JZ 1994, S. 637 ff.

Fiebig, Elke: Ansätze zu einem institutionellen Verständnis der Pressefreiheit, in: AfP 1995, S. 459 ff.

Fischer, Heinz-Dietrich / Minte, Horst (Hrsg.), Karl Bücher, Auswahl der publizistischen Schriften, Bochum 1981.

Franzmann, Bodo: Lesezapping und Portionslektüre, in: MP 2001, S. 90 ff.

Friauf, Karl Heinrich / Höfling, Wolfram: Meinungsgrundrechte und Verfolgung von wirtschaftlichen Belangen, in: AfP 1985, S. 249 ff.

Frotscher, Werner: Grundrechtsverständnis der Gegenwart – Funktionen der Grundrechte, in: JuS 1994, L 65 ff.

Gärtner, Stefan: Man schreibt DEUTSH, Reinbek 2006.

Gamillscheg, Franz: Die Grundrechte im Arbeitsrecht, in: AcP (164) 1964, S. 385 ff.

Gamm, Otto-Friedrich v.: Gesetz gegen den unlauteren Wettbewerb, 3., erw. Aufl., Köln, Berlin, Bonn, München 1993.

Gehrke, Gernot / Hohlfeld, Ralf: Themenstruktur im dualen Fernsehsystem. Eine exemplarische Untersuchung von ARD, ZDF, RTL und SAT.1, in: MP 1994, S. 241 ff.

Gehrke, Gernot / Hohlfeld, Ralf: Wege zur Theorie des Rundfunkwandels. Fernsehorganisationen zwischen publizistischen Zielvorstellungen und systemischem Eigensinn, Opladen 1996.

Gerhards, Maria / Klingler, Walter: Mediennutzung in der Zukunft, in: MP 2006, S. 75 ff.

Gerhards, Maria / Klingler, Walter: Mediennutzung in der Zukunft, in: MP 2007, S. 295 ff.

GESELLENSETTER, Catrin: Rechtliche Probleme der unentgeltlichen Verteilung meinungsbildender Tagespresse, in: GRUR 2001, S. 707 ff.

Gesetzentwurf der Bundesregierung mit Begründung, BT-Drucks. 15/1487 vom 22.8.2003, S. 1 ff. (zitiert: Begr. RegE UWG).

GESSMANN, Martin: Philosophisches Wörterbuch, 23., vollständig neu bearb. Aufl., Stuttgart 2009.

GLEICH, Uli: Qualität im Journalismus am Beispiel der Kriegsberichterstattung, in: MP 2003, S. 139 ff.

GLOTZ, Peter / LANGENBUCHER, Wolfgang R.: Monopol und Kommunikation, in: Publizistik 1968, S. 137 ff.

GLOY, Wolfgang / LOSCHELDER, Michael, ERDMANN / Willi: Handbuch des Wettbewerbsrechts, 4. völlig neubearb. Aufl., München 2010.

GLOY, Wolfgang: Neuere Rechtsprechung zu unlauteren Vertriebsmethoden auf dem Pressemarkt, in: GRUR 1996, 585 ff.

GÖTTING, Horst-Peter: Wettbewerbsrecht, München 2005.

GÖTTING, Horst-Peter / NORDEMANN, Axel: UWG Handkommentar, 1. Aufl., Baden-Baden 2010.

GÖTZ, Volkmar: Allgemeines Polizei- und Ordnungsrecht, 14. Aufl., Göttingen 2008.

GOUNALAKIS, Georgios / RHODE, Lars: Unentgeltlicher Zeitungsvertrieb – modernes Medienkonzept oder Marktstörung?, in: AfP 2000, S. 321 ff.

GRIMM, Dieter: Die Meinungsfreiheit in der Rechtsprechung des Bundesverfassungsgerichts, in: NJW 1995, S. 1697 ff.

GRIMM, Dieter: „Wir machen das Meinungsklima nicht", in: ZRP 1994, S. 276 ff.

GROSS, Ingrid: Die Institution Presse, Diss., Berlin 1971.

GROSS, Rolf: Die öffentliche Aufgabe der Presse und ihre Auswirkungen, in: DVP 1993, S. 91 ff.

GROSS, Rolf: Presserecht, 3. völlig neu bearb. und erw. Aufl., Wiesbaden 1999.

GUSY, Christoph: Polizeirecht, 8. neu bearb. Aufl., Tübingen 2011.

HAAS, Marcus: Die geschenkte Zeitung – Bestandsaufnahme und Studien zu einem neuen Pressetyp in Europa, Diss., Bamberg 2005.

HAAS, Marcus: Kostenlose Pendlerzeitungen in Europa. Anbieter, Angebote, Strategien, in: MP 2006, S. 510 ff.

HABERKAMM, Markus: Wirklich nichts Neues? Das EuGH-Urteil Mediaprint und seine Implikationen für die UGP-Richtlinie, in: WRP 2011, S. 296 ff.

HAGER, Johannes: Grundrechte im Privatrecht, in: JZ 1994, S. 373 ff.

HALL, Karl-Heinrich / PETER, Christoph: Dissenting opinion, Pressefreiheit und Strafverfolgungsinteressen, in: JuS 1967, S. 355 ff.

HALLER, Michael: Informationsfreiheit und Pressevertrieb in Europa, Baden-Baden 2004.

HAMEL, Walter: Die Bedeutung der Grundrechte im sozialen Rechtsstaat. Eine Kritik an Gesetzgebung und Rechtsprechung, Berlin 1957.

HARTE-BAVENDAMM, Henning / HENNING-BODEWIG, Frauke: Gesetz gegen unlauteren Wettbewerb, 2. Aufl., München 2009.

HEERMANN, P. W., Die Erheblichkeitsschwelle i. S. des § 3 UWG-E, in: GRUR 2004, S. 94 ff.

HEFERMEHL, Wolfgang: Anmerkungen zu BGH-Urteil vom 26.03.1971, in: GRUR 1971, S. 477 ff. (S. 479 f.).

HEFERMEHL, Wolfgang: Grenzen des Lauterkeitsschutzes, in: GRUR Int. 1983, S. 507 ff.

HEINRICH, Jürgen: Medienökonomie, Bd. I, 3. Aufl., Wiesbaden 2010.

HENNING-BODEWIG, Frauke: Das neue Gesetz gegen den unlauteren Wettbewerb, in: GRUR 2004, S. 713 ff.

HERDEGEN, Matthias: Objektives Recht und subjektive Rechte, in: HECKMANN, Dirk / MESSERSCHMIDT, Klaus (Hrsg.), Gegenwartsfragen des Öffentlichen Rechts, Berlin 1988, S. 161 ff.

HERMES, Georg: Grundrechtsschutz durch Privatrecht auf neuer Grundlage?, in: NJW 1990, S. 1764 ff.

HESSE, Albrecht: Rundfunkrecht, 3. Aufl., München 2003.

HESSE, Konrad: Grundzüge des Verfassungsrechts der Bundesrepublik Deutschland, 20. Aufl., Heidelberg 1999.

HEYMANN, Christine: Gratiszeitungen – eine Gefahr für das Pressewesen, in: AfP 2001, S. 116 ff.

HIRTZ, Bernd: Die Relevanz der Marktmacht bei der Anwendung des UWG, in: GRUR 1980, S. 93 ff.

HOFFMANN, Thomas: Kombis am Limit, in: HORIZONT 26/2003, S. 52.

HOFFMANN, Thomas: Präsenz gefordert, in: HORIZONT 37/2003, S. 68.

HOFFMANN, Thomas: Umschichtungen im lokalen Werbemarkt, in: HORIZONT 17/2005, S. 68 f.

HOFFMANN, Thomas: Der Aufwärtstrend setzt sich fort, in: HORIZONT 17/2005, S. 66.

HOHLFELD, Ralf: Objektivierung des Qualitätsbegriffs, in: BUCHER, Hans-Jürgen / ALTMEPPEN, Klaus-Dieter (Hrsg.): Qualität im Journalismus. Grundlagen – Dimensionen – Praxismodelle, Wiesbaden 2003, S. 202 ff.

HOLZNAGEL, Bernd: Gratiszeitungen – ein Verstoß gegen die Pressefreiheit? Befunde eines Rechtsgutachtens, in: MP 2006, S. 529 ff.

HOMBACH, Bodo: Die Schlacht beginnt, in: Cicero 4/2005, S. 102 ff.

HUBERT, Max: Intelligenzblatt – Intelligenzwesen, in: HEIDE, Walther (Hrsg.), Handbuch der Zeitungswissenschaft, Lieferung 6, Leipzig 1942, Sp. 1806 ff.

HUFEN, Friedhelm: Zuviel Meinungsfreiheit? Der verfassungsrechtliche Rahmen für eine demokratie- und menschenwürdige Streitkultur, in: DEUTSCHE SEKTION DER INTERNATIONALEN JURISTEN-KOMMISSION (Hrsg.), Meinungsfreiheit, Heidelberg 1997, S. 1 ff.

IKAS, Klaus: Zum ständigen Gratisvertrieb von Presseerzeugnissen, insbesondere von Stadtmagazinen, in: WRP 1997, S. 392 ff.

IMMENGA, Ulrich / MESTMÄCKER, Ernst-Joachim: GWB – Kommentar zum Kartellgesetz, 3. Aufl., München 2001.

IPSEN, Jörn: Staatsrecht II Grundrechte, 14., neu bearb. Aufl., Köln, München 2011.

IPSEN, Hans Peter: Presse-Grosso im Verfassungsrahmen, Berlin 1980.

ISENSEE, Josef: Die Grundrechte als Abwehrrecht und als staatliche Schutzpflicht, in: ISENSEE, Josef / KIRCHHOF, Paul (Hrsg.), Handbuch des Staatsrechts der Bundesrepublik Deutschland, Bd. IX, Allgemeine Grundrechtslehren, 3., völlig neu bearb. und erweiterte Aufl., Heidelberg 2011, § 191 Rdnr. 1 ff. (zitiert: Isensee, in: HbdStR IX).

JACOBS, Rainer / LINDACHER, F. Walter / TEPLITZKY, Otto (Hrsg.): UWG Großkommentar, Bd. 1, Berlin 2006. (zitiert: *Jakobs/Lindacher/Teplitzky*, UWG/Großkom.).

JANKE, Hans, Gratis frei Haus. Anzeigenblätter – eine Folge der Pressekonzentration, in: THOMAS, Michael Wolf (Hrsg.), Die lokale Betäubung der Bürger und seiner Medien, Bonn, Berlin 1981, S. 53 ff.

JARASS, Hans D. / PIEROTH, Bodo: GG. Grundgesetz für die Bundesrepublik Deutschland, 11. Aufl., München 2011.

JOOSS, Martin: Anmerkung zu BHG 1. Zivilsenat, Urteil vom 29.10.2009, in: jurisPR-WettbR 8/2010, Anm. 5.

KAISER, Joseph H.: Das Recht des Presse-Grosso, Baden-Baden 1979.

KAKIES, Dieter: Verbot der teilweise kostenlosen Verteilung einer Fachzeitschrift, in: AfP 1977, S. 297 ff.

KANTZENBACH, Erhard: Zum Verhältnis von publizistischem und ökonomischen Wettbewerb aus ökonomischer Sicht, in: HOFFMANN-RIEM, Wolfgang (Hrsg.), Rundfunk im Wettbewerbsrecht – Der öffentlich-rechtliche Rundfunk im Spannungsfeld zwischen Wirtschaftsrecht und Rundfunkrecht, Baden-Baden 1988, S. 78 ff.

KAREPIN, Rolf: Lesestoff für den siebten Tag, in: media spectrum 6/07, S. 24 ff.

KARLE, Roland: Wildern im fremden Revier, in: HORIZONT 43/2007, S. 33.

KELLER, Dieter: Zur wirtschaftlichen Lage der deutschen Zeitungen, in: BDZV (Hrsg.), Zeitungen 2002, S. 20 ff.

KIESEL, Manfred: Die Liquidierung des Ehrenschutzes durch das BVerfG, in: NVwZ 1992, S. 1129 ff.

KLAWITTER, Nils: Handliche Töchter, in: DER SPIEGEL, Nr. 41 (4.10.2004), S. 232.

KLEIN, Eckart: Grundrechtliche Schutzpflicht des Staates, in: NJW 1989, S. 1633 ff.

KLINGLER, Walter: Jugendliche und ihre Mediennutzung 1998 bis 2008, in: MP 2008, S. 625 ff.

KLOEPFER, Michael: Presse-Grosso unter dem Schutz von Verfassungsrecht und Europarecht. Zur Stellung des Pressevertriebs im deutschen und europäischen Verfassungsrecht, Baden-Baden 2000.

KLOEPFER, Michael / KUTZSCHBACH, Gregor: Presse-Grosso zwischen Kartell- und Verfassungsrecht, in: AfP 1999, S. 1 ff.

KNEMEYER, Franz-Ludwig: Polizei- und Ordnungsrecht, 11. Aufl., München 2007.

KNOCHE, Manfred: Die Messbarkeit publizistischer Vielfalt, in: KLAUE, Siegfried / KNOCHE, Manfred / ZERDICK, Axel (Hrsg.), Probleme der Pressekonzentrationsforschung, Baden-Baden 1980, S. 127 ff.

KNOCHE, Manfred / SCHULZ, Winfried: Folgen des Lokalmonopols von Tageszeitungen. Eine vergleichende Inhaltsanalyse des Lokalteils von Monopol- und Wettbewerbszeitungen, in: Publizistik 14/1969, S. 298 ff.

KNÖPFLE, Robert: Die marktbezogene Unlauterbarkeit, Tübingen 1983.

KOCH, Thorsten: Der Grundrechtsschutz des Drittbetroffenen, Habil., Tübingen 2000.

KÖHLER, Helmut: Das neue UWG, in: NJW 2004, S. 2121 ff.

KÖHLER, Helmut: Neujustierung des UWG am Beispiel der Verkaufsförderungsmaßnahmen, in: GRUR 2010, S. 767 ff.

KÖHLER, Helmut: Ranking als Rechtsproblem, in: COESTER, Michael / MARTINY, Dieter / PRINZ VON SACHSEN GESSAPHE, Karl August (Hrsg.), Privatrecht in

Europa – Vielfalt, Kollision, Kooperation, Festschrift für Hans Jürgen Sonnenberger zum 70. Geburtstag, München 2004, S. 249 ff.

Köhler, Helmut: Wettbewerbs- und verfassungsrechtliche Fragen der Verteilung unentgeltlicher Zeitungen, in: WRP 1998, S. 455 ff.

Köhler, Helmut: Zur Konkurrenz lauterkeitsrechtlicher und kartellrechtlicher Normen, in: WRP 2005, S. 645 ff.

Köhler, Helmut / Bornkamm, Joachim: Gesetz gegen den unlauteren Wettbewerb, 29. neu bearb. Aufl., München 2011. (zitiert: Köhler/Bornkamm, UWG).

Koppensteiner, Hans-Georg: Marktbezogene Unlauterkeit und Missbrauch von Marktmacht, in: WRP 2007, S. 475 ff.

Kopper, Gerd G.: Anzeigenblätter als Wettbewerbsmedien. Eine Studie zur Typologie, publizistischem Leistungsbeitrag, Entwicklung von Wettbewerbsrecht und Wettbewerbsstrukturen auf der Grundlage einer Gesamterhebung im Werbemarkt Nielsen II, Nordrhein-Westfalen, München 1991.

Koschnick, Wolfgang J. (Hrsg.), FOCUS-Lexikon Werbeplanung Mediaplanung Marktforschung Kommunikationsforschung Mediaforschung, Bd. 1 (A-G), 3. neubearb. und erw. Aufl., München 2003.

Kraft, Alfons: Gemeinschaftsschädliche Wirtschaftsstörung als unlauterer Wettbewerb?, in: GRUR 1980, S. 966 ff.

Kraft, Alfons, Wettbewerbsrecht und Diskriminierungsverbot, in: Merz, Hans / Schluep, Walter R. (Hrsg.), Recht und Wirtschaft heute, Festgabe zum 65. Geburtstag von Max Kummer, S. 389 ff.

Kress-Report 5/99, Beilage Marktumsätze, S. 1 ff.

Kreuzer, K.: Wettbewerb um jeden Preis? Zur Problematik des Verkaufs zu Verlustpreisen im Einzelhandel, in: WRP 1985, S. 467 ff.

Krimphove, Dieter: Die UWG-Reform, Freiburg, Berlin, München 2004.

Krüger, Herbert: Die Verfassungen in der Zivilrechtsprechung, in: NJW 1949, S. 163 ff.

Krüger, Sven: Gratiszeitungen – warum nicht?, in: AfP 2000, S. 257 ff.

Kruse, Jörg: Publizistische Vielfalt und Medienkonzentration zwischen Marktkräften und politischen Entscheidungen, in: Altmeppen, Klaus-Dieter (Hrsg.), Ökonomie der Medien und des Mediensystems, Opladen 1996, S. 35 ff.

Kübler, Friedrich: Die innere Ordnung des Presseunternehmens als verfassungsrechtliches Problem, in: Ständigen Deputation des Deutschen Juristentages (Hrsg.), Verhandlungen des 49. Deutschen Juristentages, Band I, München 1972, D 35 ff.

Kübler, Friedrich: Lüth: eine sanfte Revolution, in: KritV 83 (2000), S. 313 ff.

KÜBLER, Friedrich: Pressefreiheit als Entscheidungsfreiheit des Lesers. Zur Wettbewerbswidrigkeit der fortgesetzten Gratisverteilung anzeigenfinanzierter Druckwerke, in: Studienkreis für Presserecht und Pressefreiheit (Hrsg.), Presserecht und Pressefreiheit, Festschrift für Löffler, München 1980, S. 169 ff.

KÜBLER, Friedrich: Zur Wettbewerbswidrigkeit von „Offertenblättern", in: AfP 1988, S. 309 ff.

KÜBLER, Friedrich / SIMITIS, Spiros: Presse und Wettbewerb, in: JZ 1969, S. 445 ff.

KULL, Edgar: Anmerkungen zum BGH-Urteil vom 18.12.1968, in: JZ 1969, S. 792 ff.

KULL, Edgar: Pressekommission und Pressefreiheit, in: DÖV 1968, S. 861 ff.

KUNIG, Philipp: Die Pressefreiheit, in: Jura 1995, S. 589 ff.

KURP, Mathias: Lokale Medien und kommunale Eliten. Partizipatorische Potentiale des Lokaljournalismus bei Printmedien und Hörfunk in Nordrhein-Westfalen, Diss., Opladen 1994.

LAHUSEN, Nikolaus: Die wettbewerbs- und verfassungsrechtliche Beurteilung des Gratisvertriebs meinungsbildender Tagespresse. Anmerkungen zum Urteil des BGH „20 Minuten Köln", in: GRUR 2005, S. 221 ff.

LAHUSEN, Nikolaus: Inhalt und Schranken der Pressefreiheit – die rechtliche Problematik des Gratisvertriebs von Tageszeitungen, Diss., Köln 2004.

LEHMANN, Michael: Die Verteilung von kostenlosen Presseerzeugnissen – insbesondere von Anzeigenblättern – und unlauterer Wettbewerb, in: FISCHER, Heinz-Dietrich / BAERNS, Barbara: Wettbewerbswidrige Praktiken auf dem Pressemarkt, Baden-Baden 1979, S. 75 ff.

LEHMANN, Michael: Kostenlose Anzeigenblätter und unlauterer Wettbewerb, in: GRUR 1977, S. 21 ff.

LEHMLER, Lutz: UWG. Kommentar zum Wettbewerbsrecht, Neuwied 2007.

LEISNER, Walter: Berufsordnungsrecht und Werbeverbote, München 1984.

LEISNER, Walter: Die Pressegleichheit. Das Differenzierungsverbot im Pressebereich bei Eingriff und Förderung durch den Staat, Berlin 1976.

LEISNER, Walter: Grundrechte und Privatrecht, München 1960.

LEISNER, Walter: Werbefernsehen und Öffentliches Recht. Ein Beitrag zur Problematik der öffentlichen Aufgabe sowie zu Grundlagen und Grenzen fiskalischer Staatstätigkeit, in: Schriften zum Öffentlichen Recht, Bd. 56, Berlin 1967.

LENZ, Helmut: Rundfunkorganisation und öffentliche Meinungsfreiheit, in: JZ 1963, S. 338 ff.

LERCHE, Peter: Verfassungsrechtliche Aspekte der „inneren Pressefreiheit", Berlin 1974.

Lerche, Peter: Verfassungsrechtliche Fragen zur Pressekonzentration, Berlin 1971.

Lerche, Peter: Grundrechtsschranken, in: Isensee/Kirchhoff (Hrsg.), Handbuch des Staatsrechts V, 2., durchges. Aufl., Heidelberg 2000, § 122 Rdnr. 1 ff. (zitiert: Lerche, in: HbdStR V).

Lerche, Peter : Aktuelle Grundfragen der Informationsfreiheit, in: Jura 1995, S. 561 ff.

Lettl, Tobias: Das neue UWG, München 2004.

Lisken, Hans / Denninger, Erhard: Handbuch des Polizeirechts, 4., neu bearb. u. erw. Aufl., München 2007.

Löffler, Martin: Das Pressefusions-Kontrollgesetz, in: AfP 1976, S. 156 ff.

Löffler, Martin: Presserecht, Bd. II, Landespressegesetze, München 1968.

Löffler, Martin: Presserecht, Bd. I, Allgemeines Presserecht, München 1969.

Löffler, Martin: Presserecht, 5. Aufl., München 2006.

Löffler, Martin: Um die akademische Freiheit. Der Streit um die Zulassung des Vertriebs von Studentenzeitschriften im Hochschulbereich, in: NJW 1961, S. 529 ff.

Löffler, Martin / Ricker, Reinhart: Handbuch des Presserechts, 5. neu bearb. Aufl., München 2005.

Machill, Marcel / Zenker, Martin: Anzeigenblätter und Gratiszeitungen: Die Konkurrenten der Lokalzeitungen, Bergheim 2006.

Mallmann, Walter: Pressepflichten und öffentliche Aufgaben der Presse, in: JZ 1966, 625 ff.

Mallmann, Walter: Referat von Prof. Dr. Walter Mallmann, in: Ständigen Deputation des Deutschen Juristentages (Hrsg.), Empfiehlt es sich, zum Schutze der Pressefreiheit gesetzliche Vorschriften über die innere Ordnung von Presseunternehmen zu erlassen?, Sitzungsbericht N zum 49. Deutschen Juristentag, München 1972, N 11 ff.

Mangoldt, Hermann v./ Klein, Friedrich: Das Bonner Grundgesetz – Kommentar, Bd. I, 2. Aufl., Berlin und Frankfurt 1957.

Mangoldt, Hermann v./ Klein, Friedrich / Starck, Christian: Das Bonner Grundgesetz – Kommentar, Bd. I, 6., vollständig neu bearb. Aufl., München 2010.

Mangoldt, Hermann v./ Klein, Friedrich / Starck, Christian: Kommentar zum Grundgesetz, Bd. 2, 6., vollständig neu bearb. Aufl., München 2010.

Mann, Roger: "Kostenloser" Vertrieb von Presse – eine Gefährdung der Pressefreiheit?, in: WRP 1999, S. 740 ff.

Mann, Roger / Smind, Jörg F.: Preisunterbietung von Presseprodukten, in: WRP 1997, S. 139 ff.

Mansmann, Till: Der Boulevard gibt den redaktionellen Kurs vor, in: HORIZONT 17/2005, S. 74 f.

Matutis, Cornelius: UWG Praxiskommentar, 2. völlig neu bearb. und wesentl. erw. Aufl., Berlin 2009.

Maunz, Theodor / Dürig, Günter: Grundgesetz-Kommentar, Bd. III, Loseblattsammlung, München 2008. (Art. 5 Abs. I, II; Art. 20; Stand: 53. Ergänzungslieferung Oktober 2008).

Max, Hubert: Intelligenzblatt – Intelligenzwesen, in: Heide, Walther (Hrsg.), Handbuch der Zeitungswissenschaft, 6. Lieferung, Leipzig 1942, Sp. 1806 ff.

Mediaedge:cia (Hrsg.): Anzeigenblätter, Düsseldorf 2004.

MediaLine – Online-Dienst der Fokus Magazin Verlag GmbH, Medialexikon, Stichwort „Gratiszeitung", www.medialine.de/deutsch/wissen/medialexikon.php?snr=2279 (30.1.2012).

Meier, Christian: „Die deutschen Verlage bilden ein Kartell", in: kressreport 19/2007, S. 10 f.

Menz, Gerhard: Anzeigenblätter, in: Heide, Walther (Hrsg.), Handbuch der Zeitungswissenschaft, Bd. I, Leipzig 1940, Sp. 78 ff.

Mestmäcker, Ernst-Joachim: Medienkonzentration und Meinungsvielfalt – Eine vergleichende wirtschaftsrechtliche Untersuchung im Auftrage des Bundesministers des Innern, Baden-Baden 1978.

Miller, Ralf: Das deutsche Presse-Grosso als wettbewerblicher Ausnahmebereich aus der Sicht eines evolutorischen Konzeptes der Wettbewerbsfreiheit, Diss., Bayreuth 2002.

Mischketat, Klaus: Aschenputtel im Sonntagsstaat, in: HORIZONT 37/2001, S. 126.

Monopolkommission (Hrsg.): Wettbewerbspolitik oder Industriepolitik, Hauptgutachten 1990/1991, Baden-Baden 1992.

Monopolkommission (Hrsg.): Zusammenschluss der Georg Holtzbrinck GmbH & Co. KG mit der Berliner Verlag GmbH & Co. KG, Sondergutachten der Monopolkommission gemäß § 42 Abs. 4 Satz 2 GWB, Bonn 2003.

Münch, Ingo v. / Kunig, Philip (Hrsg.), Grundgesetz-Kommentar, Bd. 1, 5., neu bearb. Aufl., München 2000.

Münch, Ingo v. / Salvador Coderch, Pablo / Ferrer i Riba, Josep: Zur Drittwirkung der Grundrechte, Frankfurt am Main 1998.

MURSWIEK, Dietrich: Die staatliche Verantwortung für die Risiken der Technik – verfassungsrechtliche Grundlagen und immissionsschutzrechtliche Ausformung, Habil., Berlin 1985.

NAWIESSKY, Hans / LEUSSER, Hermann: Die Verfassung des Freistaates Bayern, 2., neu bearb. Aufl., München 1964.

NEUMANN, Franz Leopold / NIPPERDEY, Hans Carl / SCHEUNER, Ulrich: Die Grundrechte, Bd. II, Berlin 1954.

NIPPERDEY, Hans Carl: Boykott und freie Meinungsäußerung, in: DVBl. 1958, S. 445 ff.

NIPPERDEY, Hans Carl: Gleicher Lohn der Frau für gleiche Leistung, in: RdA 1964, S. 121 ff.

NIPPERDEY, Hans Carl: Wettbewerb und Existenzvernichtung, Berlin 1930.

NOELLE-NEUMANN, Elisabeth / SCHULZ, Winfried / WILKE, Jürgen: Das Fischer-Lexikon Publizistik, Massenkommunikation, 3. Aufl., Frankfurt am Main 2004.

NOELLE-NEUMANN, Elisabeth / SCHULZ, Winfried / WILKE, Jürgen: Das Fischer-Lexikon Publizistik, Massenkommunikation, 4. Aufl., Frankfurt am Main 2009.

NOELLE-NEUMANN, Elisabeth: Folgen lokaler Zeitungsmonopole. Ergebnisse einer Langzeitstudie, in: NOELLE-NEUMANN, Elisabeth / RONNEBERGER, Franz / Stuiber, Heinz-Werner (Hrsg.): Streitpunkt Lokales Pressemonopol. Untersuchungen zur Alleinstellung von Tageszeitungen, Düsseldorf 1976.

NORDEMANN, Axel, Jan Bernd und Wilhelm: Wettbewerbs- und Markenrecht, 11. Aufl., Baden-Baden 2010.

OHLY, Ansgar: Richterrecht und Generalklausel im Recht des unlauteren Wettbewerbs, Ein Methodenvergleich des englischen und des deutschen Rechts, Diss., Köln, Berlin, Bonn, München 1997.

OSSENBÜHL, Fritz: Medien zwischen Macht und Recht, in: JZ 1995, S. 633 ff.

OSSENBÜHL, Fritz: Medienfreiheit und Persönlichkeitsschutz, in: ZUM 1999, S. 505 ff.

OSTEN, Henning von der: Zur Problematik der Gratis-Anzeiger. Unter Berücksichtigung der Verhältnisse in der Bundesrepublik und der Schweiz, Diss., München 1957.

o. V.: Exkurs: Die Anzeigenblätter, in: BDZV, Zeitungen '87, S. 78 ff.

o. V.: Gratistitel gut gebucht, in: w&v 19/2009, S. 48.

o. V.: Gratis-Wirtschaftszeitung „Business News" gestartet, in: epd-medien 12.8.2006, S. 21.

o. V.: Gratis-Zeitung „Business News“ gestartet, in: dpa-Medien 32/2006 09. August 2006, S. 16.

o. V.: Handelsblatt stellt „Business News“ ein, in: dpa-Medien 24/2007 13. Juni 2007, S. 6.

o. V.: Keine Pauschalkritik an der Werbung, in: HORIZONT 3/2005, S. 23.

o. V.: „Kostenlose Zeitung ‚20 Minuten‘ expandiert“, in: Der Tagesspiegel vom 29.08.2000, S. 23.

o. V.: Nach den Ferien. Berliner Verlag hat Gratiszeitung in petto, in: FAZ vom 28.06.2005, S. 44.

o. V.: Oft fehlen Alternativen, in: w&v 8/2008, S. 62.

o. V.: Vom Konkurrenten zum Benefiz der Zeitungsverleger? – Anzeigenblätter werden standesgemäß, in: MP 1976, S. 579 ff.

Paperlein, Juliane: Gratistitel bedrängen Tabloids, in: HORIZONT 18/2005, S. 31.

Paperlein, Juliane: WAZ streicht bis zu 300 Stellen, in: HORIZONT 8/2009, S. 6.

Paschke, Marian: Medienrecht, 2., vollständig neu bearb. und erw. Aufl., Berlin, Heidelberg 2001.

Paschke, Marian: Medienrecht, 3., vollständig überarb. Aufl., Berlin, Heidelberg 2009.

Pasquay, Anja: Lesen, lernen, verstehen – Junge Leute und Zeitung, in: BDZV (Hrsg.), Zeitungen 2002, S. 133 ff.

Passauer, Michael: Anzeigenblätter und ihre Auswirkungen im Wettbewerb. Wettbewerbs- und verfassungsrechtliche Aussagen zur kostenlosen Verteilung von Anzeigenblättern mit redaktionellem Textteil, Diss., Gießen 1976.

Pauker, Manuela: Blätter mit Durchblick, in: w&v Nr. 17/2009, S. 45.

Peters, Hans: Öffentliche und staatliche Aufgaben, in: Dietz, Rolf / Hübner, Heinz: Festschrift für H. C. Nipperdey, Bd. II, München, Berlin 1965, S. 877 ff.

Petersen, Kay: Die Gratisverteilung von Presseerzeugnissen, in: WRP 1979, S. 428 ff.

Pfannenmüller, Judith: Zoff am Sonntag, in: w&v 38/2007, S. 64.

Picard, Robert G.: Strategic Responses to Free Distribution Daily Newspapers, in: JJM 2001, S. 167 ff.

Pieroth, Bodo / Schlink, Bernhard: Grundrechte Staatsrecht II, 27., neu bearb. Aufl., Heidelberg 2011.

Pietzker, Jost: Drittwirkung – Schutzpflicht – Eingriff, in: Maurer, Hartmut (Hrsg.), Das akzeptierte Grundgesetz, Festschrift für Günter Dürig zum 70. Geburtstag, München 1990.

Pimpl, Roland: Verlage legen die Hürden für Gratiszeitungen höher, in: HORIZONT 11/2006, S. 1.

Piper, Henning / Ohly, Ansgar / Sosnitza, Olaf: Gesetz gegen den unlauteren Wettbewerb mit Preisangabenverordnung, 5. Aufl., München 2010. (zitiert: Piper/Ohly/Sosnitza: UWG).

Plenge, Burkard: Die Zulässigkeit staatlicher Zeitungen und Zeitschriften, Diss., Kiel 1975.

Poscher, Ralf: Grundrechte als Abwehrrechte, Tübingen 2003.

Presse- und Informationsamt der Bundesregierung (Hrsg.), Medienbericht '94, BT-Drucksache 12/8587, Bonn 1994.

Presse- und Informationsamt der Bundesregierung (Hrsg.), Medienbericht '98, BT-Drucksache 13/10650, Bonn 1998.

Prümm, Hans Paul / Sigrist, Hans: Allgemeines Sicherheits- und Ordnungsrecht, 2., neu bearb. Aufl., München 2003.

Raiser, Ludwig: Marktbezogene Unlauterkeit, in: GRUR Int. 1973, S. 443 ff.

Rehbinder, Manfred: Die öffentliche Aufgabe und rechtliche Verantwortung der Presse, Berlin 1962.

Reidel, Michael: Gratiszeitungen wildern im Blätterwald, in: HORIZONT 51/52/1998, S. 71.

Reitze, Helmut (Hrsg.): Media Perspektiven Basisdaten. Daten zur Mediensituation in Deutschland 2008, Frankfurt am Main 2008.

Ricker, Reinhart: Anzeigenwesen und Pressefreiheit, Diss., München 1973.

Ricker, Reinhart: Ärzte-Zeitung und Wettbewerbsrecht, in: AfP 1982, S. 155 ff.

Ricker, Reinhart: Die wettbewerbs- und presserechtliche Zulässigkeit der Gratisverteilung von „tv-aktuell", in: ZUM 1986, S. 247 ff.

Ricker, Reinhart: Freiheit und Aufgabe der Presse. Individualrechtliche und institutionelle Aspekte, Freiburg, 1983.

Ricker, Reinhart / Schiwy, Peter: Rundfunkverfassungsrecht, München 1997.

Ridder, Helmut: Meinungsfreiheit, in: Neumann, Franz Leopold / Nipperdey, Hans Carl / Scheuner, Ulrich (Hrsg.), Die Grundrechte, Bd. II, Berlin 1954, S. 234 ff.

Ridder-Aab, Christa-Maria: Anzeigenblätter 1985 – gebremstes Wachstum, in: MP 1985, S. 634 ff.

Riedel, Hergen: Werben im Local Village, in: media spectrum 4/2010, S. 30 f.

Ring, Gerhard: Urteil des OLG Karlsruhe vom 9.8.1995 mit Anmerkungen, in: DZWir 1996, S. 166 ff.

Roggen, Michael: Pressevertrieb und Kartellrecht, Berlin 1983.

Rohde, Franz: Die Nachzensur in Art. 5 Abs. 1 S. 3 GG – ein Beitrag zu einem einheitlichen Zensurverbot, Diss., Kiel 1997.

Röper, Horst: Bewegung im Zeitungsmarkt, in: MP 2004, S. 268 ff.

Röper, Horst: Gratiszeitungen und etablierte Zeitungsverlage. (Mögliche) Effekte eines neuen Pressetyps, in: MP 2006, S. 521 ff.

Röper, Horst: Zeitungsmarkt 2000: Konsolidierungsphase beendet, in: MP 2000, S. 297 ff.

Röper, Horst: Das Mediensystem der Bundesrepublik Deutschland, in: Schmidt, Siegfried J. / Weischenberg, Siegfried (Hrsg.), Die Wirklichkeit der Medien. Eine Einführung in die Kommunikationswissenschaft, Opladen 1994, S. 506 ff.

Röper, Horst: Probleme und Perspektiven des Zeitungsmarktes, in: MP 2006, S. 283 ff.

Röper, Horst: Zeitungen 2010. Rangverschiebungen unter den größten Verlagen, in: MP 2010, S. 218 ff.

Röper, Horst / Pätzold, Ulrich: Medienkonzentration in Deutschland – Medienverflechtungen und Branchenvernetzungen, Düsseldorf 1993.

Röper, Horst / Pätzold, Ulrich: Medienanbieter und Medienangebote. Vor dem Start des Lokalfunks in Nordrhein-Westfalen, Opladen 1992.

Rösch-Sondermann, Hermann: Bibliographie der lokalen Alternativpresse, München, New York, London, Paris 1988.

Rosenbach, Marcel / Schulz, Thomas: Comeback der Kostenlosen, in: DER SPIEGEL Nr. 26/2005, S. 175.

Rüdell, Norbert: Renditedruck forciert Umbau, in: HORIZONT 41/2003, S. 38.

Ruess, Peter / Tellmann, Cordula: „Umsonst ist der Tod allein"? – Neues zur Werbung mit Gratiszeitungen, in: WRP 2004, S. 665 ff.

Rupp, Heinrich: „Dienende" Grundrechte, „Bürgergesellschaft", „Drittwirkung" und „soziale Interdependenz" der Grundrechte, in: JZ 2004, S. 271 ff.

Russ-Mohl, Stephan: Am eigenen Schopfe … Qualitätssicherung im Journalismus – Grundfragen, Ansätze, Näherungsversuche, in: Publizistik 1992, S. 83 ff.

Sack, Rolf: Die lückenfüllende Funktion der Generalklausel des § 3 UWG, in: WRP 2005, S. 531 ff.

Sachon, Werner P.: Die wettbewerbsrechtliche Problematik des Vertriebs von Freistücken auf den Märkten der Fachpresse, in: WRP 1980, S. 659 ff.

Sachon, Werner P.: Fachzeitschriftenvertrieb und Wettbewerbsrecht, in: WRP 1982, S. 183 ff.

Sachon, Werner P.: Wettbewerbsrechtliche Probleme des Vertriebs von Freistücken auf dem Fachzeitschriftenmarkt, Diss., Mindelheim 1980.

Sachs, Michael (Hrsg.), Grundgesetz Kommentar, 5. Aufl., München 2009.

Sack, Rolf: Die lückenfüllende Funktion der Generalklausel § 3 UWG, in: WRP 2005, S. 531 ff.

Samwer, Sigmar-Jürgen: Verbraucherschutz und Wettbewerbsrecht, in: GRUR 1969, S. 326 ff.

Scharrer, J.: „Wir werden chronisch unterschätzt, in: HORIZONT 16/2010, S. 36.

Schatz, Heribert / Schulz, Winfried: Qualität von Fernsehprogrammen. Kriterien und Methoden zur Beurteilung von Programmqualität im dualen Fernsehsystem, in: MP 1992, S. 690 ff.

Scheer, Bernhard: Deutsches Presserecht, Hamburg 1966.

Scherer, Inge: Wechselwirkungen zwischen Kartellrecht und UWG, in: WRP 1996, S. 174 ff.

Scheuner, Ulrich: Pressefreiheit, in: VVDStRL 22 (1965), S. 1 ff.

Schiwy, Peter / Schütz, Walter J. (Hrsg.), Medienrecht, Lexikon für Wissenschaft und Praxis, 3. neu bearb. und erhebl. erw. Aufl., Neuwied, Kriftel, Berlin 1994.

Schiwy, Peter / Schütz, Walter J. / Dörr, Dieter (Hrsg.): Medienrecht. Lexikon für Praxis und Wissenschaft, 5. Aufl., Köln, Berlin, München 2010.

Schmid, Christoph: Gratisanzeiger und Pressewettbewerb. Verfassungsrechtliche und wettbewerbsrechtliche Betrachtungen zur Gratisverteilung von Presseerzeugnissen, Diss., Zürich 1983.

Schmid, Wolfgang: Zur wettbewerbsrechtlichen Beurteilung der unentgeltlichen Verteilung anzeigenfinanzierter Zeitungen, in: WRP 2000, S. 991 ff.

Schmidt-Bleibtreu, Bruno / Klein, Franz: Kommentar zum Grundgesetz, 12. Aufl., München 2011.

Schmidt-Jortzig, Edzard: Meinungs- und Informationsfreiheit, in: Isensee, Josef / Kirchhof, Paul (Hrsg.), Handbuch des Staatsrechts, Bd. VII, Freiheitsrechte, 3., völlig neubearb. und erw. Aufl., Heidelberg 2009, § 162 Rdnr. 1 ff. (zitiert: Schmidt-Jortzig, in: HbdStR VII).

Schmitt, Carl: Verfassungslehre, 1. Aufl., München und Leipzig 1928.

Schmitt Glaeser, Walter: Anzeigenblatt und Pressefreiheit, in: NJW 1971, S. 2012 ff.

Schmitt Glaeser: Die Meinungsfreiheit in der Rechtsprechung des BVerfG, in: AöR (Bd. 113) 1988, S. 52 ff.

SCHNEIDER, Beate / STÜRZEBECHER, Dieter: Wenn das Blatt sich wendet. Die Tagespresse in den neuen Bundesländern, Baden-Baden 1998.

SCHNEIDER, Franz: Anmerkung zum BGH-Urteil vom 15.1.1963, in: NJW 1963, S. 665 f.

SCHNEIDER, Franz: Presse- und Meinungsfreiheit nach dem Grundgesetz, München 1962.

SCHNEIDER, Guido: Allein die Wirkung zählt, in: HORIZONT 17/2005, S. 71.

SCHNEIDER, Guido: Bikinigirls und Bürgerreporter, in: HORIZONT 16/2010, S. 34.

SCHNEIDER, Guido: Gratis hat es schwer, in: HORIZONT 41/2007, S. 58.

SCHNEIDER, Guido: Tipps gibt es gratis, in: HORIZONT 26/2003, S. 46 f.

SCHNEIDER, Peter: Pressefreiheit und Staatssicherheit, Mainz 1968.

SCHNEIDER, Wolf: Deutsch für Profis, München 1999.

SCHÖNKE, Adolf / SCHRÖDER, Horst: Strafgesetzbuch Kommentar, 28. Aufl., München 2010.

SCHOLZ, Rupert: Pressefreiheit und Arbeitsverfassung, Berlin 1978.

SCHRICKER, Gerhard: Die wettbewerbsrechtliche Beurteilung der Gratisverteilung von Fachzeitschriften, in: GRUR 1980, S. 194 ff.

SCHRICKER, Gerhard: Gesetzesverletzung und Sittenwidrigkeit, München 1970.

SCHRICKER, Gerhard: Gratisverteilung von Tageszeitungen und das Gesetz gegen unlauteren Wettbewerb, in: AfP 2001, S. 101 ff.

SCHÜLE, Adolf: Zivilrechtlicher Persönlichkeitsschutz und Grundgesetz, in: SCHÜLE, Adolf / HUBER, Hans: Persönlichkeitsschutz und Pressefreiheit, Tübingen 1961.

SCHULZ, Winfried: Qualität von Fernsehprogrammen, in: HÖMBERG, Walter / PÜRER, Heinz: Medien-Transformation. Zehn Jahre dualer Rundfunk in Deutschland, Konstanz 1996, S. 45 ff.

SCHÜNEMANN, Wolfgang B.: „Unlauterkeit" in den Generalklauseln und Interessenabwägung nach neuem UWG, in: WRP 2004, S. 925 ff.

SCHÜTZ, Walter J.: Deutsche Tagespresse 2001, in: MP 2001, S. 602 ff.

SCHÜTZ, Walter J.: Deutsche Tagespresse 2004, in: MP 2005, S. 205 ff.

SCHÜTZ, Walter J.: Deutsche Tagespresse 2006, in: MP 2007, S. 560 ff.

SCHÜTZ, Walter J.: Deutsche Tagespresse 2008, in: MP 2009, S. 454 ff.

SCHÜTZ, Walter J.: Kaum noch Objekte für die Pressekonzentration, in: MP 1979, S. 600 ff.

SCHULTE-NÖLKE, Hans; HAWXWELL, Katrin Anne: Zur wettbewerbsrechtlichen Zulässigkeit von Gratiszeitungen, in: EWiR 2004, S. 1053 f.

SCHULZ, Rüdiger: Zapper, Hopper, Zeitungsleser – Allensbacher Erkenntnisse im Langzeitvergleich, in: BDZV (Hrsg.), Zeitungen 2001, S. 118 ff.

SCHWAB, Irmela: Rückenwind für Capital & Co., in: media & marketing 12/2006, S. 50 ff.

SCHWABE, Jürgen: Die sogenannte Drittwirkung der Grundrechte – Zur Einwirkung der Grundrechte auf den Privatrechtsverkehr, München 1971.

SCHWABE, Jürgen: Grundkurs Staatsrecht, 5., überarb. Aufl., Berlin, New York 1995.

SCHWABE, Jürgen: Probleme der Grundrechtsdogmatik, Darmstadt 1977.

SCHWADE, Michael: Verteilung von Sonntags-Anzeigenblättern, in: WRP 1985, 249 ff.

SCHWARTZ, Gustav: Verfolgung unlauteren Wettbewerbs im Allgemeininteresse, in: GRUR 1967, S. 333 ff.

SEIFERT, Karl-Heinz / HÖMIG, Dieter (Hrsg.), Grundgesetz für die Bundesrepublik Deutschland. Taschenkommentar, 7. Aufl., Baden-Baden 2003.

SEILER, Wolfgang: Pressekonzentration und publizistische Vielfalt nach zehn Jahren deutscher Einheit – Verfassungsrechtliche Aspekte landesparlamentarischer Strukturverbesserung im Pressewesen, in: AfP 2002, S. 1 ff.

SEITZ, Josef: Macht der Masse, in: Focus 49/2008, S. 138 f.

SJURTS, Insa: Strukturen und Strategien im Markt der Anzeigenblätter, Flensburg 2002.

SOSNITZA, Olaf: Wettbewerbsbeschränkungen durch die Rechtsprechung, Erscheinungsformen und Ursachen auf dem Gebiet des Lauterkeitsrechts, Diss., Baden-Baden 1995.

STADIK, Michael: Konkurrenz mit steigendem Niveau, in: w&v 10/2008, S. 52 ff.

STAMM (HRSG.): Der Leitfaden für Presse und Werbung, 4. Aufl., Essen 1951.

STAMM (Hrsg.): STAMM 2007 Presse- und Medienhandbuch, 60. Ausg., Elztal 2007.

STAMMLER, Dieter: Bestandsschutz der Presse, in: AfP 1987, S. 659 ff.

STARK, Ralf: Ehrenschutz in Deutschland, Diss., Berlin 1996.

STERN, Klaus: Das Staatsrecht der Bundesrepublik Deutschland, Bd. III/1, München 1988.

STERN, Klaus: Das Staatsrecht der Bundesrepublik Deutschland, Bd. III/2, München 1994.

Streinz, Rudolf: Der Einfluß der Verfassungsrechtsprechung auf die Pressefreiheit, in: AfP 1997, S. 857 ff.

Süddeutsche Zeitung vom 25. September 2007, S. 17.

Süddeutsche Zeitung vom 16. Oktober 2007, S. 20.

Teplitzky, Otto: Zur Frage der wettbewerbsrechtlichen Zulässigkeit des (ständigen) Gratisvertriebs einer ausschließlich durch Anzeigen finanzierten Zeitung, in: GRUR 1999, S. 108 ff.

Thierauf, Lothar W. / Lerch-Stumpf, Monika: Inwieweit können Anzeigenblätter das publizistische Angebot von Tageszeitungen ergänzen und damit zur Meinungsvielfalt im Pressewesen beitragen, Mediengutachten im Auftrag des Bundesministeriums des Innern, Bd. I und II, München 1983. (zitiert: Thierauf/Lerch-Stumpf: Inwieweit können Anzeigenblätter).

Thümmel, Hans / Wilde, Harro: Die wettbewerbsrechtliche Stellung der Anzeigenblätter im Verhältnis zur Tageszeitung, in: AfP 1978, S. 183 ff.

Ueckert, Maya: Die Entwicklung regionaler Sonntagszeitungsmärkte und ihre publizistischen Folgen am Beispiel der Region Freiburg, Magisterarbeit, Mainz 2000.

Uenk, Renate / Laarmann, Susanne: Pressemedien: Definitionen, Abgrenzungen und ihre kommunikationspolitische Notwendigkeit, in: Presse- und Informationsamt der Bundesregierung (Hrsg.), Kommunikationspolitische und kommunikationswissenschaftliche Forschungsprojekte der Bundesregierung (1974–1978), Bonn 1978, S. 377 ff.

Ulmer, Peter: Der Begriff „Leistungswettbewerb" und seine Bedeutung für die Anwendung von GWB und UWG-Tatbeständen, in: GRUR 1977, S. 565 ff.

Ulmer, Peter: Wettbewerbs- und kartellrechtliche Grenzen der Preisunterbietung im Pressewesen, in: AfP 1975, S. 870 ff.

Unger-Sternberg, Joachim von: Wettbewerbsbezogene Anwendung des § 1 UWG und normzweckgerechte Auslegung der Sittenwidrigkeit, in: Ahrens, Hans u. a. (Hrsg.), Festschrift für Willi Erdmann, Köln, Berlin, Bonn, München 2002, S. 741 ff.

Uwer, Dirk: Medienkonzentration und Pluralismussicherung im Lichte des europäischen Menschenrechts der Pressefreiheit, Berlin 1998.

Vieregge, Ralf: Anzeigenblätter als Mittel des Wettbewerbs zwischen Tageszeitungen, in: AfP 1977, S. 363 f.

Vogel, Andreas: Die tägliche Gratispresse. Ein neues Geschäftsmodell für Zeitungen in Europa, in: MP 2001, S. 576 ff.

Wadlinger, Christof: Anzeigenblätter profitieren, in: w&v 16/2010, S. 46.

Wadlinger, Christof: Gratisblätter im Aufwind, in: w&v 17/2007, S. 50 ff.

Wallenberg, Gabriela von: Strukturwandel bei Zeitungen – UWG-rechtliche Zulässigkeit von Gratiszeitungen und pressespezifische Regelungen im Entwurf zur Siebten GWB-Novelle, in: K & R 2004, S. 328 ff.

Wallenberg, Gabriela von: Kartellrechtliche Beurteilung der Gratisverteilung von Tageszeitungen, in: MMR 2001, S. 512 f.

Wallisch, Gianluca: Journalistische Qualität, Definitionen – Modelle – Kritik, Konstanz 1995.

Weichler, Kurt / Endrös, Stefan: Die Kundenzeitschrift, Konstanz 2005.

Weidenbach, Georg: Anzeigenblätter im Wettbewerbs- und Kartellrecht, Diss., Konstanz 2002.

Wendt, Rudolf: Garantiegehalt der Grundrechte und Übermaßverbot, in: AöR 104 (1979), S. 414 ff.

Wenzel, Karl Egbert: Gratisverteilungen als Wettbewerbsmittel von Zeitungsverlegern, in: AfP 1975, S. 887 ff.

Weyl, Johannes: Unterwanderung der Presse, Bad Godesberg 1968.

Wiedemann, Gerhard (Hrsg.), Handbuch des Kartellrechts, 2. Aufl., München 2008.

Wilke, Jürgen: Presse, in: Noelle-Neumann/Schulz/Wilke, Fischer-Lexikon Publizistik, Massenkommunikation, Frankfurt am Main 2002, 2. Aufl., S. 422 ff.

Wissenschaftlicher Rat der Dudenredaktion (Hrsg.), DUDEN – Die deutsche Rechtschreibung, 21. Aufl., Mannheim, Leipzig, Wien, Zürich 1996.

Wolf, Dieter, Das Recht gegen Wettbewerbsbeschränkungen (GWB) und das Recht gegen unlauteren Wettbewerb (UWG) – ein Vergleich, in: WRP 1995, S. 543 ff.

Wolf, Joachim: Medienfreiheit und Medienunternehmen, Diss., Berlin 1985.

Wolff, Martin: Reichsverfassung und Eigentum, in: Festgabe für Wilhelm Kahl, Tübingen 1923.

Wolff, Volker: Wettbewerb und Qualität bei Presseprodukten, in: Publizistik 1996, S. 260 ff.

Wöste, Marlene: Anzeigenblätter – Überlegungen zu ihrer Expansion und Rolle im Bereich lokaler Kommunikation, in: MP 1982. S. 373 ff.

Wuttke, Heinrich: Die deutschen Zeitungen und die Entstehung der öffentlichen Meinung, 2. Aufl., Leipzig 1875.

www.wikipedia.de, Gratiszeitung, http:/de.wikipedia.org/wiki/Gratiszeitung, Stand 17. Mai 2011.

Zabel, Wolfram A: Lokale Kompetenz mit nationalem Anspruch, in: media spectrum 10/09, S. 22 f.

ZAW (Hrsg.), Werbung '88, Bonn 1988.

ZAW (Hrsg.), Werbung in Deutschland 1992, Bonn 1992.

ZAW (Hrsg.), Werbung in Deutschland 1996, Bonn 1996.

ZAW (Hrsg.), Werbung in Deutschland 2000, Bonn 2000.

ZAW (Hrsg.), Werbung in Deutschland 2002, Bonn 2002.

ZAW (Hrsg.), Werbung in Deutschland 2004, Bonn 2004.

ZAW (Hrsg.), Werbung in Deutschland 2006, Berlin 2006.

ZAW (Hrsg.), Werbung in Deutschland 2007, Berlin 2007.

ZAW (Hrsg.), Werbung in Deutschland 2008, Berlin 2008.

ZAW (Hrsg.), Werbung in Deutschland 2009, Berlin 2009.

ZAW (Hrsg.), Werbung in Deutschland 2011, Berlin 2011.

ZELLER, Frauke, WOLLING, Jens: Struktur- und Qualitätsanalyse publizistischer Onlineangebote, in: MP 2010, S. 143 ff.

ZMG (Hrsg.), Zeitungen und Anzeigenblätter, 2., überarb. Aufl., Frankfurt am Main 1998.

ZMG (Hrsg.), Zeitungsqualitäten 2009. Leistungsdaten der Zeitungen im intermedialen Vergleich, Frankfurt 2009.

ZÖLLER, Richard: Zivilprozessordnung, 27. neu überarb. Aufl., Köln 2009.

ZOHLNHÖFER, Werner: Zur Ökonomie des Pressewesens, in: SCHENK, Michael / DONNERSTAG, Joachim (Hrsg.), Medienökonomie, München 1989.

Studien zum deutschen und europäischen Medienrecht

Herausgegeben von Dieter Dörr und Udo Fink
mit Unterstützung der Dr. Feldbausch Stiftung

Band 1 Peter Charissé: Die Rundfunkveranstaltungsfreiheit und das Zulassungsregime der Rundfunk- und Mediengesetze. Eine verfassungs- und europarechtliche Untersuchung der subjektiv-rechtlichen Stellung privater Rundfunkveranstalter. 1999.

Band 2 Dieter Dörr: Umfang und Grenzen der Rechtsaufsicht über die Deutsche Welle. 2000.

Band 3 Claudia Braml: Das Teleshopping und die Rundfunkfreiheit. Eine verfassungs- und europarechtliche Untersuchung im Hinblick auf den Rundfunkstaatsvertrag, den Mediendienste-Staatsvertrag, das Teledienstegesetz und die EG-Fernsehrichtlinie. 2000.

Band 4 Dieter Dörr, unter Mitarbeit von Mark D. Cole: *Big Brother* und die Menschenwürde. Die Menschenwürde und die Programmfreiheit am Beispiel eines neuen Sendeformats. 2000.

Band 5 Martin Stock: Medienfreiheit in der EU-Grundrechtscharta: Art. 10 EMRK ergänzen und modernisieren! 2000.

Band 6 Wolfgang Lent: Rundfunk-, Medien-, Teledienste. Eine verfassungsrechtliche Untersuchung des Rundfunkbegriffs und der Gewährleistungsbereiche öffentlich-rechtlicher Rundfunkanstalten unter Berücksichtigung einfachrechtlicher Abgrenzungsfragen zwischen Rundfunkstaatsvertrag, Mediendienstestaatsvertrag und Teledienstegesetz. 2001.

Band 7 Torsten Schreier: Das Selbstverwaltungsrecht der öffentlich-rechtlichen Rundfunkanstalten. 2001.

Band 8 Dieter Dörr: Sport im Fernsehen. Die Funktionen des öffentlich-rechtlichen Rundfunks bei der Sportberichterstattung. 2000.

Band 9 Dieter Dörr (Hrsg.): www.otello.de. Klassik nur noch im Internet oder per pay? Symposium aus Anlass des 85. Geburtstages von Professor Dr. Heinz Hübner. 2000.

Band 10 Markus Nauheim: Die Rechtmäßigkeit des Must-Carry-Prinzips im Bereich des digitalisierten Kabelfernsehens in der Bundesrepublik Deutschland. Illustriert anhand des Vierten Rundfunkänderungsstaatsvertrages. 2001.

Band 11 Stefan Sporn: Die Ländermedienanstalt. Zur Zukunft der Aufsicht über den privaten Rundfunk in Deutschland und Europa. 2001.

Band 12 Christian Ebsen: Fensterprogramme im Privatrundfunk als Mittel zur Sicherung von Meinungsvielfalt. 2003.

Band 13 Dieter Dörr / Stephanie Schiedermair: Rundfunk und Datenschutz. Die Stellung des Datenschutzbeauftragten des Norddeutschen Rundfunks. Eine Untersuchung unter besonderer Berücksichtigung der verfassungsrechtlichen und europarechtlichen Vorgaben. 2002.

Band 14 Dieter Dörr (Hrsg.): Rundfunk über Gebühr. Die Finanzierung des öffentlich-rechtlichen Rundfunks im Zeitalter der technischen Konvergenz. 3. Mainzer Mediengespräch. 2003.

Band 15 Dieter Dörr / Stephanie Schiedermair: Die Deutsche Welle. Die Funktion, der Auftrag, die Aufgaben und die Finanzierung heute. 2003.

Band 16 Frauke Blechschmidt: Das Instrumentarium audiovisueller Politik der Europäischen Gemeinschaft aus kompetenzrechtlicher Sicht. 2003.

Band 17 Christine Jury: Die Maßgeblichkeit von Art. 49 EG für nationale rundfunkpolitische Ordnungsentscheidungen unter besonderer Berücksichtigung von Art. 151 EG. Eine Untersuchung am Beispiel öffentlich-rechtlicher Spartenkanäle. 2005.

Band 18 Sabine Groh: Die Bonusregelungen des § 26 Abs. 2 S. 3 des Rundfunkstaatsvertrages. 2005.

Band 19 Sylke Wagner: Das *Websurfen* und der Datenschutz. Ein Rechtsvergleich unter besonderer Berücksichtigung der Zulässigkeit sogenannter *Cookies* und *Web Bugs* am Beispiel des deutschen und U.S.-amerikanischen Rechts. 2006.

Band 20 Stephanie Reese: Der Funktionsauftrag des öffentlich-rechtlichen Rundfunks vor dem Hintergrund der Digitalisierung. Zur Konkretisierung des Funktionsauftrages in § 11 Rundfunkstaatsvertrag. 2006.

Band 21 Henrike Maaß: Der Dokumentarfilm – Bürgerlichrechtliche und urheberrechtliche Grundlagen der Produktion. 2006.

Band 22 Dorit Bosch: Die „Regulierte Selbstregulierung" im Jugendmedienschutz-Staatsvertrag. Eine Bewertung des neuen Aufsichtsmodells anhand verfassungs- und europarechtlicher Vorgaben. 2007.

Band 23 Johannes Gerhard Reitzel: Arbeitsrechtliche Aspekte der Arbeitnehmerähnlichen im Rundfunk. 2007.

Band 24 Ulf Böge / Jürgen Doetz / Dieter Dörr / Rolf Schwartmann: Wieviel Macht verträgt die Vielfalt? Möglichkeiten und Grenzen von Medienfusionen. 2007.

Band 25 Valérie Schüller: Die Auftragsdefinition für den öffentlich-rechtlichen Rundfunk nach dem 7. und 8. Rundfunkänderungsstaatsvertrag. 2007.

Band 26 Simone Naumann: Die arbeitnehmerähnliche Person in Fernsehunternehmen. 2007.

Band 27 Nathalie Hellmuth: ARTE – Europa auf Sendung. Verfassungsrechtliche Rahmenbedingungen für die Beteiligung von ARD und ZDF an supranationalen Gemeinschaftssendern am Beispiel des Europäischen Kulturkanals ARTE. 2007.

Band 28 Dieter Dörr / Stephanie Schiedermair: Ein kohärentes Konzentrationsrecht für die Medienlandschaft in Deutschland. 2007.

Band 29 Dieter Dörr / Simone Sanftenberg / Rolf Schwartmann (Hrsg.): Medienherausforderungen der Zukunft. Seminar zum nationalen und internationalen Medienrecht. Vom 06.–10. Dezember 2006 in Lech am Arlberg (Österreich). 2008.

Band 30 Nina Nicole Hütt: Zur Frage der Existenz von Hörfunkrechten des Sportveranstalters unter besonderer Berücksichtigung der Fußball-Bundesliga. 2008.

Band 31 Hans-Martin Schmidt: Rundfunkgebührenfinanzierung unter dem GATS. 2008.

Band 32 Julia Niebler: Die Stärkung der Regionalfensterprogramme im Privaten Rundfunk als Mittel zur Sicherung der Meinungsvielfalt durch den Achten Rundfunkänderungsstaatsvertrag. 2009.

Band 33 Jörg Michael Voß: Pluraler Rundfunk in Europa – ein duales System für Europa? Rahmenbedingungen für den öffentlich-rechtlichen Rundfunk in einer europäischen dualen Rundfunkordnung. Unter Berücksichtigung der Anforderungen der europäischen Meinungs- und Medienfreiheit. 2008.

Band 34 Nina Knorre: Die Abwicklung des Arbeitsverhältnisses nach erfolgreicher Statusklage im Rundfunk. 2008.

Band 35 Kai Friedrich Zentara: Medienordnung und Öffentlicher Diskurs. Die Pflicht des Staates zur Gewährleistung der Funktionstüchtigkeit des Öffentlichen Diskurses. 2009.

Band 36 Daniel Rudolph: Erhalt von Vielfalt im Pressewesen. Unter besonderer Berücksichtigung des publizistischen Wettbewerbs. 2009.

Band 37 Felix Heimann: Der Pressekodex im Spannungsfeld zwischen Medienrecht und Medienethik. 2009.

Band 38 Christine Scheunert: Europäischer Jugendschutz für das Fernsehen.Bestimmungen eines kohärenten Harmonisierungsgrades unter Berücksichtigung der Jugendschutzsysteme in Großbritannien, den Niederlanden, Deutschland und Polen. 2009.

Band 39 Kristoff M. Ritlewski: Pluralismus als Strukturprinzip im Rundfunk. Anforderungen aus dem Funktionsauftrag und Regelungen zur Sicherung in Deutschland und Polen. 2009.

Band 40 Carola Drechsler: Europäische Förderung audiovisueller Medien zwischen Welthandel und Anspruch auf kulturelle Vielfalt. Unter besonderer Berücksichtigung der Kulturkompetenz der Europäischen Gemeinschaft. 2009.

Band 41 Marco Rau: Der internationale Schutz von Domainnamen und Markenrechten im Internet. Analyse unter Berücksichtigung deutschen Rechts. 2010.

Band 42 Caroline Hahn: Die Aufsicht des öffentlich-rechtlichen Rundfunks. Bestandsaufnahme und Zukunftsperspektiven. 2010.

Band 43 Harald Bretschneider: Bewertung crossmedialer Verflechtungen im Medienkonzentrationsrecht. Eine rechtsvergleichende Untersuchung unter besonderer Berücksichtigung Deutschlands, Großbritanniens sowie der Entwicklung in der EU. 2010.

Band 44 Rolf Schwartmann: Die Beteiligung von Presseunternehmen am Rundfunk. Rechtsgutachten zur Novellierung des § 33 Abs. 3 LMG NRW. 2010.

Band 45 Christopher Wolf: Der Kulturauftrag des öffentlich-rechtlichen Rundfunks in der Rechtsprechung des Bundesverfassungsgerichts. 2010.

Band 46 Dieter Dörr (Hrsg.): Die Medienordnung der Zukunft. Zum 10jährigen Bestehen des Mainzer Medieninstituts. 2011.

Band 47 Laura Johanna Reinlein: Medienfreiheit und Medienvielfalt. Kontrolle crossmedialer Konzentration in Zeiten der Konvergenz. 2011.

Band 48 Eva Ellen Wagner: Abkehr von der geräteabhängigen Rundfunkgebühr. Die Neuordnung der Rundfunkfinanzierung. 2011.

Band 49 Dieter Dörr (Hrsg.): Die Macht der Medien. Medienrechtliches Kolloquium zum 75. Geburtstag von Hartmut Schiedermair. 2011.

Band 50 Christine Seehaus: Das Pornographieverbot im Rundfunk und in den elektronischen Medien. 2011.

Band 51 Eva Aernecke: Der Schutz elektronischer Daten im Verfassungsrecht. Bedrohungen durch neue Ermittlungsmethoden. 2012.

Band 52 Armin Kühne: Haftung von Suchmaschinenbetreibern. 2012.

Band 53 Christian Gehweiler: Immaterialgüterrechtliche Vorbenutzungsrechte. 2012.

Band 54 Philipp Karl Julius Mohr: Legitimationsdefizite bei der Bestimmung der Höhe der Rundfunkgebühr. Eine verfassungsrechtliche Untersuchung zu dem Spannungsverhältnis zwischen Rundfunkfreiheit und Demokratieprinzip. 2012.

Band 55 Giselle Camargos Becker: Massenkommunikation in Brasilien. Regulierung und Praxis. 2013.

Band 56 Cora Brunner: Melodienschutz im Urheberrecht. 2013.

Band 57 Regine Sprenger: Optionen zur Regulierung des publizistischen Wettbewerbs. Eine konzeptionelle Untersuchung des Kartellrechts und des medienspezifischen Konzentrationsrechts in Bezug auf die Verhinderung vorherrschender Meinungsmacht. 2013.

Band 58 Christian Strieder: Der Bestand von Fußballübertragungsrechten in der Insolvenz und deren Ertragssicherung durch Hedging. 2014.

Band 59 Jessica Sänger: Mediale Verwertung von Sportveranstaltungen. Zivilrechtliche Grundlagen der Verwertung und kartellrechtliche Analyse der Einkaufsgemeinschaft der EBU. 2015.

Band 60 Freya Gräfin Kerssenbrock: Die Legitimation der Medien nach dem Grundgesetz. Zur verfassungsrechtlichen Stellung von Rundfunk und Presse im Zeitalter von Social Media. 2015.

Band 61 Liane Vollmer-Gärtner: Das kostenlose periodische Druckwerk. Struktur, presse- und wettbewerbsrechtliche Problematik von Anzeigenblättern. 2016.

www.peterlang.com

www.ingramcontent.com/pod-product-compliance
Ingram Content Group UK Ltd.
Pitfield, Milton Keynes, MK11 3LW, UK
UKHW022103051026
15623UKWH00003B/654

9 783631 668511